U0756304

汉冶萍公司档案汇编（三）

湖北省档案馆 编

荆楚文库

荆楚文库编纂出版委员会
华中科技大学出版社

本册目录

商办时期(二)(1916—1948)

三、厂矿基建

（一）大冶铁厂新建

公司董事会临时会议议案

民国三年九月二十二日（1914.9.22）

会长报告：本公司为根本至计，非谋出货增多，不足以转败为胜，上年十二月秉承股东会议案，赓续前约与正金订借日金九百万元，以为大冶添造两炉及厂矿联带扩充之费，订约已及十月而尚未举办者，因官商合办问题发生，不得不静候解决，再议进行。兹合办之局无望，而欧战之事又起，若再徘徊观望，则公司之陷溺愈甚，振拔愈难，现拟委托汉厂坐办吴任之君偕同工程顾问大岛君前赴美洲，查购新式化铁炉、机料等件，先从调查入手，而后及于订购。事关重要，特于委托书中开具办法十八条，俾有秉承，而昭慎重。

一　（云云照委托书全录）

兹特开会提议，即请诸公公同讨论，如荷赞同，即决定施行。

王子展先生谓：借款用于添炉，自应及早购机，无俟筹议，惟购机一事可在沪招洋行投标，议价订购，似可勿须派人远涉美洲，以节糜费。

会长答谓：外洋机件标新领异，月异而岁不同，此次冶厂添炉须于汉厂三、四两炉之制尚要求新，以期出货能多；且须参观洋厂，藉资效法。明知派人赴美，川资旅费需款甚巨，果能物美机新，参观有得，将来之收效正宏，此所以有派人调查之举也。

吴任之先生谓：购机之事，任实重大，原不敢承，惟既承委任，只有矢以精白之心,按照条件,诚恳做去,以期无负诸公委托之意。但在外洋调查,报告事务甚繁,拟请以在厂西文书记许君带同前往,以为记载、打字之用,且可藉资阅历,有裨厂务等语。

公议:委任购机办法十八条至为周密,一致通过。惟治法仍贵有治人,公司当此危急之秋,忍痛举债添炉,扩充出货,无非力图挽救,转败为功,而枢纽全在机料精良,考察取则,庶制胜有具,不负此行。今以此事尊重相托,盖深信任之先生学有专长,素重道德,足以肩兹重任;尚望到美后,于机料则力求精新,于费用则力求节省,不尚空言,专求实际,此董事等代股东祷祀以求者也。至拟带西文书记同行,亦属应有之事,较之就地雇用,需出薪资其费亦属相等,应准照办。所遗汉厂坐办即委任钢厂股长卢志学君暂代,以便吴君早日交卸,束装成行为要。

公司董事会委任吴健赴美订购机炉嘱托书

民国三年九月二十五日(1914.9.25)

任之仁兄先生阁下:

本公司历经顿挫,担负甚重,补救之道,第一在加多出货,去年订借外款,目的亦即在此。现拟在大冶添造最新最良之化铁炉二座,委任阁下偕同日本工程顾问大岛君前赴美国考察订购,所应嘱托各条,开列于后,即祈查照办理为荷。

一、此次赴美,阁下为主,顾问为宾,一切均由阁下与顾问讨论后主持定夺。

二、化铁炉每炉每日二十四点钟,出铁以三百五十吨至四百吨为度。

三、以化铁炉多余煤气,用于煤气机为原动力,须达到厂矿不用蒸汽之目的。

四、此次赴美,以格利(Gary Plant)、多勒(Duluth)二新厂为考察根据之地。

五、考查格利、多勒二厂机炉,系何厂承造,亦即向何厂开标,直接交易,不必用居间商家。

六、筹画全局绘图开单,如能不再用专门名家帮助最好,否则帮助费若干,须请公司核准而行。

七、制造煤气机,美国经验较浅,如向英购,又恐交货难恃,须审慎后行。

八、炉之内膛,照汉厂三、四号炉,是否尚可改良,请携带矿石、焦炭及三、四号炉图样与美之名家再一研究。

九、函致彭脱,约其同时到美会商一切。

十、自编一洋文密电号码,交与公司。

十一、每日须有日记抄寄公司,惟工程名词恐华文不能传达,恐有错讹,即用洋文抄寄。

十二、每一机定一洋文密电码,开标后,即将原标寄至公司,由公司择妥,电复订定。

十三、新炉地基已有详图,须带往美国,目前二炉如何先尽容易之法布置,将来陆续加添,以八炉为度,均须绘入图中,钢厂亦须预为位置。

十四、钢厂以造轨为主,车桥为副,造轨必用直行一线到底之法,请先考察,以便计画。

十五、公司拟派专科毕业生数人学习工师,中学毕业生数人学习领工,簿计毕业生一二人学习钢铁簿计,开标订定时,此事须作一条件,以便入厂学习。

十六、如欧战早了,英、德亦须问价。

十七、装船保险等事仍由彭脱经理,款项系由正金银行经付。

十八、机炉订定后,其地脚图即须先行赶寄来华,以便直做地脚,其机炉必须有详图三份,一存公司,一存厂,一存伦敦事务所。

以上各条,即请查照办理,公司盼此新炉之成,如望云霓,盖光阴即是金钱,早一日即得一日之利益也。专此奉托,全仗大才。敬颂
祷祺

汉冶萍公司董事会　盛
秘书处注:大岛同吴任之赴美购料训条,另有洋文信致大岛,并抄寄高

木知照。

吴健致公司董事会函
民国三年九月二十五日(1914.9.25)

会长、诸位董事大鉴:

　　展诵本月二十二日钧函,派健会同工程顾问大岛君赴美,订购大冶新厂化铁炉二座并开示办法十八条,敬悉一一。仰见荩筹远大,曷胜钦佩。健遵当会同大岛、彭脱二君随事研究,悉心考较,以期勉副盛意。惟健办理此事专管工程,不负银钱责任,至此次旅行川资等费,除车船票等不给收条外,其余均以收据为凭。现即回厂布置一切,定期十月九日自沪放洋,此后函电当寄由公司经理转呈台端,以资接洽。专肃奉复。敬请
钧安

　　　　　　　　　　　　　　　　　　　　　　　　　　　吴健

王勋致公司董事会函
民国四年四月八日(1915.4.8)

董事会台鉴:

　　敬启者,大冶新厂化铁炉二座所需钢料,扬子厂可以承办,由该经理王显臣前赴伦敦与吴任之、大岛接洽一切。兹接吴任之、大岛来电:扬子标价最为合宜,建筑钢料每吨英金十七镑半,平常素身翻砂铁料每吨十二镑,用机器磨光翻砂铁料每吨二十四镑(均系汉口交货);银期计分三批付,立合同时付三分之一,工程进行期内付三分之一,交货时补付三分之一,拟请核准云云。查从前汉厂第四号化铁炉之钢料系德国丁格勒厂承造,共计二千五百七十五吨,原订英金三万四千九百二十八镑,嗣因革命停工,迨后钢价高涨,双方协议酌加一千五百镑,共成三万六千四百二十八镑,另加运华水脚约二千六百镑,进口关税约一千九百五十二镑,扯计汉口交货每吨十五镑十八先令四本士。订立合同时先付价三分之一,装船时三分之一,货到汉口时三分之一。现因欧战,钢铁价较前增加每百分之四五十分不等,而

水脚亦异常增涨。据现在情形而论,扬子厂殊属公道,应请核准。至付价办法,议分三批是援从前德厂之例,亦尚可允,且此项料价须由大借款付款,在我可不须另筹。扬子厂经济亦非十分宽裕者,似不妨即照所拟,以为维持国货也。是否可行,祈公议卓裁为荷。此请

台安

王勋

王勋致公司董事会函

民国四年五月四日(1915.5.4)

董事会大鉴:

扬子公司承造大冶新化铁炉正身以外之钢铁各件,前经函请贵会核准,以便订定合同。奉会长批示:所虑扬子工料不足,贻误大局,不知该公司王经理等能否担负此责等因。当即函致该公司办事董事李一翁,询其能否担负此责。旋接复信略谓:扬子专为承接此项生意,在外洋添购机件已有六千镑之巨,断不致有所贻误,愿与王经理同负其责等语。原函附请台阅,并希批示遵订合同。再,此次吴任之、大岛在英所开之标价,前已函嘱全行寄沪,以凭核考矣。此请

公绥

兼代经理 王勋

[附件] 李维格致王勋函

阁臣先生阁下:

顷接台函,藉悉一一。扬子在英国投标包造大冶新厂化铁炉正身以外所需之钢铁料件,承示最为合宜,欣慰欣慰。至所虑工料不足一层,查扬子专为包造此项工程,在外洋添购机件已有六千镑之谱,断不致照工程之次序进行上有所贻误,请放心订定合同。如有不妥,弟与扬子王经理担负其责可也。此复。顺颂

台祉

李维格

王勋致公司董事会函
民国四年五月二十九日(1915.5.29)

董事会台鉴：

敬启者,顷接到日本昨日来电译云:大岛顾问今日绕若松赴沪,乘近江丸六月五号可抵沪等语。吴任之大约同时可到,谨此报闻。专此。敬请
台安

王勋谨启

公司董事会致吴健函
民国四年六月二十八日(1915.6.28)

任之仁兄先生台鉴：

大冶新厂筹议经年,现正购置地亩,考订机件,为入手之筹备,但造厂预算,迄未编送,工程需费若干,机件需费若干,究莫知其确数,殊于进行程序略无依据。应请执事催商工程顾问,将是项预算从速编制,虽一时未能臻于完密,仍可随时修改,而大要具在,可资标准,务请速编送会为要。此致。即颂
台祺

董事会启

王勋致公司董事会函
民国四年七月十六日(1915.7.16)

董事会台鉴：

敬启者,大岛顾问工程师前赴汉冶察看工程,昨日回沪。因新厂购地及工程上之计划须与吴任之在沪面商,曾约吴任之来沪面议。今接汉厂来电谓,任之昨夜搭德和轮船来沪等语,计期十八日可以到沪矣。谨此布闻。
敬请

台安

王勋

公司董事会议案

民国四年七月二十三日（1915.7.23）

王代经理函：大冶新厂建造化铁炉两座，前经吴任之、大岛出洋调查，在英美两国招人投标，兹据报告：计英厂投标者二家，美厂投标者三家，兹将各标要目列表送览。按各标价仅就价目而论，英厂较廉，而其料单薄，两座炉料只重一千一百十九吨，较美厂料轻一倍。以价银及重量平均扯算，则又以美厂摩尔根公司为廉。且英颁新律，各工厂均有承造战品之义务，交货迟早，殊不可恃。自以就美国之摩尔根公司标价磋商订购为是，已商得吴任之、大岛两君同意，如蒙核准，即由勋电向该公司磋订。并副函内称，四号化铁炉一座日出生铁二百五十吨，购价系英金三万六千四百余镑，合美金十七万七千余元，现摩尔根两座日共出铁八百吨，只美金二十八万零四百余元等语。

公议：美系中立，交货可恃，厂价又较前四号炉价为廉，自应照订，即由代经理电向该厂速订合同，早日交货为要。

王勋致公司董事会函

民国四年八月十二日（1915.8.12）

董事会台鉴：

敬启者，大冶新厂化铁炉二座，前以摩尔根公司投标之价最廉，呈请贵会核议，当荷议准照购，由勋电商前途，再能减价若干否。旋接回电：允减美金二千四百二十五元，但云料价高涨，必须早日定实方能允减；至于付款之法，订定合同先付四分一，其余四分三以九成按月分付，其余一成装船时付清等语。该公司之价本属最廉，今又略减，自宜遵议案向之定购。但投标者有列德干利，其价亦廉，惟未曾于标内列明分别机料之重数，恐其过于单薄，故未入选。兹则不厌求详，嘱其代理人三井洋行发电往问每项重量及价目能否再减。据转由三井回电谓：二炉机料除热风炉不计外，计重二千三百十五吨，并将标价减致美金二十二万七千一百元，其机料之分别重量如左：

机器　计一百十七吨

铸钢料　计一百八十九吨

铸铁料　计五百五十二吨

铜料　计四十八吨

其余建筑料　一千四百零九吨

共二千三百十五吨

当由勋将上开重量电告吴任之，嘱其再详细比较，以定去留。兹接吴任之回信，将两家之价银按重数分别比较如左：

计开：

	摩尔根	列德干利
钢铁及建筑料	二千二百十吨	二千一百五十吨
机器	一百十一吨	一百十七吨
铜料	六十二吨	四十八吨
共计	二千三百八十三吨	二千三百十五吨

按以上比较表观之，列德干利之标价虽属较廉美金五万三千余元，而重量较少六十八吨，内铜料占十四吨之多（铜料每吨约美金三百十五元之谱），且炉料以机器一项至为重要。摩尔根于附属各机逐件开列清单，件数、重量详细载明，均属妥当；而列德干利则未列清单，且内有添料机一种乃系旧式，如须新式，则对于专利者须给以偿金，此偿金须由我认付，惟数目多少则并未说明，无从比较。同时又接摩尔根来电，谓标内漏开华德式关掣机一项，计重六万八千镑，合价美金九千二百元云云，是则摩尔根标价改为如下：

原标价美金二十八万四百二十五元，来电允减二千四百二十五元，加关掣机九千二百元，实共二十八万七千二百元。比原标银数虽加，而重量亦加，于比较无碍。故现今问题为列德干利之标：（一）其机器清单是否妥当,有无含混。(二)添料机之专利偿金数目如何。欲于此真知灼见,必须俟前途将清单补寄前来,方有把握,然非候两月不能寄到。吴、岛二君则谓如不将机器眉分目晰,恐将来必有纠葛,伊等必不敢冒昧接受,无宁仍略贵选定摩尔根之标云云。综计以上各情,现在之问题厥有三端,列之如左,敬祈公议:

甲、如果我公司志在速定,则宜向摩尔根公司订定,虽其价略昂,而一切开列清楚,别无争点。

乙、如果我公司能再等两月,俟列德干利清单寄到,再详为比较。若该公司之详细能媲美摩尔根,则可向该公司订购。

丙、现在钢铁价日逐增涨,万一待到其时列德干利之清单确有不合,而其时钢价再涨,或者摩尔根公司亦须涨其标价,则不免因延误吃亏矣。

以上数点关系甚大,勋不便擅拟,敬祈贵会从详酌定,如贵会现在即欲订定,则以摩尔根为宜,如能待两月,则俟列德干利之清单寄到时,比较优劣,再行定实,然又虑此两月之内钢价或有涨高耳。如何之处,统祈公议示遵为荷。专此。敬请

台安

王勋

公司董事会议案(节录)

民国四年八月十三日(1915.8.13)

王代经理函:①

公议:摩尔根价虽较昂,而先有清单考定,可免日后纠葛,列德干利价虽较廉,而清单尚须候至两月,是否能胜过摩尔根,尚不可知。现值钢价翔贵之时,如单到而件数不齐,或货色不合而不能定,比时钢价再涨,标价必增,费时费款,吃亏甚巨,不如即向摩尔根订定,较有把握,不必再事犹豫也。

---

① 此处略。详见上文1915年8月12日《王勋致公司董事会函》。

王勋致公司董事会函

民国四年八月十七日(1915.8.17)

董事会台鉴：

敬启者，大冶钢铁厂之预算表前经敦催吴任之及大岛顾问从速拟订。兹据大岛估算清楚，分别项目列表前来，当即寄与吴任之，嘱其复核，由吴任之详细复估，大致尚属同意。惟于三数项略有增减。兹将吴任之酌改之预算表一本，送呈台察。

查表内副料炉及洗煤机尚未在内，共估规银五百零九万四千六百两，按大借款扩充工程，共日金九百万元，按每日金合银九钱，约合规银八百十万两，应除汉厂、萍矿、大冶扩充已估定之数如后：

汉厂已估定规银一百八十万零三千一百七十五两。

萍矿已估定规银六十七万五千两。

大冶已估定规银一百二十三万七千一百五十两。

三处共估定规银三百七十一万五千三百二十五两。

此外，仅存约计规银四百三十八万四千六百七十五两，可作大冶新厂之用。比较吴、岛上开之预算银数，尚不敷规银约七十万零九千九百二十五两之数。如添设副料炉及洗煤机，则不敷尚不止此，即不计副料炉及洗煤机，而此项不敷之七十万零九千余两，亦须另行筹措。谨照列呈台察，应如何另筹之处，敬祈公议裁夺为荷。再，前项预算仅系草订，将来地基测竣，确知购地亩数及填土工程，及机器一律订定，确知价值，届时或多或少尚须随时修正也。合并声明。

抑勋有进者，我公司备尝艰阻，什八九皆由于经济之困难，以上不敷之数，若能如数宽筹，不费气力，自属大佳；若仍只勉强挪移，东苴西补，工程未竣而周转先艰，则与其勉强企图，反不如预先收缩。慎之于先，庶不至遗痛于后也。兹谨就预算可缓可减之项，酌拟缩减，以期大借款能敷应用。以工程就款项，而不以款项就工程，在目前虽不免削足就履之讥，而将来或不至剜肉补疮之苦。故现在目的，只求早日竣工，可以出铁，即能聊以自慰也。兹谨分可缓可减各项列左呈鉴，敬祈公议示遵。一面先由勋函商吴、岛，究可照缓照减否，再以奉闻可也。

计开：

拟缓各项；

建三目九项炉渣机一项，估银二万五千两。查新厂填土工程，即在开炉后亦非一时可竣，炉渣尽可填地，不必他用，且汉厂至今尚无此机，故似可缓也。

建三目十项冷风祛湿机，估银二十五万两。查化铁炉打进热风，颇忌湿气，有湿气则出货缩小，有此机则出货可以略多，然汉厂至今无之，故若因款项不敷，则此机似可暂缓也。

建五目二项生铁机，估银五万两。查此机欲堆铁速耳，汉厂系用人力为之，故此项似亦可缓。

建七目三项装卸煤机，估银十五万两。理由同上。

建八目三项装生铁机，估银五万两。理由同上。

以上可缓者五项，计合银五十二万五千两。

可减各项：

建六目一项修理厂、建六目二项修理厂，共估银四十万两。查修理厂可大可小，估计四十万两者为完备之计也。今不得已拟减小规模，拟减半改为二十万两。

建九目一项拖轮小轮，估银一万两。查将来可拨用萍矿拖轮，故只须差遣小汽轮一艘，即可敷用。该小轮约五千两可以造成，故此项似可减五千两。

以上可减者二项，共银二十万零五千两。

两共可缓可减共计银七十三万两，比较预算不敷之数，所差不多。

查明或可商减各项；

建十六目铁路，估银五十三万九千两。按铁路成本每英里连车轮约英金六千镑，合银五万四千两，今估五十三万九千两，已有十英里之远，是否太多,能否酌减,查明再议。

建十八目房屋,估银十八万两。按房屋十八万两,乍观之似乎太多,拟商吴、岛二君,未知能否减少一半,合银九万两。

以上可缓可减之款,是否有当,敬祈公议示遵。其余须查明方议减之二项,统俟商明吴、岛后,再以奉闻可也。敬请

台安

王勋

王勋致公司董事会函

民国四年九月一日(1915.9.1)

董事会台鉴:

敬启者,前于八月十七日所呈贵会一函,拟将吴任之、大岛之大冶新厂预算分别拟缓拟减若干项,除呈贵会外,当即分头函商吴、岛二人。兹已分别接到复函,对于所拟减缓各项,大多数已得其同意,谨将各该意见理由及拟减银数,开列一览表敬呈台察。除两人互相同意各项外,其余有其意见微有不同者,业由勋将两人所拟,细加研究,折中其间,另作折中之议,计吴议可省银七十一万五千两,岛议可省七十万五千两,相去无多。至折中之议,则可省银七十六万五千两,较多减五万之谱,亦与之不相上下。此项修正预算表,敬祈核准,以便正式函致正金银行,俾得按照工程次序随时拨款为叩。专此。敬请

台安

王勋

[附件]　王勋、吴健、大岛各该意见之比较

谨将大冶新厂预算不敷约七十一万两,代经理拟缓拟减各项,经吴任之、大岛分别讨论,或同意或不同意,开列一览表呈览:

三目九项炉渣机:

代经理原拟:拟缓,银二万五千两。

吴任之意见:此机尚非急需,不妨暂缓,但炉渣必须设法运去,拟改用铁槽,约估银一万两,计可省银一万五千两。

大岛意见:炉渣必须运去,故原拟成粉制砖,兹若除去此机,即须仿汉阳多用炉渣车,或尚须加增火车头一具,是则所费之款,恐比较原拟尤巨也。

代经理拟折中意见:按公司所聘布置全厂规模之美国专门家对于此项炉渣,有数种办法,其最廉之法,即系用水槽冲之成粉,以备填地,与任之意见相同,自当采任之之议;且公司新地须数年方能填平,届时经济若纾,仍可照大岛之意也。故此项可省一万五千两。

三目十项冷风祛湿机:

代经理原拟:拟缓,银二十五万两。

吴任之意见:此机以有之为佳,然若因经济不敷,只可暂缓,计省二十五万两。

大岛意见:同意暂缓,计省银二十五万两。

代经理拟折中意见:既两人均同意,即拟暂缓,计省银二十五万两。

五目二项生铁机:

代经理原拟:拟缓,银五万两。

吴任之意见:同意拟缓,俟将来另添,计省银五万两。

大岛意见:同意拟缓,俟将来另添,计省银五万两。

代经理拟折中意见:同意拟缓,俟将来另添,计省银五万两。

七目三项装卸煤机:

代经理原拟:拟缓,银十五万两。

吴任之意见:同意拟缓,俟将来另添,计省银十五万两。

大岛意见:同意拟缓,俟将来另添,计省银十五万两。

代经理拟折中意见:同意拟缓,俟将来另添,计省银十五万两。

八目三项装生铁机:

代经理原拟:拟缓,银五万两。

吴任之意见:同意拟缓,俟将来另添,计省银五万两。统计以上三项不设机器,即须用人工,但人多则不易驾驭,此一层尚可设法。惟车辆不敷,须加车头一部,车十辆,约加三万两;又,扩充码头二万两。共加五万两。故以上三项,仅能实省二十万两。

大岛意见:同意拟缓,俟将来另添,计省银五万两。

代经理拟折中意见:查任之之意,以上三项既系改用人力,即须多购车辆,扩充码头,所虑亦是,故三项虽可减二十五万亩,须除去加购车辆、扩充码头五万两,实只能省二十万两。

六目一、二项修理厂:

代经理原拟:拟减,银二十万两。

吴任之意见:不能减至一半,只可减四分之一,计省银十万两。

大岛意见:该厂系兼为冶矿之用,将来修理不少,器具须一切完备,然目前不妨暂照尊意核减二十万两。

代经理拟折中意见:按修理厂可大可小,拟先照大岛减银二十万两,如将来器具确系不敷,不妨陆续添购,故此项可省二十万两。

九目一项拖轮及小轮:

代经理原拟:拟减,银五千两。

吴任之意见:如减五千两,则须改用小汽船,但大冶水深,此项小汽船须估价万两以外,故此项难以再减。

大岛意见:暂可减半,计省银五千两。

代经理拟折中意见:任之之议颇有理由,当免核减。

十六目铁路一项路基:

代经理原拟:拟减,未拟所减银数。

吴任之意见:拟铁路项下减银四万两。

大岛意见:按原预算路长六英里,又有五英里叉道甚多,每里二万五千两,余一英里工程崎岖,且须购地须六万两,故地基项下不能再减。

代经理拟折中意见:查购地另有购地专款,不必在铁路路基内加入。至其余一英里估工程六万,亦属过巨,按各路每英里连桥梁、车辆一切亦不过五、六万两。故此项宜照任之之议,减四万两。

二项车辆:

代经理原拟:拟减,未拟所减银数。

吴任之意见:拟车辆项下减六万两。

大岛意见:至车辆项下从实估计,亦无可减之余地,各车辆之数列左:机关钓竿二具,一万两;车头五部,共五万两;矿石车三部、焦炭车三部、添料车四十部,共十六万两;其余各车十万两。共三十二万两。

代经理拟折中意见:查预算,此项三十三万两,即使照大岛之议,亦可减一万两。

十八目房屋:

代经理原拟:拟减,银九万两。

吴任之意见:从实估计恐难再减。惟电机厂厂屋项下,如将来决不扩充,则可省五万两。

大岛意见:鄙人于华人起居情形尚未熟悉,此项能减否,不敢臆断。

代经理拟折中意见:大岛既不发表意见,自宜照任之之议,减少五万两。

共计拟减拟缓:

代经理原拟:除铁路项下未拟若干外,共拟减拟缓八十一万五千五百两。

吴任之意见:共拟减拟缓银七十一万五千两。

大岛意见:除房屋项下不表意见外,其余项,共拟减拟缓银七十万五千两。

代经理拟折中意见:按折中两议,共计可减七十六万五千两。

王勋致公司董事会函

民国四年九月十一日(1915.9.11)

董事会台鉴:

敬启者,冶厂化铁炉前蒙贵会议准,向摩根公司定购,嗣于八月十三日据三井洋行代表列德干利公司函致盛会长、王董事,请暂待二、三星期即将详细清单交来,以便比较。当即商奉王董事照其所请。旋由三井洋行于八月十八日用正式洋文函声明,限三个礼拜之内定必将该项清单交到公司,以凭比较而定去留等语。当时以暂待三星期尚可将就,姑允所请,而又恐摩尔根公司之价不能留盘太久,因同时电致摩尔根,请其再留盘四星期。所以必须四星期者,因列德干利之清单须三星期内交来,交到后,至少一星期方能逐款比较,是以摩尔根留盘必须四星期之久也。乃接摩尔根复电,以钢价渐涨,只能留盘至八月底为止云云。嗣复接来电已转商各钢厂(因前途须向钢厂定购钢料也),允留盘四星期云云。如果三井之清单确能三星期之期限内如期交到,即可以两不延误,或此或彼,尽可于摩尔根留盘四星期期内定夺一切矣。今三礼拜之期限现已过去(此乃照正式洋文公信而言,如按照所致盛、王两公之信,久已过期矣)。而三井尚未据前途将清单〈交到〉,如再延迟,恐又逾摩尔根留盘四星期之限,如日内钢价高涨,摩尔根必须涨价。故顷已正式致函三井,询其能否即日将清单交来,否则恕不再候等语。而三井现尚未有确实复音,如再待三井,万一届时其清单不合,则再向摩尔根订购,恐不免涨价之虑。此事关系甚重,勋不敢擅自主裁,应否再候三井或径向摩尔根订定,敬候公议示遵为荷。专此。敬请
台安

王勋

王勋致公司董事会函
民国四年十月二十八日(1915.10.28)

董事会台鉴:

敬启者,冶厂化铁炉,摩根厂及列德干利厂两标,摩根早寄有细单,惟其价略昂,列德干利厂标价较廉而细单不备,故当时拟即向摩根定购。惟列德干利厂一再请求,待至九月念九号始将细单寄到。当即会同大岛详加考核,并与摩根之细单互相比较,颇相仿佛。并经勋会商大岛,嘱其加入数项,又更改某项,连日函电磋商,该厂均一一照办,其价银亦略为减少,所拟

合同条件亦大率一律迁就。当与该厂经理人三井洋行订定合同,今日签字。兹谨将该合同各要点摘出如左:

一、价银　计化铁炉二座连附件(除热风炉由扬子厂包造并除运车另购外),计价美金二十二万三千五百元(比较摩根厂廉美金五万六千九百二十五元)。

二、付价　每批在纽约装船后凭提单、货价单等件由银行跟单。

三、交货日期　一九一六年三月三十一号之前开始交货,一九一六年八月三十一号为限,须一律分批交楚,每批由二百吨至四百吨不等,由买主吩嘱,并须按照工程所需先后次序,以装到纽约船上为交货地点。

四、重量　共计两炉重二千三百十五吨(比较摩根重一百八十七吨),内计:

机器一百十七吨

钢料一百八十九吨

铁料五百五十二吨

铜料四十八吨

五、罚则　如交货逾期,每礼拜或不及一礼拜罚扣货价一千分之二分半,譬如过三天则罚一千分之二分半,过十天则千分之五分,过十七天则千分之七分半,余类推。若至九月三十号仍不能交足,则任由买主取消合同,其已交者并可退回,所付之价并息退还,另加以前项积计之罚款。

以上各条乃其重要者,其余乃普通条款及工程上、商务上题中应有之义耳。谨此布闻。专此。敬请

台安

王勋

公司董事会议案(节录)

民国四年十一月一日(1915.11.1)

王代经理函:冶厂化铁炉摩根厂及列德干利厂两标,因摩根早寄有细单,惟其价略昂,列德厂标价较廉,而细单不备,当时拟向摩根定购,报由贵

会议准在案。嗣以列德厂由三井介绍，一再请求候寄单比较，遂未与摩根订约，待至九月二十九日始将细单寄到，会同大岛详核，并与摩根来单比较，颇相仿佛，并经勋会商大岛，嘱其加入数项，又更改某项，该厂均照办，价银亦略为减少，所拟合同条件亦复迁就，当与该厂经理人三井洋行于十月二十八日签字订定，兹该合同要点摘出如左：①

公议：冶厂化铁炉现与列德干利厂订定，比较摩根标价减少，重量加重，所订条件亦极妥协，应即照办。

（二）汉厂、冶矿、萍矿扩充工程预算

公司董事会致李维格函

民国二年五月二十四日(1913.5.24)

一琴先生大鉴：

径启者，敝会筹议公司大借款，已提出议案，于五月二十日股东常会宣付表决，全场一致赞成，亟应预计债额，以便筹办。查公司大借款，系为大冶添建四炉，及提还重息短期各债而设，各债本息，已嘱会计所查明预算需款若干；至大冶添建四炉，其建炉经费固应核计，而燃料因之加增，萍矿应如何筹备以资应付，以及添造轮驳，扩充码头。凡关于添炉之联带建设，均须预算确数，连同应还各债及酌留活本数目，定为债额，以为筹借之预备。前接尊电，悉台从巡视汉厂后，先往萍乡，继赴大冶，即顺流回沪，用特函请阁下到萍、冶两矿时，务将上项添建炉座，扩充出煤、筹备各节，与工师、矿师逐一考核，通盘筹画，共需经费若干，一一预算。务宜格外撙节，公司欲救危局，忍痛借款，即股东官息不发现银，若仍稍有糜费，董事实无以对股东。人言可畏，名誉攸关，阁下必已见及于此。请即汇为一册，旋沪见示，以凭核办，是所盼祷。再，萍矿李镜澄君，已由敝会正式委任坐办，月薪定

---

① 此处略。详见本书第 930 页 1915 年 10 月 28 日《王勋致公司董事会函》。

为二百五十两,兹将委任书抄稿附奉查阅。专泐。祗颂

台安

汉冶萍公司董事

盛　王　沈　李　周　聂　朱　施　张谨启

李维格致公司董事会函

民国二年七月二十四日(1913.7.24)

董事会诸公台鉴:

　　维格前遵贵会议决,因本公司扩充炼铁事宜,令即前赴厂矿筹画一切,经理职务暂由商务长王阁臣、会计所长于仲庚两君兼代等因。当于五月九日将经理职内一切事件交与王、于二君接管,即于十一日赴汉,由汉而萍而冶。旋于六月十一日奉会长急电,催归来沪一行,因考查未毕,仍复赴汉。今于本月十三晚到沪。兹将考查厂矿扩充改良事宜并约略预算缮折开单,呈请鉴核。

　　查厂矿及萍煤运销经此兵燹,收拾残余,虽渐次复旧,而元气究已大伤,培补保养恐非朝夕所能奏效。窃有进者,厂矿出货全恃人工劳苦艰辛,有非寻常商业所可比拟者,况丁此世变乎! 故欲求进步,似宜先得人心。不肖者固应斥罚,而贤者亦宜奖劝,其实心任事者尤宜鉴察为难,体谅周挚;彼此诚恳相见,庶几感情融洽,人出其力,此尤公司之根本也。再,第四炉明年必须工竣,一切工程势难再缓,清折所开,尚祈早日决议,以便进行。专泐。敬颂

均安

李维格

　　附呈清折一扣、工程预算单一纸、出入预算表二分①。

　　　　[附件一] 　筹划汉冶萍厂矿扩充事宜清折

　　兹将筹划厂矿扩充事宜缮折开单,呈请鉴核。

---

　　①　出入预算表略。

汉厂项下

第四号化铁炉之热风炉已运到一批,现正开工建造,所有机件、火砖均按照建造次序与厂家订定,陆续起运,赶于明年造成,以应日本制铁所合同后年应交生铁八万吨之数。惟多开一炉,连类而及者甚多,若不及早布置完备,即炉成亦不能开炼。兹特一一开列于后:

一、起卸矿石　查第四炉开炼,每日需用矿石、白石、锰石一千七百吨之谱,目前三炉需用千吨之谱,人工日夜赶起,仅可勉强敷用,而寒暑雨雪往往有缺乏待料之虞,若再日加七百吨之多,非借机力断难供应。一再筹商,拟用机器起卸,各方谘访择定一种,约计需银八万两,除电动机外,无须购诸外洋,拟在本国开标自造。

一、车辆　现有火车头十一辆,分配如下:

化铁炉三座　三辆

钢厂　一辆

中码头　二辆

二、三、四码头　二辆

运轨出厂　一辆

运生铁出厂　一辆

预备替换　一辆

共十一辆。

俟第四炉开炼,需用火车头如下:

化铁炉四座　四辆

钢厂　一辆

中码头　二辆

二、三、四码头　二辆

上斜度桥　一辆

运轨　二辆

运生铁　二辆

预备替换　二辆

共需十六辆。

现在矿车三十五辆，其容积分配如下：

辆数	容积	分配
十五辆	十二吨	中码头
二十辆	二十吨	二、三、四码头

共三十五辆。

俟第四炉开炼需用矿车如下：

辆数	容积	分配
十五辆	十二吨	中码头
十辆	十二吨	中码头（预备修理、替换应急）
六辆	二十吨	二码头
六辆	二十吨	三码头
六辆	二十吨	四码头
二辆	二十吨	五码头及襄河堤岸

共需四十五辆。

现有他项车辆四十五辆，其容积如下：

辆数	容积
二十五辆	十二吨
二十辆	二十吨

共四十五辆。

分配如下：

钢厂运废铁　四辆

钢厂运炉渣　二辆

钢厂运矿石　四辆

运炉砖及炉灰　四辆

化铁炉运废铁　四辆

机器电机股　四辆

铁货厂　二辆

运生铁及修理替换　二十一辆

共四十五辆。

俟第四炉开炼,各厂出货加增,计须添购运出钢铁熟铁货车辆二十辆,兹将应添火车头、车辆总数开列于后:

火车头　五辆　约需银七万五千两

车辆　四十辆　约需银十六万五千两

如遇起卸东煤时,车辆即有应接不暇之势,又襄河发水,萍煤船只不能进河,即萍煤亦宜在江岸码头起卸,均需车辆,现拟设法扯用,不再多添。

一、轮驳　汉厂现有拖轮七艘,开列如下:

楚强　拖重九百吨

楚富　拖重九百吨

汉顺　拖重九百吨

汉兴　拖重九百吨

汉通　拖重九百吨

汉发　拖重六百吨

汉利　拖重三百六十吨

共计拖重五千四百六十吨。

每船每月往来汉冶十二次,共可拖重六万五千五百二十吨,除洗炉修理作八折算,应可运五万二千四百十六吨。第四炉开炼,每日需用矿石一千七百吨之谱,三十日计月需矿石五万一千吨,以现有之拖力计算,似可敷用;无如汉通、汉发两轮均系木质旧船,时常渗漏,岁须大修,汉利一轮,机弱力小,此三轮殊不可恃。故为稳当计,须添汉顺式之拖轮两艘,而将此三轮调归萍局,以补驳多轮少之病,必不得已,亦须再添一艘。否则第四炉开炼,拖轮不能敷用。

汉厂现有钢驳七艘,载重约三千三百吨,木驳六艘,载重约一千三百吨,年来均向萍局租用钢驳十艘,始能月运矿石二万七八千吨,以应厂用。若第四炉开炼,须月运矿石五万一千吨,非有驳船一万一千吨不可。约略分派如下:

在冶装矿备拖驳船　三千吨

在汉阳起卸驳船　三千吨

在途上下水驳船　五千吨

除现有驳船四千六百吨外,应添六千四百吨。查萍局驳多轮少,拟即以现厂租用之钢驳十艘拨归厂用,而添载重六百吨之钢驳六艘,凑足月运五万一千吨之数。此外,本须再添六百吨驳一、二艘,以备武汉运货之用,现拟暂缓。再添计必不可少者:

拖轮　一艘,约需银六万一千五百两。

钢驳　六艘,约需银十四万九千二百五十两。

一、斜度桥　斜度桥二座,一旧一新,旧桥下堆储矿石,供一、二号炉之用,新桥下矿石供三、四号之用。现中码头即用机器起卸上桥,矿石较多,必须有堆储之地,拟将新桥升高,加多矿仓二格,以备多储矿石数千吨,方免仓满,阻滞起卸。雨雪仓空,须向他码头转运备而不用之矿石,矿石系粗重之物,多一转手即多一糜费,总以仓储无缺为合算也。计升高桥身,加多矿仓二格,约需银二万两。

一、提料炼焦炉　萍焦运至汉厂,水陆盘驳,碎屑不能入炉者约百分之三十,兹将通扯之整、碎成分亏耗数目开列于后:

入炉整块　百分之七十分二一

出售小块　百分之十三分二十

出售核块　百分之七分二七

出售末屑　百分之九分三二

合一百分,即一吨。

入炉整块七十分二一,银六两三钱二分(一百分价银九两)。

出售小块十三分二十,银一两零二分(一百分价银七两七钱)。

出售核块七分二七,银三钱五分(一百分价银四两九钱五分)。

出售末屑九分三二,银一钱五分(一百分价银一两七钱一分)。

收进整碎焦,价银七两八钱四分,付出焦价一百分(即一吨)银九两,亏耗银一两一钱六分,又挑运筛拣工费每吨银三钱,每焦一吨实亏银一两四钱六分。第四炉开炼年用焦炭二十五万吨,年须亏耗银三十六万五千两,若大冶新炉年用焦炭二十万吨,年须亏耗银二十九万二千两,汉冶两处,共须亏耗银六十五万七千两。其实碎焦不入炉者,尚不只此,大约只有百分中五十分之谱,是则亏耗更多矣。

照以上亏耗情形而论,不能不就厂烧炼,若果就厂,则自宜加工提料,以免暴弃煤气中所含各品。查萍矿焦炉无提料机件,煤中值钱品物听其废弃,现拟就厂建造新式提料焦炉二百格,年炼焦炭二十七万吨,照日本已建炉座预算,约需建造工本日币一百八十万圆,兹将其出入盈余之数列下:

出款

煤四十万吨,每吨价六圆(从稳估计,其实无须四十万吨),二百四十万圆。

每焦一吨,炼工六十钱,十六万二千圆。

每焦一吨,用料二十五钱,六万七千五百圆。

磺镪水四千六百吨,每吨二十圆,九万二千圆。

石灰二百五十吨,每吨十圆,二千五百圆。

水二十二万立方米得,每二分,四千四百圆。

洋工师一人、匠目三人薪水,二万圆。

提料机用蒸汽三万吨,每一圆,三万圆。

推焦机用电力四十万度,每二分,八千圆。

一百八十万圆折旧利息,二十七万圆。

共出款三百零五万六千四百圆。

入款

焦炭二十七万吨,每吨十圆,二百七十万圆。

硫酸阿摩尼亚四千六百吨,每吨一百二十圆,五十五万二千圆。

煤油一万零八百吨,每吨十圆,十万零八千圆。

煤气煤价之二十分,四十八万圆。

共入款三百八十四万圆,除出款三百零五万六千四百圆,净余七十八万三千六百圆。

赖伦于前年回国之便曾携洗煤小样至德试炼,结果甚佳。格因焦炭关系紧要,恐小样不足为凭,故于前月特运洗煤一百吨至日本试炼,并派化铁炉工师前往监察,据其报告结果亦佳,似已毫无疑义,且此项新式炉座出焦成数及炼焦时候均胜萍矿。查萍矿洋炉出焦七成,土炉出焦六成八;洋炉需时五十点钟,土炉需时五、六日。此项新炉出焦七成五,需时三十五点钟,所省亦属不少也。现外洋铁厂无有不就厂炼焦者,因不独无破碎之耗,且可接引焦炉多余煤气入钢炉炼钢,以省烧煤。盖化铁炉煤气热度低,只能蒸汽,而炼焦炉煤气热度高,可以炼钢也。惟炼焦一吨,须用洗煤一吨四,运费加多。但查萍矿与萍株铁路所订合同,生煤每吨运费七角二分,焦炭八角六分四厘,装船则煤末不如焦炭之多占吨位,故虽多运百分之四十尚属合算。

一、起煤挂线路　每日炼焦七百余吨,约需起煤一千一百吨之谱。目前用人工起卸,至多不过六、七百吨,一遇雨雪农忙严寒酷暑之时,并此而不及。焦炉开炼不能间断,势非用机力起卸,断难供应。拟就襄河堤岸用挂线路直达厂中,除存堆外,即倾入炼焦炉煤仓之内,方能源源接济。此项挂线路连斜坡铁路及铁䑸船约需银十万两之谱。起煤迅速,则萍矿轮驳、民船不至久候,既可减轻运费,且免偷漏之弊。

一、电力机　目前有电机厂二所。一号厂有电机三号,一、二号机每号发电四百启罗瓦脱(以后减字称启),三号五百二十启,作发电八折八算,一、二号实得电力七百零四启,三号四百五十八启,一号厂共一千一百六十二启;二号厂有电机三号,每号发电二百启,作八折八算,二号厂共五百二十八启。两共一千六百九十启。惟虽作八折八算,而往往煤质不一,水质不净,可恃者实只有五折至七折五,故常须开用每厂电机二号,是预备修理替换者只有三分之一。查全厂电动机约需四千八百匹马力,合三千五百八十启,但电动机无同时并作之候,故电机如无大损尚可敷用。惟第四炉开炼,他项工程扩充,约需添用电力如下:

第四炉

升降机　一百二十匹马力

关闭炉盖机　十四匹马力

打风机、凝水机、抽水机　四十五匹马力

各种机器　八十一匹马力

共二百六十匹马力,合二百启。

他项工程

炼焦炉　六十启

起煤挂线路　四十五启

起矿等机　一百八十启

共五百二十五启。

两共七百二十五启。

是全厂需用四千三百零五启。目前电机只有一千九百二十启,拟添一千五百启电机一副,分别开用、替换如下:

开用

新电机一副　一千五百启

二号厂旧机一副　二百启

共一千七百启。

替换

一号厂旧电机三副　一千三百二十启

二号厂旧电机二副　四百启

共一千七百二十启。

新电机一副连汽炉六座,约需银十八万两。

一、水机厂　目前全厂所用之水均取汲于池塘,用过之后,仍回流入池,虽每年于夏涨之时放闸替换,推陈出新,而炉渣之硫磺杂质,各厂之油腻、泥沙与水同流,一池皆浊,以致汽炉结皮,用煤多而生汽少,虽时洗刮,亦难用尽其量。且池塘面积有限,每遇伏暑,池水热度甚高,机器转动时需冷水减其热度者,用此高度之池水,机器亦失其应有之效力。拟于襄堤设水机厂一所,清水池一区,汲取河水入池,清去泥沙,用机送上大别山水柜,以供全厂之用。此项水机厂连大别山水柜约需银十二万两。

一、沟渠　夏涨时，襄河之水高于厂基，河水与池水两面渗入，又或阴雨连绵，积潦不出，虽有闸口，抽水机抽送出厂，而机力不胜，出不敌入，以致厂中机器炉座之下到处皆水，且既拟全用新鲜河水，则须将用过之水全送出厂。拟筑宽大沟渠一道，沿大别山直达大江，冬令水浅可自流入江，春夏盛涨，用机抽送，方可免去厂中水患。此项沟渠连抽水机约需银八万两。

一、煤气巷　拟用化铁炉热度低之煤气炼焦，而以炼焦炉热度高之煤气炼钢蒸汽。此项煤气巷及煤气仓约需银六万两。

一、炼钢炉　现有西门子马丁炼钢炉六座，每座容积三十吨，常开四座，替换二座，每日每炉出钢二次半至三次，四炉共出钢三百吨至三百五十吨之谱。查钢厂尚有一炉地位，拟添造一炉，俾常有五炉开炼，每日出钢三百七十五吨至四百五十吨，折成钢货三百五十吨之谱，每年作三百日算，可出钢货十万五千吨，若尽成钢轨及附属品，约可造路二千二三百华里，中国数年之内造路进步大约亦不过如此。计添造一炉，约需银二十一万五千两，又厂屋银三万两，除特别炉砖外，均可在本厂及扬子厂自造。

一、拉钢厂汽炉　目前汽力不足，拉轨机不能同时并作，时有停待，以致出货少，成本重。计算须添汽炉六座，约需银十万两。

一、水力厂　现有水力机两副，一新一旧，旧者渗漏，水力不足，出货耽误。拟添水力机一副，需银五万两。

一、螺钉厂　出轨既多，螺钉、螺帽、钩钉自须加造，拟添螺钉厂机器，约需银四万五千两。

一、钢炉装料机　现有一副，不敷应用，拟添一副，约需银四万两。

一、化铁炉打风机　化铁炉四座，打风机仅敷应用，若有一机损修，即须停炼或减少出铁。拟添替换打风机一副，约需银七万两。

一、轨道码头　厂达各码头轨道、地基，约需银十万两。

一、预备机件　各种机器紧要机件须向原厂配制者，如有损坏，即耽误工作。拟择要预备，约需银五万两。

一、化验房等　化验房、栈房、医院住房、围墙，约需银七万两。

一、沪栈　第四炉开炼后，冬令出口生铁须上海转装，扩充沪栈，约需银三万两。

以上汉厂项下共约需添本银一百八十九万零七百五十两,又第四炉尚须银六十万零六千一百三十两(见另单),共约需银二百四十九万六千八百八十两。提料炼焦炉资本拟另筹办法,故未计算在内。

冶矿项下

现汉、日两矿每年约需四十余万吨,连白石、多罗密石约五十余万吨,目前布置仅可敷衍。第四炉开炼,即需多用矿石、白石二十万吨之谱,两年半后出售矿石又需加多十万吨,若再就冶添造两炉,需用矿石三十余万吨,共需矿石一百万吨,白石、多石约二十万吨。非将矿工、车运大加,扩充改良,贻误即在目前。白石现已觅有沿江下游石山,化验可用,拟即购买开采,以纾运道之力,矿工车运拟有办法如下:

一、运土挂线路　矿为土盖,去土方能取矿。历年以来均作暂顾目前之计,移堆咫尺,及至阻碍,又须他移,致一处之土,须费几番工本,穷年累月,高积如山,即使不惜此费,而亦不能多出,拟设挂线路四条如下:

狮子山约六千七百尺,每日十二点钟运土五百吨,约需银十万零五千两。

大石门、野鸡坪约三千六百尺,每日十二点钟运土二百吨,约需银五万四千两。

铁门坎约三千六百尺,每日十二点钟运土二百五十吨,约需银四万六千两。

纱帽翅、龙洞约二千七百尺,每日十二点钟运土二百五十吨,约需银二万一千两。

共约需银二十二万六千两。

一、电钻　现用人工打钻,既难深入,又太费时,每点钟至多一尺,如用机钻,每点钟约可七八尺,且铁门坎等处矿石坚硬,手钻几不能入。拟用电钻五十副,约需银四万两,压气钻较可节省,而各有长短之处,现正研究。

一、电机厂　挂线路、机钻均需电力,而此后须通宵工作,非电灯不可,拟设电机厂一所,内交流电三百启电机两副、气炉、电线等,约需银十三万两。厂设白杨林,兼顾得道湾、铁山两矿。

一、石灰窑电灯　火车及轮驳船均须通宵工作,亦需电灯,拟设三十启煤油电机一副,及预备替换六启小电机一副、灯线等,约需银一万六千两。

一、弯路改直　铁路干线系官局所造,当时风气未开,闻购地不易,故路线迁就弯曲,殊甚损伤车辆,耽搁时候,拟将其尤甚者改直之,约长十三里零。又,石堡须添汇车支路一条,装卸材料支路一条,盛鸿卿汇车支路一条,下陆存放矿车路一条,共长五里零。两共十九里零。每里约银九千两,共需银十七万两。

一、火车头　现有十一辆,须添五辆,列表如下:

上山	三辆
下窑	三辆
铁得码头	一辆
石堡码头	一辆
大修	二辆
小修	二辆
轮替抹洗	二辆
备用	二辆

以上须添火车头五辆,约需银七万五千两。

一、矿车　现有一百五十一辆,已造未成十五辆,已定十五辆,共计一百八十一辆。须添八十九辆,列表如下:

上山	六十辆
下窑	六十辆
铁山	十五辆
得道湾	十五辆
石堡卸	二十辆
石堡余	二十辆
哆石处	十辆
材料	二十辆

修理　　　　　　　三十辆

轮换　　　　　　　二十辆

以上须添矿车八十九辆,约需银十三万三千五百两。

一、得道湾　拟开狮山下厂工程项下:

由正路盛鸿卿之上,分路直达狮山脚,约计五里,内桥两座、涵洞三座,约需银七万二千两。

砌下矿码头一座,设十辆矿车地位,约需银八千五百两。

砌存矿码头一座,约需银二千三百八十两。

建下矿码头铁架十八架,约需银二千四百五十两。

建存矿码头天桥对面十八架,约需银七千零五十两。

存厂码头两处对面挂路,约需银二千九百两。

备置矿厂小方车四百辆,约需银一万六千两。

矿厂备用小钢轨,约需银五千两。

矿厂平厂土工,约需银一千两。

矿厂备用炮条、大小锤钢等,约需银四百五十两。

放车房四间并车窨,约需银二千四百两。

打铁房两间连铁匠需用器具、铁钻、风炉等,约需银二千两。

大路分路房两间,约需银一百两。

栈房办公房、匠役房大小二十间,约需银一千六百两。

矿面积土以挂线路送远挖土上车,约需银五千两。

以上共约需银十二万八千八百三十两。

扩充各山旧厂工程项下:

狮山添设挂路,约需银七千七百两。

新添下矿码头,约需银八千九百五十两。

续展码头铁架计八架,约需银二千一百二十两。

放车房三间并车窨,约需银一千六百两。

挂路应用小钢轨、转盘、翻车架等,约需银一千七百五十两。

狮山新厂及各厂扩充、添设厂路需小钢轨等,约需银一万两。

各厂扩充备置小方车四百辆,约需银一万六千两。

各厂添用采矿器,约需银九百两。

添砌办公房、匠役房约大小二十间,约需银二千五百两。

拟招外路夫工做矿添砌住房二十大间,约需银二千两。

以上共约需银五万三千五百二十两。

一、铁山　拟开龙洞工程项下:

由白杨林分路接分路至姜姓坟旁止,计一里,约需银一万二千五百两。

砌下矿码头一座,设十辆矿车地位,约需银八千五百两。

砌存矿码头一座,约需银二千三百八十两。

建下矿码头铁架十八架,约需银二千四百五十两。

建存厂天桥对面十八架,约需银七千零五十两。

码头存厂两处对面挂路,约需银二千九百两。

备置矿厂小方车四百辆,约需银一万六千两。

矿厂备用小钢轨,约需银五千两。

矿厂平厂挂路土工,约需银一千两。

矿厂备用炮条、大小锤钢等,约需银四百五十两。

放车房二间并车窖,约需银一千五百五十两。

打铁房两间连铁匠需用器具等,约需银一千两。

分路房两间,约需银一百两。

栈房办公房、匠役房大小二十间,约需银一千六百两。

矿面积土以机器送远挖土上车,约需银四千两。

以上共约需银六万六千四百八十两。

扩充铁门坎、纱帽翅旧厂工程项下:

陈家湾砌放车房一间、码头放车房一间并车窖,约需银一千二百两。

矿厂码头添用转板转盘,约需银五百两。

矿厂添设厂路,约需银二千五百两。

移造机房、铁房、炭房十间,约需银四百两。

添购钻机厂用风车一架并手钻、空心炮条、三脚架大钻,约需银三千两。

平厂挂路土工,约需银三百两。

矿厂备置小方车一百辆,约需银四千两。

拟招外路夫工做矿添砌住所房屋二十大间,约需银二千两。

以上共约需银一万三千九百两。

一、下陆厂工程项下:

煤院、水井、车棚、工匠夫役住房,约需银一万两。

修理车辆机器,约需银一万两。

以上共约需银二万两。

一、石堡码头工程项下:

趸船跳板、矿夫住房等,约需银四万两。

拆卸旧屋(让出堆矿地盘)、移建租房、建造局所、填平堆矿地盘等,约需银五万两。

以上共约需银九万两。

总共约需银一百十六万三千二百三十两。

萍矿项下

现萍矿可日出煤二千二百吨,每月除休息二日,通扯不过月出六万吨。格五月到矿,四月份,尚只有五万五千八百十五吨,内分别如下:

一号块煤一万二千四百七吨二百十五启罗。

三号统煤四千七十五吨四十五启罗。

洗块七千九百七十五吨一百启罗。

洗末一万九千三十三吨四百四十启罗。

煤泥二千二百九十九吨五百七十一启罗。

壁石一万二十四吨六百二十九启罗。

合五万五千八百十五吨。

查汉厂目前月需焦炭一万五千吨,块煤七千吨之谱,而洗末一万九千余吨,仅能炼焦一万二三千吨,尚不敷汉厂三炉之需。至于生煤亦不敷甚多。除三号统煤留供本矿汽炉及萍洙长铁路应用外,照四月份计,只剩一号块煤一万二千余吨,洗块七千余吨,除厂需七千吨外,仅有块煤一万二千余吨,以供外销。查长、岳、武汉至少需煤二万余吨,以应市面。是厂需、外销,目前已难接济,况第四炉开炼乎！大冶新炉更无论矣。现为汉厂四炉、冶厂二炉,计约每日出铁一千三百吨,每吨生铁通扯用焦一吨一,日需焦炭一千四百三十吨,约需出窿毛煤二千八百六十吨。以此为准,拟扩充出煤至每日三千五百吨,以足敷汉冶六炉之用为主。盖安源出数,此为极点,如欲再加,必须就高坑另开井巷,此非所急,留待将来计划。为目前三千五百吨计,应扩充工程如下：

一、电力厂　现有电机二副,每副发电二百五十启,勉敷目前之用。兹须扩充电车路、抽水机、升降机、洗煤机,拟添电力七百五十至一千启,约需银十五万两。此项已寄单与洋厂开价。

一、抽水机　大槽与直井二层,今年秋季即可开通,开通后大槽煤可由平巷、直井同时并出。惟一经开通,大槽之水将倾灌于直井,秋冬无虑,明年春水发生后,现有之抽水机即力不能敌。格此次履勘直井三层,水已没踝,正在修闸防堵,益以大槽之水,若不及时绸缪,势必淹没。拟添电力抽水机二副,每分钟抽水三立方米得,抽高一百六十米得(直井三层共一百五十米得),约需银二万五千两。此项已寄单与洋厂开价。

一、电车头　总平巷及直井二层拟添电车头二十五辆,约需银五万两。

一、煤车　容积半吨,煤车二千辆,约需银十五两。

一、电车路　总平巷内并行平巷及直井二层,预备电车路五千米得,约需银二万五千两。

一、井架升降机　现有升降车笼只有一层,容车二辆,拟改为二层,可容车四辆,惟重量加多,井口须换新架,升降机亦须改用电力,约需银五万两。

一、水管　井口至二层水管六十米得,约需银九千两。

一、小洗煤机　此机现只每日洗煤二百五十吨,拟加大至一千吨,约需银十万两。

一、运壁挂线路　洗煤机洗出壁石,目前每日已有三百数十吨,出窿壁石尚不在内,不久将无处堆积,以后出煤愈多,壁石亦与之俱增。地既无从推广,只有堆高之一法。拟添挂线路,约需银五万两。

一、汽炉　电厂须添汽炉三座,约需银三万两。

一、通风机　窿路愈多愈远,则通风愈难,拟添电力通风机二副,需银二万五千两。

一、煤气炉　洗煤机洗出壁石含煤质百分之四十至四十五分,可发生煤气为蒸汽之用。查本矿汽炉现每月须用煤二千七百五十吨,若有此煤气炉,每日以二百五十吨壁石入炉,发生煤气,即可省汽炉所用之煤每年三万数千吨,此项煤气炉约需银二十万两。

一、提料机　煤气炉所发生壁石二百五十吨之煤气,如欲将内含料物提出,置备机器约需银四十万两。其每年盈余之数,据德厂预算如下:

煤油三千六百吨,每吨价二十马克,七万二千马克。

硫酸阿摩尼亚二千八百八十吨,每吨价二百十马克,六十万四千八百马克。

煤气可抵煤一万九千九百六十吨,每吨价五马克,六万四千八百马克。

共七十四万一千六百马克,除工费二十二万五千马克外,净余五十一万六千六百马克。惟此项提料机尚须研究,拟从缓再议。

以上共约需银一百二十一万四千两。除煤气炉、提料机可缓外,必需银六十一万四千两。

一、大冶新炉　查汉厂四炉约年出生铁二十二万吨,以十一万吨炼钢,十万吨售日本制铁所,已无余铁行销中外市面。拟就大冶添设两炉,每日出生铁二百五十吨至三百吨,约需银四百五十万两,如下:

炉二座连附属品,约银三百五十万两。

厂基二千亩,每亩五十两,约银十万两。

填土五百亩十五万方,每方一两,约银十五万两。

铁路车辆、挂线、趸船、修理厂、栈房、房屋、驳岸等,约银七十五万两。

共约需银四百五十万两。

汉冶萍厂矿扩充改良共约需银九百三十七万四千一百十两,除萍矿煤气炉、提料机银六十万两可从缓外，总共约需银八百七十七万四千一百十两。

萍矿轮驳项下

萍矿现有拖轮十四艘，除萍元一轮留汉拖送煤船外，尚余十三艘，可拖重一万二千五百吨。萍矿现有驳船一百五十一艘，共计载重三万二千二百四十吨，除以一万二千五百吨由轮船拖运在途，应多出驳船一万九千七百四十吨，内以一万吨留株洲、汉口备用及修理，又以三千六百吨租于汉厂运矿，仍多出驳船六千一百吨。汉厂四号化铁炉未开炉之前，每月需矿石二万七千吨之谱，若起卸得宜，则驳船六千吨便可运足此数。此外，再以一千吨预备修理及起卸机件之用，两共只须驳船七千吨，除本厂原有驳船四千六百吨，应再租驳船二千四百吨，计钢驳七艘即敷，故将来应有钢驳三艘可退还萍矿。照此则驳船应共多出七千一百八十吨。

如以汉厂之汉通、汉发、汉利三轮租与萍矿，共可拖重二千六百吨，则七千一百八十吨之余驳，应除二千六百吨拖运在途及二千六百吨留株、汉备拖，实余一千九百八十吨，若不欲以此吨位空置不用，则以载重一百吨之驳船二十艘，加以帆橹，改为民船式样，俾可自由行动，不须轮船拖带。

照以上所开列之轮驳及改为民船式样之驳船二十艘，如水大畅行无阻，每月应共可运煤焦三万四千余吨，其不敷者暂用民船帮运。所望洣岳铁路一二年内开通，即可不添轮驳。

再，石灰窑下游白石山或用挂线或用小铁路，尚未拟定。约需银数万两。

萍株铁路木桥朽腐，急须改造，以及火车头、车辆不敷应用，前已于六月四日在萍电陈，此事请再注意。

按萍矿煤槽九层，宽狭不一，宽者八法尺，狭者仅七八法寸，如易家槽、关槽、大底板槽，窿工须仰卧采挖。查英国煤矿槽在二十英寸（合五十法寸）以下者均弃置不采，他国亦相等。格此次入窿见直井内所挖小槽，狭不容人，出煤有限，而为欲开此数小槽所备之运道，工费甚巨。格怪而询诸赖伦，渠云：本不应开，因昔年责我采取硬块，大槽质松，只得开此小槽。格询以如不开小槽,专开大槽,每吨毛煤约可省费若干? 渠云:每吨约可省银二钱五分。格告之曰:萍煤以供应厂焦为主,不嫌质松,此后宜专注于大槽,每吨焦炭约可省银五钱,其小槽运道已备者,自可采取,以采尽为度,不宜再进,免此糜费。渠亦为然。

李维格

民国二年七月二十四日

[附件二] 汉冶萍厂矿扩充改良工程预算清单

第四炉项下:

炉座钢铁件　约银二十三万七千二十五两

德国火砖　约银一万六千三百十五两

英国火砖　约银一万四百九十两

开平火砖　约银十万二千五百两

汽炉　约银十二万六千八百两

渣车　约银一万三千两

建造工程　约银十万两

以上共约银六十万六千一百三十两

扩充改良项下:

起卸矿石机　约银八万两

车辆　约银二十四万两

轮驳　约银二十一万七百五十两

斜度桥　约银二万两

起煤挂线路　约银十万两

电力机　约银十八万两

水机厂　约银十二万两

沟渠　约银八万两

煤气巷　约银六万两

炼钢炉　约银二十四万五千两

拉钢厂汽炉　约银十万两

水力厂　约银五万两

螺钉厂　约银四万五千两

钢炉装料机　约银四万两

打风机　约银七万两

轨道码头　约银十万两

预备机件　约银五万两

化验房等　约银七万两

沪栈　约银三万两

以上汉厂项下共约银一百八十九万七百五十两。

运土挂线路　约银二十二万六千两

电钻　约银四万两

电机厂　约银十三万两

石灰窑电灯　约银一万六千两

弯路改直　约银十七万两

火车头　约银七万五千两

矿车　约银十三万三千五百两

狮山下厂　约银十二万八千八百三十两

各山旧厂　约银五万三千五百二十两

龙洞　约银六万六千四百八十两

铁门坎纱帽翅厂　约银一万三千九百两

下陆厂　约银二万两

石堡码头　约银九万两

以上冶矿项下共约银一百十六万三千二百三十两。

电力厂　约银十五万两

抽水机　约银二万五千两

电车头　约银五万两

煤车　约银十万两

电车路　约银二万五千两

井架升降机　约银五万两

水管　约银九千两

小洗煤机　约银十万两

运壁挂线路　约银五万两

汽炉　约银三万两

通风机　约银二万五千两

煤气炉　约银二十万两

提料机　约银四十万两

以上萍矿项下共约银一百二十一万四千两。

大冶新炉　约银四百五十万两

汉冶萍厂矿共约银九百三十七万四千一百十两,除萍矿煤气炉提料机可缓外,实约需银八百七十七万四千一百十两。

李维格致公司董事会函

民国二年八月一日(1913.8.1)

董事会公鉴:

此次遵赴厂矿实地调查,旋沪后拟具筹备扩充事宜清折一扣、预算经费单一件,出入预算表二份,于七月二十四日备函送呈,已邀公鉴。惟筹备扩充折内关于汉厂第四炉项下目前建炉之工本,炉成开炼之设备,均须及早决定,以便次第设施,庶一气呵成,炉竣即可开炼。尚祈贵会先将此项早日议决进行,以免耽延。再,格此次旋沪,经理一席并未接管,以时值恐慌,故到公司帮同兼代经理稍稍照料,如于筹备扩充清折有垂询之处,请传知到会可也。肃颂

公安

李维格

王勋、于焌年致公司董事会函

民国三年一月二十四日（1914.1.24）

董事会公鉴：

李经理上年夏间周历厂矿，与厂矿各工师考查改良扩充办法，回沪后于七月二十四日缮具预算清单，函送贵会核议在案。现值借款告成，所有扩充工程事项亟应筹备，以符营业之预算。查大冶铁矿上年采济汉厂及交日本矿砂，幸免贻误者，实因元年汉厂停炉，陆续运厂积存，可以供给。存矿现已用罄，本年额定五十万吨，即有竭蹶之虞。至第四炉年底竣工，则明年即须七十万吨；后年加售日矿十万吨，共八十万吨。萍矿煤额亦因之增长，若不预为扩充工程，必致难于应付。务祈贵会将李经理预算□□□□□□议决交下□□□□□备手续，赶为布署，一俟工程顾问来沪，即可洽商进行。事关紧要，此时动议已稍后时，若再迁延，将来四号炉成，供不应求及日矿交不足额，勋等实难担此重咎也。专肃。祗颂
公安

兼代经理　王勋

于焌年

王勋致公司董事会函

民国三年十二月二十九日（1914.12.29）

董事会台鉴：

敬启者，本公司扩充工程，民国四年预算已分嘱各厂矿详细估计，由敝所汇造，兹特译送台察。其正金一方面已用洋文抄送矣。查其中汉萍预算均按原本修正预算，惟大冶因扩充工程略有增改，溢出原本修正预算计银一万九千余两。除已函告大岛外，合并奉闻。此请
台安

王制勋

[附件] 汉冶萍公司扩充预算分年估用表

总预算：

汉厂一百八十万三千一百七十五两。

萍矿六十七万五千两。

冶矿一百二十五万六千一百五十两。

共计银三百七十三万四千三百二十五两。

民国三年份预算：

汉厂四十五万三千二百九十四两。

萍矿六万二千两。

冶矿一十三万六千一百七十五两。

共计银六十五万一千四百六十九两。

民国四年份预算：

汉厂一百三十四万九千八百八十一两。

萍矿六十一万三千两。

冶矿一百一十一万九千九百七十五两。

共计银三百零八万二千八百五十六两。

(三) 汉阳铁厂扩充

王勋致公司董事会函

民国四年一月十三日(1915.1.13)

董事会台鉴：

敬启者,汉厂扩充预算起卸矿石机一项,为第四炉必需之具,原估银十五万两,当即绘图说帖寄伦敦开标。嗣因吴任之及大岛出洋调查,当嘱其就近详细研究。兹接该两员来电,此项机器,伏那西嘉尔马斯厂标价最廉,计英金一万四千五百镑,图样合式,请即核定等语。

查此机系为第四炉而设,该炉本年上半年即可开炉,则此机自须及时订定。兹既据吴任之、大岛同称,伏那西嘉尔马斯厂标价最廉,图样合式,其标价一万四千五百镑,按现在汇价,约合银十二万九千两,尚在预算估数之内,应即订定。除面陈明会长,业荷核准,遵即照电伦敦按照订定外,谨即布闻,敬祈存案备查为荷。专此。敬请

台安

王制勋

池田①致公司董事会函

大正四年三月十五日(1915.3.15)

董事会会长阁下:

接奉大函,聆悉一切。汉厂定购西门子电机一事,来示所云种种详情,予亦深悉该行电机之估单较他行价既最廉,而物亦美,鄙意何尝不以为是?然在平安时代万不敢独出歧见,只以现值欧洲风云益形紧张之秋,运货危险,难期必到。际此时势,径行购买该行之货,实为冒险图侥幸于万一也。设如到期所定之机不到,不幸竟中鄙人之言,恐厂矿全体之计画必有龃龉之虞,而于事业预算有恶劣之影响,于公司财政上亦多不利。希冀区区之价廉,得不偿失。此予舍德商为公司图利益之理由也。如公司仍执前议,再向该行定购,予绝对不能赞成。苟决计购买,予惟不任其责而已。言尽于斯,望留意焉。幸甚,祷甚。此复。即请

伟安

池田茂幸鞠躬

王勋致公司董事会函

民国四年三月十八日(1915.3.18)

董事会台鉴:

敬启者,汉厂需用电机在伦敦开标,德厂西门子公司标价最廉,且章程

---

① 池田茂幸(生卒年不详):时任公司会计顾问。

亦极迁就,当即陈明会长及贵会拟即向之订购,当以航运之间,尚不能全无冒险,池田不以为然。因再与西门子细商,该公司自愿将保证金加至四万元,并将交货日期减至五个半月。并据汉厂函称,查英厂之标,声明电机之各件系瑞典国阿尔文纳司芬士嘉公司之制,该公司向来未闻,其名良否,不可预必。不如西门子素有盛名,且在华随处均有电机师,即使电机装设后,或有不合,可就近证明,立予补救也等语。当将以上各节陈明会长,并将西门子磋商情形面告王展老,奉谕谓西门子肯将保证金增至四万元,当非一无把握,但先付六分之五,本公司尚属冒险,如能改为到沪付价,尤为妥善云云。当即遵照此意,与西门子细商,该公司以不能办到,惟允肯改为由银行跟单九十天期,如中途被捕或被毁,由西门子自向跟单之银行商量展期,一面自向保险行领取兵险赔款,以还银行,一切均不须由我料理。如货已到沪,则由我照应单付款而已。似此办法,即与到沪付价无异,其余章程均一切就我范围。昨日业已签订合同,并据该公司交到保证金计洋四万元,由会计所照收入册。办妥后奉到会长发阅池田来函,仍不以为然。兹以呈览,并谨将合同要端译呈台察,敬备存查。

计开:

一、机件　汉阳电机全具如左:

生电机一具,英金三千七百二十五镑。

上面凝汽机一具,英金一千七百七十五镑。

附抽水机,英金三百五十镑。

蒸汽积汽机一具,英金一千三百八十镑。

零件,英金三百八十八镑。

变易阴阳电性机一具,英金一千三百三十镑。

生电机之分电机一具,英金四百五十二镑。

积汽机之分电机一具,英金二百四十六镑。

电线等,英金九十七镑。

共计英金九千七百四十三镑,合美金四万七千元。

二、交货　自立合同日五个半月内,在欧洲中立口岸交到船上。

三、电机之装设　由西门子派电机专门家一名来华,代为监督装设,自欧洲动身之日起,至回抵欧洲止,每日由汉冶萍给与津贴英金二镑。其实在之川资旅费,由汉冶萍认付。

四、试验　如货到后装设期内,或装设后十二个月,验有不妥之件,须由西门子负责。

五、保证金　西门子付与汉冶萍保证金计洋四万元,以备充作罚款。

如交货逾限,每迟一个礼拜,罚扣全价每千分之五分。

六、付款　机件交到船上时,先付六分之五,机件到华六个月之后付六分之一。

装船后,将提单、保险单,交由银行跟单九十天期,汉冶萍应单照付。但倘若中途被捕被毁,由西门子自向银行展期,一面自向保险行照收赔款,自还银行,不须汉冶萍料理。惟货到沪,乃由汉冶萍照应单之数付与银行。专此。敬请

台安

王勋

王勋致公司董事会函

民国四年三月二十九日(1915.3.29)

董事会台鉴:

敬启者,查汉厂预算抽水机项下,估价十万两,又沟渠估价八万两,两共十八万两。该两项均须用电力抽水机。兹接吴任之及大岛来电,此项电力抽机,经已开标,价银英金二千镑,拟请核准照定云云。查此项电力抽机,系原估抽水机及沟渠项下所必须之件,既据开标选定,计价英金二千镑,自应照准。且此项电力抽水机,为第四化铁炉急需之件,尤不容缓。除顷已复电嘱其速定外,谨以报闻备案。专此。敬请

台安

王勋

（四）大冶铁矿扩充

王勋致公司董事会函

民国三年六月十七日（1914.6.17）

董事会台鉴：

敬启者,本年需用大冶矿石,计汉厂约二十六万吨,若松制铁所约二十三万吨,日本轮西厂约二万吨,共计五十一万吨。此仅系第四炉未开以前之预算,至今冬第四炉出铁之后,则明年即需六十余万吨。查冶矿自开办以来,每年出额只系四十万吨左右,去年虽运出汉、日矿石数逾五十万吨,则因辛、壬之间汉厂停炉未运矿石,致有积存,故能应交不缺。今所积已罄,岁产四十万吨之额支配岁需六十万吨,不敷甚巨,亟宜扩充工程,以免匮乏。前函致冶矿坐办兼工程师黄君绍三,嘱其预算。兹接函复,略谓未雨绸缪,宜开采狮子山下层及龙洞两处。计开采该两处须添造工程如左：

甲、狮子山

一、打通矿石上面之石层并开挖矿山,以便开采之工程,估银五千两。

二、添置采矿器具,估银一千两。

三、矿内轨道（约长二法里）,估银五千五百两。

四、添置矿内矿车四五百辆,估银一万六千至二万两。

五、添造装矿石月台,估银九千至一万两。

六、添置装车用之钢质起卸机一具,估银一万至一万二千两。

七、斜度桥二具,估银四千五百两。

八、添造公事房、材料房、修理厂、工人住所等,估银七八千两。

九、以上各项应配置各件,估银二三千两。

十、添造房屋应须购地费,估银二三千两。

十一、展长铁路及岔路,约长三法里米,估银十万五千两。

共计狮子山扩充估费十七万七千两。

乙、龙洞

十二、打通矿石上面之石层并开挖矿山,以便开采之工程,估银五六千两。

十三、添置采矿器具,估银八百两。

十四、矿内轨道,估银五千两。

十五、添置矿内矿车三百五十辆,估银一万四千两。

十六、添造装矿石月台,估银八千两。

十七、添造装车用之钢质起卸机一具,估银一万两。

十八、斜度桥,估银四千两。

十九、公事房等屋宇,估银六千两。

二十、以上各项应配置各件,估银二千两。

二十一、购地,估银一千至二千两。

二十二、展长铁路,估银五万五千两。

共计龙洞矿扩充,估费十一万二千八百两。

两共二十八万九千八百两。

以上估价,仅就目前冶矿情形从宽估计,如将来监理得人,大约可减至银二十六万之谱。因现在冶矿未有专任稽核工程人员,且未有余屋可供营造工人之住宿,故遇有营造,不能招致汉口工头到冶包工,致一切工程均被土人所垄断,价昂而工劣。拟请于扩充工程设立一建造股,雇用专理安设钢料营造及机器监工一人,专理筑造及修理铁路监工一人,及土木工程监工一人。所费无多,而得有妥人专理,则各项每年所省者,为数正自不少也。所有以上扩充狮子山、龙洞工程及设立制造股各情,谨抒管见,以备采行等语。

查治矿工程,充量只能每年出矿石四十万吨之谱,新添第三化铁炉之时,已有扩充之必要,徒以经济艰难,未及如愿。现今第四炉瞬即开工,则前项扩充,自属刻不容缓。查前者李经理调查厂矿,曾预算冶矿改良工程款一百十六万余两,以达每年出产百万吨之额。兹实力撙节,除火车头等件另须添购外,核实只须扩充工费二十八万余,即可达每年六十万吨之额。

俟将来需增至百万吨,再添购电钻,约价数万两,即可照增出额至每年百万吨之数矣。以上情形,谨祈公议核准,以便执行。专此。敬请

台祺

兼代经理　王勋

王勋致公司董事会函

民国三年六月三十日(1914.6.30)

董事会台鉴:

　　敬启者,冶矿扩充工程瞬即着手,势必多用人员,现有住房不敷住宿。前次冶矿工程师黄绍三在沪时曾提及须速添造住房,并经陈明会长。兹又接该工程师函称:现在住房本已不敷,扩充在即,用人较多,则住宿处所更形缺欠,亟宜预先筹画,以免临时不及。前在沪曾禀明会长,拟在余矿项下提款建造,兹谨拟就房屋图样一纸,拟照图建造十间,每间工料费以五百两为限,敬祈早日核准,俾得即托汉阳招人投标承造等语。谨将寄来图样敬呈台鉴。查所请添造房屋确系急需,拟请核准照造,照原议由余矿项下提款开支。敬候公议施行。专此。敬请

台安

王勋

大冶铁矿补加扩充工程预算

民国三年六月三十日(1914.6.30)

　　计开:

六十至七十吨火车头六部(每部二万五千两),估银十五万两。

车头厂一所,估银一万二千两。

电机估银十万三千两。

石灰窑堆矿及起卸机,估银三十万两。

共计估银五十六万五千两。

大冶工程师黄绍三(签字)
顾问工程师大岛(签字)

王勋、于焌年致公司董事会函

民国三年七月二十八日(1914.7.28)

董事会台鉴:

　　敬启者,顷接冶矿黄工程师来函:冶矿扩充工程狮子山工程项下,前在沪所呈四月八日之原估价预算,原有开扩矿山一项,估银五千两。嗣因大岛顾问谓此种开矿费用只能作为活支,是以六月十六日修正预算,即将此项照为除去,所有狮子山工程原估共五万二千两,因之减作四万七千两。但扩充工程现将实行,狮子山第二层亦已预备动工,山前开挖之工程下月内即当着手,计期五个月,每月须开支一千两。惟此项开支并非一去不复之款,因挖之际,即可掘得矿石,所获矿石之价值比较开支之费尚可有盈无绌,于公司亦可谓尚算也等语。查此项狮子山第二层工程急不容缓,且开挖期内即可掘得矿石,拟请即核准所请每月开支开挖费一千两,共五个月,计共银五千两,由活支项下开支,即祈公议核夺为荷。专此。并颂
台安

王制勋　于焌年

王勋致公司董事会函

民国三年十二月三日(1914.12.3)

董事会台鉴:

　　敬启者,大冶明年须增加出额,故扩充工程亟须进行,现在扩充之款本年需用者,已由日本汇到,是以各工程应即分别著手。兹将车头及矿车之投标比较表各一份,开呈台察。计美国车头公司之车头,钢火箱者每部美金一万七千零七十五元,铜火箱者每部美金一万七千六百二十五元,是为最廉。又,美国车辆公司之车辆,钢箍轮者,每部美金一千八百四十六元;铁箍轮者,每部美金一千六百二十五元,亦为最廉。该两处均系著名厂家,殷实可靠,拟即向定钢火箱车头五部,铜火箱车头一部,钢箍轮、铁箍轮矿车各二十五部,其比较说明业在比较表详细声明,敬祈核准照定为荷。再

大冶扩充尚需生电机、压气机等件均已有投标寄到。但现在拟减小电力，业分别发电嘱标价最低之数家各按减小电力之数，将标价比例核减。一俟复电再当开列比较表，送呈台鉴，详为说明，再请贵会核准照购可也。专肃。顺颂

公绥

王_制勋

王勋、于焌年致公司董事会函

民国三年十二月十一日(1914.12.11)

董事会大鉴：

大冶矿局办事处房屋年久失修，且有碍将来扩展铁道、添筑码头地位。前议另于土炉局东隅盖造一所，拟在汉口招标，开价约需一万元之谱，动用余矿存款。去年经贵会派陈理卿君调查，旋得报告，亦以盖建洋式较中式耐久，定万元之额，实难办到，至少非万五千金不可。前总办王星北君在余矿项下拨有建筑费一万两，不足之数由公司暂垫，分年仍由余矿项下拨还。惟王君所指之款，据云送交总公司，请即查明，如有此款则所增无多矣等语。后虽于十月间由王君将此款交来元九千五百十两七分二厘，而造屋之议，迄未重提。兹接该矿来信：屋宇狭窄，本不敷用，花厅高楼，高耸孤危，势将倾圮。现在工料价值，非去年可比，贵有十成之三，公司财政困难，不敢申请前议。为目前苟安之计，拟将大楼改为平房，以免倒塌，波及旁舍。此项改修，约需银不足一千两，可否请董会核准施行等语。查建筑冶矿办事处房屋经费，已由王君交来余矿款九千数百两，加以去今两年所存之数，比原估造价万五千金所差必然有限，应否准其在汉口多招包工投标或目前暂修旧屋应急，且俟来年再行动工之处，即祈批示祗遵。肃请

公绥

兼代经理　王_制勋

于焌年

王勋致公司董事会函

民国三年十二月十七日(1914.12.17)

董事会台鉴:

敬启者,大冶扩充,需用车头六部,矿车二十五部,前经贵会核准照购。查此项车头及矿车之计划,系前任大冶工程师黄绍三所拟,现因价目越出原估之数,由勋与王佐臣再三审查,车头一项现在只需四部,即可暂敷调用,无需定足六部。如将来必须再添时,另添二部可也。至矿车一项,原拟共订五十部,均由外洋配好车身,装运来华。兹查扬子厂可以配造车身,故只定全车二十五部,其余二十五部只定造车材料,较原价每部减美金七百二十元,其材料到汉后,拟交与扬子厂按照原图代配造车身,可以略省,约计每部配造车身工料只须美金五百六十元之谱,计每部约省美金一百六十元,共计二十五部,可省美金四千元。兹一面先定全车二十五部,造车材料二十五部,一面函商扬子厂,嘱其将车身工料核实估价前来,昨日已分别将车头、矿车签订合同如左:

美国车头公司　车头四部,上海交货,每部美金一万七千零七十五元,内两部明年三月中交货,又两部八月中交货。

美国车辆公司　矿车二十五部,上海交货,每部美金一千八百四十五元,明年四月份交货。

美国车辆公司　造矿车材料二十五部,交到上海,每部材料美金一千一百二十五元,明年七月份交货。

谨此报闻。敬请

台安

王制勋

王勋致公司董事会函

民国四年元月二日(1915.1.2)

董事会台鉴:

敬启者,顷接到大冶三年十二月份工程进行报告,所述各进行情形尚

属满意,谨照译呈台察,敬备存查。专此。敬请

台安

王制勋

[附件]　大冶矿三年十二月扩充工程简明报告

计开:

一、铁山及得道湾

甲、泥土　现在冬令,工人甚夥,因利用此多数之工人,以锄去外层之泥土,其工程甚为迅速,已露出新矿面数处,掘矿工人可多得开挖之地方。

乙、龙洞　现正拟绘开挖龙洞之上下挂线路,一俟绘就,即可开工。

丙、狮子山　土工及锄去外层泥土之工程,业已开工,预计二月下半月之内,轨道可以筑到该处,其外层之泥土亦同时可以锄清,有矿面可资开采矣。

丁、矿石仓　现已嘱扬子公司投标估价。

戊、员司住所　现估计约于阴历新年之前可以一律造竣。

二、材料　现正赶办每年点查存料数目之事。

三、铁路　现在火车之收入较前大增,预计将来仍有增无减。

四、转运　现届旧趸船岁修之期,兹正赶办。

五、矿石出额　查十二月二十四日一日内所出矿石,计二千六百九十二车,约合二千五百五十八吨,为大冶矿以来一日内最多之数,殊可欣庆也。

王勋、于焌年致公司董事会函

民国四年元月八日(1915.1.8)

董事会大鉴:

兹接大冶王佐臣来函谓:今年扩充经费内,列有车站八千两,系从宽估计,其实无须此数。现拟提出二千两,分建各处寻常平屋数椽,以便各员司栖息之所。缘此间房屋不多,有远住铁山者,早夜奔驰,于办事时间大不相

宜等语。冶矿年来工程日增,办事员较前为多,从未添造房屋,挤无可挤,确系实情。此次在预算车站费内提银二千两,建造平房一节,似可照准,即祈核示遵行。此颂

公绥

兼代经理　王制勋

于焌年

王勋致公司董事会函

民国四年三月二十九日(1915.3.29)

董事会台鉴:

敬启者,冶矿压气钻必须用电力行使,工程顾问大岛原拟在扩充冶矿项下添置,暂用六百度小电机。嗣因大冶钢铁厂将来必须添置一千五百度大电机,此机即可兼冶矿之用,何必多设此暂用小机,徒用糜费,故决意冶矿名下不设电机,而先将冶厂电机先行购定,早日装设,以应冶矿之用。虽冶厂预算尚未造出,而此机必须先定,将来俟拟造冶厂预算时,方行加入也。现曾由吴、岛二人在英京开标,接到英厂、瑞厂标各一,其价如左:

瑞士厂　布郎包华利公司,英金九千九百七十九镑。

英厂　英国丹生厚斯登公司,英金九千五百四十八镑,七个月交货。

以上二厂以英厂为较廉。

又,由勋在沪开标,所得亦系两标,英、德各一,其价如左:

英厂　符理沙詹马斯公司,英金九千六百六十镑,四个半月交货。

德厂　西门子公司,英金八千六百镑,六个月交货。

以上二厂以西门子为较廉。

统计四标,西门子最廉,丹生厚斯登次之,仍相去九百四十八镑。符理沙詹马斯又次之,与西门子相去一千零六十镑。若谨就价银而论,自当向西门子订定,但大岛来电,虑德厂必难交货。大岛既有此电,而池田对于汉萍电机,前已极力反对,应否勉强忍受英商之高价,拣取次廉英厂,敬祈公议核定。至于交货期限,就以上各标而论,符理沙詹马斯厂四个半月最速。但地基尚未购定,不取其过于太速,六七个月亦不过迟也。如何之处,敬祈

卓夺示遵为祷。专此。祗颂

公绥

王勋

王勋致公司董事会函
民国四年七月十四日（1915.7.14）

董事会台鉴：

敬启者，冶矿扩充须用风钻，用风钻必须电力，故最初预算有电机及锅炉两项，原议冶矿自设小号磨电机及锅炉。嗣因大冶新厂亦在筹划进行之际，将来必须设立大电机及大锅炉，届时即可搭通一线，以资冶矿之用。在冶矿可无须自设电机，以免压本及一装一拆之费；且此项小电机及锅炉拆卸后，别无他用，只系搁存。故修正预算，即将冶矿项下此两项除去，盖只须新厂之电机及锅炉略为提前定购，早日装妥，即可兼筹并顾也。新厂电机前已向英国订定，兹锅炉亦不可再缓。查此项锅炉是特式水管锅炉，乃拔柏葛魏阁司公司之专利品，计新厂需大锅炉五个，前经将图样说贴交与投标（因系其专利品，故无别家投标），再三磋商，减至英金八千镑，并声明万难再减。此价较平时略为昂贵，然按照现在战务期内，钢铁腾贵之际，则亦尚称公道。如迟延不决，恐将来战务延长，尚须涨价。此项新厂锅炉与新厂电机，事同一律，均系兼顾冶矿扩充之用，拟请贵会核准，先向拔柏葛魏阁司公司定购，俾得与电机同时可资冶矿之用。兹谨将与该公司拟订各条列呈台察如左。

计开：

大号锅炉五个，每个每点钟蒸水汽二万磅，法伦表二百度，计每方寸压力一百八十磅。

价镑：在英国交到船上，英金八千镑。

交货日期：自订定日起六个月内装船，若遇特别变故，人力难施者，以致迟延，不作违限。如英国政府取缔工料，以致迟延，亦不作违限。

交价：每装船一次，即在伦敦付款。

以上各条乃近今英国定货之普通条件，似可照允。除由吴任之及大岛详复同意外，敬乞核准为荷。专泐。祇颂

公绥

王勋

（五）萍乡煤矿扩充

王勋致公司董事会函

民国三年二月二十四日（1914.2.24）

董事会钧鉴：

敬启者，萍矿扩充，须添购电机一节，兹接赖伦来电：元月二十一号，敝函添电机事，现在之汽机用至太过，诚恐今年内即有损坏，无备用之汽机可以更代，故急宜在沪订购电机，否则恐有碍出煤之额。赖伦拟一、二星期内来沪，竭力助尊处订购电机，另有要事面告，祈电复等语。查该矿现有之汽机，对于增加出数实属不敷于用，而勉为其难，诚恐或致出险，致妨碍出煤之额数，故添购电机一层实在不能再缓。除一面电饬赖伦于下月十号之前到沪，以便与工程顾问接洽（因工程顾问于三月十号到沪）后同往萍乡外，一面先将电机购料单寄往伦敦定购。兹谨奉闻。此请

台安

兼代经理　王勋

王勋致公司董事会函

民国三年十二月二十八日（1914.12.28）

董事会台鉴：

敬启者，前因萍矿紫家冲地方之风门须添购锅炉，当时为节省起见，欲利用前存汉厂之马鞍山及佛宁门旧锅炉，以免另购，当嘱黄绍三前往阅看，均窳旧，且零件失去不少，不能适用（其零件亦不齐全）。又三新公司之锅

炉曾由勋将详细帐单寄与绍三,经其阅过,亦不合用。嗣又思及小花石旧矿之锅炉或可合用,当即由绍三派人往看,兹接来电,以该处锅炉窳坏已甚,且太小,不合于风门之用,须即另购云云。查此项锅炉久须照购,但希冀旧炉可用,故一面向专造锅炉之拔拍葛公司估价,一面分头阅看各旧炉。兹既然一切旧炉均不适于用,是则省无可省。查现在新式锅炉均系水管式,易于拆合,故运费甚廉,而各旧炉均系老式,姑无论窳坏不堪,即勉强由小花石运往萍乡紫家冲,逾越山路,运费亦属不少,殊非相宜。其余上海旧式锅炉如往萍乡,水脚亦巨。现拔柏葛有造成之水管锅炉二部,每部一千四百二十六方尺,每部运至上海计价英金四百四十八镑。其帐单已寄黄绍三阅过,以为甚合。在现时战争期内,此价尚属公道,不易核减,拟请贵会核准照购,俾应急需为荷。

再据绍三函,萍乡各项旧式锅炉多数已坏,均已危险。但为节省计,姑减少火磅,以期再用一二年,届时必不得已,乃再另添耳。再萍矿扩充预算锅炉一项,估价二万两,在九百万借款开支。此次所拟购之锅炉,开价英金八百九十六镑,现再三磋商核减至八百八十镑,合银约八千两,虽加运费及装费,尚在预算之内,合并陈明。此请

台安

王制勋

王勋致公司董事会函

民国三年十二月三十日(1914.12.30)

董事会台鉴:

敬启者,萍矿扩充所需之电机,原估银十五万两,当即由萍矿绘图说贴,由勋寄往伦敦开标,以西门子为最廉。据伦敦代理将各标寄沪,由勋会同黄绍三就近与该沪行详细磋商,兹已与拟订合同,除物料详细清单外,其合同重要条件开列如左:

一、价银(按清单各件配备完全,该单太长不能尽译) 德金二十四万六千马克,四一七合美金五万九千元。

二、交货地点　在欧洲中立国通航线之口岸交到船上。

三、交货时期　自订立合同之日六个月之内交货（按现在战争之影响及一切窒碍，统经该厂仔细计算，均不碍本合同之进行也）。

四、安设　由西门子派工程司来华代为安设，并自备试验所需之机器器具，其工程师由欧动身之日起至复到欧洲之日止，每日由汉冶萍给与费用二英镑。其往返川资旅费，则核实由汉冶萍认付。其安设所需之一切工匠均由汉冶萍自雇。

五、货式　西门子担保各机件均一律按照清单所开之功效，如有不合，任由退换或将其料价加利缴还。

六、不论大小各件　安设期内，汉冶萍有随时验看或试验之权，惟试验费用须汉冶萍认付。

七、迟交罚款　如交货迟延逾于期限，每一礼拜由购主扣价每千分之五分，但工人罢工及一切天灾非人力所能施救者不在此例。又，倘因欧洲战争至现在国际及军事上有所变更（暗指荷兰而言，因现在系拟定由荷兰中立口岸装运也），至不能造工或不能交货，亦不在此例。惟若因缺少工人或原料之故则以延迟论，照礼拜扣款。

如逾期足两月之外，购主有权取销合同，不收受所造之货。

如取销合同，则所有已交之款由西门子如数缴还，并加利息，按周息五厘计算。

八、付款　签立合同之日付全价三分之一，装船时交到提单付全价三分之一，货到沪之日付六分之一，货到沪之后六个月付六分之一。以上均在上海付款。

九、装船　须装中立船运出并保兵险及破碎险。

此外，其余均按照定货合同之通行条件。

查此项电机为萍矿扩充最要之件，不宜再缓。按以上各条，似尚公允，其价美金五万九千元，照现在汇水约申合规元十万零七千余两，尚在原估十五万两之内。拟请贵会核准照定为荷。此请

台安

王制勋

王勋致公司董事会函

民国四年元月三十日(1915.1.30)

董事会台鉴:

　　敬启者,汉阳、萍矿、冶矿扩充工程所需之电机,萍矿所需者尤为紧急。前已与西门子公司议定,其一切细章业于十二月三十日第五十九号敝函细陈台察,当于常会通过。本当即与签定合同,嗣思六个月交货期限尚无实在保证,而签立合同时即付与货价三分之一,万一届时不能交货,岂不吃亏?是以必须先占地位,以策万全。因与再议,改为签立合同时不给定银,反而由该行给与我押柜银一万元以为保证,订明六个月交货,如届时不能交货即以充罚。其货价则改为装船后交到提单时给付六分之五,其余六分之一于货到后六个月补付,该公司业已允肯照办。惟要求大冶、汉厂之电机同时订定。其汉厂电机核实估价英金九千三百十三镑,约合银八万二千八百两,订期七个月交货。冶矿电机美金三万一千三百三十元,约合银五万六千九百两,订期六个月交货。其付款等细章仍仿萍矿电机一律办法。查修正预算汉厂电机估十五万两,冶矿电机估九万二千四百两,现在该公司承揽之价尚在原估之内。除一面电商吴任之、大岛,请其同意照定外,谨将以上情形详陈台察,敬祈公议核定。庶接到吴、岛复电时即可与西门子签定合同也。专此。敬请

台安

王制勋

池田致公司董事会函

民国四年二月四日(1915.2.4)

董事会长阁下:

　　敬启者,久违雅教,时切驰思。窃以政躬违和,时逢春回,定必喜詹勿药,无量颂祷。更有陈者,因萍矿购置电机一份,闻由兼代经理王君拟在德商西门子定买,猥以欧西风云正急,诚恐由德运华深不易易,或洋面遇有阻

碍,尤可望而不可及矣。迩来吴、彭脱两君有英京来电,亦与敝意相同。即使价格从廉,已属望梅止渴。旷日待时,所失不赀,所在不免。余以此意与王君一再协议,奈王君深不谓然。弟知而不言,有负厥职,本拟面陈台端,继思贵恙初愈,不应过劳,故斗敢函陈,伏希钧裁。是否有当,伫候示复为荷。专泐。顺颂

康祺百益

池田茂幸鞠躬

再申,刻闻王君既已签字立合同,弟知而不言,有负厥职,故斗敢函陈。

盛宣怀致王勋函

民国四年二月五日(1915.2.5)

阁臣仁兄商务长鉴:

接二月四日函开:西门子洋行承办萍矿电机,所有要求该公司给与我依期交货之切实保证已完全答应,其保证金洋一万元,今日交到,合同亦于今日签押,并开列合同内付价各节,均已阅悉。该行既完全答应依期交货,而又有保证金交存,当可无误事机,即请照办。所有合同应请即抄送董事会通过为要。此颂

筹祉

盛宣怀

王勋致公司董事会函

民国四年二月六日(1915.2.6)

董事会台鉴:

敬启者,顷奉会长交到池田顾问来函,对于萍矿电机向西门子公司定购一事颇不谓然。承会长钧谕,由勋拟函复之,并将来去函送贵会通过,再行送请会长核发。谨拟就函稿一纸,敬呈台核,如荷通过,即祈径送会长核发为荷。至池田所虑之事,其主体之辩论以德国货万一不能装运,恐误要工为言。此一层早由勋虑及,当与西门子驻沪经理再三研究,此项电机并

非战品,可由荷兰、丹麦、挪威等中立国出口,装中立船,并无危险之足虑。当时大岛亦曾以危险为言,嗣由电向之解释,伊即亦不再反对。此时若改向英厂定购,不独价昂,而现下德国潜水战艇环绕英国,岂独无危险?查会计顾问只须问价银是否溢于预算,如未逾越,不应干预也。专此。敬请
台安

王制勋

四、厂矿生产

（一）汉阳铁厂

盛宣怀致陈夔龙函
光绪三十四年十二月初九日（1908.12.31）

筱帅仁兄大公祖大人阁下：

　　昨奉手教，敬悉一一。舍侄春颐过沪，就谂提躬多福，政事顺平，一切举重若轻，尤为钦佩。黄冈等县振款，承属加筹二万两，虽为数不多，而年关甚迫，殊难劝办，经电恳先饬司局暂垫，俟寄到实收即行劝捐归垫。一念鸿嗷冻馁，刻不容缓，万望早日饬拨，尤深感祷。襄河堤工，从前弟接办铁厂，甚以地势险阻为虑。冰相奏准章程，大修经费归善后局开支，炮厂铁厂如果目睹险工当随时禀报，由善后局派员修理等因。据李郎中面禀，白鳝庙以下险工甚巨，亟须抢修□详晰电陈，蒙委蔡道会估，神速之至。李郎中邀公鉴赏，惜其精力，恐难兼顾。金令霖闻工程尚熟悉，阅其估单未免疏略。查前案冰相系委张道云锦督修，此次亦必须尊处遴派□能谙练堤工人员督修，以昭慎重。顷复一电，仍祈钧酌。弟东游往返三阅月，咳痰旧疾稍愈，严寒仍觉畏风，只当慎起居饮食以卫生为却病之术，知荷爱注，用敢附告。带上牙章两方，花瓶一对，新会橙蜜桔六桶，祈哂收。另件已交舍侄带呈矣。敬请

台安

汉厂钢轨质量验证书

一九〇九年七月二十六日

英国铁路工程师会会员,广九铁路、津浦南段、南浔铁路特派验收汉阳钢铁厂钢轨、配件工程师詹美亚,为汉阳钢铁厂成绩优美,特给证书事。

查一千九百零九年春间,本工程师奉派赴汉,先后代广九、南津浦、南浔等路验收该钢铁厂所制钢轨、配件。本工程师对于该厂之轨件所验甚多,并经用种种方法详细试验,均极坚美。叠经多数严厉之订明试验法如法试验,均能合格。兹试言高坠力之试验,此法以八十五磅之钢轨一段横置架上,两架相距三英尺六寸,以重量一吨之铁锤由二十英尺之高度坠下以击之,凡二击不断者乃为及格。嗣复继续重击以断为度,但此终不能实行,因如此击法,虽能使所击之钢轨略变其常状,而终不能断之也。唯有一次所铸出之钢轨一条,含炭稍多,击至第四锤而断。然此乃偶然之事,不能以常格论也。本工程师又曾以接连之钢轨一段,以高坠力之法试验之,此种接连轨之抵力全在于鱼尾板,本易击断,乃亦竟击之不折也。又经试验其软钢所制鱼尾板、螺钉、钩钉等配件冷屈之,可屈至折叠为二,亦终无断纹也。至于其钢轨及配件之工作尤为精美,各铁路主任工程师均心满意足也。

又查该厂工程部系高等欧洲工程师之所管理,办法极佳,实足使工程师完全信任之也。至于其原料之性质,更始终一律无二。其所制之钢,乃用明炉法,故所含磷质绝无仅有而已,是以所订之清单限明含磷质一万分之七分半以内,而该厂亦能照制也。且炭质多寡也可随意由一百分之一分遽至一百分之六分为止。至此度则钢性过刚,照寻常制法不能廉省,而亦竟不失其展舒之性也。又试言其钢之韧力,大率每英方寸伸涨四十二吨,而反弹力约二十五吨之谱也。又所试各钢轨约可以拉长至每百分之十六分,尚不至断也。统观以上各优点,是以本工程师敢赞许其制品为最优等者也。

詹美亚(签字)

邮传部奏折

宣统三年五月十八日（1911.6.14）

奏为铁路推行日广，拟请厘定全国轨制以昭画一，恭折仰祈圣鉴事。

窃维肇域之基，功昭同轨，置邮之法，事起传车，以铁路代驿道而兴，倘轨制不克整齐，即车制终多扞格。政关统一，实非细故。当我国创路之初，原系借款兴筑，其制各依所借款国之工程师而定，迄未著为通章。以是津榆则制取于英，芦汉则制取于法，沿至续建之正太、汴洛、萍株、道清、沪宁、京张及现建之广九、吉长、张绥、津浦、粤汉、川汉等路，所有轨式轨量，靡不互相参差，即验收钢轨章程亦复淆杂纷歧，莫衷一是。若长此不予厘正，将来各省路线接通，必有此路车辆不能驶于彼路轨辙者。为行军起见，征调固虑不灵；即为通商设谋，运输亦虞多阻。与其日后改正，必至巨款虚靡，不如及早图维，犹足收无形之益。

查现在各路定造之轨，有英式者，有美式者，有法式者。其重量则有六十磅至八十五磅，或二十八启罗至四十一启罗不等。惟川汉预定轨式及京奉、沪宁、津浦南段同用英国轨式，每码大半八十五磅，所差无几，均经英国工程会审慎核定，尤以川汉预定之式为最适宜。至制轨之钢，西国通行原有贝色麻、多麻、马丁三种，论价则贝、多贱而马丁贵，论质则马丁纯而贝、多脆。近年各国新厂用品早舍贝、多两种，专用马丁，而我国尚有沿袭西人旧制，指索贝色麻钢者，诚大误也。现在汉阳铁厂不惜工本，已将炼钢炉悉改马丁，出数亦十倍于昔，俾得供应各路所求，以保本国利权而塞绝大漏卮。

以上各端，臣部饬令汉阳铁厂总办李维格切实具复，并据呈送各种图样前来。复经臣等督同部员及中外各工程司，逐细研求灼见，情形如此。兹值奉诏明定铁路政策之际，拟请将干枝各轨均按照川汉所订之英式为定式，而钢质皆取马丁，不得纷歧搀杂；重量则干轨定为八十五磅，枝轨定为七十五磅，其叉轨及附属如鱼尾片、狗头钉、螺丝闩等件，各视其轨式、轨量为率。凡从前各路轨制，拟令于将来修理之际，逐渐改归一律。俟奉谕旨，即由臣部颁发图式,分别咨札通行。庶几九道同尘,允就驰驱之范;万方合辙,益宏坦荡之规。除车制归入路律,厂务编及验轨章程,应俟规订完全,再行陆续奏定外,所有拟请厘定全国铁路轨制以昭画一缘由,恭折具陈,伏乞皇上圣鉴训示。

谨奏

宣统三年五月十八日钦奉谕旨:邮传部奏铁路推行日广,拟请厘定全国轨制一折,着依议。钦此。

邮传部奏折

宣统三年闰六月十七日(1911.8.11)

奏为遵订铁路钢轨验收章程并绘呈轨制图式,恭折仰祈圣鉴事。

窃本年五月十八日臣部具奏拟请厘定全国轨制一折,原奏内称:干轨定为八十五磅,附属各件视其轨式轨量为率,验轨章程应俟规订完全,再行奏定等语。奉旨:依议。钦此。遵当经札饬汉阳铁厂总办李维格详细核议,兹据将八十五磅钢轨及附属品制造验收通行规则酌拟禀复前来。臣等伏查轨制为全国路政所关,其制造之法至为精微,非征之图说列为章程不足垂为定式。现所拟各办法大要,以英国通行章程为本。当未制造以前,先由承造人照所颁发图样,制备样板,交由铁路总工程司或验收员核定存查为对比之券。及既制造以后,则由总工程司或验收员逐一试验,如法选择,或抽取化分,以察其所含质料之纯驳。钢轨则较视其全体之是否平直、重量、长度之是否适宜,及其悬重受击之若何变态;夹板、钩钉则视其钻孔之是否吻合,或钢质之拉力及弯折力之是否坚韧。其不如格者,剔退更造,以期益精。以上各节,经部饬由专门人员悉心复核,均尚细密。在制造家既足为楷模之助,在验收者尤足为依据之资。自应奏奉允准,由部颁行,俾资遵守。现川汉、粤汉铁路克日开工,急需订造轨件,拟即饬令迅速照章办理。其余各路应俟奏奉谕旨,即行分别咨札通行,以归一律。所有遵订铁路钢轨验收章程并绘呈轨制图式缘由,理合缮具清单具陈,伏乞皇上圣鉴训示。再,此折系邮传部主稿,会同内阁办理,合并声明。

谨奏

宣统三年闰六月十七日钦奉谕旨:邮传部会奏遵订铁路钢轨验收章程缮单绘图呈览一折,著依议。钦此。

［附件一］ 八十五磅钢轨及附属品制造验收通行章程

八十五磅钢轨

样板

承造人须照图样制备样板,交铁路总工程司或验收员核定。核定后仍寄回承造人,然后由承造人照制样板三份,内刻"奏定八十五磅轨制"字样,寄交总工程司或验收员存查。另制样板一份交验收员收执。前项样板核定后,须造轨样一条,交与验收员查验核准,给函为凭,然后方可开工制造。

制造法

钢轨系用马丁盐基法所炼之钢制造。

化验

制轨每炉之钢须由承造人化验内含之炭质及磷质。如炭质不及壹千分之四(〇.四〇)或过于壹千分之六(〇.六〇);磷质过于壹万分之七五(〇.〇七五),则此炉之钢即不能用。验收员可以随时到化验房查视,并可索取每炉钢质之化验凭单。如有时须完全化验,亦应照办。

有时并可于每五百吨钢轨内抽取一条,交由局外冶金专家完全化验。

此项钢轨化验后,其含各质分数须如左开:

炭　至少〇.四〇,不得过〇.六〇

磷　　　　不得过〇.〇七五

硫　　　　不得过〇.〇六

矽　　　　不得过〇.一〇

锰　　　　不得过〇.九〇

如有钢轨之钢不照以上分数,再取一样化验亦然,则是炉之钢即不能用。

如因化验争执,可由总工程司或验收员另雇冶金专家化验。其所化分数彼此作准,不能异议。其化验费由承造人认付。

剪裁

所有制造轨条或鱼尾板之钢胚,须剪去两头,以取坚实。

整齐

钢轨须全体一律整齐,与样板吻合无差,质坚体直,无裂缝、起泡等弊。如有弯曲,须用压机压平,不得用锤。两端必须平正,刀锯所留粗迹,亦须刮光。

钢轨须照核定之样板制造,其重量每码八十五磅,愈近愈好。每条重量出入不得过百分之二。而全数钢轨之通扯重量,不得与定量上下多过百分之一。如出入在此百分之一之内,即照磅见通扯重量付价。

长度

钢轨每条以三十英尺为度,内百分之十五可作短轨,计百分之五分必须二十九尺十一寸,为弯路之用,两端涂以白漆;其余百分之十分可作二十七尺、二十四尺或其他尺寸,临时特别议订,惟以少为尚(以上三十英尺长轨可以彼此商酌加长,但须视运往何处,船只是否能装)。

长轨之两端有疵者,可锯成短条,但须用冷轨冷条,不得重烘。

轨条与所定尺寸上下相差过于一寸之四分之一,热度尚有法伦海六十度者,则不能照收。

短轨须用颜色分记,以便与长轨易于分辨。

铁路如要叉轨,所用之轨亦由承造人供应,照所开长短尺寸,以完善之轨剪截。

钻孔

轨之两端,每端须钻圆孔二,口径一寸一分,为安装螺丝钉之用。第一孔之中心点与钢轨尽头处相距一寸之三十二分之十九,第二孔之中心点与第一孔之中心点相距九寸。两孔务须光滑平正,两边无棱,并与图样指定之点无差。其孔须与规矩吻合,此规矩由承造人制就,交与验收员核对。凡与定点相差一寸之三十二分之一,或孔之大小不符,则此轨可以剔退。

标志

轨之一面须轧成每码重量及承造人之名,其文曰:"奏定八十五磅轨制,汉阳铁厂造"字样,字以一寸半高为度。

试验法

钢轨照下开之法试验:

(一)制成钢轨,每五十吨抽取一条,六尺长,搁于两铁墩之上,两墩相距三尺六寸,钢轨两端与铁墩距离相同,然后以二十八吨之重物悬于钢轨中央半点钟之久。其弯曲度数按两墩中心相距远近不得过一寸之十六分之五;解除重物后,钢轨须不变形。

(二)又将以上所试验之轨如前法安置,然后以一吨重之生铁球,由二十尺高下坠钢轨中央。如此坠击两次,钢轨须毫无破裂变形。否则将同炉之钢轨另取两条,如前法试验。如其满意,则此炉之钢轨可以照收。

第一次铁球坠击后,钢轨弯度不得过四寸,第二次后,以两墩中心相距远近而量之,不得过八寸。照以上试验既毕,然后再以铁球坠击至断裂为止,所断之处,其纹须坚实一色,为验收员所许可。

如有钢轨照以上各法试验不能及格,则该炉之钢轨必须剔退。每轨两端须印出炉号数,以便分别。

钢之出炉号数及何月所制字样须显明刊印于轨之两端。

试验器具

试验钢轨之器具,由承造人出费备置,其安置之地位基脚建造与夫试验之法,均须验收员惬意。所有用此器具之费用及试验所耗之轨,亦由承造人担任。承轨之墩,须以生铁或钢质制成,地脚须坚实稳固。至钢轨仅于形式上有疵者,可由承造人移作试验之用。

出钢号数及日期登记

每班拉造之钢轨长短多寡,钢之出炉号数,何日制造,注明日班或夜班,均须登记专簿,每早抄录一份交与验收员。钢轨未交验收员验看以前,须由承造人派人先自验过;如自验有不妥之轨,须分别另行堆存。凡未经验妥之轨,不作备交。

试验费

验收员试验钢轨所需器具及工人,均由承造人供给出费。其化验、试验等费,亦归承造人承认。

剔退钢轨记号

凡有剔退之钢轨,两端须涂以红漆,另存一处,未经知照验收员以前,不得迁移。

八十五磅轨之鱼尾板

样板

鱼尾板之样板由承造人按照附图制备,交与总工程司或验收员核定。核定后由验收员寄回承造人,然后由承造人照制样板二份,内刻八五磅字样,寄交总工程司收存。另制样板一份,交验收员收执。

鱼尾板样

前项板样核定后,须造鱼尾板样一对,交与验收员查验核定,给函为凭,然后方可开工制造。必须前后一律,不得与作样者稍有分别。

用料

鱼尾板须用特别马丁钢制造。

凿孔

鱼尾板须凿孔四个,缺口两个。凿孔须以机器一击即成,然后将板热压使直,其压机须与板同一长度;造成之板,尾端须方正,所有锋棱必须刮去,边沿亦须匀净,板与轨对口之处及板脊须如线直,不得有凸起之处;所凿之孔大小须与图样相符;凿孔之法,须得验收员许可并查明所用冷凿不致将钢质损伤或边沿有凸起之处方可。

鱼尾板之重量

鱼尾板须与核定之样板吻合,丝毫不差。每对估计重五十七磅,其上下不得过百分之二。

标志

鱼尾板须标志八五磅并承造人之名,此等字样镌于钢印,安于压直机之上,乘热压直,标志字样即在板脊外面螺丝孔之间显明印出;如验收员以标志不明，承造人须另造新印。

钢质

钢质拉力每方寸不得少于二十八吨或多过三十二吨，每十寸须拉长每百分不得少过二十三分。鱼尾板未凿孔以前，每堆由验收员随取五块冷弯，其弯度内径不得过于该板之厚度。倘此五块之中，内有一块尚未弯至直角以前显有裂纹，则此堆之鱼尾板即须剔退。

制鱼尾板之钢胚，须先取样由承造人化验内含之炭质、磷质，如炭质过于一千分之一八（○．一八）或不及一千分之一（○．一○）；磷质过于一万分之七五（○．○七五），则此炉之钢胚即不能用。

化验

鱼尾板须由承造人不时完全化验，如化出各质之分数不妥，则此项鱼尾板验收员即可剔退。此项鱼尾板化验后，其含各质分数须如左开：

炭　不得过○．一八

矽　不得过○．一○

硫　不得过○．○六

磷　不得过○．○七五

锰　不得过○．六○

如因化验争执，可由总工程司或验收员另雇冶金专家化验，其化验费由承造人认付。

出钢号数登记

出钢每炉号数及每炉所制之鱼尾板，何日制造，注明日班或夜班，均须登记专簿，每早抄录一份，交与验收员。

选择

鱼尾板未交验收员验看以前，须由承造人派人先自验过。如自验有不妥之板，须分别另行堆存。凡未经验收员验过者，不能先行捆扎。

鱼尾板之样模

承造人须制备生铁样模，刨成钢轨接口之样，并照图样位置于中心线安配一寸径大之钢钮四个。此样模须由验收员核定，所有鱼尾板须一一与样模相比,以试螺丝眼是否准对。倘有与样板或样模不能准对或试验不合格,即须剔退。所有试验所需器具及工人,均由承造人预备,其试验及化验等费亦由承造人认付。

剔退之鱼尾板

所有剔退之鱼尾板,两端须涂以红色,另堆一处。未经知照验收员以前,不能迁移。

擦油

鱼尾板验收后,均须擦油,然后捆扎。

钩　　钉

料质

造钩钉之钢,须用特别马丁实心软钢条,照图样制成,无锋棱、泡鳞、裂口等弊;所用钢条每方寸须有二十五至二十八吨之拉力,每八寸长须□长至少一百分之二十五分;其钢条或冷或热或樱桃红时,冷于法伦海八十二度之水,须弯折两层,中垫一圆条,其对径不得过于试验之条之厚度,两倍弯折处须毫无裂纹;无论冷热或浸水,并须能弯折两层,两头紧贴不裂。再钩头热时须能打平至于钉身三倍之阔而无破裂,方为合格。

试验条

验收员可以随时索取钢条或钢片之样,试其拉力及弯折力,如试不及格,则其余同等之钢料一律剔退。

标志

钩钉头须印八十五字样。

蘸油

钩钉制成,于验收刷净后,须蘸以胡麻子热油。俟其干燥,以坚实木箱装之,外加铁箍。每箱满装不得重过五百六十磅。外面须标明箱内之件及重量,或照验收员所指加以号记。

螺丝钉

螺丝钉径大七分,除头长四寸,自脚起车螺丝一寸六分。

螺丝母六角形,两平相距一寸半,厚七分。

螺丝须准,以便无论何钉皆能配合。

螺丝钉须用特别马丁软钢制造,其试验片须于两倍大之同径铁条外冷弯一折。

螺丝公母蘸油装箱,悉如钩钉办法。

［附件二］ 汉阳钢铁厂轨式样表

（由八十五磅起及以下）

钢轨重量		钢轨式	何路用之	鱼尾板孔若干	配件之种式		
每码重若干磅	每法尺重若干纪罗				鱼尾板	螺钉及钉母	钩钉
八十五	四二.一六	中国式	张绥铁路	四	普通式	普通式	普通式
八十五	四二.一六	中国式	川汉铁路	四	普通式	普通式	普通式
八十五	四二.一六	中国式	津浦铁路	四	特别式	特别式	特别式
八十五	四二.一六	中国式	陇海铁路	六	特别式	特别式	特别式
八十五	四二.一六	中国式	广九铁路	四	特别式	特别式	特别式
八十五	四二.一六	美国式	粤汉铁路	四	中国式	中国式	中国式
七十六	三七.七〇	比国式	浙江铁路	六	比国式	比国式	比国式
七十六	三七.七〇	比国式	京汉铁路	六	比国式	比国式	比国式
七十六	三七.七〇	比国式	南浔铁路	六	比国式	比国式	比国式
六十	二九.八〇	美国式	吉长铁路	四	美国式	美国式	美国式
六十	二九.八〇	英国式	川汉铁路	四	英国式	英国式	英国式

汉冶萍公司呈湖北矿务监督文

民国二年夏(1913.夏)[①]

为呈请事。

案查湖北阳新县即旧名兴国州银山锰矿,前清光绪二十二年前鄂督张奏准招商承办,连同汉厂、冶矿一并移交敝公司接收开采,其奏定章程第二

---

① 原件未署日期,此系根据内容判定。

条载明：汉阳铁厂、大冶铁矿、兴国锰矿、李士墩、马鞍山煤矿以及厂内厂外凡关涉铁厂之铁山、煤矿；炼钢、炼铁、制造、修理、烧焦各炉座各机器；轮车路、挂线路、运道、马路、轮驳各船；房屋地基，以及积存在厂之钢铁、煤炭、材料、什物各项，皆系官局成本，均于承接之日由官局交付商局，逐项接收呈报，即以交付实在各项为接收官局成本。根据第四条载明，自路局购办钢轨之日为始，所出生铁每吨提银一两，按年核计汇数呈缴，以还官局用本。俟官本还清后，每吨仍提捐一两，以伸报效，地税均纳在内，并无另外捐款各等语。是敝公司负有清还官本之责任，应操有继续开采之矿权，接办多年，毫无异议。前清末年，该州士绅忽以该山为邑之公山，提由省咨议局抗议，咨经前鄂督饬据该州牧查复，银山系元明时开矿官地，载在州志，并无地面业主，委系本州官山。案未解决，即值辛亥军兴，该邑暴民将局厂器具、物料、机件，并通运之火车铁道等项，抢毁一空，复将城局及山场局产、房屋强占，综共损失之数不下十万金。其时政体初更，秩序未复，地方长吏亭毒百端，未遑处理。民国元年冬间，汉厂修复开炉，即在湘省常宁、耒阳两县属采锰济炼，究以道远运艰，时形缺乏。锰为冶铁所必需，恐一朝不能济用，贻误非浅，兹幸监督莅临，维持矿政，自应赓续前案开采兴锰。惟经兹残破之余，入手整理尚需时日，汉厂需锰迫不能待，查敝公司春间曾价购该邑白云山锰矿山一障，业已遵章投税，现拟先开该山之锰，接济厂需，已由敝公司派员前往布署开工，一面将银山车路设法修复。用特呈恳贵监督俯赐核准，派员前赴白云山矿调查，即由矿员招待勘测绘图，再行补呈注册领照。并恳令行该县知事剀谕绅民，妥为保护，将抢毁银山铁路机件、料物一案，查明追究，强占局产、房屋，勒令交还，以维实业，而资进行，实为公便。除呈湖北都督、巡按使外，为此呈祈查核施行。

　　谨呈

公司董事会致交通部函

民国二年十一月十七日(1913.11.17)

交通部钧鉴：

　　敬肃者，窃敝公司汉阳钢铁厂按照最新发明制炼钢铁之法，精制马丁钢轨。经各省铁路订用,精美足敌洋制。其时吾国尚无划一之轨式颁行,故定购之轨,人自为政,大小异式,轻重易量,未能一致。嗣于前清宣统三年,由前邮传部禀定八十五磅钢轨及附属品制造验收章程,通行各干路一律遵守。所以统一国家路政之轨式,并可便承制者有一定之趋向,不至因轨式纷歧,穷于应付。于划一定制之中,即隐寓维持实业之意,法至美也。

敝公司奉到前项章程,即按照制轨、验轨各制度,备配机器、器具。适值军兴,路工暂停,洎今年承陇秦豫海及粤汉两大干路定购钢轨,据该两路总工程司所开轨式及验收章程,核与定制大有出入,即如陇海路百里格总工程司始开列比国轨式,嗣与再三磋议,方改归八十五磅之定式,然鱼尾板等件,仍与定制不符;而验收章程,则又有远出定制之外者。又如粤汉路格林森总工程司所拟验轨章程,亦与颁行之验收章程多有出入。闻前清制定轨式时,多有格林森君所参订者,尚且如此。将来他干轨式愈歧,则制轨者因轨异制,势必应付俱穷,致轨件生意尽为洋厂所夺,为吾国家开一绝大漏卮,而于大部维持实业之至意,实有未符。且轨制纷歧,各路不能通用,亦非路政统一之道。

查前清邮传部所颁行之定制,系根据英国轨制,未经大部取消,似仍应有效,拟请通饬各路局一律遵行。如已失效力,亦拟请大部早日颁行划一之定制,俾路局及钢厂均有所遵循。不胜翘企待命之至。专肃。敬颂
钧祺

汉冶萍公司董事

盛　王　聂　沈　朱　李　施　周　张谨启

汉厂历年炼出钢铁数目册

民国三年六月(1914.6)

生　铁

光绪二十二年四月十一至十二月底,共炼生铁一万零五百三十二吨八百五十五记罗。

光绪二十三年共炼生铁二万三千四百二十三吨九百五十五记罗。

光绪二十四年共炼生铁二万二千四百八十六吨四百五十记罗。

光绪二十五年共炼生铁二万四千零二十八吨三百六十记罗。

光绪二十六年共炼生铁二万五千八百九十吨零零五十记罗。

光绪二十七年共炼生铁二万八千八百零五吨三百三十记罗。

光绪二十八年共炼生铁一万五千八百吨零零五百记罗。

光绪二十九年共炼生铁三万八千八百七十三吨一百八十记罗。

光绪三十年共炼生铁三万八千七百七十吨零五百七十记罗。

光绪三十一年共炼生铁三万二千三百十四吨三百五十记罗。

光绪三十二年共炼生铁五万零六百二十二吨一百七十五记罗。

光绪三十三年共炼生铁六万二千一百四十八吨二百五十记罗。

光绪三十四年共炼生铁六万六千四百零九吨七百七十五记罗。

宣统元年共炼生铁七万四千四百零四吨八百八十六记罗。

宣统二年共炼生铁十一万九千三百九十五吨五百六十记罗。

宣统三年共炼生铁九万三千三百三十六吨八百十记罗。

民国元年共炼生铁七千九百八十九吨零五十记罗。

民国二年共炼生铁九万七千五百十二吨六百记罗。

民国三年五月止共炼生铁五万一千三百九十二吨八百四十记罗。

马丁钢

光绪三十三年共炼钢八千五百三十八吨五百记罗。

光绪三十四年共炼钢二万二千六百二十五吨九百六十记罗。

宣统元年共炼钢三万八千九百九十九吨五百三十八记罗。

宣统二年共炼钢五万一百十二吨六百二十记罗。

宣统三年共炼钢三万八千六百四十吨四百五十记罗。

民国元年共炼钢二千五百二十一吨四百记罗。

民国二年共炼钢四万二千六百三十六吨七百九十五记罗。

民国三年五月止共炼钢二万三千四百八吨七百三十记罗。

公司董事会致股东联合会函

民国三年十一月七日（1914.11.7）

汉冶萍股东联合会台鉴：

　　顷奉六日公函，以九月五日复函并附各种钢铁式样尺寸清折一扣，究竟办法何似，嘱为见复等因。祗悉一是。

　　查前奉函折，本拟函交汉厂查复，旋据王商务长函略谓：自钢轨将次停铸之时，业经筹议改拉钢货及刺探销场，以代售轨之预备，并开具钢件花色单，寄厂照办。嗣据厂复，钢板过细过薄者，因厂中无此机轴，不能照拉。其自二分厚至寸半宽者，均可拉造，惟费工既巨，预算每日出货不及拉轨一半，且现时市价虽高，而销路极滞，如有铁路生意，仍以销轨为上算等语。盖汉厂冶炼本为造轨而设，故所备拉钢机轴，除拉轨外，只可拉造船料、屋料之钢板等件。过细过薄之货，费工而出货不多，售价虽昂，而成本过重，仍不合算。至轨价扣款一事，前已托人向部疏通，似可转圜。此次詹督办过沪，粤汉现仍开工，嘱造轨七千吨，按其轨价在四十万两左右。已切实函部，必须允以全数付现，即便代造，否则不敢承命。且俟回信如何，如仍不能邀准，自应改拉钢货，广筹销路，以为后盾。久稽裁答，致劳垂询，至歉。兹将商务长函并致部函抄稿①，附请查阅。此复，即颂
公安

　　　　　　　　　　　　　　　　　　汉冶萍公司董事会谨启

王勋致公司董事会函

民国三年十一月七日（1914.11.7）

董事会钧鉴：

　　□②第九次常会议案，汉厂第四化铁炉速催完工。案查四年份出货预算，系以四炉出货计入预算案中，应由代经理督催该厂坐办将第四炉赶于

---

①　附件未录。
②　此处残缺10余字。

年内一律完工,以备明春开炼,以符预算而策进行等因。

查此项工程,勋早已函汉厂催促,嗣接汉厂卢君志学函复谓:四号炉按照预算明春即可完工,但所属附件竟有未经决定者:

一、储水之法:尚未据吴任之君及大岛君议定将图样送来。

二、起卸砂石机:尚未议定,吴君来函则谓须在美投标云。

三、土炉炼焦:尚未议定。据吴君原拟在高公湖安设,但该湖即使只填一部分,足敷安设土炉之用,亦最少需三个月之谱方能完工,而且接通卸煤地点之出路,尚未购定;而萍煤之供给能足敷所需否,尚不能证实;而运煤运焦之法,亦尚未确实订定也。

四、电力机:发电机之图样尚未实在决定也。

以上乃附件中之最要者,其余未经决定之事尚属不少。若欲于明年三月至五月之间,第四炉同时开炉,诚未可必得,只可不待附件齐全,先将第四炉开炉,至所需附件,不妨向第三炉取用。因该炉已须修理,第四炉开工后,则第三炉即可藉此略为憩息,以谋修理也。至第四炉进行之工程,现华洋工程师分任其事如左:

一、华工程师李君芸孙,担任建筑部分及一切详细之工程。

二、洋工程师列培德,担任于该炉建筑期内,留心察看该炉之工程,遇有应行更改之处,向李君商量一切。

三、华工程师王君正甫,担任该炉建筑期内机器房所应做之一切工程。

四、以上三员须不时会商一切,以期促进该炉之工程,并于每星期将该炉工程之进行情形,造一报单,以备查核。

前于上星期六、日会议,曾将下开各工程逐件估计如左,但该项只能估计大略,现正详细调查,认真估计也。

一、第三第四炉相连之高桥□,估年底完工。

二、出矿场之上□,估年底完工。

三、吊机前面之铁屋,估本年十二月中完工。

四、热气及冷气总管子,估明年正月中完工。

五、总管子之砖工,估计该管子正式试验后一个月完工。

六、冷气总管子之活风门（现尚未到），估计到后一个星期完工。

查此项业由德邮亚理氏运出，该船因战务，在小吕宋卸货，现已设法运沪，日内可到。

七、炉身，明年正月中完工，但完工之后，须一个月方能干透，又两星期方能装满矿石及焦炭，以便开炉。

八、熟铁冷气管，估计明年二月底完工。

九、生铁水管，估计明年正月底完工。

十、炉盖之铰键（现尚未到），估计到后一个月完工。

查此项业由德邮亚理氏运出，该船因战务，在小吕宋卸货，现已设法运沪，日内可到。

十一、起重机（现尚未到），估计到后两个月完工。

查此项业由德邮亚理氏运出，该船因战务，在小吕宋卸货，现已设法运沪，日内可到。

十二、钢烟囱，估计十一月底完工。

十三、蒸汽管，现已齐备，即可安设。

十四、隔油质机器，按李治德云，曾向吴任之提出，请其照定，未知已定否。

十五、起重机所需之电机（现尚未到），估计到后一个月完工。

查此项业由德邮亚理氏运出，该船因战务，在小吕宋卸货，现已设法运沪，日内可到。

以上各节，乃汉厂卢志学君来函所述，偎承台阅，谨以报闻。至第三炉修理一层，适值第四炉零件未齐，若第三炉不停，即第四炉不能开炉，仍须候件。该两炉三月至五月之间，只可开一炉，五月份后（第四炉各件可到齐并已装好），即可同时开足，故先开第四炉，以便修理第三炉也。至所云尚未决定之四端，因欧洲战务不能定购德国货，吴任之出洋，首即办理此事，及调查英美最近之新式，约计不久即有函电前来，即可定实，从速运来也。专此。敬请

台安

王制勋

再者,土炉炼焦问题以费比萍矿所炼为重,业已函告汉厂,此议作罢,仍由萍矿自添土炉可也。

王勋致公司董事会函
民国三年十一月十日(1914.11.10)

董事会台鉴:

敬启者,前函述四号炉所属附之件:一储水之法,二起卸矿石机,三土炉炼焦,四电力机,尚未决定云云。查第一、第二两项储水之法及起卸矿石机本早已筹画预算,嗣因大岛之来,顿翻前议,故以迟滞。此次吴任之出洋之时,业已切嘱到美后,首先将此二项与大岛决定,即在美国定购,早日运来。第三项土炉炼焦,因汉炼不及萍炼之廉省,已决议不在汉厂建设。第四项电力机,英国标价适已寄到,现由汉厂核计,不日可以定夺,呈报贵会,合并布闻,以纾台廑。此请

台安

王制勋

王勋致公司董事会函
民国四年四月一日(1915.4.1)

董事会钧鉴:

敬肃者,前因第四炉小零件尚未到齐,恐以此延搁第四炉之进行工程,当函嘱汉厂小零件由厂自造。兹接汉函云:所有自行补造之件系由翻砂厂及机器厂制造,现计四月十日可以一律造竣,是则四月二十号即可将该炉建筑完全。现已预嘱化铁股预备一切开炉相当之手续,但鄙意未开炉之前必须将全炉各件细为验看,确系妥当,方可开炉,以免重蹈第三炉钟盖之故辙,或有不妥也。并拟第三炉接续化铁,暂不停修。至于第四炉开炉亦不宜过事赶快,因所有附属机件甚多,均系新装者,统宜认真试验,故鄙意宜取稳当缓进之方法云云。查第四炉开炉后,原拟即将第三炉暂停,以资修理,兹汉厂之意,第四炉开炉不必过于求速,而第三炉不停修,不为无见。

除函复汉厂将全炉各件认真试验外，谨以报闻，敬祈钧察。专肃。敬请
钧安

王勋

王勋致公司董事会函

民国四年六月十四日（1915.6.14）

董事会钧鉴：

　　敬肃者，昨接汉厂来电：第四化铁炉于十二日下午六点钟开炉等语。今早续又接电：业已出铁六十四吨，情形甚好等语。除电复嘉奖外，谨以报闻。敬请
钧安

王勋谨启

公司董事会致孙宝琦函

民国四年十二月六日（1915.12.6）

慕公会长大鉴：

　　据王代经理函称：阅十一月十三日政府公报，颁行民业铁路法，其第二十九条建筑方法及车辆构造，应依交通部核定之工程方法及车辆图式说明书办理等语。查上项规定，虽未经指明钢轨，而建筑工程及工程方法，意义所赅甚广，是其最大宗之钢轨，当然在内。民业者尚求划一，则部辖者更不宜纷歧。前清邮传部奏定八十五磅轨制，颁行各路，视同具文，各路各轨，殊不一致。现默窥趋势，渐有趋向重轨者，而各民业及各支路，则又多有需六十磅之轻轨者，亦宜有一定式，以资准则。兹送轨件样本一份，拟请陈明交通部，除前奏定八十五磅轨式请饬各路遵照购用外，其轻重两种，亦请颁一定式。六十磅轻轨，川汉路曾经造过，其式颇佳，已载入样本，似可采用。至一百磅之重轨，如部意加增，再由公司按照英国重轨式，拟定图样，请转陈部核定等语。

　　查各国路轨，一国之中均有规定定式，通行全国，所以利交通，昭整齐，

法至善也。前清宣统三年,邮传部奏准汉厂制轨,仿照英国八十五磅轨式,定为中国轨式,并将奏案及验轨章程、轨式图样,刊印成册,发行各路,以为标准。改革后,各路工弁髦前案,各自为政,以致汉厂承造一路之轨,须制一路之轴,在工厂固穷于应付,而将来一国之中,轨式凿枘,殊背交通之义。王代经理所陈各节,系为通筹统一,有裨路政起见,用特函恳我公,商请交通部长,查照前案,通饬各路,以后购用厂轨,均照奏定八十五磅式样订购,不得歧异。即轻重两式,亦请酌定行知公司拟定图样,陈部核定,颁发遵守。庶昭同轨之盛,而汉厂亦可造车合辙,不致无可适从矣。另寄轨式样本十册,①以备台核及转送部阅之需,即祈察存。专泐。祗颂

勋安

董事会谨启

(二) 大冶铁矿

刘维庆致公司董事会函
民国二年十月二日(1913.10.2)

董事会先生公鉴:

敬启者:维庆性情耿介,学识迂疏。溯自庚戌见知于李一琴先生,蒙委铁厂商务代表,当向汉口平和洋行陈明退职,而赴东三省等处探矿收款,凡数阅月。辛亥正月,因公晋京谒盛总理,即奉留办公司借款事。嗣复蒙委汉阳钢铁所委员,八月鄂军起义,维庆随同一琴先生在厂,躬冒锋镝,供其奔走。旋因兵凶战危之际,冶矿王总办临时告退,需人接办,而往往辞谢。奉盛总理电,一琴、绥卿二先生函委维庆承乏斯席,再三敦促,辞不获已。于是不顾艰险,重违亲心,先于十月到冶,至十一月二十七日接办一切。民国元年,贵会成立,复奉惠颁公函,正式委任冶矿坐办。计自接办至本年八

---

① 轨式样本未录。

月交卸，其间二十余月，掌首领之重权，谋进行之成绩，深虞陨越，时惕冰渊，所以办一事决一策，未尝不殚精竭虑，杜渐防微。用敢略举大端，如财政，如外侮，如交涉，如局务，敬为我诸先生缕晰陈之。

以言财政。查自维庆接办冶矿，正值汉厂涣散，沪汉汇兑停止。当时商通制铁所驻冶日员西泽君暨汉口正金银行，订立预支另购矿价合同，计洋例纹九万两，分六个月支取，稍稍济急。元年冬，预算冶矿经费不敷尚巨，复商西泽君暨正金银行，续订预支另购矿价合同附件，加支洋例纹三万两，分两个月支取。先后共支洋例纹十二万两正。二年夏，赣省开战，沪汉银根奇紧，原与西泽君商通另借矿价若干两正，旋因公司未经批准，此议遂寝。一日，收支股员朱焕然君自汉来冶，以汉厂无款接济，而汉口谣风日甚，若不预购铜元，唯恐临时为难等语见告。维庆即日赴汉，与各钱铺商挪不允，不得已，以维庆之私产地契，向汉口正金银行押洋例纹一万两正，以为冶矿预购铜元之准备。议成，维庆奉函交卸，又恐冶矿度支不敷周转，仍以此款借给冶矿，用备急需。当时有徐君介甫、黄君绍三二人，均接洽其事。又忆元年间，沪公司经济困迫，维庆请以辛亥采存汉矿改售日本，沪公司准之，作二等矿十万吨，与日本制铁所订立另购存矿合同，其稿均由沪公司审定，其款亦由沪公司如数照收。此维庆历办财政之情形也。

以言外侮。维庆到冶之初，有鄂政府调查员陈再兴，调查盛总理股本总额，逼令维庆复称公司系盛总理之私产，维庆不可，陈出洋枪恫吓，且电请黎副总统准拿维庆到省法办。元年，鄂派监督纪光汉君来冶，当时纪君有同来数人，先则借端食宿，继则干预局务，威逼势吓，无所不至。卒至呈准公司，准给监督处每月薪水洋五百二十元正，其事乃定。又自鄂省议会倡议没收汉冶后，有孙尧钦氏，在省组织汉冶萍筹办处，初拟以武力没收冶矿。维庆以公司困惫至此，不容再有蹂躏，凡有可以设法者，自应筹备对付。旋探得孙君处有丁笏堂者，系维庆旧识，遂由丁君与孙君间接磋商，而请朱芑臣先生为之居间。后经孙君允派丁君等二人赴沪公司和平商议办法，维庆又商请卢鸿沧先生偕同丁君等二人及维庆赴沪会商，幸即渐归消灭矣。冶矿原有巡防营驻扎保护，辛亥光复后，防营四散，经王前总办改编练勇,仍以副哨刘文豹即刘孝威为守护长。刘不安分,凡外界与矿争执之举,刘必从中唆使,又呈请鄂政府向冶矿索取月饷等项。维庆接奉鄂军务部来文,当经详明呈复,未便按给月饷。元年秋,谒黎副总统,面呈刘君行为往往不合规则,于是二年二月,鄂政府令该队归并第五师,调防蕲春。该队兵弁深以维庆为怪,濒行全队与维庆为难。该队搜索不得,遂在石堡总局打毁门窗桌椅等物。既去,省派十七团三营一连驻扎石堡,先因需索津贴,散布恶谣,四月退伍,又有抢劫总局等谣。幸于事前觉察,函请师长吴、团长唐,切实保护,尚不为患。此维庆历办外侮之情形也。

以言交涉。其在日人一面,当武汉辛亥之战,停泊大冶日舰,有水兵登陆之请。明年日人以矿石大小不均为辞,又请准派日人驻山监矿,均经婉言拒绝。其在大冶全属议会及各乡自治会,要求输捐,虽婉言延约,已招恶感,至有诱维庆入城为勒赎之计,并起毁路罢工之谣。乃与冶邑正绅妥商,故派卢荆林君为全属代表,来沪议决。自此冶绅与矿局感情较好矣。此皆维庆历办交涉之情形也。

以言局务。其已经兴革而有成效者,如组织总务处,归并车务、路工、电话处,建筑炸药库、车棚,设立冶矿小学,修理电话线杆,以与电局线杆不相混合,添筑圣洋港铁路,修理趸船,以护勇改编巡丁,筹办胡家湾堆矿地基,圈购得铁毗连田地,甄别员司机匠,栽种铁道沿路界石,规定路工、车务、匠役升阶、车务细章是也。其改良项下而省冶矿岁支者,如改每趟矿车十五辆为二十辆,改矿山方车铁轮为钢轮,改矿车油壶内容为铁炼,改挂线路钢丝绳之转盘是也。其已经呈准而未及实行者,如建筑石堡总局,筹改石堡路线,扩充石堡码头,修改铁路紧弯,筹画下地新法,推广矿山存厂,创制新式客车,添购火车车头,试办卫生医院,购回西泽君建赠新屋是也。其余琐碎细故,或甫经拟议者,概不与焉。此维庆历办局务之情形也。

兹者维庆退职,已将经手事件移交徐、黄二代办接管。惟有余矿、油桶两款,询据徐代办答称,以此项向缴上海总公司,是以于八月间在公司收支所始能缴清各款①。伏思维庆在冶二年,内外交讧,备历艰辛,犹既未称职,又遭诬蔑,区区此心,实难自解。想我诸先生洞烛是非,主持公道,有过固应所访查,有功则断无泯灭。况自光复以来,公司办事诸人,其有勤劳卓著者,均有成例可稽,当不令维庆独受偏枯也。谨述颠末并被诬等情,伏乞览察,不胜翘企待命之至。专肃。敬请

钧安

诸惟垂察不宣。

刘维庆鞠躬谨上

示悉。刘宝余君九月二十七日交来余矿及油桶款,计尚短钱三百千文。兹另单录呈请查阅。刘君致董会原函附缴董会秘书处台鉴。

汉冶萍煤铁厂矿有限公司会计所启事
十月六日

王勋致公司董事会函

民国三年八月七日(1914.8.7)

董事会台鉴:

敬启者,大冶所出铁砂每年平均仅四十万吨左右。本年因汉厂、日本均较前多需,而第四化铁炉又瞬将成立,微论将来,即本年亦最少需砂五十余万吨,虽决定扩充冶矿之工程,然远水不能救近火,殊深焦灼。嗣与该矿工程师黄绍三君一再商酌,据条陈鼓励之法,其法每年分作十二个月,查看自开办至去年每年各月份之出数,择其最高者,悬为标准。即如民国二年正月份德道湾出铁〈砂〉二万九千吨,为开办以来正月份最高之出数,即以此额二万九千吨定为本年正月份最低之额;又如二月份之出额,查系民国元年二万八千吨为最高;三月份,查系民国二年份三万一千吨为最高。即以二万八千吨为本年二月份最低额;三万一千吨为今年三月份之最低额;余月类推。如本年各该月份之出额能超出前相当月份之最高额,则给予该

---

① 此处有批注:前项应即在会计所缴清以顾名誉。

矿工每吨奖金三分,另铁道一分;不及者,不给,至明年。则又并今年之最高额加入从前计算,如今年某月份既得奖金,至明年该月份必须又超过今年之额,方能再望给奖。如此办法,矿工各争自濯励,年胜一年,出额定可大增。且铁山与德道湾两处又分别计算,以资争竞,尤易鼓舞。譬如,某月份出额超出从前最高额五千吨,则奖金只须二百两,而公司所获利益则在八千两之谱也。

以上系黄君所拟办法,勋以其条达可行,嘱即试为照办。兹试办已逾一月,据来函报称,查七月份以前最高额为四万二千吨,自此次试行奖金之后,本年七月份陡增至五万六千吨,计超过从前最高额在一万四千吨之外。此项奖金只共五六百两之谱,而溢额出矿所值数万两之多。是则奖励之法已见成效,遥计将来成绩尚不止此也云云。谨此布闻。

查萍矿亦有奖金之设,但章程不及上开办法之美,已函告萍矿李坐办,嘱其设法仿照矣。此请
台安

王制勋谨启

王勋致公司董事会函
民国三年八月二十一日(1914.8.21)

董事会台鉴:

敬启者,冶矿新行奖金章程,七月份出矿之额已大著成效,前经报告贵会在案。兹又接该矿总工程师黄绍三来函略谓,前所定之章程,系矿工每吨溢额银三分,车务、转运两处各半分。兹查车务处人数众多,所分之半分每人所得为数极微,比较矿工远有未逮,似不足以昭公允,拟车务处奖额增给半分。又前定章程之时,漏去磅矿处诸人。查该处自矿额增加以来,晨早四点钟即已开工,且每次车开即须将所运出之矿结算清楚,亦不便独令向隅,兹并请给予该处奖金每溢额一吨银二厘等语。

查该矿原拟溢额奖金,共计各处每溢额一吨,共给奖银四分,兹拟车务及磅矿两处七厘,合前共四分七厘。譬如某月份较上年相当之月份溢出一

千吨,计可多售日金三千元,而共计奖金不过银四十七两,似尚上算。拟请贵会核准照给,俾资鼓励。此请

台安

王制勋

再,据冶矿来函声称,所谓溢额吨数乃指净溢之数,即如每次装出若干,先除去细末不计外,再按每百吨除去五吨作为磅耗外,方作实在溢额计给奖金也。合并声明。

孙德全致公司董事会函

民国四年六月九日(1915.6.9)

会长、董事先生钧鉴:

敬启者,冶矿改组,从事整顿,一月以来,粗具梗概。兹将稽查所见谨陈台核。

一、夫头对于小包,向多苛刻,以致时起争执,业经劝令夫头于包价项下,每方车多发铜圆两枚,工人踊跃,出矿自增。并责成各夫头出具甘结承包,每年采矿七十一万余吨,一俟工程就绪,则较去年可增二十万吨。自夏迄冬,以半年计,亦十万吨,狮子山二层告竣,尚不在内。以科罚劣矿小有波折,事近操切,情尚可原,而于整顿热忱,实不可泯也。

一、日用材料关系成本,立法不善,无形耗损。自调徐世明主任其事,取法津浦,井井有条,仅就铁煤油木四项,年可节省数万金。又查下陆车煤短少六十余吨之多,栈房堆存铜件一种,足敷一二年之用。此从前司事与翻砂厂匠工勾通营利,并闻有盗卖煤斤之举,尚待澈查。

一、车务处客票,前经王君佐臣认真饬查,自调孙君凤楼到后,切实整理,收数倍增。从前开车八次,车轴需油二百数十磅,今设法改良,每日开车十次,用油不过五十磅,用煤亦省十分之二,每年约可节省四五千两。盖孙君熟悉机械,非独将车头汽罨修整,并将矿车油壶亦改用美国新式也。

一、从前挑土发筹,颇有指摘。今以两人为一班,一管小筹,每作一文;一司大筹,每作铜圆一枚。彼此监察,筹归工部管理,钱经事务部兑发,互

相钳制,并由稽核处随时考查,以期核实。所有监工人员,亦已分别地段,严定规则,以专职守。

以上整顿情形,如能恪遵新章,始终不懈,则年内考成,必有可观。知关厪注,谨先奉闻。专肃。敬请

钧安

孙德全谨肃

孙德全致公司董事会函

民国四年六月十一日(1915.6.11)

会长、董事先生钧鉴:

稽查冶矿翻砂厂于宣统以前,铁件包工,月不得过百金,自民国以来,啧有烦言,每月料价,仅以今年一月至四月通扯,既须洋一千余元,工价又增至四五百两。该匠只知图利,不问需件缓急,资本亏蚀,栈房存货至积有数千两之多。且所造钢铁等件,闻得收揽废铁掉换新料,工作粗糙,多不合用,贻误矿工,尤难计数。前经王君佐臣函沪另订运冶。从前之器窳工劣,概可想见。

夫寸钢尺铁,莫非血本。数年以来,以材料处之含糊,该厂匠之渔利,工料合计,约耗数万金。此人不去,无以服众。因于上月会订新章,饬将该厂改归制造处管辖。近今王矿长从事整顿,核实工料以后,造件专雇一人,约有从前工价十分之一,即可敷用也。专肃。敬请

钧绥

孙德全谨启

[附件]　民国四年份翻砂厂每月制造钢铁等件工价料价表

	工率	料率
一月	569.313 两	1 067.750 两
二月	385.101 两	715.310 两

续表

	工率	料率
三月	499.645 两	877.780 两
四月	409.073 两	721.260 两

王勋致公司董事会函

民国四年六月十四日（1915.6.14）

董事会大鉴：

接孙慎翁函附致贵会一信，又车务、材料处兴利除弊各一折，用特一并呈鉴。

凡办事学问与经验并重，即如此次冶矿从车务、材料两处稍事改变，年可节省数万金，实因孙、徐两君均在铁路服务，经验确有心得所致。萍矿、汉厂管理材料者，历有年所，虽不致百弊丛生，然无专学，不足以言兴利。拟请仿照冶矿办法，留意物色铁路管理材料人材，以备接替，则每年所省必巨。如承核准，即祈示遵。肃颂

公绥

王勋

王宠佑致孙德全函

民国四年七月三十一日（1915.7.31）

慎翁先生大鉴：

现查得制造处内容腐败，公司受亏无穷，若不大加改良，则虚糜款项，伊于胡底。兹举所知者，开列于后：

一、该厂各工匠多不照时到工，虽定有章程，每日晨早由六点钟起首，而迟到者则延至八钟方来，及进厂后，三五成群，聚集谈话，不独放弃职守，且至阻碍工程，如制造一物，理应一日可成，必延至三四天方能完竣。查其原因，半由于工人之懒惰，亦半由于主任者不常到矿稽查也。

一、车头换出之炉通，每年约有数百枝，此是有些损坏，或穿破一二孔

之类,原可修理复用,免至从新制造,款项虚糜。乃该厂以此物作为废料,悉行弃之,计堆积于五号栈房有三四十枝,佐理员持去作住宅围墙约百余枝,各工匠效尤,持去作磅房围墙二三百枝,修理油壶工匠亦持去作住宅围墙者共有二三十枝。以上胪列之材料,所值不赀,如此毁弃,该主任不能辞其责也。

一、制造矿车轮心,将所有做错不合尺寸者,皆作为废料,或用坭掩盖于空地,或乱弃堆积于三号栈房,查其中可用之生熟各铁极多,但永不以此材料改造别样物件,殊为可惜。

一、打铁房各工匠,常将陈旧材料稍事修理,即开报新货之价值,且有将杂碎铁料私藏于炭灰箩内挑出盗卖,年中损失难以计数。

一、火车配用各大盆啰呢及士化炉等,制造多不合式,不独耗费士啫,且要多烧煤炭,并铜坡士配合车轮,每被擦磨力之损坏,因该厂所造车心太粗,有以至之所换出之坡士即作为废铜,又不修理再用。

一、制造火车炉通,其中常不打磨洁净,积垢至有二三分之厚,岂但虚耗烧煤,且恐爆炸伤人之患。

一、近日由外国购回之新车头,运至下陆时,车务主任孙君饬制造处工匠料理各机件,免至散失碰坏之虞,该厂工匠,不但不遵所命,反欲机件有伤,交其制造,可藉此开销,殊堪痛恨。

一、制造处各工匠,多是手术恶劣,不识工程,将来由外国运回之新式机器,恐其未谙妙用,难以保全,若更换多数良工办理,不止制造前途方能发达,即照现在该厂年中用款,可省十分之三糜费。

所查如此,谨以上闻,希显察核。专此。敬请

台安

王宠佑谨启

王勋致公司董事会函

民国四年八月五日(1915.8.5)

董事会大鉴:

孙慎翁出示冶矿王佐臣来信,备言制造处内容腐败,如工匠不按定时

到散,有用材料任意废弃,若不及早改良,縻费伊于胡底等语。

查冶矿之所谓制造处,其实专为修理车辆而设,其他并无制造,机器陈旧,规模狭小,而管理不得其法,弊窦即随之而生。将来新厂成立,即有最新式之电力修理厂,鄙意根本解决似宜将新修理厂提前赶办,一俟新厂可以开工,即将冶矿制造处全部裁撤,所有车辆即交新厂修理,持平计价,双方便利。况新炉装置时,如有修理厂,则甚为方便,而工程可以赶速。如承核准,即当致函任之将修理厂赶紧提前筹画,早日成立,裨益实非浅鲜。专肃。敬颂

公绥

兼代经理　王勋

王勋致公司董事会函

民国四年八月三十一日(1915.8.31)

董事会大鉴:

兹接大冶王佐臣矿师来函并预算明年出矿数目,大致谓:向来每矿石一方车给夫头矿价钱二百七十文,现订定章程分硬软两种,硬矿给二百六十五文,软矿二百四十文,且各立一定额为标准,如能多出,加给五文、十文不等,但既减少矿价,何以各夫头乐从?因从前有人与之分肥,现经察出,不致再有此弊之故也。表列明年汉、日、轮三处共需矿石七十四万七千一百二十五吨,能如愿做到至多数,则供适应求,否则尚恐不敷,必须明年六月份新式采矿钻机配齐,各项电机完备,则出矿快捷,可无缺乏之虞。全路枕木一项,去年用款七千二百三十五两之巨,现拟改用钢枕,约须用银一万六千余两,可用十余年之久,所省极多等语。兹将原信及表附请公阅。

即颂

钧绥

兼代经理　王勋

王勋致公司董事会函

民国四年九月十三日(1915.9.13)

董事会大鉴:

　　顷大冶王矿师来函:去年正月至八月共出矿三十四万一千三百九十二吨,今年正月至八月共出矿三十四万零二百九十九吨。两相比较,短少一千零九十三吨,实因下雨之日,工人便即辍业散归,而今年雨水太多,暗中亏损殊甚。现拟变通办法,无论雨之大小,一律开工采矿。惟工价则每吨加给三十文,以为奖励,天晴则无。纵不能照定额出足,至少每日必可得铁矿一千吨,所费亦只三十千。如能踊跃从事,不但不致缺额,可望或有盈余。另附雨水表一纸,即祈转陈董会批准照行等语。查王矿师所陈各节似属可行,惟事关更变定章,理合仰恳贵会主夺。肃颂

公绥

兼代经理　王勋

[附件]　民国四年雨水统计

一月	雨六日	二月	雨五日	雪二日
三月	雨五日	四月	雨十四日	
五月	雨六日	六月	雨十四日	
七月	雨十二日	八月	雨十四日	

八个月共计雨雪七十八日

王勋致公司董事会函

民国四年十月九日(1915.10.9)

董事会台鉴:

　　敬启者,顷大冶王矿长佐臣来函,以本年九月底所出矿石与去年同一时期比较,计本年多出一千二百八十三吨云云。兹将其比较表列左:

	铁山出矿	得道湾出矿
三年九月份	14 596 吨	31 338 吨
四年九月份	15 001 吨	33 309 吨
计本年是月多出	405 吨	1971 吨

共计两处九月份共多出二千三百七十六吨。除比对前结至八月底比较，本年出额较小于去年同时期一千零九十三吨外，实计今年多出一千二百八十三吨。又据称，数日前业已试办做夜工采矿，颇有成效，计每夜可多出三百吨至四百吨云。诚能就此推广，则夜工一项每年可多出矿石一二十万吨也。专此报闻，敬请

台安

王勋

（三）高坑煤矿

王勋致公司董事会函
民国四年七月二十二日（1915.7.22）

董事会台鉴：

　　敬启者，查萍矿出煤不敷炼焦分供汉冶两厂之用，必须开采高坑，以匡不逮，前已函详，早荷鉴察。惟开办之法，须先从测量入手。前黄矿长来函，谓测量需用仪器现安源所有，不能移借，请另行购买等语，当经勋转详盛副会长核办。奉批：安源亦有此项仪器，应可借用，不必另购等因。当即拟复黄矿长，诘以安源仪器，何以不能移借。但函牍问答，往返须时，虑因此延搁，前矿师赖伦在沪，因向询问，据言安源窿上，虽无测量之工程，但窿下煤线常须测量，黄绍三所云不能移借，自是实情。且安源所有各仪器有数具业已损坏，亟须修理。但系德国之制，须寄回德厂修理，而现在战务期内，不能寄往，故安源实不能再行借出云云。是则高坑之测量，非另购仪器不可。兹据黄绍三开来请购高坑仪器单二纸，计拟购美国仪器一单，估价

美金七百七十五元,约合规银一千四百十两;又英国仪器一单,估价英金九十四镑,约合规元八百四十两。统共约估规银二千二百五十两。该项仪器为测量高坑之所必需,应否准其照购,敬祈公议示遵。专此。敬请

台安

王勋

盛宣怀致公司董事会函

民国四年八月六日(1915.8.6)

董事会诸公钧鉴:

前接黄绍三矿长来信,以萍矿材料所原存仪器损坏难用,经会议应寄沪修理。在绍三之意,高坑欲另为一家,一切均须另置,不与安源通力合作,将来新矿利益必能比老矿好看,以示功效。殊不知事事分家,则与特开两矿无异,公司糜费必多,似不能因新矿司欲求名誉,不顾股东血本;况新矿合为一家,使旧矿经费稍轻,煤本稍减,则绍三本领自在赖伦之上,修旧难以图新,美名更必扬于天下。

鄙见用帐可另立一册,将来新旧煤价可以分计,而总帐司既归一人,应各设一副矿司,除管矿窿中执事各自分开,机器、电气各自分开外,其余皆可通用。即如总收支、总稽核用费可以照出煤数目,两帐分认,修机厂可按件分算,更无另设一机器厂之理。此其一也。弟去年与绍三面议,安源煤矿布置,赖伦一人主任,无人参酌,以致诽谤甚多,不及补救。现办高坑,曾经各国游历,矿司皆称应办,然一人见解不及二人,此矿本须请一副矿司,不如选用一美国矿司,绍三同意,当即登记日记簿。但恐外国历有经验之好矿司未必愿充中国人之副手。现据吴任之面商,厂内化铁、炼钢两处亦宜各请一洋工司,华人可获其益处,徐徐再撤。其好手不肯明认作副,可以名称不分正副,而订明华人在前,洋人在后,受我节制,则高坑副矿司亦可照办。或者俟矿成立后,便可改用华人作副。此应即与绍三商定,赶紧延订。此其二也。向闻萍矿所存外洋材料甚多,有用无用,赖伦任内向无申报,而所糜资本不在少处。现今均已移交,绍三接任事忙,亦无暇点验。汉

厂材料已改派毕业生郭承忠接管，以后必有细帐，萍乡材料亦须专派学生管理。现有杨小川道伊保荐之矿务老学生王皖南在沪，其人去年公司曾派其开办常末锰矿，委任之后，因与魏允济龃龉未行。弟又派往安溪勘查铁矿，往返两次。其人富有经验，目下在沪无事，拟即令其赴萍矿点验材料，乘便与绍三晤面，能否充安源副矿司，或专管材料。此其三也。

　　以上皆就鄙见而论，即祈诸公迅付会议，如以为然，一面函致绍三并即寄知孙会长可也。此颂

台安

盛宣怀启

公司董事会致黄锡赓①函

民国四年八月十一日（1915.8.11）

绍三仁兄总矿司鉴：

　　本会接盛会长来函，以开办高坑筹示三端：一、高坑邻近安源，既系一公司之事，凡机力人力可以就用者，应即通力合作，不能自分畛域，致多糜费；二、总矿司归执事一人承任，将来开办时，似须添雇洋矿司充作副手，以资集益。前已商由执事同意，惟洋矿司好者，恐不愿充中国人副手。或名称不分正副，而订明华人在前，洋人在后，受我节制，亦应赶紧与执事商妥觅雇；三、萍矿所存洋料甚多，漫无查考。现拟派矿务老学生王君汝淮赴萍查点，乘便与执事晤谈，可以知其为人，能否充安源副矿司，抑或专管材料等因。

　　查盛会长函示各节，均属应办之件。兹将原函另纸照录，寄请查照，酌核见复，以便开会通过，分别履行。是为至盼。此致。即颂

台安

董事会启

---

　　①　黄锡庚（1880—?）：字绍三，江西九江人。时任萍乡煤矿总矿司。

黄锡赓致公司董事会函

民国四年八月二十三日(1915.8.23)

董事会钧鉴:

顷奉钧谕并抄件,均谨读悉。窃查高坑拟日出生煤二千吨,其工程之巨细,事务之繁简,与安源相差无几,则着手开办以及继续进行,其一得一失,与公司前途之利害关系,至为密切,而其责任之重而且大,从此可知矣。赓才微力薄,担任一矿事务,已觉不堪自胜,若兼二矿,实恐力有所不逮。盛会长拟开办高坑以总矿司归赓一人承任,则二矿兼顾,设或有所不周,必致新旧两误,而负重托之至意。此深自可虑,而不敢不先申明者也。

至开办高坑筹示三端,属酌核见复。兹就管见所及,分条谨复如左:

一、高坑与安源分合办法 查高坑距安源十余里,相隔虽近,呼应究不灵便。而办事各机关以及各项机器,即有可通力合作与不能不分之处,兹请更分陈之如下:(甲)行政、工程两项,应另委专员办理,与安源分清界限;(乙)收支、稽核两处,高坑无须另设,惟银钱帐册应与安源分别登记;(丙)电力,安源只够自用,若高坑须就其电力,则安源尚须添置电机及锅炉等,需费与高坑另设相仿,所省者仅电机预备件而已。而通接电杆线十余里,所费不赀,杆线上耗电力又不少,应于高坑另设新电机;(丁)餐宿处,高坑须变通办法,以免亏耗而节经费。惟工人所住之房屋及器具,不能不备,但可酌取租金,向工头扣算工人饭食,亦须设法改由各工头自行照料;(戊)材料处、采木处,高坑无须另设,只添小堆栈一所,以便就近领用;(己)医院、巡警,高坑均须另设,以安源巡丁只可供本处之用,而医院更不可不在就近另设一所,以便受伤工人等可以随时医救;(庚)机件制造厂,安源所有之厂目下除供应本矿之外,尚可代株萍铁路修造各种机件,将来高坑所需机件,可由安源厂代造代修,无须另建。惟应添设小修理厂一节,以便紧要机件可就近修理应用;(辛)化验处,高坑亦应另设,否则安源化验处须加添人员及仪器,并须另派人员常川往来提取煤样,殊多不便。

一、添雇洋矿司充作副手 开办高坑新矿,盛会长拟雇用富有经验之洋矿司充作副手,帮同筹画着手办法,以及参酌工程进行之方针,实为至要之着。惟恐洋矿司好手不愿充华人之副,拟仿汉厂将来办法,名称不分正副一节,似与本矿不甚相宜。查汉厂化铁、炼钢两处,其上有熟悉工程之华人为全厂之坐办,无论何处华洋工程师,其名称不分正副,遇有意见不同,尚有坐办为之解决;萍矿虽有坐办,似无工程上之学力,而高坑系一完全新矿,自与汉厂之化铁、炼钢两处不同,设华洋矿司名称不分正副,而洋矿司薪水又必在华矿司之上,一有意见不合之处,解决无从,难保不起争端,而为公司累也。鄙见高坑新矿,似应委定华矿司一人,办理一切工程行政事宜,并照外洋开矿普通办法,另在美国觅雇富有经验之矿司一人,充作计画矿司,专事筹画新矿一切工程之布置,以及进行之方针,先与华矿司详细酌斟商议妥善之后,绘图说贴,呈请核夺施行。工程进行之际,计画矿司应会同华矿司随时随事按照贵会批定办法督察实行。惟行政管理权,须操诸华矿司,盖恐该洋矿司虽富有经验,而于我国工人性格,或不能如华人之熟悉,万一人地不宜,必碍矿务之进行也。俟工程告成,该洋员应辞应留,再行酌夺。如此办法,主权不落外人之手,自无以前安矿各项工程之糜费。其名称既与华员分别,虽薪水较大,自能受我节制,而华员观其所为而效法之,更于公司有裨益也。

　　一、盘查材料　本矿物料向分两类,大概自外洋购来者归机料处存储,就近购来者归材料处存储。机料处各料已于上月由本处派员会同收支、稽核二处彻底清查,造具洋文清册,并由三处会具凭函,一并呈报经理在案。兹将此函抄奉钧核。材料处各料,惟木、油两项多存积,其余则随用随购,存积无多。前因收发、采办材料混合不分,最易滋弊,已经划分为二:材料处专事收发,采办处专事采办,以清界限而防营弊。划分之时,各项材料亦已查点清楚。此事尚在试办之中,合并附闻。至派王君来萍调查物料一节,请贵会议夺示遵可也。右计禀复三端,统祈鉴核。专肃。敬请
钧安

黄锡赓谨肃

公司董事会致黄锡赓函

民国四年九月六日(1915.9.6)

绍三仁兄总矿司鉴:

接八月二十三日来函,条复开办高坑三事,具悉一一。开办高坑,事有经验,易见功效。安源糜费已多,合则新矿必代老矿分肩,然为公司计,合则省,分则费,似不宜过分畛域。新旧总矿司一席,非执事莫属。独肩新矿,固属全功,整顿旧矿,尤见真实本领。是合则财力稍纾,而执事之能力,仍无可掩也。将来高坑,用一洋人有经验之副矿司,即照执事所拟计画矿司,名称既合,权限亦轻,自应照办。至安源用一华人副矿司,相助为理,即可胜任。所拟机力、人事分合办法,如甲、乙、丙、丁、戊五目,或另设,或不另设,均极妥协。惟己目医院、庚目小修理厂、辛目化验处,均可不必。医生、化验生,或就安源酌拨分设,切不可另开一局为要。物料一项,收发与采办区而为二,办法甚是,试行有效,即可定为规则。王君汝淮现拟有他事相烦,来萍尚未定也。此复。即颂

台安

董事会启

公司董事会致黄锡赓电

民国四年十二月十五日(1915.12.15)

安源煤矿黄绍三:高坑亟需开办,界案已设法疏通,当可解决。请克日先行测量,以免停待。仅止测绘,并未深挖,想官绅两界必无异言。董会。咸。

（四）佛宁门煤矿

盛宣怀致江南矿政总局照会

宣统二年十月初三日（1910.11.4）

为照会事。

案准贵局文开：汉冶萍煤铁厂矿公司需煤，拟钻验上元县之幕府山、象山及句容县之龙潭三处煤矿一案，已由局详奉督宪批准，除象山、龙潭两处现有商人承办，碍难照允外，先将幕府山一处准由公司探办等因，并准两江总督部堂张咨同前由各到本部堂。准此。查象山、龙潭既经有人承办，应勿置议，自宜将幕府山煤矿切实试验。除由汉冶萍公司先行拨银二万两作为探验之资外，现已饬由华矿司温秉仁会同贵局矿师郑国瀛将幕府山详细履勘，绘就矿图，注明四至：东至松树营，南至北固山脚，西至幕府寺，北至二台洞之老窿。由松树营至北固山脚，长三百十丈，由北固山脚至幕府寺，长二百十二丈五尺，由幕府山至二台洞之老窿，长二百四十丈，由二台洞老窿至松树营，长二百零六丈。共计五万七千五百四十三方丈零七尺五寸，计地九千五十九亩零六厘，合算六十四矿界。遵将应缴地租银一百二十八两，勘矿照费银五十两，连同矿图，一并送由贵局填给执照一张，并请札饬该县出示保护，俾资兴工。再，查图内该矿界线系在幕府山毗连之佛宁门山界内，应以图说为据，合并声明。除分行外，相应备文照会贵局，请烦查照填照，给领兴工，望切施行。须至照会者。

计照送矿图二张，照费、地租共银一百七十八两。

　　右照会

江南矿政总局

江南矿政总局呈盛宣怀文

宣统二年十一月初三日(1910.12.4)

为呈送事。

宣统二年十月十三日奉宪台照会:案准贵局文开,汉冶萍煤铁厂矿公司需煤,拟钻验上元县之幕府山云云。除分行外,照会填照兴工等因,并送矿图二张及照费、地租银一百七十八两。又于宣统二年十月十七日奉督宪札同前由各到局。奉此,查该公司所订四至界线,均在前官办佛宁门山矿界之内,并由职局矿师郑国瀛会同勘绘订界,毫无窒碍,及所送照费、地租银两,均与定章相符,自应填给探矿执照一张,俾资兴工办理。除申报督宪及饬县出示保护外,理合填照具文呈送,仰祈宪台鉴核查收,并饬矿师温秉仁将兴工日期报明职局备考,为此备由呈乞照验施行。须至呈者。

计呈送探矿执照一张

右钦命太子少保、总理汉冶萍煤铁厂矿公司事务、尚书衔邮传部右堂盛

程德全①咨汉冶萍公司文

民国元年七月(1912.7)

为咨复事。

案准工商部咨:案据矿商王梧生呈称,商人前以振兴实业为目今之急务,适因南京佛宁门煤矿一座,系前清盛宣怀探矿期满之物,南京光复之始经江苏都督府查出充公。查盛氏探矿执照以一年为限,自庚戌十月起,扣至辛亥十月止,探期届满,执照已归无效,系属实在情形,现经都督府收为公产,势必招商领办,以为实业之倡,当由商人联合同志,筹备资本洋二万元,于阳历元月禀奉江苏都督批准,发给开矿执照一纸,遂于二月十八号成立名曰支宝煤矿股份有限公司,一面招工开采,一面拟再招股份一十八万元,公同议决,前后以集足二十万元为度,经将开办情形并缮具章程呈报江

---

① 程德全(1860—1930):字纯如,四川云阳(今重庆)人。时任江苏都督。

苏都督各在案。刻已粗具规模,理合具呈并将所拟章程缮具清折,一并呈请大部鉴核,俯赐立案注册,俾资依据,而昭慎重等情到部。查此案前经南京临时政府实业部咨复,前准贵都督咨开:窃照南京佛宁门煤矿前据矿商王梧生筹备资本,呈请颁给执照开采,以工代赈,当以事属可行,即予照准颁给执照并令呈验资本,暨将简章呈送鉴核在案;兹据王梧生呈称,窃商人自禀奉发给开采南京佛宁门煤矿执照,当即纠合同志十一人经营一切,业于阳历二月十八日即阴历壬子元旦,成立公司,名曰支宝,遵令饬筹集开办股本洋二万元,汇存南京信成银行,应请派员查验,以符原案,合将所拟章程缮具清折,一并呈请鉴核,俯赐咨部立案,实为公便。所在矿山界限形势,因绘图帖说尚需时日,容俟办齐,另案呈送,以备查考,合并陈明等情。据此,除派员查验资本,并饬取矿山界限形势绘图帖说呈送备查外,相应将简章先行咨送,为此合咨贵部,请烦查照立案施行等因,准此,查南京佛宁门煤矿有汉冶萍公司领办在前,兹复有支宝公司请照开办,是否与汉冶萍公司协商妥当,来咨未详,碍难照办,相应咨请贵都督切实查明赐复,再行核办可也等因在案。兹据该商呈称各节,究竟该矿是否盛氏私产,探矿之期是否已经届满,所发矿照是否经前庄都督饬员切实查明确系充公产业,始行核给,本部均难悬断,相应备文咨请贵都督饬司切实查明咨复,以凭核办。并准实业部咨同前由各等因。

正在核办,接准贵公司咨开:窃敝公司前因南京佛宁门有煤矿一处,探取矿苗化炼,尚合汉厂炼铁之用,于前清宣统二年十月二十一日在江南矿务局领有前农工商部勘矿执照一纸,委任温务滋驻宁探采,需用打钻机等各项机件,悉由大冶、萍乡两矿局移用。开办以来,所费不赀,迨南京光复时,矿夫星散,工作暂停,温务滋并经董事会派赴汉厂,改派萍矿驻宁批发处韩振璠接管该煤矿事务,乃闻该处忽有商人王梧生设立支宝公司,在敝公司山厂内集夫开采,不胜骇异,当经敝公司函达黄留守,请其查明取消在案。正筹办间,阅报载工商部咨贵都督文内开,据王梧生呈称,佛宁门煤矿经江苏都督府查出充公,呈请给照开采等语。查该矿系敝公司商本开办,并非盛氏私产,何得没收?至于照限届满未及依限换领开矿执照,实因去年武汉起义以来,敝公司汉冶萍三处厂矿,重要事件甚多,分投经理,遂致未遑兼顾。乃王梧生乘间抵隙,朦呈邀准,欲使敝公司领办在前已费巨本之矿归于无着,实出于情理之外。日昨复接冶局来函,以冶工加紧,前次移用钻机,请即运回等语。该矿既系敝公司开办用款甚巨,机件又为冶矿急需用品,亟应早日收回。除呈工商部外,为此咨请贵都督俯赐核准,令饬支宝公司王梧生将佛宁门煤矿及山厂一切机件、器具,即日交还敝公司接办,以全商本,实为公便。一面遵章换领执照,拟具章程另案咨送立案等情。

据此,查该煤矿既经贵公司用商本领办在前,王梧生未曾协商,辄以支宝公司名义请照开办,殊属不合,自应取消。除咨复工商部核办见复,以凭转饬王梧生将该矿及厂内机件器具交还外,合行咨复贵公司,希即查照。

此咨

汉冶萍煤铁厂矿有限公司

北洋政府工商部批

民国元年七月十一日(1912.7.11)

汉冶萍公司呈一件。呈请咨行江苏都督令饬王梧生将佛宁门煤矿及机件交还该公司一节,应候江苏都督咨复到部再行核办由。

呈悉。此案前经本部咨行江苏都督查复在案。该董事等所请咨行江苏都督令饬王梧生将佛宁门煤矿及机件交还该公司一节,仰候江苏都督咨复到部再行核办可也。

此批

右批仰汉冶公司董事赵凤昌等。准此。

中华民国元年七月十一日

署工商总长　王正廷

汉冶萍公司呈程德全文

民国元年十二月三十日(1912.12.30)①

为呈请事。

汉冶萍公司前因南京佛宁门煤矿苗脉足资开采,化验尚合汉厂炼钢之用,在前清宣统二年十二月二十一日咨请江南矿务局按照官山领地章程缴过地租银一百二十八两,勘矿照费银五十两,由该局填给农工商部勘矿执照一纸,委任温秉仁君移用打钻等机,照章探采,业已见煤。上年南京光复,矿工停辍,即有支宝公司乘间占采,叠经敝公司一再呈请,指令支宝公司交还汉冶萍公司自办,兹蒙贵都督断定偿还支宝公司洋二千元,并令按照部颁矿章请领开矿执照,即日呈报,以便咨部请发等因。谨照矿章规定,逐节声明,并附呈验各件,具文呈请贵都督俯赐转咨工商部发给开矿执照,以便继续开采,裨益铁政,感荷无既。须至呈者。

计开

具禀人姓名住址:

汉冶萍煤铁厂矿有限公司董事:赵凤昌、杨士琦、聂其杰、王存善、沈敦和、朱佩珍、陈廷绪、李经方、施则敬。总公司在上海。

矿地坐落:

江苏上元县神策门外佛宁门地方。

需用采矿区域若干亩合若干方里并四址界限:

矿图注明四址,东至下家廊,南至王家园出官道,西至达摩洞山脚,北至上台洞。

由下家廊至王家园之官道长三千密达尺,合工部尺九百四十六丈五尺。

由王家园之官道至达摩洞山脚长一千八百二十密达尺,合工部尺五百七十四丈二尺一寸。

---

① 原件未署日期,此系根据内容判定。

由达摩洞山脚至上台洞长一千九百二十密达尺,合工部尺六百零五丈七尺六寸。

由上台洞至下家廊长七百五十密达尺,合工部尺二百三十六丈二寸五分。

共计三十一万四千六百五十六万丈零六尺八寸。

计地五千二百四十四亩零二分七厘。

合算九方里零七一一六。

采矿界内需用厂井地段若干亩,是否官地,如系民地,应将租约或地股合同呈验:

厂井地段需用二百四十八亩零八分半,此系官地,前已照章缴租,并无租约及地股合同呈验。

开采何种矿质:

烟煤。

矿积形式地位:

脉积系斜形向西之西北约八十度。

用何法开采,矿师何人:

开采系用土法,参用西法。华矿师温秉仁。

兴工后进行方法及分期次第工作之计划:

兴工后凡一切布置须从要点入手,关于采煤运煤之处,务令其交通利便,人工机器两者并用,以期资本轻而见效速,拟定分三期工作,每期一年为度。

第一期分班工作,开平窿及斜窿,安置抽水机、打风机、起重机、轻便铁道、锅炉等件,窿内随时打撑木,令地方稳固。又各洞路须清洁,合于卫生。

第二期建造机器厂,并添置各机件,窿内开通各洞,使风运行。

第三期窿内各洞挖至煤层,分段开采,又添置起重机、抽水机、打风机等件,由厂兴筑铁道达江边,以便运煤。

资本若干存于何处:

在汉冶萍公司资本内先行筹拨银四万两,将来加添资本,以二十万两为度。

随文呈验之件：

南京佛宁门矿山图二份

办事章程清折一扣

矿工规条清折一扣

矿质两种（一普通者，一最佳者）

一万两保单一纸

照费库平银九十五两①

右呈

江苏都督程

江苏省民政长指令

民国二年一月十四日（1913.1.14）

令汉冶萍煤铁厂矿公司。

实业司案呈：该公司呈请派员会同接收佛宁门煤矿产业、机件等情，均悉，已会委庄启前往，会同接收矣。仰即知照。至另呈请咨部发给开矿执照及随文呈送保单、照费、矿图、章程各件均存，俟接收完案后再行核办。再，本都督现回苏署会衔不会印，并即知照。此令。

中华民国二年一月十四日

江苏都督

江苏民政长　应德闳（印）

程德全、应德闳②致汉冶萍公司函

民国二年二月二十四日（1913.2.24）

径启者：

案查贵公司及支宝煤矿有限公司互争矿产一案，前经贵公司呈明愿偿

---

① 附呈各件未录。

② 应德闳（1876—1919）：字季中，浙江永康人。时任江苏省民政长。

还损失一千元,而支宝公司以原费不止此数为词,复经本都督格外原情,断令加给千元,作为结案,业经令行遵办,并派庄启会同交给偿款,点收煤矿,各在案。

兹据支宝公司董事会全体代表林景呈称:窃敝公司于民国二年一月十六号,奉江苏都督、民政长会委庄启君面交十五号训令一道内开:实业司案呈,查汉冶萍煤铁厂矿有限公司及支宝有限公司争执一案,前经本都督查照工商部咨持平调处,指令汉冶萍公司偿还支宝公司损失二千元,咨部查照在案。兹据汉冶萍公司董事赵凤昌、杨士琦等呈称:敝公司佛宁门煤矿与支宝公司交涉一案,奉十二月八日指令:呈悉,该公司拟以一千元偿还支宝公司损失,以期和平解决,而支宝公司以开办半年,所费不赀,尚未允洽,特由本都督格外原情,断定再加千元,就此结案。除指令支宝公司即将该矿矿产机件、器具,悉数移交,并咨复工商部备案外,仰即遵照办理,勿得再有争执。至部颁矿章请领开矿执照,另有规定,仰按照规定办法即日呈报,以便咨部请发执照。此令。等因。敝公司自应遵照办理,兹派原办该矿之温秉仁君携带现洋二千元,前赴贵都督公署,请转咨民政长交由实业司派定职员,约同支宝公司经理人同赴佛宁门煤矿,将矿产机件、器具,逐一交收清楚,即凭实业司委员作证,将奉断偿还之二千元当面交给签收完案等因前来,自应照准派委。除会委庄启前往,会同接收外,合行训令该公司即便遵照,会同该委员将矿产及机件、器具等项,逐一点交汉冶萍公司所派之温秉仁接收清楚,并将汉冶萍公司赔偿该公司损失银二千元当面签收完案。再,本都督现返苏署会衔不会印,并即知照等因。奉此,当即转送上海各股东、董事阅后开会讨论,咸以十五号训令,不独以命令为法律,任意裁判,并失工商部持平了结之至意,且违背法约,侵夺人民自由保有财产之特权,敝公司断不忍遵照办理,致陷我省长于不义也。至支宝公司与汉冶萍公司交涉之解决,其至公之理有二,其调处之道有三,请为我省长简切陈之。一、支宝公司系民国开国第一开矿执照,汉冶萍公司为前清满期探矿废照,如我省长以民国信令为重,则此矿判归支宝,于义实协至公。一、支宝执照确系江苏都督批令缴费遵领,有案可查,汉冶萍公司是否实有废照,尚不敢必。何也,前清劝业道署中并无此案,即矿地告示,前清劝业道亦不过仅称奉邮传部右堂盛函开云云。夫曰函开,其非正式文牍可知,不用正式文牍而仅以私函相属托,此前清时代达官贵人所优为,民国尊尚法律,自不当有此举动,如我省长以江苏都督曾经收费发给之执照为可信,则此矿不归汉冶萍,更事理之无可疑者。所谓调处之道三:一、如我省长果重民国信用,不欲失工商部持平之至意,则请派员会同支宝董事切实调查汉冶萍损失若干,令支宝如数赔偿,以昭公允。二、如以民国政体一视同仁,汉冶萍损失较甚支宝,欲令支宝推情让归汉冶萍接办,亦应请派员,偕同汉冶萍公正董事切实调查支宝损失若干,除令汉冶萍照数赔偿外,并当令汉冶萍公司酬报支宝不避兵火、尊重民国,以工代赈、维持人道之苦心。三、如二条两方皆难遵从,则应令两方各列条件,求取同意,协力合办,庶不负工商部持平了结之至意,暨我省长持平调处之盛心也。至于右陈三条中,欲求最能巩固民国国基,保重民国信用,证实江苏都督之发照不妄,实惟有照第一条办法,然实不敢期其必成,惟全视乎我省长之采择取舍而已。谨此上渎,即呈钧鉴。并据委员庄启以支宝公司已另呈请示办理,无从会同赴矿等情,呈复前来。

查此矿两公司争执已久,前经本都督断加偿款,原冀持平了结,乃此次支宝公司来呈所陈三条办法,仍注重于第一条,既与本都督前断相反,且有以命令为法律,任意裁判等语,尤于本都督、民政长和平理处之心未能体谅,自非咨请工商部斟酌处断,不能解此纠纷。除咨部外,相应函达公司知照,俟部复到时,再行转知照办。此颂

台祺

程德全　应德闳启

程德全、应德闳致汉冶萍公司函

民国二年三月十二日(1913.3.12)

径启者:

实业司案呈:准工商部咨复:案查汉冶萍公司与支宝公司互争矿产一

案,前准部咨,即经转饬洽商,嗣据汉冶萍公司呈明,情愿偿还损失银一千元,而支宝公司犹以原费不止此数为词,复经本都督体部意断令加给一千元,作为结案,业经咨达查照,一面令行各该公司遵办,并派庄启会同汉冶萍公司交给偿款点收煤矿去后,兹据支宝公司拟就调处办法三条呈复前来。查此矿两公司争执已久,今汉冶萍公司虽愿和平了结,而支宝公司心犹不甘,其所陈调处三条办法,又注重于第一条,与本都督前断适成为反比例,且该公司来呈并谓本都督、民政长之训令系以命令为法律,违背约法,侵害人民自由保有财产之特权,是则本都督、民政长更无可以置词之余地,究应如何办理,惟有咨请大部斟酌处断,解此纠纷等因。准此,查该矿经汉冶萍公司自宣统二年十月二十一日领照探勘,至宣统三年十月二十一日探照期满,自应依限换领开照,惟时武汉事起,长江一带战事方殷,前据汉冶萍公司呈称,三处厂矿重要事件甚多,未遑兼顾,本部详加体察,确系情有可原,以各国矿法而论,凡勘矿者遇有兵灾等事,亦有宽展期限之条,本部体恤商艰,自不能遽予取消,以致前功尽弃。乃支宝公司于民国元年正二月间乘间呈请前江苏都督庄发给开照,复呈请转咨前实业部立案,比实业部以该矿有汉冶萍公司领办在前,未即照准在案。则前庄都督所发之指令及开照,已为实业部所不承认。以法律论之,准予开矿之权操自中央政府,该公司在都督府请领开矿执照已属不合,况既为实业部所不承认,则该矿照即不能发生效力可知,而该公司即不能有开矿权更可知矣。乃该公司不于彼时查明法律,即行招集工人,在他人矿地肆行开挖,虽云以工代赈,系一时权宜之计,倘责以侵害人民自由保有财产之特权,谅亦无以自解,幸此事已由贵都督察觉,取消前案,旋复由贵都督、民政长断结赔偿,以期和平了结,现所发指令即系根据法律而来,汉冶萍公司财产在江苏境内,贵都督、民政长极意保护,即系尊重约法,而该公司故意颠倒是非,不遵处断,试问该公司是否确有索偿之理由,汉冶萍公司是否有应予赔偿之事实,即本部前次咨请调处,亦不过格外矜全之意,并非有所袒于该公司,该公司何得因此遂生奢望。兹准前因,相应咨复贵都督、民政长查照,即饬该公司董事遵照前断,从速了结,如再有抗违,即希强制执行,以维矿政而免纠纷等因。

准此。

除函致支宝煤矿有限公司并训令委员庄启前往接洽外,合行函致贵公司查照前断办理,俾可了结。此颂

台祺

程德全 应德闳

汉冶萍公司通告
民国二年三月十七日(1913.3.17)

为通告事。

二年三月十二日奉江苏都督程、民政长应函开:实业司案呈,准工商部咨复,案查汉冶萍公司与支宝公司互争矿产一案云云,俾可了结等因。相应通告,希即查照,会同庄委员将公司偿款二千元交给支宝签收,一面将佛宁门矿产及机件一并收回,并将办理情形具报备查,须至通告者。

右通告

江宁佛宁门煤矿坐办温

王勋意见书
民国二年四月(1913.4)

佛宁门煤矿现据温务滋君面称,偿款已交支宝公司签收,矿产机件一并收回。论其事理,此矿既经争执,又复偿款,自应筹款继续进行,惟目下查核情形,开办殊不合算。缘探勘该矿之初,因萍煤煤气不足,不能炼钢,仍须取给日煤,久欲觅得佳矿,可以勿事外求,探得佛宁煤质化炼,煤气足于萍产,故派温务滋君携机小试,所以仅领勘照,原拟探试后再定行止也。计已用过一万五千余两,现时矿虽收回,而窿内已被水淹,抽吸不易,照温君开采预算表计算,欲是矿每日出煤一百吨,尚需银十余万元,时间亦在两年以后,且煤脉不厚,亦不足供久远之求。现查得怀远县属之舜耕山煤矿,据开来化炼单,煤质尤优于佛宁,矿脉之厚闻亦远过之。当此财源枯竭,与其以十数万元经营于煤质较弱之矿,毋宁购用怀远之煤,有此比较,不能不

易其手续,鄙意佛宁煤矿似可置为缓图。谨陈意见,仍候公决。

经理谨具

尾批:所筹甚是,佛宁门煤矿应即就近托人照管,须立界石,作为本公司备而不用之产业,如有人具领开采,准可议章办理。

条注:佛宁煤矿所筹甚是,谨于书尾识数语,请于董会公阅酌定。

宣怀启四月二十四日

（五）常耒锰矿

曾纪龢、杨超驷、卜彦伟呈湖南都督文

民国元年七月(1912.7)

卸办常耒锰矿局曾纪龢、杨超驷,接办常耒锰局卜彦伟为呈报事。

民国元年一月二十一日案奉湖南大都督谭札开:照得常耒锰矿刻当汉阳停工之时,自应提归湘省另委接办,除委任曾君纪龢充任总办,杨君超驷充任副办,暨行知常宁县外,合就行知,为此行知该县知事陶德光即便遵照,并准卸办常耒锰矿陶德光移交敝总办纪龢接收办理。嗣又奉大都督谭札开:查明该矿向系汉冶萍公司开采,锰石仅供铁厂炼铁之用,此外并无销路各等因。奉此,查本矿自敝总办接办以来,并无款项可支,一切用款以及运砂进省经费除由敝总办纪龢在湖南实业司暨湖南矿务总局筹垫并向商号陆续挪借应用,数月以来方能支拄。现在常耒锰矿既归汉冶萍公司收回,所有前项用款已经汉冶萍公司承认,拨款交由敝总办,纪龢将官商垫借各款逐项归还清楚,并无经手未完事件,应即遵札将局务移交汉冶萍公司派员卜君彦伟接收,所有常耒锰矿局务业于□月□日由纪龢照案移交彦伟接收办理。合将交接缘由会报大都督察核批示祗遵。须至呈者。

呈报都督谭、实业司、矿务总局

民国元年七月　日呈

卸办常耒锰矿局　曾纪龢、杨超驷
接办常耒锰矿局　卜彦伟

湖南实业司开矿执照

民国元年十一月八日(1912.11.8)

(一)

湖南实业司发给开矿执照事。

照得本司具呈都督,暂由本司改刊矿照,以备应用一案,奉批准行在案。兹据矿商汉冶萍煤铁厂矿有限公司系□□省□□□人,禀请开采湖南省耒阳县所属光斗冲地方锰矿,业经遵章采勘,苗线均确,并无各项违碍,应准具禀人在领办矿界四至之内,实行开采。该矿商务须遵照妥慎办理。为此照给执照,以资信守。须至执照者。

计开:

坐落: 距城七十里

矿地:(计亩□分□厘□毫□合二矿界) 均相连属

四至:东至毫山冲 西至大石头

南至大坳背 北至五里亭

业主: 批邝必惟等之业民地

保单: 汉阳铁厂委员承办未具保单

右给

矿商汉冶萍煤铁厂矿有限公司收执

中华民国元年十一月八日

(二)

为发给开矿执照事。

照得本司具呈都督,暂由本司改刊矿照,以备应用一案,奉批准行在案。兹据矿商汉冶萍煤铁厂矿有限公司系□□省□□□人,禀请开采湖南省常宁县所属长坡里地方锰矿,业经遵章采勘,苗线均确,并无各项违碍,应准具禀人在领办矿界四至之内实行开采。该矿商务须遵照妥慎办理。为此发给执照,以资信守。须至执照者。

计开:

坐落:距城十五里

矿地:(计亩□分□厘□毫□合二矿界)　　　　　　均相连属

四至:东至早禾冲　　　　　　　　　　　　　　　西至五头

　　　南至石子凹　　　　　　　　　　　　　　　北至杉浬

业主:批廖盛理等之业民地

保单:汉阳铁厂委员承办未具保单

右给

矿商汉冶萍煤铁厂矿有限公司收执

中华民国元年十一月八日

温秉仁、魏允济呈王勋文

民国三年四月一日(1914.4.1)

敬肃者:

秉仁、允济等奉派查勘湘省铁矿兼调查常耒锰矿,所有铁矿详细情形业经另具说帖,而锰矿办法以及历年弊窦不能不为经理缕晰陈之,以谋改革也。

查常宁之锰矿总局,创设于光绪三十四年,董其事为陶筱铭,继其任者为卜彦伟、张鹏一。历来积习相沿,均以欺朦敷衍为宗旨,以公司为利薮,视股本为私囊,儿戏买山,营私植党,犹其次耳,迨传至现在之坐办欧阳煦为尤甚焉。略举数端,已知其概要。

按常耒批山,其价极廉。当时陶、卜、张诸员竟以滥批为能,已属荒谬绝伦,而欧阳煦则但见锰苗即与山主议批,甚至听信司事夫役报告,并不查勘,辄付批价,或有锰不旺,夹石夹砂,或仅浮山面,毫无根基,及至开采不久即废,竟有批而未开者、批而不能开者居其大半;前坐办已付山价,后坐办重复批来,前司事已批之山后司事再行价批者,尤居多数,以血本为调剂,掷黄金于虚牝。此不能不痛恨者一也。

常耒锰矿本设三厂,曰大兴、大生、大利,嗣因大利之矿尽属夹砂夹石,总公司屡次函责,卜彦伟遂废之,只存大兴、大生两厂。讵欧阳煦接办后,因其弟欧阳树无法位置,特复辟大利,安插乃弟,所出之锰悉系泥块砂石,转运局不敢收运,而欧阳煦置之不问,至今堆积一二百吨于运局,为允济等所目睹者。计自大利复辟至今约有六月，而所采之矿砂仅一二百吨之泥石。适去岁阴历腊月，该员之弟因在阴田墟镇市强奸妇女致死，遂被乡人围攻厂屋，几酿巨祸，幸赖乡耆出而维持，仅以身免。欧阳煦不得已，将大利一厂即日取消。去岁尚在涉讼，正不知如何了断，据云已贿三百串可以寝息。然该员之弟于撤厂后清查帐目，犹亏短公款一千余串，欧阳煦正与收支金忠亮密商弥补方法，亦不知如何结束。如此行为直同恶霸，岁糜数千金仅购得泥石二百吨。此尤不能不痛恨者一也。

欧阳煦本萍乡讼棍，萍煤局恐其挑唆，招为司事，月薪二十元，孰知屡起风波，从中渔利，历年经理尚能驾驭，至李镜澄接办后畏之如虎，于是力荐之于汉厂，得此锰矿坐办，实李镜澄之力也。萍矿去一欧阳煦并非难事，又何必贻害汉厂，殊费解释。然该员竟藉此贪缘，狡谋窟穴，所汲引者非亲即友，既无开矿学识，尤无办事才能，俨如前清衙署，孜孜为利，弊窦丛生，暗无天日。此尤不能不痛恨者一也。

汉阳铁厂昔年本饬该局每月须运锰砂五百吨，岁费五万金，年以万吨计，每吨约合银十两，尚不十分糜费。孰料欧阳煦自去岁阴历六月接事结至腊底，仅运过锰矿一千二百余吨，除卜前坐办移交存砂七百余吨，只起运五百余吨，以半年二万五千两计算，每吨将费成本五六十两耶？未免骇人听闻。允济等详细考究，据称矿山上尚有存砂，测算统计约有二三千吨，其中未选净之砂居多，殊不知锰砂并未运至转运局，虽多奚为，盖矿砂过磅方付山价，锰砂既未下山，更未选净，即与未挖无异，而彼此虚报，公司但知有二三千吨，实则转运局只存四百余吨，此中弊窦不言可知。此尤不能不痛恨者一也。

锰矿坐办每月薪资本系六十两，欧阳煦辄改报八十两，矿山督工本为六千，欧阳煦辄改为十千，局用每月七百余元，欧阳煦辄加至一千二三百元，诸如此类，不一而足。其藐视公司已可概见，而公司远隔，概与优容，该员一再尝试，胆愈大，而势愈纵，尾大不掉，其患靡穷。此尤不能不痛恨者一也。

锰矿总局开办之始，即设于常宁之曲潭地方，距矿山六七十里、八九十里不等，而距转运局及各厂又六七十里、八九十里不等，遇有一事动辄数日,此种机关直同虚设,在前办之员固只图安逸,以耳为目。而欧阳煦不知改良,反欲变本加厉,拟将总局迁至衡州,是较曲潭更为隔阂。曲潭仅隔六、七十里已觉不便,岂更远至二百里尚能监督觉察耶?该员专以文牍欷动公司,绝不问事实之何如,刀笔惯技,诚无足怪,幸公司不为其所愚。此尤不能不痛恨者一也。

欧阳煦自接办锰矿半载有余,仅至矿山近者一二次,既不辨锰之优劣,复不知路之远近,终日在局蝇营狗苟,以致各厂相约废弛,上有好者,下必有甚焉者矣。而报销册尚虚列长班轿夫三名,岁糜二百余金,实则终年一二次,奚用此为种种耗费,无非中饱。此尤不能不痛恨者一也。

且查欧阳煦自乃弟酿祸毁厂之后,既愤且羞,因羞成怒,遂饬人至耒阳四处批山,具禀公司谓常宁锰矿开采已尽,必迁耒阳,拟举乃弟为分局坐办,允济等抵耒,见分局房屋业已赁定,指日必须开办。该员之意锰矿成本并无限制,虽多奚啻,殆察看该员续批之锰山悉属锰铁,断难采用,而该员甘心糜费血本,见好私人,罪何能恕!纵公司谴责,已耗费无数资本,而该员之弟尚可席卷远飏,于欧阳煦何损?要知耒邑之锰悉在常宁边界,离茭河近而距耒河远,该员之欲迁总局于衡州,添设转运于耒阳,大致为扩充开支、安置乃弟张本,一气呵成,居心叵测。萍矿李经理之以邻国为壑,贻祸江东,始愿不及,欧阳煦之贪鄙性成,败坏矿产,岂斥撤足以蔽辜!此尤不能不痛恨者一也。

以上数端仅据允济等调查得实,尚有涉于暧昧者犹不胜枚举,倘长此不改,矿山即有挖尽之虞,矿本亦将加重之患,似不能不先为之防预为之策。谨就管见所及附呈改革章程条陈于后。允济既在联合会备员评议,当为汉冶萍略谋整饬,目睹腐败,缄默难甘。尚乞经理迅予撤换,立即施行,不胜翘企荣幸之至。所有调查锰矿弊端,理合据实报告,尚祈察夺。

兹将常耒锰矿局亟应改革办法逐条开折,敬候采择。

一、总局坐办宜裁撤也。当光绪三十四年汉厂急于采锰,先开湘东矿山,旋因该处矿质不佳,遂改道常耒,仓卒之间未暇布置,悉听创办者调度,以致办法腐败,俨若前清衙署,而总公司相隔迢递,鞭长莫及,积习相沿,竟致难挽。允济等既荷委任，又箍列议会，似难缄默。查锰矿总局向驻常宁之曲潭地方，殊属昧于大势，距矿山约七八十里不等，距各厂暨运局又六七十里不等，遇有要事动需时日，加以欧阳煦官习太深，奴隶司役，老迈昏聩，从未一莅矿山，不识锰之优劣，更不知矿之开法，但凭一纸报告辄以转陈，尸位素餐，莫此为甚。与其多一机关而工厂多一挟制，毋宁取消归并，既省总局开支，尤合商办性质。

一、转运分局宜独立也。查锰矿各机关以转运为最重要，而开创之始即以隶属总局，由坐办派人，种种弊窦因之而生，迨至欧阳煦手更为黑暗。盖矿厂运局之矿夹石夹泥，不敢挑剔，总局虚报公司之吨数尤不敢与之争执，甚至能者被摒，贤者求去，即如该局管理员杨寄蘋办事几及三年，当光复之后，收回厂矿，联络绅耆，卜彦伟赖以成功，深器重之，至欧阳煦接办，种种吹求，屡欲辞职，而欧阳煦明知无继任之才，故阳则坚留，阴则拒之，势非和其党而不止。窃谓总局坐办苟能裁撤，即须责成转运局担任一切，该局办事之员应由公司委派，优其薪赀，定其权限，即使不撤总局坐办，转运局既不归坐办节制，自能直接报告公司，不致再有朦蔽之患。倘能实行，杨寄蘋可当首选。该员昔年本有收回矿厂之大功，此次复有追随勘矿之微劳，况且情形熟悉，厂矿工人以及土著绅衿皆服其调度，乐为之用，非若欧阳煦之众皆侧目羞与为伍者可以同日而语也。

一、工程矿师宜添置也。常耒锰矿山随处皆是，坐办以至工人皆无学识，纯系盲从，见苗即批，见矿即挖，并不知锰之多少、优劣，往往遍山皆洞，形如蜂窝，纵有佳矿，亦被废弃。盖包工愿省事，只取山面之砂，取尽即易他山，殊不欲深开到底，所以历年废山至二三百处之多，长此不改，锰矿将有挖完之时，汉厂一日不可无锰，不将大可虑乎？窃意非添聘矿师一人兼办开采工程不可。已批之山，责成绘图照法开采，未批之山，属令勘过优劣方准给价。如此整顿，工既聚而出砂多，本既轻而事亦简。惟矿师亦须公司直接派往，可由转运局会商调度，矿厂包工、监工人等均归节制，如岁定锰砂额数设有短少，惟该矿师是问。但局面较小，薪水似不能过于优隆，只须觅一矿科毕业学生稍有经验者足矣。裁总局坐办而以之布置一切绰有余裕。

一、总局收支宜取消也。查向章锰矿总局设一收支，系由公司派往而不受坐办节制，专负银钱责任，并可随时报告办矿情形，法至美意至深也。讵知事有大不然者，即以欧阳煦与金忠亮而论，当欧阳煦甫到锰局亦甚以金忠亮为可惧，相处日久，猫鼠同眠，畏忌悉蠲，形同狼狈，其中暧昧，笔难尽宣。况金忠亮自到常宁以来，公司未得其片纸只字，甘为煦用，庸懦可知。鄙意总局既撤裁，收支尤应取消，只须转运得人，每年开支当可额定，运锰若干，付价若干，虽派专员，实寓包意，既无须乎监察，更难施其欺朦。总之，商办事业贵简实而不尚虚芜。

一、锰矿山地宜购买也。常耒一带锰矿极多，坐办以至司事兵工，莫不以批山为利薮，无论其有无优劣，见拳石之铁一线之苗辄垂涎色喜。两县之山几为公司尽有，其中不无佳者，究竟无用者多，或移自他山，或仅浮山面，或纯系锰铁，或属夹石，种种笑柄，不一而足。此后添设矿师，此弊自绝。但批山究不如买山，批契既不能纳税过户，复限于丈尺，倘竟开采越界，乡人往往出而讹阻，甚至锄株树而需值，折枝竹而索偿，莫穷其弊，不胜其累。苟经矿师勘测一山，能开若干，年能出若干锰，包工者较有把握，而况每山尚有草木之利可收，岁约四五百千不等耶。

一、转运局址宜茭河也。常耒锰矿转运局向驻茭源河口，原以锰矿采办处数太多，不能不择水路交通之最近者设局转输，现在常宁锰矿各山废弃殆尽，渐次注重耒阳，然矿厂距县城耒河尚有七八十里之遥，是仍以茭河水运为便，而欧阳煦朦禀公司，辄欲将总局移驻衡州，添设转运于耒河之口，此诚夏虫语冰之论，专为侵蚀血本之谋。窃意常宁总局一撤，大势必趋重茭河之转运局，办事宜照旧章，惟必须痛加改革，将该局直隶公司或竟择妥人，悉予包办，俾尽力经营，痛除锢习，大致每月出砂千吨，尚非难事，而况责任攸归，赏罚之权，固操之公司耶。如此进行，气聚而势厚，力专而功倍，较之常宁总局之敷衍糜费，厂矿之因循委靡，不啻判若霄壤矣。

一、每年结帐宜夏令也。查常宁锰局月向汉厂领银四千两，而所运之砂往往短少甚巨，其弊在历年从未结帐。表面虽系额定每年缴砂六千数百吨,实则岁仅运汉三四千吨、二三千吨不等,通盘筹算,每吨须银十余两,如此巨价,公司受亏实甚。公司既无法清理,局员亦以含糊牵扯,为秘密侵蚀之妙诀。设或公司督责过甚,局员辄以冬令水小为词,公司远隔数千里,莫知其详实,则茨河水大尽可畅运,即水小亦可陆续驳载。虽不能直抵汉阳,当可存储转运局中。允济等到局所见仅三四百吨,倘逢春水骤涨,矿砂尚在山中,即使赶运,亦难迅速,其咎谁归?是平时之不能认真催促监督有以致之,而况在山之锰矿吨数尚属虚报。推原其故,无非利欲熏蒸,压积款项,冀为舞弊营私地步。一旦有变,即可据为己有,如此居心,殊堪发指。窃谓此后应责成转运局员每年结算款项,当以六月为度,以上年之下半年扯入下年之上半年,为一年比较核算之期,则自难遁饰。苟矿砂不及额定之数,或另派他员接办,或扣除岁支银两,总以每吨矿砂不得过成本六两八钱为限。如此严厉,庶几有豸,不得谓局面甚小而随意忽之。要知丝毫款项,血本攸关,刕年需五六万金,不可谓菲绳锯木断,水滴石穿,能毋惧哉?细大不蠲,方成伟业,允济固常三复斯言也。

一、矿厂薪工宜优给也。查向来常宁锰矿局于矿厂各员役极为刻待,每厂管事月薪仅二十八元,以次或十二千,或八千六千不等,故所用之人无赖居多,略可糊口,决不甘于数千里外谋此衣食不给之赍。窃谓裁一总局,撤一坐办,月省三百余元,以之加给实力办事者,莫不踊跃将事,乐为效命,纵添设矿师监工亦未必能消纳此宗巨款。挹盈剂虚,汰冗就简,百废俱举,操券可期。

一、矿厂包工宜土著也。常耒三厂管事本皆该处土人,欧阳煦易其弟欧阳树为大利厂管事,几酿绝大风潮,原因业已详列前折,大生为李梓荣,大兴为李松涛,经验既富,尤能服众,惟摄于坐办之淫威,往往涉于敷衍,不事振作,甚至查得佳矿不肯报告总局,盖恐坐办派其亲戚开采,攘夺功劳,此种暗潮无时蔑有。如能统一办法,权归矿师而工归管事,除局用之外,每吨矿砂应费若干,悉由包揽者承办,倘有折扣情事,准其各厂管事直接禀揭公司,以免隔阂。总之,无论如何改革,弊难尽除,不若招商承包之直截痛快,而免公司之种种顾虑,年年亏耗也。

公司董事会致王汝淮①、魏允济函

民国三年十月二十九日(1914.10.29)

专启者:

　　湖南常耒一带,产锰甚优,早经本公司批山采运,供济厂需,现值汉厂四炉将成,大冶又须添建两炉,此后之需锰愈多,筹备宜豫。查现办该矿欧阳煦,到矿已久,成效尚虚。近据来函,明萌退志,亟应遴员接办,以资整理。(中略)除分函外,用特备函委任,接办常耒采锰事宜。凡属探试矿质,开采工程,悉由王君(汝淮)主任,其关于地方交涉及运矿交厂,悉由魏君(允济)主任。每月薪水〈魏君〉一百五十两,〈王君〉一百两,从到矿之日起支。务将前委移交余存经费若干,开出矿石在山未运者实有若干,已运至茭河者实有若干,一一查明,据实接收,分报本总事务所、汉厂两处备查,以清界限;其前委领过经费及采运各数目,亦希一并查复。该矿应改良之处,在沪先与王代经理筹议后,并随时与汉厂坐办直接商承,和衷妥办。总以经费力求减少,采锰力求增多,以济厂需而轻成本,是所厚望。

　　　此致

王君汝淮、魏君允济

汉冶萍公司董事会会长盛

公司董事会致梅兆豫函

民国四年一月二十日(1915.1.20)

专启者:

　　本公司采运常耒锰矿,专为接济汉厂炼铁之需,关系至为重要。前以现办斯局之欧阳煦君,不谙矿学,且年老不能探勘各山,经本会委任王君汝淮、魏君允济,前往接办,以资整顿在案。兹查王君汝淮,另有他就,所遗常耒采锰职务,金以执事矿学素优,用特备函委任。即希查明,会同魏君允

_____

①　王汝淮(1870—?):广东南海(今佛山)人。时任公司常耒锰矿主任。

济，克日起程，前赴该处接收，妥为办理，月支薪水银六十两，从到矿之日起支，所有采锰经费向由汉厂拨付，锰石亦由汉厂收用，应由汉厂就近考查，归其节制。除办法由执事商承代经理外，道经汉厂时，并与代办该厂坐办卢志学君接洽一切。嗣后每月采运及用费各数造册分报汉厂及本总事务所备查为要。

此致

梅君兆豫

汉冶萍公司董事会启

魏允济、梅兆豫致公司董事会函

民国四年四月二十一日（1915.4.21）

董事会公鉴：

敬肃者，允济等自接办以来，即将到局日期报告在案。查锰矿局积弊太深，整顿不易，既荷委任，敢避怨嫌，谨将目前亟需改革扩张之处参以历年因循糜烂之原，逐条比揭，缕晰详陈。

一、办矿要素重在多出矿砂，减轻成本。然欲多出矿砂，非大施工程，痛除积弊，研究输运，广购佳苗不可。若行此计画，在表面似夫用费稍增，实则在出矿既多，矿质又佳，朦运复除，挖工归实，出一吨有一吨之用，殊非滥采铁石终归废弃者可同日语。疲弊之余，实不能不济之以猛，糜烂之后，尤不能不假之以宽。此允济等专重矿工，不事粉饰之情形也。

一、常耒两县锰矿最多，然皆浮面块状，供不敷求，其苗脉宽长，气魄雄厚者，仍不可多得。欧阳煦经办之时既不知开采之方，又不知广事收罗，致所批之山渐次采尽倒塌，未批之矿尽为地方把持。盖平时与衡常耒各界恶感横生，地方绅耆暗中将锰局批山四周可用之矿悉数批尽，另立小公司，其稍远之山勒令乡人不准指与锰局，设有犯此，严罚随之。于是欧阳煦万不得已遂与若辈订立合同，包收锰砂乃一纸空文，又未见诸实事。现拟另觅大矿，工作兼施，所有浮面块状之砂概行停办，招人承包，按吨论值以外，各小公司之山如有可采者设法收为局有，其不能收为局有者，亦与之实行立约,归锰局包收。每年若干吨,不准售与他人,使其开采有利,渐渐接洽,遇有机会仍不难兼并,现在已将上年外人所立之协利公司开始谈判取消矣。此允济等改革工作,收回利权之情形也。

一、常末民情悍固,然皆戆直忠勇,从未与锰局反对鼓动风潮。讵欧阳煦因狮形岭地方乡人与运锰船户口角起衅,厂中司友即藉端讹报,聚众抢殴,咨县请办,勒逼乡人赔偿铜元钱八十千文,预备裱分,故至今未入册报。乡人怨恨已深,立意报复,群相阻挠,水旱不准开运,矿因之罢工。此矿为前大生厂之最佳处所,现在水淹土塌,损失不赀,而交涉仍难结束。因诈索土人八十千之微,而公司所费几及十倍,尤无以对于地方,丧心病狂,莫此为甚!然因此八十千而锰矿终停,又岂地方土人之利?现拟联络郡县士绅出而维持,将以前所讹八十千作为捐助地方善举,另助若干,为修路浚河之用,息事人宁,或可了结。既不变翻前案,亦复俯顺人情,计莫善于此者。此允济等挽救矿产疏通恶感之情形也。

一、锰局昔年供应铁厂矿砂厥数甚微,近年冶炼进步,需用较繁,铁厂四号新炉工竣,年需锰矿一万三四千吨,倘大冶炼炉相继建设,更非二万余吨不可,是锰当逐年增加,矿当逐年扩充,以前欧阳煦所呈报未领价存砂若干吨,其实已领价者尚不足恃,未领价者直信笔乱书,只图纸上体面而已。即如允济等近查大生厂亏空存砂约在千余吨,大兴亦有一二百吨,此犹上年妄报之数而言,至陶手存砂及历年各厂废砂劣砂统计又有一千五六百吨之多。现拟先从实在着手,逐渐进步,将各厂未领价之砂一律删除,不准开报,凡运至总局者方为实数。而公司铁厂亦须体谅锰局所报砂册,均系实在之数,一扫浮冒之习,设有盈绌当以年终归束,既免浮报,以清手续。此允济等实报实销革除亏空之情形也。

一、锰局外厂曩日系招人包办,故各有标识,初曰和兴、利济、利顺,继改大兴、大生、大亨,相沿已久,现拟改为大亨为汉冶萍公司驻湘锰矿局甲厂、大生为乙厂、大兴为丙厂,三厂之中各有管事一员,负全厂责任,现亦改名主任员,藉符矿厂体制而昭更始之意。此允济等改革名称以归统系之情形也。

一、锰局所辖三厂各有稽查一人,专事监察利弊报告总局,法良意美而弊亦随之,每每勾结员司,营私舞弊,管事之权剥夺殆尽,以致亏空矿砂、挪宕正款,敲诈乡愚多出于稽查之手,管事不敢过问。现各厂既改主任员,则不能再使稽查同在一厂,以分其势而免勾结。现拟将各厂稽查一律取消,另于各厂运砂河口,设立稽查处,取名曰某厂稽查处,派稽查员一人,专为查验各厂运局矿砂优劣,负完全责任,设有特别事故,总局函属调查者得随时出发,实地访谘。各厂虽欲作弊,亦不可得,即或良莠不齐,断不致狼狈为奸,一如曩日。惟乙厂矿多事繁,水途尤倍于他厂,不得不加派稽查一人,以资办公。所有各厂稽查统归总稽查节制调遣,藉专责成。此允济等添设稽查严杜弊混之情形也。

一、总局向有转运机关驻在菱源河口,欧阳煦因与该管事意见不合,遂假迁移总局之说,实行归并之谋,其所择地点竟在江东岸之上游。此处水势湍激,凡未河运砂船只必须逆流上驶七八里方抵局前,且无堆砂广场。上年欧阳煦仅在驳岸堆积矿砂数十余吨,竟将驳岸压塌,房东索赔修费至二百四十千之多。设遇水大,载重砂船断难行动,危险既多,形势不便,况局房只占两厅,不敷办公。现拟将转运事宜仍行画分,设于未河口。运船直达,毫无阻碍,距离总局亦仅数里之遥。倘将来未阳地方添设矿厂,总局尚须迁移该县,适中调度。所有转运一部分员司总局之中已储备十九,仅添设主任、书记等,足以控制有余,无须另起炉灶。至若总局现在暂拟向上迁移,隔城较近,便于接洽政界。总局房租每年本六百一十千,现在迁移转运局与总局两处,房屋远胜原址,其赁金则仍照原额。盖总局月租减为四十五千,每年租金为五百四十千文,转运局则每年租金仅八十千,押租三百千文,总局改为一百五十元,转运局则改为一百千文,悉如向额,未增分文,房屋则轩昂宽敞,比较昔日,殊有霄壤之别。此允济等整顿转运,迁移总局,力谋利便之情形也。

一、锰局积弊太深,骤难清理,最重要者为各厂矿砂存数。现经允济等详细考察,澈底盘查,上年欧阳煦于归并转运局时朦运陶手存砂六百余吨,大利废砂二百五十吨;大生厂管事李梓荣朦运陶手存砂二百三十五吨,大兴厂管事曾养廉朦运陶手存砂五百一十三吨；各厂欧阳煦至戚好友亏空虚报之砂又有二千八百四十八吨零三百六十三启罗。综核成本，为数不赀。再加之以员司宕欠各项约三四百千文。业已截至二月份止另造欧阳煦亏欠矿砂款项细册据实开报，倘欲严追，请示办法。因前坐办业已交卸远行，经手员司亦多畏罪逃散，允济等无从扣留勒追。统计欧阳煦上年报运之砂七千余吨，剔除此项存砂废砂，仅及五千吨，以云踊跃，其谁信之？况五千吨犹非净锰耶。此允济等必须截止前办经手画清界限之情形也。

一、向来各厂开支除薪膳之外，率多随意报销，甚至一饭之微杯酒之费莫不任情浮冒。现拟将各厂杂用各项比较上年平均计算，永为定额，其特别添置等费，必须预报总局许可者，方准开报，以杜冒滥而节虚糜。此允济等限制用款勒定额支之情形也。

一、总局火食向在员司薪水内按月扣除或由各人自付，厨夫纠葛参差，甚至一餐之细动辄挥拳，一蔬之微设法侵蚀，月终结核，几无一人不欠膳资，厨役受亏，亦无非取偿于客饭。现拟总局员司以至护兵夫役，每月火食悉由公家开支，原有薪水工食自当酌量核减，火食虽有不敷，应由公家每月津贴，然亦为数无几，而画一整齐，迥殊三家村气象，飞盘砸碗之声从此绝响，偷饭赖钱之习顿然革除。此允济等减薪增膳画一火食之情形也。

一、总局向有趸船一只系泊局前，来往砂船倚赖其力。日深年久，朽腐可惜，逢此春水涨发上流激湍之际，危险万分。现拟招船厂估价建造，以旧有之趸船作价抵补，另外添办划船一艘，以资过渡。江阔水溜，有事非此不便，月费划钱积累亦成巨款，何如以此微数自行买舟。现已先造划舟，以应急用，布置就绪，再建趸船。此允济等改添船只以资办公之情形也。

一、总局距离三厂近者百里，远者倍之，设有信函往来，动需时日；而矿山均在乡僻，邮迹不通，万一有事发生，呼应大觉不便。况现在公司已添委矿师时驻山厂，函牍就商日必数次，愈不能不谋简捷交通之策。现拟于总局添募信差二人，暂资走送要件，渐由各厂赴总局之中途松柏地方设一信差传递处，再派二三人常驻其间，上下轮值，总局送厂之函只赍往松柏转递，各厂送局之信亦如此法传递。至矿师处，亦应随带信差一二名，以资接洽,各厂则以护兵充之,可不另设信差。统计约须添募专足七八人,以一人统率教练。则交通便利,永无隔阂之虞。此允济等组织信差力谋便捷之情形也。

一、锰局批山向任各厂自由为之。欧阳煦经办时,其员司往往以前手所批之山、历年废弃之矿重复报价,或一山化作数名,一再批赁,甚至今日报告开采,明日即行停止,后日又改名再批,种种朦混,不一而足。即如丙厂现经允济等察勘,矿已采尽,所批之山概系铁石,万不能用。日前兆豫亲自挑选矿石,工人以为素常均系如此,今欲净锰维有全体罢工,足见从前一任若辈玩弄。纵将铁石泥块充作矿砂运至总局,亦无不照转赴汉,但求其多,不问其是否适用,不仅汉厂炼炉受害,即成本亦掷于虚牝。现拟由总局专派采山司事一员赴各山调查,遇有矿产报告总局,即由矿师履勘可用者,派稽查员复验得实,给付山价。总以交通便利旱力较省方为合式,非若昔日之矿山距离水道欲其愈远而愈可舞弊。此允济等整顿批山特派专员之情形也。

一、各厂矿山□□数十百处,矿师一人,耳目难周,顾此失彼,在在堪虞。现拟酌添总监工一员,专随矿师奔走各山,周游巡阅,藉分矿师之劳,亦杜取巧之弊。倘矿师驻甲厂,总监工则驻乙厂,轮流监督,以资考察而免营私。此允济等添设监工俾便督察之情形也。

一、各厂所驻稽查员俟转运局脱离总局成立后,即拟一律改为转运分处,专管各山矿砂运衡之事,隶于运局责权之下。则各厂水运之权藉可减缩,朦运之弊不绝自清,就原有之局面,少事更张,无庸旷时增费,或即酌量裁并,以节糜费。此允济等先事布置防弊机关,再行逐步整饬之情形也。

一、各厂自管事以下向由坐办派人,欧阳煦为揽权起见,虽护兵人役莫不以亲族为之,串通勾结,无所不为,各厂管事大权旁落,形同虚设。现拟将各厂司事悉由主任员遴选得力者充之,总局不派一人不预一事。惟须主任员负完全责任,以一事权而专责成。此允济等革除弊法划清权限之情形也。

以上十六条谨就管见所及逐渐进行,允济等既蒙董会委任,改革扩充,不遗余力。一年之后,敢告成功,倘能筹备完全,再行节节收缩,宁费于工程毋滥于杂用,则将来虽建厂设炉自行提炼,亦不虞锰矿不给矣。允济等夙志已酬,仔肩可卸,此后有人接办,不难萧规曹随,冶炼要需,实赖乎此。若不乘此时机立定基础,将来危险,殊不忍言。近且侧闻有人于公司、铁厂两处簧鼓蜚语,报复睚眦。殊不知允济所处地位不同,办事概从严厉,只知尽股东之义务,又何恤乎人言?维愿公司、董会、铁厂勿贪近功,勿听谗谤,则允济等责有攸归,不虞掣肘,而矿山局厂均可随汉冶萍公司而不朽,岂不猗欤盛哉?再,所有各矿山开采工程以及改革布置兼并扩充等项,应由兆豫察勘完密,另行详报。合并声明,伏乞鉴察。

魏允济　梅兆豫谨肃

公司董事会致魏允济函

民国四年七月六日(1915.7.6)

克威先生台鉴:

锰砂为冶铁要需,阳新所产,因成色较低,尚未大举采运,汉厂四炉齐开,全恃常耒接济,关系至为重要。前由本会委任执事会同梅君兆豫前往接办,嗣接执事到局来函,具陈整顿十六条,原原本本,议论宏深,满谓经理得宜,自可日有起色。讵据王代经理转据汉厂函报,常耒局自魏君接手后,四五两月册报,每月采锰不过三百数十吨,近接电嘱汇银七千两,有锰千吨可交之语,汉厂本极困难,如不应付,深恐藉口误运,但以七千两交锰千吨,成本殊嫌过巨,且该局糜费滥支,不一而足。如伙食请客送礼,造蓝呢大轿等等,俱为从前所无,摘抄一单,约计每月支销,较前增出千元内外,报请核示前来。查常锰道远运艰,成本本已加重,全赖任事者力求实际,汰除浮糜,庶成本可望减轻,以资补救。况公司财政困难达于极点,每当筹拨各处经费罗掘俱穷,艰苦万状,宜如何撙节支用,稍纾财力,乃竟一意铺张,任情糜费,实非意料所及。昨经本会常会提出公议,似此情形实属有负委任,应即取消职务,业经本会委任严汲青君前来接替。用特函知,即希执事查照,一俟严君到局,即将经手各事,并银钱款目,一一点交该员接收具报为要。

此致。即颂

台祺

董事会启

公司董事会致严濂①函

民国四年七月二十七日(1915.7.27)

专启者：

　　锰砂为炼铁所必需，阳新产锰成色较低，又因地方争持，尚未大举开办，现在汉厂四炉告成，全恃常耒采锰接济，关系至为重要。前因办理斯局欧阳煦君去职，经本会委任魏君允济会同梅君兆豫前往接办，讵魏到矿后一意铺张，每月册报浮支滥开，不一而足，较前糜费月在千元内外，而考其办事，则月采锰不过三百余吨，尚要挟汉厂兑银七千方交锰千吨，业经本会致函撤退，并电汉厂派员暂往监代在案。兹据王代经理函保执事办事勤恳，操守廉洁，足可胜任，用特备函委任，即希查照，克日前赴衡州接办常耒锰局事务，月支薪水银一百两，自到矿之日起支。采锰经费向由汉厂支拨，锰砂亦属厂用。该局为汉厂节制，每月册报应备二份，分报汉厂及总事务所查核，务即先到汉厂接洽后迅赴该局接办具报。须知魏君此次撤退因其毫无成绩，浮滥支销，出锰无多，成本贵于从前远甚，执事接办后即将其任意更张，以便浮支之款一律裁汰，撙节支用，核实开报，并将采锰交运各事宜悉心考究，力祛弊端。总期采锰增多，成本减少，有裨厂务，是所厚望。

此致

严君汲青

董事会启

吴健致公司董事会函

民国四年八月十日(1915.8.10)

董事会台鉴：

　　接奉八月五日大函，敬悉一是。据稽核股查复称：常耒锰矿局自光复

---

① 严濂(1865—?)：字汲青，上海人。时任公司常耒锰矿局坐办。

后,公司改组,该矿局隶矿务所管辖,民国三年七月公司统计股取消,该矿局三年七月份起始有报册寄送汉厂,兹截止民国四年七月底止,该矿局前后共用经费银十万零五千两,约采运矿砂一万四千吨,每吨通扯合价银七两有零。其中约分光复后,温君、魏君履勘支用薪费银五千两;卜君、张君任内,采锰□□千吨,动支费银一万二千两;欧阳君任内,共用经费银五万八千两,共采运锰砂一万吨,每吨扯算合银五两八钱。魏君任内,现七月份报册尚未寄到,约共用经费银三万两,除已收到矿砂一千九百余吨外,闻在途尚有一千余吨,每吨扯价恐离十两不远。魏函报在山已采之锰砂尚有三千余吨,要求兑钱万缗,即可运厂,恐难办到;果能办到,则共交矿砂有六千余吨,共用经费银三万五千两,扯算每吨只合价银五两数钱。大致情形如此。惟前后交替,锰砂有在运及在山者,用款即互相牵搭,成本颇不易计算的确,且帐册汉厂不全,请函致公司会计所饬将常耒局民国元年至三年六月份,所有该局呈报细帐并辛亥年陶小明君移交之册,一并寄厂,以便随时查考等情。相应函复钧会查照。至民国元年至三年六月份常耒局细帐及陶前办辛亥年移交册件,请知照会计所一并检寄来厂备查。是为盼祷。

祗候

台绥

吴健谨肃

公司董事会致严濂电

民国四年九月二日(1915.9.2)

衡州锰局严汲青鉴:汉厂电,据尊电,魏手存砂约三千吨,需银万两,俾尽数运汉,八月开支需银二千两,款齐交卸,方无纠葛等语。魏存砂,应即照数盘交,由执事陆续运厂,八月开支二千两,候魏照交,准由厂拨付。董会。冬。

（六）马鞍山煤矿

严濂呈王勋文

民国元年十月十七日（1912.10.17）[①]

敬肃者：

　　查马鞍山煤矿当去年民军起义时留存烟煤、机器、废铁、树木、房屋、杂物等约值尚有一万余金，司事唐金坡等被溃兵逼索钱洋，不得已于九月初五日同时散去，濒行时曾派当差四名守局，辛伙发至年底。嗣该镇商家筹设保安会，请前当矿局保甲委员彭光祖为会长，本属保存相安无事。迨十一月十五日后，有湘东里劣绅田少臣、严东璧等觊觎矿局物料，设立保安总会，朦禀武昌府主事石出示，严禁盗卖，保存矿局，擅将看守之人一并驱逐，而局内家具杂物尽行搬取，复串荆襄水师营船炮船陈、许二哨弁弹压，变卖煤铁等件分肥。民国元年正月间，鄂省矿务总局罗派员往查，二月间复派詹问樵，金雩松等员司到山开办土窿。当时追究该总会搬取变卖在矿物件煤铁等项，曾于江夏县审判厅涉讼，有案可查。嗣因开办亏折，窿遂停止，但糟蹋变卖物料亦属不少。旋蒙武昌府实业司派员保存，现在驻矿保存员金姓一人，当差六名。阳历十月十五日，晚生到矿调查时，金因公出未面，当将机件杂物逐一检点，并收拾马矿历年文卷之未损失者，随即带回汉厂。所有损失各物，容俟追到帐目，并行核实申报。兹查得现时实存各项并大略情形，缮呈钧鉴。

　　一、库房存：

　　打风机全副（零件六箱）；旧铁板二十块，旧小钢轨一百五十条；旧铁煤桶廿二只；起煤车二十六只；手摇风箱两架；三千五百米力长四二五阔工字铁两条；六千五百米力长三〇〇阔工字铁三条；六尺对径风鼓一个（仍在压

　　[①]　原件未署时间，此系根据内容判定。

气房外边);铁墩一个,机墩三个,六寸径铁胡芦两个。飞轮一个,运重车一架。

一、吊车房存:

齿轮两片,绳轮六片,车头轴一条,齿轮轴一条,机座三块,横座三块,钢丝绳两捆,汽缸两箱,摇车一座(在井口)。

一、锅炉房存:

四英尺对径二〇尺长旧锅炉两座,三英尺对径一六尺长旧锅炉一座。

一、房屋项存:

总局房一所(原有五所,现存者亦残破),洋房两所,库房一所,吊车、压汽、锅炉房共三间,保甲局、窿工、机工房各一所(残破),街铺房两间,煤务处房三间。

一、杂物家具项存:弯档公桌一张,公事台七张,圆台一张(圆台面附),搁几一张,宁式十景椅八、旧十景椅六,共十四把,长方茶几三、方茶几四、共七只,宁、广式单靠椅七把,大柜橱两只,书架一座,大铁箱一只,方桌四张,瓷器花瓶、铁花插屏各一个。

谨按右开各项,如打风机一副完全新货,据述值洋三千元,吊车已缺四分之一,工字铁、摇车、煤桶等等外,均残破作废。铁钩重三五吨,值洋一千元之谱;房屋如洋房完全,余均残破,现被荒民丐夫栖息,如速变价,或可得洋一千元之谱。此各物实存之约数也。目下名虽保存,其实或盗与卖,双方销耗,恐稍稽延销归乌有,此急宜收回之实在情形也。惟实业司派员保存,一旦收回,恐需索开支,况经理收拾运驳变价等费,亦属不省。机窿已废,土窿似宜出租民办;洋房可不动,派人看守,照管山地土窿,此收束之后事宜也。管窥所及,谨献刍荛,是否有当,还乞钧裁。

再,查严东璧等与詹委员涉讼失败后,纠合前清光绪三十四年间被马矿委员徐绍之驱逐私开杨山煤矿之祥太公等设立四美公司,在杨家山采煤。前往勘察间,有侵占矿局地界,合并声明。

晚生严濂谨呈

王勋致公司董事会函

民国二年十一月二十五日(1913.11.25)

董事会公鉴：

　　径启者,马鞍山煤矿所出煤斤磺重灰多,不合冶铁之用,销路亦极疲滞,只以官局移交,勉力承办,历年亏折不赀。后因窿内水火并发,屡次出险,无可营救,于前清宣统三年五月由汉厂禀准前总理停办,电知鄂督知照在案。比时正在遣散矿夫、拆运机件,即值武汉军兴,复为鄂政府派人开办,旋亦知难而退。该矿机件现已拆卸运厂,妥为安置。惟该处尚有华式洋式房屋各两所,年久朽坏。此矿地处荒僻,既不能开办,复留人看守房屋,殊非久计,且房屋失修已久,坍塌堪虞,亦拟筹一收束之法。李经理前在汉厂时,已商将朽坏不堪之华式房屋拆料变价。兹接汉厂来函,报告华式两屋残料业经售去,惟洋式两栋以不能十分贬价,久无人过问,近有人拟出钱三百千拆卖一栋,函请核示前来。理合将马鞍山矿收束情形具函报告,并将厂信附请台阅。其洋式两屋应否照准拆卖之处,即祈核示,以便转复遵照为荷。肃颂

公安

兼代经理　王勋

王勋致公司董事会函

民国三年四月二日(1914.4.2)

董事会大鉴：

　　据严汲青君函称,于宣统元年十一月奉李经理派委管理马鞍山煤矿内务以及运售各事,其时因二层煤不合汉厂之用,遂于汉阳、应城两处设局分销,以资挹注。至三年三层出煤恶劣如故,惟有停办收束,以免再加亏损。一面卸机运厂,一面清理外放帐目。适武汉起义,草木皆兵,应城未收之帐,为数几及二万串。大局平靖后,仍往料理,得以陆续收回一万六千串,内有四千余串于去年在应邑涉讼,始行追到,均已陆续缴厂。至零星蒂欠

尚有五百余串,已托萍矿应城分局带收。再有欠款,实在应城各户玩疲不堪,难望收清。惟自前年三月后薪水即未开支,现在经收帐款,以此归宿,马山煤矿尚算有盈无绌,不敢仰邀奖赏,所有薪水可否恳请按照原数发还等语。查函称各节,均属实情。至所收帐款,有盈无绌,自当静候核对另案办理外,所请发还薪水一节,似属可行。严汲青君原支月薪洋例银三十两,算至今年二月止,共二十一月半,共计洋例银六百四十五两。即祈批准发给,是为至祷。附来帐册节略现洋等件,已发交会计所核收矣。合并附陈。专肃。敬请

均安

兼代经理　王勋

吴宝棣①致汉阳铁厂函
民国三年十二月十一日(1914.12.11)

径启者:

案据县属南乡马鞍山团绅周祖鳌等禀称,窃查马鞍山矿务总局办公之屋,前湖北总督张开矿时,桑总办曾与矿绅王宝镛、田逢春、严执中等面议,此矿停歇之时,此屋留与地方作为遗念。后盛宣怀接办此矿,所委各总办亦言,此屋于终局时留与地方作学堂,并言设法筹款等语。虽无凭据,绅等共闻此言。起义后,其如各委拆毁机器,卖变房屋铁件以数万计,迨王君善夫接手,所剩寥寥无几,正值地方开办自治,无地办公,只得与王君商及此屋,本书有借券,第思铁厂在此花去银钱不下数十万之多,留此太仓之一粟,永作莫大之纪念,人情中之恩点,想无不可施舍也。恳祈转达微情,汉阳铁厂督办,俯恤下情,自治虽已取销,现办团防亦需公所,即后来办公总要托足之区,且此屋虽经地方补葺,前遭恶风暴雨,苑废墙倾,王君早已目击,即卖与别人,所值不过二三百串文,曷若赏赐地方,真成甘棠遗爱,异日睹斯屋者,谁不曰实某公之德,口碑所在,永堪千古矣等情。据此,敝署查

---

① 吴宝棣(1875—?):字叔才,湖南武陵(今常德)人。时任武昌知县。

该绅等所禀,系为举办团防无相当之地起见,事出因公,是否可行,相应函请贵督办查照见复,以便转饬遵照是盼。此致
汉阳铁厂督办

武昌县知事　吴宝棣

王勋致公司董事会函

民国三年十二月十七日(1914.12.17)

董事会大鉴:

　　昨接汉厂来信:从前马煤矿停办后,当派王善夫君前往,拆卸机器,变卖局屋。后因总局房屋为该地借作自治公所,立有借券交存汉厂。现自治取消,由厂函致武昌县知事转知地方,应即交还。昨接该县知事公函,据绅士公禀,自治虽已取消,团防仍须有办公之地,请将该局屋免令退还,留作地方遗爱等情。兹特照抄武昌县函,寄奉台阅。如何之处,尚祈裁夺见复。等因。查马山停办后,机器拆卸运厂,所遗房屋僻处一隅,无从觅主脱售,借与自治公所者,亦属免得派人照料之意。兹据该邑绅士禀称,从前本有该矿终局时房屋留作地方学堂之用,其意在永远奉送,自与自治公所借用性质迥乎不同。究应收回与否,即祈函示,以便函厂照办为荷。附钞武昌县知事函请公阅。顺颂
均绥

兼代经理　王制勋

王勋致公司董事会函

民国四年八月三十一日(1915.8.31)

董事会大鉴:

　　汉厂来信,以马鞍山局屋去年该邑士绅要求捐送,以备设立团防公函机关,我公司只允借用,不收租金,继即作罢,派人在彼看守。现据报告,除市房出租每年可收钱七十七串,又荒地年租五十三串,两共一百三十串,付看守工食三十六串,完粮五十二三串,所余四十串备作往返川资等用外,仅

余总局朽屋，不久即要倒塌云云。现拟登一广告，将该矿房屋地亩等一并出租，似不致废弃，且可稍稍收回成本，即祈核示等语。查该局房屋年久失修，一旦倒塌，实意中事。吴坐办所拟全行出租办法，似尚可行，免得或租或否，有顾此失彼之弊。且房屋有人租用，可以随时修葺，不即倒塌，亦未可知。是否有当，即祈裁夺示遵。此颂

公绥

兼代经理　王勋

（七）安溪铁矿

公司董事会常会议案

民国二年四月十八日(1913.4.18)

经理报告：王君宠佑介绍，厦门资本家在福建安溪县地方，组合华宝矿物公司采矿，因与本公司营业有同点之关系，拟为联络之计，以期彼此有益，现与之商订草合同稿，请公阅。并谓该资本家，不久回闽，请审查通过后，即便缮正签字等语。

公议：查草合同内，以专销萍煤及代售该公司出铁为最要，其余代为购机雇匠各条，均属可行，惟附股一层，目下公司困难已极，尚须斟酌，应送请会长核定。

公司董事会常会议案

民国二年四月二十五日(1913.4.25)

上星期五会议，公司与华宝公司所订草合同稿，经会长将附股一条，改为："汉冶萍于华宝另设之新公司担认有确实资本时，愿附股份若干，届时视汉冶萍之力量，由董事会与股东会公议定夺。"并添载一条声明，大冶矿石本与日本订有合同，不得另买他处矿石等语。公同赞成照此缮签。

汉冶萍公司与华宝公司议订合办安溪铁矿草约

民国二年四月(1913.4)

订明合同草约,汉冶萍煤铁厂矿有限公司(下文省文称汉冶萍公司)及华宝矿务公司(下文省文称华宝公司),今因华宝公司于福建安溪县探得感得里潘田铁矿一所,及附近一带铁矿,经与业主议定,统归华宝公司聘请矿师详细勘验,预算报告,另设公司,鸠集资本开办,故愿与汉冶萍公司联络合办各该铁矿。兹将议定办法草约各条款,胪列于左:

一、华宝公司与业主议允,所有上开各铁矿,由华宝公司资聘矿师,详细勘验,筹划开采办法,勘得该矿等铁苗畅旺,堪以开采,决议另立公司,集资本五百万或一千万元,作开矿及建厂炼铁之用。

二、汉冶萍公司于华宝另设之新公司担认有确实资本时,愿附股份若干,届时察酌情形,视汉冶萍之力量,由董事会与股东会公议定夺,倘新公司需用工程及事务练达人员,汉冶萍如有人才,当照派出该项人员,协同新公司办理矿厂事务,其薪金若干,照汉冶萍定章先与公司商妥,归其支给。

三、新公司所需炼铁焦煤,汉冶萍公司愿按照公道价钱售与新公司。又允于所售焦煤价内酌提盈余,充作股本。

四、新公司所需开矿及建厂炼铁一切机器、锅炉,如欲汉冶萍公司代买时,汉冶萍公司应担认代购,临时妥订购□约章。

五、新公司所需矿务材料,可由汉冶萍代购,及新公司所炼得之铁,亦由汉冶萍代售,经手售铁之佣金,按每百两抽若干两,以作酬劳,以若〈干〉年为期,期满听由新公司买卖自由。惟所代购代买者,均当与新公司妥商,方能实行。

六、开矿必须筑铁路,由矿场至泉州海口,再由矿场至萍乡,亦应筑铁路直接。该路暂由华宝公司运动中国铁路总公司建筑,如不能照筑,俟政府核准后,汉冶萍公司当可介绍外国资本家借款建筑,以期彼此宝汉联合之利益。

七、新公司成立后,彼此再订立正约,筹划进行。届时华宝公司所欲调查汉冶萍之铁矿铁厂一切情形之有裨于新公司取法,而无碍于汉冶萍公司者,汉冶萍须尽义务,倾心相告,使华宝公司得有把握筹划也。

八、汉冶萍与日本所订购买大冶矿石合同内载明,不得另买他处矿石,华宝公司自应查照。此后,华宝公司既愿与汉冶萍公司联络一气,则彼此售铁价目,自不得互相跌价争轹,以期彼此维持。

五、煤铁运输

盛宣怀致陈璧函

光绪三十四年十月十九日(1908.11.12)

玉苍仁兄尚书阁下：

迭奉钧电，洙昭路事，数月来往返互商，设法转圜，并蒙垂念易家湾河流涨落，沙岸高低，设立码头湾泊船只是否合宜，究应至暮至易，属令熟筹电复，倘须至暮，则九曲黄河取线仍由矿厂与湘人商议等因。仰见顾全矿厂始终不渝，尤深感佩。惟湘抚复电，以萍路展筑如能另取一直线，将原勘地位给湘路兴筑，即两无妨碍等语，似系明知该处不能另取直线，此出难题。复按伯平中丞九月杪来电，有相持不决迁延时日非萍之利等语。又接筱石制军函云，现提议全路官商合办，可望和平完结，而汉省〔厂〕新化铁炉来年春夏间开炼，所用焦煤不止加倍，此次弟到东就医，日本铁厂船厂、美洲铜矿，议买萍焦为数甚巨，又为吾华增一出口货。并查明焦炭中可炼出许多杂料，须待运道通利，方能扩充加炼。犹忆今春在京面议咨请展办此路，深盼年内工竣。如果湘人挠阻，不能买地开工，则厂矿大不得了，故弟复庚电，拟请电询薛道，如难另取直线，似可准湘公司呈请更正。在干线既可官商合办，此一小节将来必造双轨，乃利交通。昨又奉文电，现经定议展至易家湾，前商码头一节可毋庸议，嗣后应与湘人如何交涉由部酌夺等因，尤为感慰。易家湾虽不及暮云寺，究竟于运道有益，既已定议，务求饬令迅速开工。冬令购地，最为合宜，如能照原议八个月完工，弟即当谕令公司预备一切。我公任事坚忍到底，真足令人五体投地。萍洙路文案，夏间因电务稽搁，秋中匆促东行，未及料理，现已电奏力疾销假，一俟考察各厂矿事竣，月初旋沪，即日咨送。所重在地契一项，如已封河，当由火车专送。弟在东京晤周道万鹏,累知所议东约于奉线颇属艰难,尚幸该道于电政交涉素有历练,东人虽甚狡展,得以和平就范。伏念电归国有,上海总局自应移并京都,惟大东北两公司摊算洋帐及各国洋线交涉,向在沪局,似宜留一大员专司其事,周道最为熟悉,若以留沪悉仍旧规,弟可保其胜任无虞。吾华电局海线无多,得以坐收出洋海线之摊费,岁有数十万巨款,此弟从前力排群议煞费心血而得之者也。公暇时纵览其前后合同奏咨各案,当亦怜其苦心孤诣,可与公今日毅然收归国有先后同揆。侧闻部借英镑五百万收京汉路,自较公债商股直截痛快。回念此路自借比法款,中外惊怪,断难收赎,魂梦不安,诽谤莫辩,至此或可消释,且可使别干晓然于借款无所碍也。敬请台安。蔚、雨翁两公均此,不及另布。

萍乡煤矿局与萍株铁路局订立运煤合同

宣统二年十月(1910.11)

萍乡煤矿局、萍株铁路局为会订合同事。矿局因光绪三十二年与路局原订合同,查照开平及外洋运煤通行章程,以萍株计算,因时定价,应定生煤每吨车脚规银六钱,其时以铁路新成,深恐营业不旺,难资修养,允加高定价,改定生煤每吨车脚规银八钱,焦炭每吨规银一两,以顾路利,声明俟出煤大旺,再行减收运费。现在出煤日多,运数日增,宜即减轻成本,抵制日煤,路利现已有余,限期适经届满,矿局禀奉汉冶萍厂矿公司咨奉邮传部宪札行路局,援照津浦铁路与峄县煤矿所订运费,改定生煤每吨车脚洋七角二分,至焦炭系属大宗,每吨加二成计算,会订合同,试办三年,并即禀复立案施行等因。遵即会订合同,议定各款条列于左:

一、由萍乡之安源运至株洲,生煤每吨车脚洋七角二分。

二、输运焦炭每吨照生煤加二成计算,车脚洋八角六分四厘。

三、萍矿仿用西法,所出焦煤悉用水浇洗,装车时水气未尽,是以历年均加水耗约百分之五,现仍照加。火车烧煤,从前矿局收价,每吨银四两,现矿局情愿格外让减,洗净块煤每吨收价洋四元二角,末煤收价洋三元。又,矿局运料从前照生煤减费二钱,现矿局允照生煤一律出费,不再减价。

又,矿局制造厂代路局修理机件,从前除工料外,另收厂屋机器成本息费十成,现矿局亦允让减,只收工料,不收厂费,以符矿路相维之意。

四、输运矿料,每吨车脚应照第一条生煤之数计算。

甲、由株洲运至安源,每吨车脚洋七角二分。

乙、由醴陵运至安源,每吨车脚洋三角六分。

丙、由湘东运至安源,每吨车脚洋一角八分。

丁、由青山埠运至安源,应照丙项由湘东起运之数,每吨车脚洋一角八分。

五、矿局应付路局车脚、路局应付矿局煤价及造配修理工料,均用洋数核计,以免平色折算;按中历一月一结,无论彼存彼欠,均须逐月找清,俾免拨抵。

六、路局车辆无论在何处所,如系矿局损伤,皆归矿局担负责任,所有损伤车辆应由矿局认修。

七、矿局租用路局车辆,按照吨位,每吨每月认纳赁费洋二元四角,倘有损坏应由矿局认修。

八、将来矿局煤焦畅销,获利较厚,路局为整顿路利起见,如合同期满后增加车脚,矿局应允议加。如市面煤价减跌,矿局销路窒碍,路局亦允俟合同期满后议减,以昭平允。

九、本合同遵照邮传部宪札饬,试办三年,从宣统三年元旦起,至宣统五年除夕止,为本合同执行之期,倘限内两局总办或有更调,彼此仍应遵守。迨期满之时,于三个月前另议会订。

十、本合同一式同缮四分,以一分申赍邮传部立案,一分呈送汉冶萍厂矿公司备案,其余两分路局、矿局各存其一,以资遵守。

总办萍乡煤矿局　林志熙

总办萍株铁路局　薛鸿年

卢洪昶致公司董事会函

民国二年五月二十四日(1913.5.24)

董事会诸公钧鉴：

谨肃者,顷奉五月六日台函并录议案一纸,敬已诵悉。洪昶刍荛之见,竟荷采择,弥深惶悚。嘱将办理情形随时报告,敢不谨如所命,兹将已办拟办之事,分陈如左：

一、镇江除钦君经手之帐不计外,其分销处至本年四月份止,尚有一万二千余两未收,若骤然停办,收回更难,若不停办,无以归宿。是以与经理从长计议,另定办法。所有同事薪水,给至阳历十月份,经手薪水至阳历年终为止,此项开支均在预支内扣除,前放之帐仍责成原经手切实追索,以清界限；一面另立包销焦炭合同一纸,至明年年底为止,计二号焦五千吨,池焦、炊焦各一千吨,另具妥保保该包销之短欠焦价等事。此撤销镇江分销及另订包销焦炭合同之情形也。

二、南京除钦君经手之帐不计外,其分销处计新旧各帐尚有一万二千余两未收；并订有造币厂合同一纸,计煤五千吨,收有定银二千两；又订有焦炭合同一千吨。视此情形,合同之契约不能不守,前帐尤不能不责成原经手归结。是以仿照镇江办法,划清界限,订立包销焦炭合同七千吨,此后除交造币厂油煤外,其余汉口下游之煤,一概停售。此南京之办法也。

三、芜湖销数无多,本不足以自立门户,刻已函催该处经手来汉,面商停办之法,大抵遣散同事及经手薪水,均照宁镇一律办理。

四、九江离汉不远,即有优价销路正可在汉交易,惟查该处自辛亥秋至壬子春间,其中不合格之交接颇多,拟俟与武汉往来之帐核对清楚后,始再遣散同事,撤销驻浔批发,现已函致该处经手来汉矣。

五、应城自庚戌年开办迄今,计放帐一万八九千两,销路已通,价亦胜于下游,其扼要处即在推销次煤。惜当时开支过费,且驻有军队两棚,不仅月须供给,尤隐虞危险,现拟商请当道撤退,一俟退清,即请理卿先生前往清查各帐,商令收缩场面,酌留同事,催索前帐。至将来续办与否,须视次煤多寡再议去留。此拟办应城之情形也。

六、萍矿轮驳并入铁厂轮驳处一节，当与铁厂该管之潘毓初君商及，初意颇以为难，一再解释，拟俟经理由萍回汉后，另商实行。

七、汉局银钱煤焦等帐，机关不一，如华洋批发、武汉分销，皆各收各帐，主客之货帐已付与否，收支皆不得而知。此种办法，不仅价格不一，且阂隔多而稽查难周，是以商由收支拟添设外帐一席，自下月初一起，所有进出银钱以及煤焦发票、收条，无论巨细，皆先经外帐，由其一手出入，似头绪较为清楚矣。肃复。敬请

公安

卢洪昶谨上

公司董事会致卢洪昶函

民国二年六月二日（1913.6.2）

鸿沧先生阁下：

径启者，接五月二十四日惠函，悉前以改良运销办法，密请先将各分销清厘收束一事，筹定手续，列条见示，经敝会公同审查：第一、第二镇宁两处，除钦君经手之帐不计外，其新旧欠款，仍责成原经理人切实追收，经理人薪水，给至阳历年终，司友薪水给至阳历十月为止，专责收帐；另订合同，包销煤焦；第三、第四芜浔两处，分别函催经理人来汉，结清首尾，一概裁撤，均请照办。五应城之收束办法，亦极妥协，惟该处积弊最深，受损亦最巨，陈理翁来函，谓外欠一万八九千两之外，尚有毕先筹经手，代鄂军政府借去钱十万吊，归偿无期等语。此项借款，公司并不知有此事，是否实系鄂省借用，有无凭据，抑系别有弊混，藉此影射，务请设法调查密示。至该处为次煤销场，将来军队撤退，前帐结束，如次煤出数有余，仍应酌定妥人包销为是。或每吨给与佣钱，或议定额价，但须殷实人作保。至第七条汉局拟添设外帐一席，已嘱会计所核复矣。惟事当收束，入手之初，宜着着带紧，不可放松，入手一松，以后则不可收拾，前车之鉴，不可不防。务请阁下抱定在沪面示办法之宗旨，实行其事，勿托空言。仗兄做一模范与人看，庶

使股东人人佩服。此尤鄙人等所日夕盼望者也。卅电得复,悉大局渐平,岳轮备煤,已作罢论,慰甚。五月二十三、二十六两示,均收到,聆悉。并及。此复。袛颂

台安

汉冶萍公司董事会谨启

公司董事会致黎元洪电

民国二年七月二十八日(1913.7.28)

武昌黎副总统钧鉴:敝公司轮驳,因钧处以军事紧急,支应载兵,致铁矿、煤焦不克照运,将有停炉之虞。窃维厂矿素荷维持,前者征调繁兴,自需船只输送,现闻赴防军械,均已运足,当无需船之处,敬恳我公俯念商艰,令下所司,此后对于敝公司轮驳,邀免租借,如果遇有急需,只可酌量匀拨,俾得照常运料,接济炉需。扶此艰危,悉出尊赐。再,前已借用之轮驳,尚恳援照招商借船成例,按日发给租价,以示体恤。汉冶萍公司董事会叩。勘。

公司董事会致谭延闿电

民国二年七月二十九日(1913.7.29)

急。长沙谭都督钧鉴:据汉局电称,湘禁煤出口,焦亦拟禁等语。查萍矿现出煤焦,专济厂需,断无兼资他用,如果禁运,则厂即停炉。伏念汉厂经兵燹后,修理年余,方始复旧开工,若再停辍,则将再败不可收拾,内外债主交逼,危险不堪设想。萍矿历荷保全,饮水思源,实受其赐,敬恳始终维护,令准照常起运,俾公司命脉不致苏而复绝,全体股东感且不朽,实业前途尤赖挽救。惶急待命,幸赐鉴俞,并祈电复。汉冶萍公司董事会叩。艳。

湖北都督府副官处致公司董事会函

民国二年八月二日(1913.8.2)

敬启者:

顷奉副总统面谕,贵会勘电备悉。军事旁午,征调繁兴,陆续借用贵公

司轮驳,输运深资得力,一俟平定,自当饬载运局如数拨还,刻下需船之处尚多,未便迅如所请。至于租价,后日亦当援照成例酌量发给,断不致使贵公司有损失之虞也等因。奉此,合行布达。即颂

公安

湖北都督府副官处启

公司董事会致工商部电

民国二年八月十一日(1913.8.11)

北京工商部钧鉴:接萍矿急电,有拖轮八艘,钢驳木驳六十八艘,综计造价六十四万八千余两,已被湖南截留,另有已装煤焦之局驳十九艘,民船一百十四艘,综计焦煤价值,又七万四千余两,船价在外。因湖南禁阻交通,悉在城陵矶湾泊,汉厂正待焦煤炼铁,城陵矶适在鄂湘战线,事机万分吃紧,请电京鄂,分饬保护等语。查汉厂全部轮驳,当前年财政万分困穷之时,业在道胜、汇理银行抵押银一百万两,两次展期,迄未赎出,此次猝被扣留,该行催赎更急,谓将诉诸公使。至湘于焦煤,本允出境,近有倡言汉厂制炼,与湖北兵工厂有关系,因此仍被禁遏。一有战事,民船躲避无方,情形不堪设想,务求大部飞咨海陆军部,速电前敌军官,凡萍矿焦煤船只所在,一律加意保护,并导引出江,星夜运汉济炼。除电呈黎副总统外,飞此上恳,祈电复。汉冶萍公司董事会。真。

公司董事会致谭延闿函

民国二年八月十二日(1913.8.12)

组安都督钧鉴:

前以萍焦阻运,关系汉厂要需,由该矿坐办李寿铨面恳弛禁,已蒙鉴允,限制吨数,派员监察,于取缔之中,仍寓维持之意,感激实深。旋因岳军司令仍复禁阻,当于十一、十二肃具真文两电,恳赐放行。本日又据该矿函电告急,以萍矿全恃煤焦价款周转,煤焦不能到汉,矿用无着,势将不支,复肃谏电,急迫陈词,先后谅邀垂鉴。查汉厂冶炼,全恃萍焦,而萍矿周转又

全资厂价,交相为济,不可或离。今煤焦不能下运,厂则有停炉之危,矿则有断炊之险,势必两败俱伤,同归无幸。伏念萍矿,自辛亥军兴以来,独蒙我公保全两年,汉厂始能开炉,得有今日,倘因阻运缺资,仍致破坏,而兼及于厂,深负我公保护之初心,而地方亦承其敝,实业前途,至可痛惜。务恳我公终始矜全,电令放行,按限照运,俾厂矿得以存在,感荷大德,湘水同深。临颖不胜急切待命之至。谏电抄附,并祈查核。肃叩

钧安

汉冶萍公司董事

盛 王 聂 沈 朱 李 施 周 张谨启

北洋政府交通部批

民国二年八月十二日(1913.8.12)

汉冶萍煤铁厂矿有限公司。

据呈称,该公司系合汉阳铁厂、大冶铁矿、萍乡煤矿组织而成,于前清呈请农工商部注册有案。自置轮船、驳船,装运本公司钢铁、煤焦、矿石、机器材料,上自洙洲,中经湘河,下行武汉并沿江各埠,以至于海,综计轮船二十五艘,铁驳、木驳一百八十七艘,趸船六艘,均关营业要需,按之通告章程,应在报部领照、享受保护之列,为此遵章列表,呈请注册给照等情前来。查该公司成立系在邮传部未设以前,前清宣统二年二月该公司在沪添购汉利拖船一艘,曾经由江海关监督呈请邮传部注册给照转发在案,其他各轮并未呈报邮传部有案。兹据前因,查阅所呈轮船各表于应报事项尚无遗漏,核与定章相符,自应照准。其趸驳各船与大小轮船有别,取缔方法尚未规定,应准先行存案,暂缓注册,俟规定办法后再行饬遵。除由本部分别注册并分行湖北民政长外,合将填就轮船执照开列清单发交该公司承领。至汉利等轮,原领有前邮传部执照,应即缴部注销,以免淆混。

此批

交通总长　朱

公司董事会致黎元洪电

民国二年八月二十六日(1913.8.26)

武昌黎副总统钧鉴:湘销独立,赣亦肃清,鄂防当已解严,前承租借轮驳,恳即令行所司早日发还,俾得运料济厂,素荷维持,无任感祷,并祈示复。汉冶萍公司董事会叩。宥。

卢洪昶致公司董事会函

民国二年八月二十七日(1913.8.27)

董事会诸公钧鉴:

敬肃者,接钧会秘书处来函谓:马、养两电及前函为轮驳、煤焦事前后情节,嘱详电董事会照行各等因。除业经电复外,所有轮驳、煤焦两事及当日函电情形,兹将各节复陈于后:

一、迩来长沙命令不能统一,十三日虽有取消独立之命,十七日复有开禁之令,然深知岳境驻有重兵,其令能行与否,未敢逆料。是以待岳州船只开行,方为可靠之信。其时适奉钧会晳电内开:湘鄂截留轮驳已否释回。当复马电谓轮驳尚未释回,并当日另函详陈一切。此系二十一日之事。嗣后于二十二日接岳局电称:轮驳开禁,萍福、萍利拖带钢木驳装运煤焦,二十一日由岳开汉等语。即照此节当发养电,请李经理代达,并请查照前后函电日期,便可知其始末矣。前因湘省截留拖轮八艘,其后只借用三艘,约定半月发还,其余五艘及钢木驳六十八只,内重载煤焦十九只,民运重载一百十四只,均已一律放行。似此,电湘之举,拟请从缓。此系湘事之问题也。

二、鄂省借用拖轮六艘,钢木驳四十六只,为数既多,历时已久,拟请钧会电致鄂政府早日发还,以顾船本而资输运,至为盼祷。专肃。敬请

公安

卢洪昶谨肃

公司董事会致黎元洪电

民国二年八月三十日(1913.8.30)

武昌黎副总统钧鉴:宥电谅达。钧处借用拖轮六艘,钢木驳四十六只,接汉局电,尚未蒙发还,查轮驳专为运料而设,自支应军事后,汉厂缺料,将有停炉之虞,势极危殆。鄂防解严,需船无多,务恳令饬陆续发还,俾得运料济厂,救困扶倾,感祷无既,并祈示复。汉冶萍公司董事会叩。卅。

公司董事会致谭延闿电

民国二年八月三十日(1913.8.30)

急。长沙谭都督鉴:前以军事禁运煤焦,并留用轮驳,迭经电恳,蒙饬放行,轮驳亦许释回,俾汉厂得资接济,不致停炉,救困扶倾,实深铭感。谨派卢君洪昶代表敝会,趋谒戟门,以伸谢悃。伏祈垂察。汉冶萍公司董事会叩。卅。

汉冶萍公司呈交通部文

民国二年十一月二十五日(1913.11.25)

为呈请事。

据萍矿局坐办李寿铨函称:准株萍路局咨奉大部令,以续订合同,至本年阴历年底届满,商加煤焦运费,计煤每吨改收洋八角二分五厘,焦每吨改照生煤加三,核收洋一元零七分三厘,运料照生煤收价,余均仰会同该矿局妥商办理,呈候核定,奉经咨照会订等因,函请核夺前来。

伏查萍乡煤矿于前清光绪二十四年奏准开采,专为接济汉厂炼铁之需,即株萍铁路建筑之初,亦系奏明专运萍煤而设,原以减轻成本,辅助汉厂,以期多造路轨而塞绝大漏卮,是与寻常开采煤矿专为营业计者性质不同,关系亦殊。初次订立合同,以路属新成,矿产亦复有限,不得不加重运费,以资修养,原议俟出煤大旺,即行减收。至二次续订合同时,该矿出煤已多,路局余利已厚,乃本原议商减运费,呈奉前邮传部照准。兹大部以合同届满,续议商订,令将运费加收,核计每煤一吨,较现收加洋一角五厘,焦一吨,较现收加洋二角九厘,运料现照生煤收价亦随之而增。在大部综管交通,自有操纵损益之道。惟念萍矿开办机窭,工巨费繁,频年亏累。光复而还,损失尤巨,即照现定运费已苦力有不支,若再加收,则成本愈重,担负益艰。来年汉厂添炉告成,该矿扩充出煤,日达三千五百吨,此后运数日增,路局则余利愈重,矿局则商困愈重。揆诸大部路矿兼维之意,似有未安;且查津浦铁路承运峄煤,每一英里收运费洋八厘,萍煤销路不逮峄煤,而运费转增,衡情亦未平允。惟有仰恳大部俯念铁政关系军国,维持萍矿,即所以扶助汉厂,俯准照峄煤运费成例,电饬株萍路局与该矿妥商订定,以轻成本而示保全,不胜悚迫待命之至。为此呈请核赐施行,须至呈者。

　　右呈
交通部

汉冶萍公司致交通部电

民国三年一月三日(1914.1.3)

　　北京交通部钧鉴:上年十二月卅、卅一两电敬悉。车头平车,已筹的款添购,俾免运滞熔缓,大局感甚。汉冶萍厂矿此次损失过巨,几致破产。煤矿遭李烈钧蹂躏,遍挖土井,为害尤烈。现借洋债,添加煤线,本年为始,加倍出煤。在矿则所出工费甚巨,在路则所收车价大增,故敢要求照峄煤厘定。今既承大部电令早日解决,本日特开会议,吁请援照临城每吨一英里收洋一分,焦炭照煤运费加十分之二。该矿尚有比股一半,汉冶萍系纯粹华股,现正会商官商合办,大部尤应格外维持,万无华商运费高于洋商有股之理由。如蒙允准,请饬萍路局即日定议,免阻进行,万商感甚,大局幸甚。汉冶萍董事会叩。支。

潘国英①致王勋函

民国三年一月七日(1914.1.7)

阁臣先生大鉴:

日昨接上月三十日颁来大教,领悉种种。汉厂第四号新炉工竣时,尊预算每日须运煤焦三千一百吨,矿石一千四百吨,尊嘱将原有轮驳核算尚须添造若干方能敷转运之用,开具节略寄呈尊处,转请董事会议行等因。按去年夏间李经理到汉厂时,曾嘱国英将厂矿所有轮船拖力及驳船吨位核算,当时曾具节略一份,兹照抄呈览。照国英所预算,转运矿石须添汉顺式轮船二艘。至驳船,如萍局能将钢驳十艘让之汉厂,则只须添载重六百吨者五艘。至转运煤焦,则萍局原有之轮驳加汉通、汉发、汉利三轮,水大畅行时,月可运三万三千吨,扯约日运一千一百吨,若日运三千一百吨,则非加拖重千吨之浅水拖轮二十五艘、载重二百吨之浅水钢驳百七八十艘不可。惟此指由株洲起运而言,若改由长沙装船,则只须添轮十二三艘,驳船如起卸迅速,则添二百吨钢驳一百三十艘可耳。以上系国英管测之见,是否有当,尚希指正为祷。敬请
大安

潘国英谨上

附节略八纸

谨将核算汉厂、萍矿轮船拖力及驳船吨位情形,详列呈鉴。

一、汉厂现有拖轮七艘

计开:

楚强　拖重九百吨

楚富　拖重九百吨

汉顺　拖重九百吨

汉兴　拖重九百吨

---

① 潘国英(1875—?):字毓初,广东新会(今江门)人。时任公司运输所长。

汉通　拖重九百吨

汉发　拖重六百吨

汉利　拖重三百六十吨

共计拖重五千四百六十吨

　　每船每月往来汉阳、大冶,扯二十次,共可拖重六万五千五百吨,除洗炉小修,作九折算,应可运五万八千余吨。查四号化铁炉开炉后,每日需矿石一千七百吨,三十日计月需五万一千吨,以现有之拖轮拖运矿石本可敷用,无如汉通、汉发二轮其船壳乃木质者,时常渗漏,岁须修理,汉利一轮机器不甚坚固,此三船殊不可恃。故为稳当计,须再添汉顺式之拖轮两艘,而将此三船调归萍局往来洙汉之用。

　　三、汉厂现只有钢驳七艘,载重约三千三百吨,木驳六艘,载重约一千三百吨,两共约四千六百吨,年来须向萍局租用钢驳十艘,合共约月运矿石二万七八千吨,若以后月须运五万一千吨,非再有驳船一万一千吨不可,约略分配如下:

　　在大冶装好备拖驳船三千吨。

　　在汉阳起卸驳船三千吨。

　　在途上下水驳船五千吨。

　　除现已有驳船四千六百吨,应再添六千四百吨,如萍局能将钢驳十艘让之汉厂,则只须添二千八百吨,计载重六百吨者五艘便得。惟此外尚须再添六百吨者一二艘,以备港内运货之用,如运钢轨及生铁等往武昌或汉口交卸。

　　三、萍局现有拖轮十四艘

计开:

萍福　拖重一千五百吨

萍寿　拖重一千五百吨

萍丰　拖重一千五百吨

萍达　拖重一千五百吨

萍通　拖重一千二百吨

萍富　拖重一千吨

萍强　拖重一千吨

萍贞　拖重七百吨

萍顺　拖重六百吨

萍安　拖重六百吨

萍利　拖重六百吨

萍元　拖重四百吨

萍亨　拖重四百吨

萍发　拖重四百吨

共计拖重一万二千九百吨。

惟查萍元向用以拖煤船及空驳往来武昌、汉口，萍亨向留洙听差，故只有轮船十二艘往来拖运，但洙洲、长沙今已通车，则此后洙洲似不必留轮听差，今应作十三艘算，共拖重一万二千五百吨，每船每月除守风宿夜，扯往返洙汉两次半，十三艘可拖重三万一千二百五十吨。除因洗炉或修理停班，作九折算，应可拖二万八千一百吨。

四、萍局现有钢驳二十四艘、木驳一百五十一艘，载重约三万二千二百四十吨，除将钢驳十艘租与汉厂运矿及以一万吨留洙洲、汉口备用及修理外，尚余一万八千六百四十吨，照现时拖轮十三艘算，途中上下共一万二千五百吨，除过应多出驳船六千一百吨，若添汉通、汉发、汉利三轮行驶洙汉，则驳船当不过余出千吨之谱。惟此举只能行于夏令水涨之时，若冬令水涸，则萍局吃水较浅之船尚多不能行驶者，遑论汉字号船，故欲冬夏畅运，非多添浅水拖轮不可。现照原有之拖轮加汉通等三轮，若在水涨时月约可运三万三千吨，然此指由洙洲运煤至汉而言。若改由长沙装船，则每月每轮可往返四次，然即以往返三次半算，照拖轮十六艘核计，每月可拖运五万一千四百吨，除因洗炉修理，作九折算，应可拖运四万六千二百吨。惟此须汉厂起卸迅速，驳船始可周转，否则驳船恐又不敷用矣。再，以上预算系指轮船往来汉口、洙洲或长沙专拖驳船，不作别用而言；若长官或局中员司留以应差，或将轮船改驶下游，则月中运数自然减缩，即驳船吨位其溢出亦不止上文所言之数矣。

五、小轮　汉厂小轮向不归轮驳处管理，今仍其旧，惟东码头将来须添小轮一艘，专备拖重载驳船至码头起卸，及卸空后将驳船拖开。又大冶宜添小轮一艘，值应差使，以免时将拖轮遣用，致糜煤炭。至萍局现有小轮三艘，如以后煤焦专供厂用，不应外销，则此三艘小轮尚可将就，否则须加添一艘。以上系将两处轮驳截长补短，通盘筹算，其所拟请添者仅求敷用而已。惟两处木驳均多窳朽，年中修费不赀，而在修时该船又复不能应用，故殊不合算。若公司经济稍裕，似宜陆续添置钢驳，而将木驳替出沽去也。

公司驻汉萍矿运销处呈段芝贵[①]文

民国三年一月十三日（1914.1.13）

为呈复事。

奉大都督九百四十号公函，以北洋第三师有步队六营，马队二营，于本月六号至二十号陆续由刘家庙开往岳州，需船载运，嘱于敝公司轮驳往湘运煤之便，陆续运赴岳州，已函该师胡参谋叔麒，趋与接洽，煤油各费，即径向该师领取可也等因。

敝公司轮驳专运煤焦，前因赣乱发生，雇运军队，将及半年，迄未清还，而煤焦因之搁滞，现值湘河水涸，专往岳州赶运，以资供给，承饬载运军队，事关防务，自应遵办。昨晤一师参谋牛、刘二君，商定载运办法，准备一切。至煤油等价，遵向该师领取。除事竣另行呈报外，理合先行备文呈复。再，另具前用轮驳日期及结欠煤价数目清折一扣，仰乞察核指示施行为祷。

　　谨呈

大都督段

　　　　　　　　　　　　　　　　　驻汉萍矿运销处坐办　卢

　　谨按敝公司自辛亥年以来，表面损失尚有可稽，内容破裂更仆难数，公司愈大，损失愈巨。至去夏四省独立，赣乱发生，中央以武汉为根据地，设

---

① 段芝贵（1869—1925）：字香岩，安徽合肥人。时任湖北都督。

立载运局，雇用船只，环顾武汉，无适宜之船，迭承副总统指令暨赵局长面商，借敝公司轮驳暂为供用，敝公司以当时军务倥偬，危机迫切，不得已摒弃中外合同，专重转输，以利军务。凡前后拨用轮船七艘，钢木驳四十四只。迄今未蒙发还者，计钢驳一只，木驳五只，其在南昌一只已改为趸船之用。近复有驻岳师团续借萍利轮船一艘，所有月用工食，概由敝公司照常给发，载运局虽给奖励，然与正式工食毫不相涉。至事平之后，发还船只，船身多已窳败，不堪供用，逐一修理，迄今尚未竣工，暗中之损失固所不计，而明处之需费，亦复不赀。伏查招商局禀奉部令局轮运兵水脚应按照公司章程议给等语。仰见钧部顾念商艰，体恤周至。敝公司借船运兵，事同一律，兹将各船租用日期，照敝公司比较之数另列表册，恭呈鉴察。计共银七万四千八百一十七两，尚有积欠煤价，计银四万两之谱，二共计银十一万四千余两。敬求饬核照发，以纾商困，其未发还之船，亦求饬还，以清前欠之手续。统乞垂鉴施行，不胜叩祷之至。

王勋致公司董事会函

民国三年二月四日(1914.2.4)

董事会钧鉴：

敬启者，查汉厂第四化炉所定外国材料，至本年三月底可以一律运竣，五月间即可到齐。是则预备第四炉开工之事宜，万不容再缓。前者李君一琴亲往厂矿调查，第四炉应扩充工程预算单，应扩充项下，估计轮驳扩充，约银二十一万七百五十两，原为添造钢质拖轮一艘，六百吨钢驳六艘之用；嗣因汉厂现用各驳中有十艘系借自萍矿者，萍矿将来加增出额，亦自需用，即须拨还，而汉厂之汉通拖轮，木质已旧，恐不能耐久，拟再添造一拖轮以代之，故前与扬子厂订造钢质拖轮二艘，大小钢驳十二艘。嗣因种种问题，尚未解剖，暂从缓造。兹事机已迫，第四炉材料不日即可到齐，所有添造轮驳之议，亟宜解决。按汉厂所借萍驳，迟早总须拨还，现今或仍照与扬子厂原订添造钢驳十二艘，钢质拖驳二艘，自是大佳；否则，暂照原估单先造钢质拖轮一艘，六百吨钢驳六艘，聊顾目前，俟将来汉通用至无可再用时，或萍矿十分催还驳船时,再续添钢轮一艘,钢驳六艘,亦未尝不可。但恐轮驳中,或有意外,则不特临时忙囱,或且至运务掣肘耳。应请贵董会提议,所有扩充之轮驳,现时应添造若干艘,即祈公议示遵,俾得及时筹备,至以为祷。专此。敬颂

台祺

商务所长　王勋谨启

公司董事会致卢洪昶函

民国三年二月七日(1914.2.7)

鸿沧先生台鉴:

接一月二十九日、三十日两次公函,并农商部指令一件,均悉一一。煤焦包销,汉局裁撤,拟即移至汉厂办公,以节经费,所办甚是,已嘱汉厂拨出房屋数间,为萍矿转运办公之所,萍矿轮驳即与厂船合而为一,并归潘毓初君一手经理。至癸丑之帐,仍请孙慎钦君自觅妥人来浔清结矣。

再,经理出示尊函,汉厂蔡君以停送津贴要求解散费一事,论其情节,本难照允,本会为息事宁人起见,昨已议决:致送两月津贴,了此公案。执事既有人请其居间,此项解散费,请由执事与之接洽,抑由汉厂径送,即祈与任之兄妥商办理,总以达其离厂之目的,方可照付两月津贴也。除复汉厂外,专此函复,即希查照妥办见复,至盼。

再,轮驳租价事,已呈陆军部、鄂都督两处,兹抄稿附寄查阅。此复。

即颂

台祺

董事会谨启

叶恭绰①致王存善函

民国三年四月十七日(1914.4.17)

径启者:

　　昨由尊处送到汉冶萍董事会电二件,备悉一一。来电所称,萍路运价独昂一节,该董事会似于本部一月所复上海汉冶萍公司沁电备言萍路与各路情形不同之处,尚未寓目,应请转知该董事会,将部电检出细阅。至本部二月二十一日所发萍株路局指令所定运价,凡每月运额在五万吨以内者,每吨每英里收洋一分三五,在五万吨以外者,每吨每英里收洋一分三。较之前定之价,无论运煤多寡,每吨每方里收洋一分三五,业已极力退让,万难再减。盖路矿必须兼维,未便专顾矿利。此次该董事会请求办法,自属碍难照办。惟重承台端代表磋商,不能不勉予通融,再行规定,拟嗣后凡萍煤每月运额在五万吨以内者,每吨每英里收费一分三五,此外自五万零一吨起,无论多运若干,所溢之数,均每吨每英里收费一分二;焦煤按加三核算。此系最后之办法,相应函达查照,即希酌定见复,以便转饬萍株路局妥订新约可也。此致
子展先生

叶恭绰

叶恭绰致王存善电

民国三年四月二十九日(1914.4.29)

　　汉冶萍公司王君子展鉴:沁电悉。萍煤运价,本难再予减让,惟重承电商,每吨一分三厘计算,至焦炭运价,京奉增收一倍,京汉增收四成,本部已减为增收三成,未便再减。至将来该矿每月运额至六万吨以上,准按月结算,自六万零一吨起,即按一分二五核算,以示鼓励。此项价章系暂时办法,所有该矿用品并出产品均照原合同比例收费,暂不订立合同,希转董事

_____

①　叶恭绰(1881—1968):字誉虎,广东番禺(今广州)人。时任北洋政府交通部次长。

会知照,仍见复为盼。恭绰。艳。

王存善致叶恭绰电

民国三年五月五日(1914.5.5)

北京交通部叶次长鉴:电悉。大部原议五万吨以内一分三五,五万以外一分二厘,公司请改,现在统作分三,俟达六万以外,再行议减,商意将来于大部原议一分二厘,尚须请减。尊电六万以外须一分二五,重加半厘,与大部原议似有未符。论个人累世交谊,岂敢再三奉渎。惟念大部维持商业,商人困难已极,公义所关,不能不代为呼吁,或克践前言,悉照开平减至分二,或如商请将来再公平议减,请勿先定一分二五之数。仍候电复。善。歌。

叶恭绰致王存善电

民国三年五月六日(1914.5.6)

汉冶萍公司王子展君鉴:歌电悉。重承电商准格外减让,如每月运额超过六万吨,准按月结算,自六万零一吨起,暂照一分二厘计算,余悉照艳电办理。恭绰。麻。

公司董事会致叶恭绰电

民国三年五月十六日(1914.5.16)

北京交通部叶次长鉴:王董事出示麻电,敬悉。萍煤运价,承准六万吨以内,每吨一分三厘,六万零一吨起,一分二厘,按月结算。感荷维持,同深感佩。除电萍矿照办外,谨复。汉冶萍公司董事会。谏。

卢洪昶致公司董事会函

民国三年七月四日(1914.7.4)

董事会诸公钧鉴:

谨肃者,前月十七号由株洲邮寄芜函,计呈钧览。洪此次前赴湘萍一

带察看醴桥,至二十八号抵汉,所有水陆运务筹备一切,以及桥倒原委,谨分晰详陈如下:

一、存货　株局所存煤焦历年以来鲜有清数,此次幸有预备,先时将货运清,是以株水虽大,无所损失,且于辛壬癸三年出入之帐亦可作一归束。查收发之数,计盈煤二千余吨,焦一百余吨。其细数容俟株局来函,再行续陈,现已嘱暂收于溢数项下矣。又有焦丁一堆,数约三千余吨,惟此项焦丁销售既难,运费又巨,以故未曾起运,致被水淹,然亦无所损害,株水于二十三日退出,同事移局办事。此株局之情形也。

二、运务　醴河本属溪水,由醴至株计程一百二十余里,而河身筑有坝者四十余处,自株洲设局以后,醴河之不行煤焦船者,已将十年。此次醴桥骤然被冲,复须通运,招雇此项小般颇不易集。查自五月二十七号开运起,每日平均计之约可运七百余吨,唯虑溪水无定,小船有限,拟俟分路告成,将所到煤焦用挑夫挑过木筏,仍复上车,以通陆运,暂为水陆兼运之法。现在木筏代桥,业已扎就,唯分路尚未告成耳。

三、桥倒原委　醴桥计长四百九十尺八寸,下有桥墩七座,护岸二座。于五月十九号傍晚,该段工程员见西端之第一墩,桥梁业已扭裂,知桥墩有不稳之势,于是止住来车,以松桥梁之螺丝,幸有此举,否则全桥尽弃矣。揆之通车日期,如能工料应手,约在阳历八月间耳。兹将倒桥原委另载图说,兹不赘述。专肃。敬请

钧安

卢洪昶谨肃

卢洪昶致公司董事会函

民国三年七月二十五日(1914.7.25)

董事会诸公钧鉴:

敬肃者,昨日奉长沙汤将军漾电内开:萍矿局卢:承通融轮驳,藉资运输,至为感谢。惟嗣后驻岳曹总司令需轮甚亟,来及转商之时,仍望随时设

法借用,俾应急需,无任盼切。汤芗铭。漾。印。等因。当经复电,恳请发还被扣之船,文曰长沙汤将军钧鉴:漾电敬悉,钧谕亟应遵照,惟昨接驻湘敝分局函,萍顺轮奉饬拖船赴衡,达、元、强三轮令留长,并传谕上下轮驳均须暂留,风声所播,诸多误会。窃公司自辛亥以来,轮驳历供军需,无役不从,损失之巨无从核计。将军扬历中外,深悉商情,乞电致曹军统将在长被扣各轮,立即晓谕放行,以息讹传,而维商务,如蒙俯允,实感仁施,凤荷维持,伏乞垂谅等语。并电陈钧会。本日复奉汤将军敬电内开:萍矿局卢总办鉴:敬电悉,敝处运载军队,屡资协助,至纫公谊。现在借留各轮,实因出于万不得已,损失之处,一俟事竣,自应设法酬谢,以答厚情,特复。汤芗铭。印。等因。查醴陵既迭遭水患,湘省又扣充兵差,天灾兵事,接续而来,运务困难至于极点。洪至湘后,如何情形,再行驰陈。肃此。敬叩
钧安

卢洪昶谨肃

公司董事会致吴健函

民国三年七月二十七日(1914.7.27)

任之仁兄坐办台鉴:

前据汉口衡宝、湘澧各帮船商等呈,以近年揽载萍矿煤焦,勒扣磅亏,起卸迟延,船商苦累等情。当经函致驻汉转运卢坐办查复去后,兹据复称:原呈谓自株洲过磅装载,底面初无干湿之分,及抵汉则面炭转枯,底炭不无潮湿。起卸时,取样炭者,只将底炭提出少许,烤干扣潮,并不分别底面。复经司磅人员,私核号码,卸炭多寡,或赔或偿,船户莫知其中实形,安知司磅无错一节,查挑煤箩筐,每担重十二磅,铁厂煤务处旧例,作为十五磅,以十四担作一吨,即加四十二磅,每百吨约加二吨之谱。此项坐磅,应请删去,以免船户藉口。至煤船搀水,理应扣潮,惟百磅中,时有扣至八九磅者,未免过多。窃思如遇过潮之船,尽可暂为停放,另收他船,俟该船煤干再行起卸,即含潮未尽,以百磅扣去五磅为度,似此则船户不至过于受亏也。原呈又谓焦船到埠,地痞、脚夫与照料之巡士,互相勾通,任意将炭抛弃置地,

每日约计六七吨,不经过磅,不许拾捡,惟向船户扣赔,倘或拾捡,巡士任意凶辱,船户敢怒而不敢言,不知挑夫抛弃之炭,损失愈多,赔款愈巨,受害亦愈深一节,查铁厂收煤磅棚,距岸太远,甚有半里之遥者,其沿路滚落及过磅拥挤所失,积少成多,亏数自巨,而厂章沿路落下煤焦,由小工捡拾归公,船户不能过问。应请饬令煤务处在厂门口过磅,所有由船挑至过磅处,沿途遗炭,准该船户自行捡拾,如是,则过磅既近,漏失自少;该船商等所称私核号码,亦可杜其异议。如铁厂以为磅司与船户同在一处,易于舞弊,此则内部之事,与船户无涉,应由该处首领随时防范等语前来。

查运煤船户,如果盗卖掺水,自应照章扣磅,以儆其余,至如坐磅处加三磅,遗炭不准拾归原船,实非持平办法,合亟函达即祈尊处查照卢君查复各节,切嘱煤务处加意改良,切实查禁,并督察司磅司事,勿得私核号码,任意高下,以示公允,而免藉口。并由执事随时查察申儆为要。现办煤务处人员,是否可靠,应请随时示复。此致。顺颂

台祺

董事会启

公司董事会致交通部函
民国三年七月二十九日(1914.7.29)

交通部钧鉴:

敬启者,敝会于本月二十七日肃具感电,谅达典签。兹续据萍矿驻汉转运处转据株州转运分局函称:本月十五日大雨不止,醴河发蛟,水陆涨三丈余,将浮桥冲去,并冲失存煤二千余吨,焦炭四千余吨,前次所修醴桥,业已前功尽废,湘东桥枕木、钢轨及醴株间路线十余段,均被冲毁,小桥折断三座,各种材料漂失无余,沿途民房,亦漂没殆尽等语。并据萍电同前情。查上月醴桥中断,输运维艰,萍矿减少出煤,业已无形受损,甫幸浮桥粗就,煤焦得挑渡过河,装车济运。不料天不谵灾,复发大水,漂失煤焦至六千余吨,不惟浮桥既须重搭,并前次未损之路线及湘东桥轨,沿途小桥,今亦被冲,均需修理,则被灾之处愈多,修复之工愈缓,而敝公司之受损失亦愈巨。

且汉厂以煤焦为命脉,日需数百吨,不能短少。现查厂存无多,设供不应求,即有停炉之虞,危险情形不堪设想。惟有仰恳大部俯念关系重要,请迅赐就近派一工程司前往视察,督工设法赶修,俾得早日通车,接济厂需。仰赖维持,实无既极,呼吁待命,无任主臣。肃颂

勋安

汉冶萍公司董事会谨启

王勋致公司董事会函

民国三年七月二十九日(1914.7.29)

董事会台鉴:

敬启者,醴陵桥坍倒,至今尚未修竣,幸醴株之间铁路尚通,萍矿煤焦水陆兼运,仅能免不继之虞。兹接萍矿洋文电:醴株段内复有四桥为大水冲坏,闻须五十天方能修竣。现观醴河水道,下月初即当低落,运销煤焦多方困难,兹事重大,务望从速设法。据敝处调查情形,如部准萍矿代修,两星期可以竣工等语。

查醴桥坍倒之后,煤焦运道业已大受影响,犹幸醴株通车,尚可水陆兼运,聊顾眉急。今醴株段连坏四桥,若待五十天修竣,诚恐汉厂需焦容或有不继之虞。查现在汉阳、汉口、株岳存焦,共只二万八千余吨,仅敷约六十天之用,如估修五十天,万一逾期,则公司吃亏不可胜说。萍矿洋工程师电谓,若由萍矿代修,两星期可以竣工。两星期与五十天相差不啻四倍,但代修一策,交通部未必即能允准。然而两星期可竣之说,谅非无所见而云,然拟请贵董会将萍矿运道危急情形沥电交通部,请将醴株段内之四桥从速修竣,尽于半个月之内照常行车,庶汉厂需用煤焦不至缺乏也。谨此布达,敬祈卓裁。敬请

台安

王制勋

公司董事会致交通部电

民国三年八月二日(1914.8.2)

北京交通部钧鉴:上月感电艳函谅达。兹据萍矿坐办电称:醴桥遭此次水灾,桥身冲开十余丈,工程愈大,路局长已电请特派工程师专修,请电催速派能手;萍矿洋工司电称,醴株间四桥,闻须五旬方能修复,调查情形,能赶工半月可竣等语。查汉、株、长存煤无多,仅敷铁厂月余之用,厂需煤焦,恃为生命,务恳迅派工程师到工,督修醴桥,其余各工,亦求电饬克日修复。至叩。汉冶萍公司董事会。冬。

卢洪昶致公司董事会函

民国三年八月八日(1914.8.8)

董事会诸公钧鉴:

洪昶自闻萍醴第二次灾情,当于七月二十六号赴湘实地查考一切,至昨日八月七号回汉。谨将目击情况及他事应报告者,分别陈明如下:

一、萍醴路情形及通车日期

此次山水暴发,以浏醴附近处为中心点,至萍乡则其势稍杀,故自安至醴,除湘东桥牵攀桥桩之木略受冲坏,余无甚损失,当即修竣,于七月二十二号试车,至二十七号已照常运货矣。

二、醴株路情形及约计通车日期

该段路工约于八月十五号以前可以临时通车,其被冲之处,桥计四座,路计十一段。谨分陈如下:

甲、被冲之路:

子、正路十一段,内四段系被山土崩掩,余则堤被冲坏者,总计延长约二千余尺,目下业经修复。即间有未修复之处,亦无碍于临时通车之用。

丑、醴桥北岸新建之分路,以岸被冲刷,路亦倾斜,非从新建筑后不能合用。

乙、被冲之桥：

子、四六桥计长八十余尺，桥墩已倒，护岸未毁，所有桥梁均倒入河身，现用枕木填平，为临时通车之用，大抵日内即可完工。

丑、南田桥计长一百二十余尺，其护岸东首已毁，桥墩桥梁统倒入河底，现在临时办法亦用枕木填平，日内即行兴工。

寅、东冲铺桥计长八十余尺，护岸已毁，其一桥墩全数坍塌，桥梁同前，亦拟用临时办法，先行通车。

卯、五里排桥计长一百余尺，两边护岸上段已坏，桥墩桥梁均倒，亦用枕木填平为临时通车之用。

三、醴陵桥情形

前次醴桥被冲，只坏桥墩一座，护岸一座，长不过一百二十二尺，正在赶修，复经此次大水，不但前功尽弃，当将老岸及原有之路冲去二百余尺，地段愈广，修复愈难，路局几成束手，不得已将桥工搁起，请部派员再定办法。是以醴陵桥工，至何日方能修竣，此时尚难预定。查醴株段各桥，均就其冲处，填平枕木，连钉钢轨，以备临时通车。至将来修复桥墩，须另建分路，然后方能兴工。窃见醴桥河身既深，损处复宽，恐未易一律，就鄙见所及，拟在桥之第五、六墩上，筑一弧形临时之桥，先通车辆，然后再行筑墩，如以为临时桥不能受重量车头以及重量货车，则萍株路本有车辆二种，可将轻车用人力推过北岸，虽依旧费事，然较之零星挑煤过河，其难易不可同日而语。是以拟请钧会将此意电商交通部，如允照行，则运数既多，于路局得有养路之费，于公司不至再增亏耗，利害相共，事不嫌于越俎也。

四、驻醴分运处漂失煤焦之确数

此次醴陵复遭水灾，大而且骤，为数百年所未见。两岸房舍漂荡无余，而驻醴转运分局亦遂蒙莫大之损失。查七月十五号止，计滚存煤二千四百九十四吨六百四十启罗，焦九千五百三十六吨三百启罗，实失去煤二千一百六十二吨六百四十启罗，焦四千零二十七吨零。至三十一号止，向各处捞获焦九百五十七吨，尚失三千零七十吨有奇。其漂流之远甚至有三五里以外者，现尚有湾潭数处为焦炭所填，因积水尚深，未能捞取，将来能续捞若干,已嘱分运处随时呈报。此次煤焦损失,虽系天灾,然萍株路能及早觉察,亦何至损失至此,则不能不归咎于该路之疏于防范也。

五、现拟运务办法

近因矿用木料甚亟,而醴株路不通,所有株洲来木,均由煤船装运,虽曰回空,其往返日期,不免因之延搁;且民船自水灾之后,多被灾户所雇,又逢伏天,均在油船之际。是以河内船不甚多,而连日少雨,又恐水道干涸,计穷力竭,夙夜彷徨计,惟有俟醴株段通车以后,仍用水陆分运之法,以济眉急。惟醴桥一日不通,即水陆分运之亏亦一日不能免。兹将分运亏耗分陈如下。其醴局之经费不与焉。

甲、上下车、过河挑费,每吨加银三钱一分七厘。

乙、由醴水运至株,每吨水脚加银,煤四钱一分零八毫,焦四钱八分七厘。

六、湘省扣船情形

衡郴不靖,湘省固有之轮均开赴该处,至七月二十一号风闻尤亟,凡遇过境轮驳皆行扣留,计公司被扣之轮船七艘,钢木驳十六艘,其实被扣者多,而用者少,当时电禀将军,又蒙钧会电致湘省上峰于二十五号先行发还两艘。至洪昶抵湘之后,即往军署将运务为难情形委婉详陈,蒙谕事起仓卒,迫不及待,以致如此,并道歉忱,谕令如数发还。惟运务之间断已逾旬日,窃见时局未定,此等事必层出不穷,操之过促,尤恐转为公司之累,于此时期而欲运务起色,诚恐忧乎其难言之矣。兹另将株局交来节略录呈鉴察。

七、城陵矶

岳州自去年以来,以军事关系,遂成重镇,一遇输运即向岳局借船,其治军者虽明事理,而部下则不免迹近邀功,往往自由扣留,且岳局首领华君梓敬,因乃翁有病,请假多日,诚恐遇有军差,失于对付,是以拟请钧会电催华君到局,俾主持有人,不胜盼祷之至。专肃。敬请

钧安

卢洪昶谨肃

公司董事会致卢洪昶函

民国三年八月十日（1914.8.10）

鸿沧仁兄先生台览：

连接七月四日、十四、十七、二十二、二十三、二十五六次来函，并醴桥图，具悉一一。醴桥此次复遭水厄，萍矿损失至巨，前接萍电，谓萍桥桥身此次冲开十余丈，工程愈难，而湘省兵事，复截轮阻运，似此天灾人事，相逼而来，殊堪扼腕。截轮已否全还，汤将军复电既有事后酬谢之言，尊处应于事后将借留各船，查明时期，酌定水脚，开单寄会，以便详请照给。兹将关于路工、截船致当道维持各函，印副寄请查阅。惟查尊处来电，此次大水，醴存焦炭冲失四千余吨，煤二千余吨，而萍矿称，焦失六千余吨，煤二千余吨，均系据报，数何参差？务请将此次水发之前日止，萍矿共运存醴桥煤焦各有若干，现存者若干，以此三数核对，则冲失若干，可得确数。即请速派妥员，密查见复。前接萍矿函报，冲失焦炭，已设法捞获近千吨，泥沙夹杂，不能冶炼，已由商务长函嘱运沪销售；又云，木料亦四处寻获多根，所有木料存失各数，并望查复至盼。

上月二十三日函据王文柏等请分盈余一事，业经公议：查阅前抄来包销合同底稿，载明如有盈余，经理人及同事，共得分十六成之四成，既订明在先，则包销期内盈余一万九千零五十三两三钱三分，准照合同提分十六成之四，计银四千七百六十三两二钱，仍查明同人如有悬欠，即在此款内抵扣。其包销以前、包销以后，并无合同为据，则所谓盈余者，全系陋规，应充正项，不得提分。即请尊处秉公查照办理为要。

查复船帮公呈，已将关于汉厂收煤扣磅各节，函嘱吴坐办加意改良，认真督察，以期持平而杜藉口。嘱寄转运局前购汉阳沿江地契，送汉阳县署复验，已将此契检出，计孟大二房新旧契三纸，立兴新旧契三纸，华洋文合同一纸，一并交由代经理觅便妥寄矣。并及。此复。即颂

台安

董事会启

公司董事会致卢洪昶函

民国三年八月十三日(1914.8.13)

鸿沧仁兄先生台鉴：

月之十日泐寄一缄，谅达。兹接八日来书，具悉。查勘株醴情形，酷暑往还，勤劳至念。醴桥工大，修复需时，尊意拟在桥之第五、六墩筑一弧形临时之桥，先通车辆，后再接筑正桥，与萍矿所请先修便桥通运，用意正同，已照所拟，函达交通麦次长，请转饬工程司照办矣。截船发还，应请查明各轮驳借用日期，核定租价，禀请照给，以偿损失，招商局船凡有租借，均系如此办法。惟截船供差已成习惯，此后势不能免，洵如尊虑，惟有明定章程，先请立案，或可稍资补救，即请尊处拟一租用简章，应按照轮驳吨位之轻重，酌定计日租值之多寡，并已载煤焦者，不得截留，及至多只能租用若干为限，拟就后，即希寄会，以备核定，详送鄂、湘两军署立案为盼。岳局华君已电催到局，并及。此复。顺颂

台祺

董事会启

交通部致公司董事会函

民国三年八月二十八日(1914.8.28)

径启者：

十二日来函，均悉。株萍醴桥一案，前据该路局以萍矿工众煤多，未便停搁，详请于阳站河干用浮桥挑渡，并于对岸造分路，以便仍由车运等语，当由部电饬，即督率各工匠分别克日兴工，并将竣工日期从速电部。旋于六月九日由贵会转来萍矿矿师赖伦一函，复经饬令该路明白查复，仍饬赶即兴修在案。

诚以此桥于萍矿关系颇巨，不得不筹急通之法也。至桥工迟滞原因，一由已坏桥台占压钢桁横亘水中，排除不易；二因该路打桩机皆甚短小，悬空缔接，矫正需时；三因便桥无适当木材，另购又不能克期立至；四因河水

屡涨,桥脚基础既深,又当急湍,每值汛流陡至,工事辄碍进行,施工时日因
是不无推展。迨六月二十日据该路电称,业已饬工昼夜操作,期于七月秒
竣工。通车等语。正拟据情函达贵会,不谓该路又遭二次水灾,便桥各桩
缔结未固,复付东流,前功既已尽隳,规复更难着手。该路陈局长恳请由部
派员履勘,俾速集事。当经部电詹春诚督办,就湘鄂路华工程司中遴选谢
学瀛一员,堪以派往去后,又据该路局以养路人员不敷分布,拟即令谢工程
司就近担修桥工,詹督办复以工程重要,电请改派苏以昭,以专责成,但苏
君交代未清,恐未能即日奔驰,故本部迭次电催,日间业已前往。来函所拟
各节,亦经饬令切实核办,并饬速即兴工。

　　溯自醴桥中断以后,本部与株萍局电函交驰,已非一日,维持萍矿之苦
心,始终未尝稍懈,苟有可以速通之法,本部断无令路员任意懈怠之理,而
应有之手续,则非局外人所能详知。来函奉行故事一味因循云云,想系萍
矿一面之辞,未可全信耳。此复
汉冶萍公司董事会

交通部启

交通部致公司董事会函
民国三年九月十八日(1914.9.18)

径启者:

　　株萍醴桥一案,顷据该路局转据苏工程司详称:所拟就原有桥墩接修
便桥,与用轻车推至北岸两层,考诸实际,殊多窒碍。现决定就原桥下游坡
度略低之处,架一完全便桥,藉避障碍而保安全,一俟材料机件到齐,即日
兴工等语,详请核转前来。兹抄送该路局来详,即希查照转知萍矿可也。

　　此致
汉冶萍公司董事会

交通部启

公司董事会致交通部电

民国四年四月七日(1915.4.7)

北京交通部钧鉴:前因株萍路运车过少,节经商恳添置车头平车,业蒙允准购备,极感。萍矿扩充煤额,现已日出二千五百吨以外,充其机力,日出三千吨不难。惟车少每患积压,汉厂第四炉开炼在即,需煤尤多。仰恳大部照案饬速添车,以资利运,路矿两益。再,春汛瞬临,醴桥工程,并恳饬工司克期修复,尤深感祷。汉冶萍董会叩。阳。

公司董事会致交通部函

民国四年五月二日(1915.5.2)

敬启者:

据萍矿总矿司黄锡赓函称:近日雨多水涨,萍株路各处小桥之现在修理者,略有冲毁,因之停车逾一日之久,其尤为危险者为醴陵桥,该桥自上年被水冲断后,即搭一轻便木桥,前行经该处,桥面去水仅及五尺,而奔湍激射,汹涌异常,设再涨高,淹没可虑,亦冲毁堪虞。至醴陵正桥之桥墩,尚未兴工,现正赶造墩基,似此情形殊非佳象,目下萍矿出额日见增加,车辆木敷载运,因向长株借用,万一桥工出险,运道又复阻窒,实属无可为力等语。查醴陵桥上年被水中断,仰蒙大部筹款派员,从事修筑,固已极形劳费。而萍矿因运道中梗,减少出额,无形之亏耗,尤属不赀。是以上年屡经陈请,恳饬工师,赶于春汛前一律修复,免再发生危险,互受困难。兹据总矿师黄锡赓所陈,是春汛已临,而桥基未就,工程之道,利在速成,若再迟延,则工程愈繁,修费愈巨。便桥本系权宜之计,盛涨迭乘,何能抵御,设再出险,在路局前功尽弃,劳资尤多,而萍矿原以接济汉厂,倘萍煤一日阻断,则汉厂一日停工,且四号炉完工开炼,需煤视上年大增,如因运道艰滞,供不应求,厂矿大受亏损,一再挫折之余,实难支拄。惟有仰恳大部俯赐维持,切饬该路工师将醴陵正桥赶紧施工,克期告竣,并于未完工以前,饬将便桥随时设法防护,以免盛涨疏虞,实于路矿均有裨益。冒渎上陈,伏祈鉴

允,无任主臣。谨致
交通部

汉冶萍公司董事会谨启

颜德庆[①]致孙宝琦函
民国四年十一月一日(1915.11.1)

慕老院长赐鉴:

　　敬肃者,久违钧范,弥切驰思,敬维政祉绥和,履祺骈吉,定符下颂。德庆从事路务,历六如恒,差幸一是,粗平堪纾垂注。敬恳者,敝路武昌一带机车、厂栈、轮舟等项,所用煤斤,历年向各行厂分购,其萍煤一项,则系由宝丰公司转售。现用煤日见增多,约计明年共需一万吨左右,因思萍矿与敝路轨道相接,关系至切,不无彼此相需之处,爰拟将前项所需煤斤尽数向萍矿直接定购,以冀价值必较各行厂分销或转售为廉,顷已函商卢君鸿沧,请其酌定价格,一面敬祈钧处俯予维持,以免或仍有低昂之处。缘敝路正在工程时代,需款浩繁,欧战未终,金融更窘,不得不处处从节省着手,伏乞鉴原,不胜至幸。再,敝路长株段代运萍煤,早与卢君拟有合约,嗣以运价未议就绪,迄未定妥。今夏六月间,敝处一再斟酌,已将运价减至每吨每英里一分三厘,实系最廉之价,卢君以请示总公司为词,尚未置复。用特渎陈,并希主持,是所至叩。专肃。恭请
崇安
　　诸维垂察。

颜德庆谨启

公司董事会致孙宝琦函
民国四年十一月十九日(1915.11.19)

慕公会长大鉴:

　　王代经理交阅十一月四日台函,祗悉一一。轮车所用烧煤照案免征一

---

　　① 颜德庆(1878—1942):字季余,上海人。时任川汉铁路工程师。

事,已承商税务处复准抄函见示,业经照录处函分知萍矿及运局查照办理。另笺所示粤汉路颜局长订购萍煤并长株路代运萍煤两事,昨日常会提议,据王代经理报告,转据大岛顾问来函,明年四炉齐开,萍矿所产恐尚不敷汉厂之用,嘱其赴汉与吴坐办、黄矿师会商煤焦供给问题,并工程进行各办法。阁臣准日内赴汉,颜局长拟订煤斤能否照允,应俟阁臣至汉会议,通盘筹画,如厂用有余,再知照颜君直接订售。至萍煤运费一层,萍株路于上年合同届满后,提议加增,屡经陈部求减,复由存善至京与叶次长磋商,始定为每吨一英里一分三厘,因终嫌运费过巨,未定合同,俟有相当之时机,留为求减之地步。今长株运费仍系援照萍株,若照订约,则萍株将被联带,无活动之余地,且赵总经理前寄说帖内,亦有运费过昂,拟要求政府援照沪宁、峰县成例,以轻负担,此时尤未便轻允,致碍将来。以上各情,尚祈我公婉复前途为荷。此致。祗颂

勋安

董事会谨启

六、产品销售

（一）钢铁销售

川路公司购轨合同

光绪三十四年四月十七日（1908.5.16）

一、汉阳铁厂现造马丁钢轨及配用各料件，应有尽有，钢质造工，均仿照欧美，嗣后川路公司定购钢轨及各料件，均由川路公司派员到厂验收，由铁厂运往宜昌船边交货。惟江轮不能运轨，海轮又因沙浅难行，如川路公司已有轮驳，即将钢轨等件交该轮船装运宜昌，水脚若干，照各轮船公司上水运价比算，由铁厂付给；如川路公司轮驳未成或水脚太昂，路工需料甚急，仍由铁厂自行觅船运宜。交收途中，如有失事，由铁厂保险，与川路公司无涉。惟定货须九月前知会，以便铁厂预备。

一、钢轨汉阳铁厂担保五年，于此五年内如有断裂，即以新轨易换。

一、川路公司允于本年四、五、六三个月内先付轨价计汉口洋例银一百万两，由铁厂另立印收，每张十万两，注明收银日期，交川路公司收执。此项预付之银，自铁厂收银之日起，按年七厘起息，三月一结，应收息银仍作将来购轨之用，由铁厂另立印收交川路公司，但不得利上加利。俟定货后，验收若干核算止息三成；起运到宜核算全行止息，并将印收或由铁厂批明应收银数仍来川路公司，或由铁厂收回涂销；其余仍旧行息。如铁厂货不合用，或价值太昂，川路公司应将所付与铁厂之银概□收还，另向他厂定购，汉厂不得异议。

一、汉阳铁厂允川路公司需用钢轨及配用各料件,所有价值比较欧美最近厂价及各省已定轨价,酌中核定,不得按照欧美运汉之价,因川路公司预付巨款,不能与他公司一律看待。惟关税厘金由川路公司自行经理。

一、汉阳铁厂允将厂内现造各路钢轨式样及配件式样听凭川路公司核定轻重分量及配件式样,先将图单寄厂,即由厂做钢样板,寄川路公司核对签字寄还,以凭照样铸造,并将第一批定购吨数、交货日期预先议定,以凭照样制轨。

一、定货成单其交货日期,应由川路公司酌定,电知铁厂。如公司于九月前知会,铁厂应于九月内交清,若到期而货不齐,货齐而验不合格,妨害工程,应按妨害期间之损失由铁厂议贴;如有意外之灾,人力所不能施者,免贴。如川路公司或有翻悔,或自知会之日起,十二个月不能将贷出清,议贴亦如之。

一、川路公司定货时,与汉阳铁厂另订定货合同、验轨章程。

一、川路公司与汉阳铁厂于此合同遇有意见不符,彼此争执,可各请公正人评断。如有未尽事宜,另立附合同为据。

一、合同订一式两份,盖印互换,各执一份存照。

光绪三十四年四月十七日

汉冶萍煤铁厂矿有限公司总理　盛宣怀

汉冶萍煤铁厂矿有限公司协理　李维格

四川川汉铁路总公司总理　费道纯

川路公司购轨付价附合同

光绪三十四年四月十七日(1908.5.16)

续议川路公司、汉阳铁厂购轨预付轨价附合同。

汉阳铁厂兹因川路公司首先预借轨价,并不利上加利,故愿照正合同所载按年七厘起息之外,另加二厘,共合按年九厘起息,并注明印收之上。此系彼此允予特别之利益,他公司不得援以为例。特立附合同一式两份,与正合同一样盖印互换，各执一份存照。

光绪三十四年四月十七日

汉冶萍煤铁厂矿有限公司总理　盛宣怀

汉冶萍煤铁厂矿有限公司协理　李维格

四川川汉铁路总公司总理　　费道纯

盛宣怀致张曾畴[①]函

宣统元年二月初六日（1909.2.25）

望屺仁兄大人阁下：

　　别来将及一年，每怀风度，时切驰思，近惟台履胜恒为念。弟客秋东游，就医两阅月，咳痰稍愈，即赴各该厂矿察看。该国地狭民穷，而于财政上不遗余力，讲求实业，处处维持工商，不似吾家空文敷衍。倘能起而学之，择善而行，地大物博，富强指日可造。伊藤谓立宪必先办交通，京汉幸已赎还，粤汉、川汉等路自可直捷，以图速成。闻合同已定，只须交度支部复核即可画押。此由部省财政作保，不以路保，一切事权当可我自为政。前因路工轨料，请中堂于借款合同内载明，须尽汉厂自造，免致蹈津浦合同须由洋厂开标。吕尚书虽欲为汉厂争此利权而不可得，去年北路均购德料，彼以贝色钢低货来争，李一琴不得已舍之，恐与德人淘气。此事窃料中堂必肯帮助铁厂，即不助铁厂，亦当塞此漏卮。究竟合同能否勾勒清楚，敝处杳无消息，乞阁下查明借款议据，将此一条录示，至深感祷。贱恙春寒闭户，不能出门，俟稍暖即赴鄂厂催督新炉工程。此厂兴衰，总以土货多寡为衡也。兹趁兰泉回京之便，肃布数行，聊伸别悃。敬请

台安

乡愚弟盛顿首

---

①　张曾畴（？—1911）：字望屺，江苏无锡人。张之洞幕僚，长期充文案。

盛宣怀致吕海寰①函

宣统元年二月二十九日(1909.3.20)

镜宇仁兄亲家大人阁下:

两奉手书,敬悉一一。因春阴寒暖,不时旧恙常作,致稽答复为歉。汉厂马丁炉已有四座,虽工匠生手居多,不免作辍,大约本年总可出钢货七万吨。粤汉、川汉借款未定,全盼津浦为大宗。幸罗岳生极顾大局,昨已议定头批七千吨。北路李观察闻与德人有旧。慕公来电,又向德续购七千五百吨,虽允下次可许汉厂开标,但恐总办有心祖外,未必能塞此漏卮。弟去腊电达台端,来年开标必当报效(系指己酉年事)。究竟北轨有无把握,李君有无成见,尚祈预示。如果无此生意,须改炼钢板也。汉冶萍三月杪付官利八厘,届时可就近向袁宝三办事处照付。红十字会事,弟自日东归沪,任、施、沈三君迄未晤面。闻剩款在施处,故无人敢问津,既承谆嘱,容俟稍愈详询逢辛,或能悉其梗概也。闽县遗缺理应公补,所以塞翁失马必为津浦所累。尚忆去春弟曾力劝公辞此差,过来人吃其亏苦不小,吾侪老年,讵堪转折若此乎。冰相借款何又翻异。近来公与相见精神兴致如何。慕公何尚不补缺,想亦为路差所累矣。晤时乞先致拳拳。手复。敬请台安。

治姻愚弟顿首

盛宣怀致吕海寰函

宣统元年三月初七日(1909.4.26)

汉厂新炉下半年告竣,则出钢可以加倍。川汉、粤汉用轨尚早,不得不仰望于津浦。承示李子元毫无意见,已设法留北路两万吨,甚为感慰。约于何时需用,何时开标,祈预为示及。南路先定钢轨七千吨,价五十二两,鱼尾片五百十五吨,价六十六两,钩钉一百五十三吨,价九十六两,订定西

---

① 吕海寰(1842—1927):字镜宇,山东掖县(今莱州)人。时任中国红十字会负责人。

五月内先交一部分。又续定钢轨一万吨,价六镑二先令五本士,鱼尾片七百三十六吨,价八镑,共价英金六万七千九十六镑六先令八本士,订定西历一千九百十年三月以前交齐。以上两批,汉厂承接后即已预备开造,决不延误。并接李一琴电称,津浦此次定轨万吨,以金镑开标,共合英金六万七千余镑。明年交货时恐金价跌贱,拟请电商钧处将镑汇华,存息在路局,存银于沪,得息较多,而厂不冒险,一举两得等语。弟顷与慕翁面商,去年汉厂拟预借轨价二百万,为彼公司所阻,系未经开标,恐不着实。现已开标定价,慕翁亦云与前空议不同,在汉厂只因胆小不愿担此镑价之险,故预请尊处将镑汇华易银,即照现在镑价核计银两若干以给汉厂。此一琴之所求者也。弟又进一说,与其易银存于银行,不如预付铁厂,可照年息七厘立一票据。何日交轨若干,即停止轨价若干之息,贵局既可多得息银,敝厂又可早收借用。此尤弟之所求者也。慕翁云,现在存华之款本有六七十万。伯岩兄云,交通银行存银二十五万两,本系借付轨价,息仅四厘。鄙见如能指明南路轨价,另提六万七千镑汇华易银,固属正办。若该公司斤斤于此,不能另提,惟有请于原存华款之内为挹彼注兹之举。务乞公与慕翁熟筹俯允所请,是所至祷。手颂

台安

盛宣怀致陆润庠函

宣统元年四月初四日(1909.5.22)

敬再启者:

汉冶萍现有日本、美国太平洋两处派人来议买生铁,每年各二十万吨之多。如可成议,须在大冶添造四炉,获利奚啻十倍,似必在银行、自来水各公司之上也。侄所上币制条陈,政府必不以为然,极言纸币流弊,尤中鄂宁数省之忌。好在侄志上进,咳恙缠绵,衰老已极,但求平生所办实业数端保全不敝,差足以报朝廷恩遇。而近在上海集资建广仁堂,以免义振中辍。兹又在苏郊捐助贫儿院,拟教养数百贫孤以工艺为养生计,吾吴能增土货以易现钱,是为要著。开办之资也由侄独力捐助,不欲遗子孙。常年经费,

以五百人计,每年须至少三万元,可否乞公约苏州同乡京官数人,函致端午帅、陈伯帅,于振余款内略拨数万生息,以资补助而垂久远。除公函奉达外,手此布达,敬请

台安

姻小侄宣又叩

汉冶萍公司与西方炼钢公司、大来洋行订立售卖生铁合同

宣统二年二月十二日(1910.3.22)

立合同者,一为中国沪汉等处地方之华商汉冶萍煤铁厂矿有限公司(合同内称为公司),一为美国西亚杜地方之美商西方炼钢公司(合同内称为钢厂),一为美国旧金山及中国上海地方之美商大来洋行(合同内称为洋行),兹因公司愿将所出之生铁售与钢厂,钢厂愿向购买,洋行愿代装运,特将订定条款开列如左:

一、年限 本合同自一千九百十一年正月一号起,以七年半为期。

二、吨数 合同期内公司愿售与钢厂,钢厂愿向公司购买所出之西门士马丁炉炼钢生铁每年至少三万六千吨,至多七万二千吨。洋行欲装该生铁若干吨时,须于轮船在西亚杜开行之日,由洋行电知公司预备装船。如钢厂一年之中所需之生铁多于三万六千吨之数,须先期函知公司,声明三万六千吨之外需多买若干,听由公司酌量定于何时始能供给添买之数,以按照情理力能办到者尽数交货,不能强其多交。

三、合同期限前先售生铁 一千九百十年之内,公司愿售钢厂愿购此项生铁于三万六千吨数之内,不拘若干,以能由汉阳运至美国之数为度。

四、价目 此项生铁,订明在汉阳船面交货,每吨美金十三元,每次所装若干,见提单(即交银行见票三十天期之美金期票支款提单)内所载生铁之吨数即公司未装船之前预先磅得之数,注明提单,如数作价,以便收款。至结算价款,仍以到美时按照本合同第六条、第七条办法磅验后作准。如合同期内,公司以较低之价将生铁售与他人,运至钢厂包销境内发卖,与钢厂争售,且条款相同,别无他项利益给与公司,则钢厂之价亦须照减。

五、转运　洋行愿代装运，每年于扬子江涨水期内预备轮船足装三万六千吨之数，由汉阳直达美国之埃烟第尔，以免转载。若每年春季之第一船及冬季之末次船，在汉阳装载不能装足全载即六千吨之数，则此项头次船末次船可驶至公司之上海码头，就该处补装满载。惟洋行须竭力设法务于水涨期内在汉阳尽装全载，以免在上海补装之累，公司亦须从速装船，不得延搁船期。除风雨不能工作不计外，每二十四点钟，至少须装足一千吨，如洋行因事不能按足合同将该行应办条款办理，钢厂可自行转运，或另托别人转运，其承接转运合同之人，即按照此次合同所订、施于洋行之原约与附约办理。

六、质地　上开订卖及交给之生铁之质地，由公司会同钢厂订定化验分数，开单彼此签定，附于合同。每次装船时应由洋行代表钢厂，会同公司所委代表人，提炼铁样，每人分存一半，封存箱内，加以号数记号。以后如有争执，即由公司及钢厂公推局外化验师，将所封存之铁样交与化验，其化验分数即为准则。

七、重量　清结货价，以埃烟第尔或坎拿大税关所磅得应凭纳税之重量，由公司代表人核定为准数。若税关所磅多于公司所磅数目，则多出之数应补付价值；倘有不足，亦照扣价。每次或补或扣，须从速计算，找结清楚。

八、包销辖境　本合同期内所有炼钢生铁、钢货或铁矿石，公司不得在美国、坎拿大及檀香山径自出售，须由钢厂代卖。而钢厂所需上开各物料，亦不得向中国境内别公司或别人采买，必公司不能供应并不能代办，方能向中国别购。至于钢厂所出之钢料或生铁，亦不得径售与中国地方之无论何人或公司，或公立团体，必须由公司代卖，但公司发卖此项材料，须照市上最优之价。

九、生铁办法　公司所售于钢厂之生铁，钢厂须全数自行炼钢，或拨作联合之厂炼钢之用，或自己作为他用亦可，惟不得转售别人。至于钢厂或其联合之厂随时需用之翻砂生铁，可以随时向公司直接订价购买，惟声明所有此项翻砂生铁，在太平洋滨各省分及檀香山，仍照旧归公司之代理人一手经理发售,惟美国其余省分及坎拿大钢厂有发售之权,至于公司代理人在太平洋滨各省及檀香山所售之翻砂生铁,亦不得用以炼钢。

十、运脚 所有运脚及一切关于运生铁之详细章程,另立专约,由彼此订定。

十一、保险 本合同所售之生铁,一经装船,即归钢厂管业,装船后即全归钢厂担险。

十二、意外事故 倘因意外事故、非人力能施而有损失,彼此不担责任,即如天命之事,或君主政府之所限制,或因地方闹事,或工人挟持罢工,或因矿山、炉座、码头、煤仓、原料仓、厂屋、机器出险,因而公司不能交货或钢厂不能提货者,彼此均各安天命,各不赔偿所失。

十三、续展期限 本合同七年半期满,钢厂可以续展七年半,其续展章程如下:

甲、若钢厂欲续展此约,须于此约未满期一年之前,用函关照公司。

乙、所有续展七年半期内所售生铁之价,或仍照前约,每吨美金十三元;或将美金十三元照续约前七年中通扯银价合算,应合美金若干元,即以此通扯所得金元之数作价,悉听公司取决。其汇价以上海汇丰银行每日开盘买进之汇价为准。

丙、除甲乙两款外,所有原约与附约各条款,续约悉照办理。

十四、续展后先尽 第十三款所订之续约满期后,倘钢厂仍须购买生铁,而公司所出生铁尚有盈余,可运至美国及坎拿大、檀香山发卖,则所有此项生铁仍先尽钢厂购买,但生铁价钱等条款若他家能较优,钢厂亦须照他家一律。惟钢厂如能向中国他家订购生铁,而公司亦能照他家价目条款供给,则此项生铁亦须先尽向公司购买。

十五、公断 倘彼此因合同条款争执,则将所争执之件交与公正人,从公判断;公司及钢厂各举公正人一名,再由该两公正人合举裁判一名,所有该公正人及裁判人之公断,彼此均须遵守,毋得异言。

十六、此合同中文、英文各七份,公司收执两份,钢厂收执三份,洋行收执两份,以英文作准。

大清宣统二年二月十二日

西历一千九百十年三月二十二号

汉冶萍煤铁厂矿有限公司总理　盛宣怀

协理

西方炼钢公司总理①

大来洋行总理

见证人

汉冶萍公司与西方炼钢公司、大来洋行订立售卖矿石合同

宣统二年二月十二日（1910.3.22）

立合同者，一为中国沪汉等处地方之华商汉冶萍煤铁厂矿有限公司（合同内称为公司），一为美国西亚杜地方之美商西方炼钢公司（合同内称为钢厂），一为美国旧金山及中国上海地方之美商大来洋行（合同内称为洋行）。兹因公司愿将所出之铁矿石售与钢厂，钢厂愿向购买，洋行愿代装运，特将订定条款开列如左。

一、年限　本合同自一千九百十一年正月一号起，以七年半为期。

二、吨数　合同期内，公司愿售与钢厂，钢厂愿向公司购买所出之铁矿石，每年至少三万六千吨，至多七万二千吨。洋行欲装该铁矿石若干吨时，须于轮船在西亚杜开航之日，由洋行电知公司预备装船。如钢厂一年之中所需之铁矿石多于三万六千吨之数，须先期函知公司，声明三万六千吨之外需多买若干，听由公司酌量定于何时始能添给；添买之数，以按照情理力能办到者，尽数交货，不能强其多交。

三、合同期限前先售矿石　一千九百十年之内，公司愿售、钢厂愿购此项铁矿石，于三万六千吨数之内不拘若干，以能由矿次运至美国之数为度。

四、价目　此项铁矿石订明在大冶或汉口以下等处船面交货，每吨美金壹元伍角，每次所装若干，见提单（即交银行见票三十天期之美金期票支

---

① 原件英文签名，字迹不清。下同。

款提单)内所载铁矿石之吨数,即公司未装船之前预先磅得之数,注明提单,如数作价,以便收款。至清结价款,仍以到美时按照本合同第六条、第七条办法磅验后作准。如合同期内公司以较低之价,将铁矿石售与他人,运至钢厂包销境内发卖,与钢厂争售,且条款相同,别无他项利益给予公司,则钢厂之价亦须照减。

五、转运 洋行愿代装运,每年于扬子江水涨期内预备轮船,足装三万六千吨之数,由大冶等处直达美国之埃烟第尔,以免转载。公司亦须从速装船,不得延搁船期,除风雨不能工作不计外,每二十四点钟至少须装足一千吨。如洋行因事不能按足合同将该行应办条款办理,钢厂可自行转运或另托别人转运,其承接转运之人,即按照此次合同所订施于洋行之原约与附约办理。

六、质地 上开订卖及交给之铁矿石之质地,由公司会同钢厂订定化验分数开单,彼此签定,附于合同;每次装船时,应由洋行代表钢厂,会同公司所委代表人,提炼矿石样,每人分存一半,封存箱内,加以号数记号。以后如有争执,即由公司及钢厂公推局外化验师,将所封存之矿石样交与化验,其化验分数即为准则。此矿石以每百分含铁质六十二分为率,每吨价美金壹元伍角,扯计每分美金贰分四厘,若铁质过于六十二分,则照补价,不及六十二分,则照扣价。

七、重量 清结货价以埃烟第尔或坎拿大税关所磅得应凭纳税之重量,由公司代表人核定为准数。若税关所磅多于公司所磅数目,则所多出之数应补付价值,倘有不足,亦照扣价;每次或补或扣,须从速计算,找结清楚。

八、包销辖境 本合同期内所有炼钢生铁、钢货或铁矿石,公司不得在美国、坎拿大及檀香山径自出售,须由钢厂代卖,而钢厂所需上开各物料,亦不得向中国境内别公司或别人采买,必公司不能供应,并不能代办,方能向中国别购。至于钢厂所出之钢料或生铁,亦不得径售与中国地方之无论何人或公司、或公立团体,必须由公司代卖;但公司发卖此项材料,须照市上最优之价。

九、运脚　所有运脚及一切关于转运铁矿石之详细章程,另立专约,由彼此订定。

十、保险　本合同所售之铁矿石,一经装船,即归钢厂管业,装船后即全归钢厂担险。

十一、意外事故　倘因意外各事、非人力能施而有损失,彼此不担责任,即如天命之事,或君主政府之所限制,或因地方闹事,或工人挟制罢工,或因矿山、炉座、码头、煤仓、原料仓、厂屋、机器出险,因而公司不能交货或钢厂不能提货者,彼此均各安天命,各不赔偿所失。

十二、续展期限　本合同七年半期满,钢厂可以续展七年半,其续展章程如下:

甲、若钢厂欲续展此约,须于此约未满期一年之前,用函关照公司。

乙、所有续展七年半期内所售铁矿石之价,或仍照前约,每吨美金壹元伍角;或将美金壹元伍角照续约前七年中通扯银价合算,应合美金若干,即以此通扯所得金元之数作价,悉听公司取决。其汇价以上海汇丰银行每日开盘买进之汇价为准。

丙、除甲乙两款外,所有原约及附约各条款,续约悉照办理。

十三、续展后先尽　第十二款所订之续约满期后,倘钢厂仍须购买铁矿石,而公司所出铁矿石尚有盈余,可运至美国及坎拿大、檀香山发卖,则所有此项铁矿石仍先尽钢厂购买,但铁矿石价钱等条款,若他家能较优,钢厂亦须照他家一律;惟钢厂如能向中国他家订购铁矿石,而公司亦能照他家价目条款供给,则此项铁矿石亦须先尽向公司购买。

十四、公断　倘彼此因合同条款争执,或因解释争执,则将所争执之件交与公正人从公判断,公司及钢厂各举公正人一名,再由该两公正人合举裁判一名,所有该公正人及裁判人之公断,彼此均须遵守,毋得异言。

十五、此合同中文、英文各七份,公司收执两份,钢厂收执三份,洋行收执两份,以英文为准。

大清宣统二年二月十二日

西历一千九百十年三月二十二号

汉冶萍煤铁厂矿有限公司总理　盛宣怀

协理

西方炼钢公司总理

大来洋行总理

见证人

汉冶萍公司与西方炼钢公司、大来洋行订立生铁、矿石价款附约

宣统二年二月十二日(1910.3.22)

立合同者，一为中国华商汉冶萍煤铁厂矿有限公司（合同内称为公司），一为西亚杜之西方炼钢公司（合同内称为钢厂）。兹因同日公司、钢厂及大来洋行立有合同两件，由公司允卖与钢厂生铁及铁矿石，其生铁价每吨美金拾叁元，铁矿石每吨美金壹元伍角，正约已订定年限条款，兹订立附约如下：

一、公司应允于合同所订售之生铁，每吨美金拾叁元，只收现金十二元伍角。铁矿石每吨美金壹元伍角，只收现金一元贰角伍分。其所余生铁价伍角，铁矿石价贰角伍分，即收钢厂每年应得优先利六厘之优先股票作为价款。

二、所有此项优先股票发给时，即为已经付足股本，将来执票人之担任，亦只照此付足之数为止。该股票永远照票面原价发给公司或发给与其受托之人。

三、钢厂每次收生铁及铁矿石后，即须将应付优先股票若干，如数从速过户填发与公司或其受托之人收执。

四、如照同日所订生铁合同第十三款、铁矿石合同第十二款续展期限，则此续展期内本合同仍须执行。

五、此合同中文、英文各五份，公司收执两份，钢厂收执三份，以英文作准。

大清宣统二年二月十二日

西历一千九百十年三月二十二号

汉冶萍煤铁厂矿有限公司总理　盛宣怀

协理

西方炼钢公司总理

大来洋行总理

见证人

汉冶萍公司与西方炼钢公司、大来洋行订立租船合同

宣统二年二月十二日（1910.3.22）

立租船合同者，一为美国加尼方里亚省注册之美商大来洋行（合同内称船行），一为中国华商汉冶萍煤铁厂矿有限公司（合同内称公司），一为美国西亚杜省美商西方炼钢公司（合同内称钢厂）。兹因船行愿将自有及代理各轮船，每年备足吨位七万二千吨，代装生铁、铁矿石七万二千吨，由中国长江口岸运至美国华盛顿省之埃烟第尔地方，内有生铁二万四千吨由上海起运，兹订定租船合同如下：

一、运数　兹订明该船行自一千九百十一年正月一号为始，以七年半为期，每年代运生铁三万六千吨，铁矿石三万六千吨。倘钢厂于一千九百十年一年之内，欲运若干，船行可以派船如数代运，公司一经知照后可以照交者，亦为装运。

二、意外事故　所有承装之轮船，可以随便前往别埠，至雇用领江与否，听其自便。设沿途有遇险船只，可以任便救助或拖驶，亦可驶出航路外以拯救遇险之人命或货物。如遇有人力难施之处，诸如天灾、海面各种危险、失火、船中人役不轨、遇敌国及海盗攻击、或国主国法之所禁止查拿，或碰船搁浅等一切航行危险之事，即使由船员领江等疏忽所致，亦作为意外不测，置而不论。又如船中锅炉爆炸、车轴折断、机器船身有损，不关船东疏忽者，若因此有所损失，轮船不任其咎，彼此不得异言。又如内乱、水灾、火灾、工人挟制停工，铁路、船坞、码头出险，及一切阻挠为各造所不能防救者，须各安天命。又如合同期内美国、英国、中国遇有战务，则公司、钢厂、船行均可将合同暂时作废，俟战事停止后再行续办。

三、水脚　按二千二百四十磅为一吨,每吨水脚美金贰元伍角,卸货收款先照提单所开吨数,由钢厂照付,俟税关磅见重量若干,或有多少,再行更正结算。

四、装卸迟延偿款　若公司、钢厂装卸迟延耽搁船期,按照轮船注册吨位,每天每吨补贴船行美金八分,按日计付。如公司、钢厂装卸迅速,减省时日,船行亦如数酬报。装卸日期,由接到船主之信或电信二十四点钟之后起算,船由上海启程之时,即须知照钢厂,并船驶过拂拉探来角之时,须挂旗通信。

五、意外之虞　如装卸口岸陡遇火灾或他项意外之虞,公司或钢厂可令轮船移泊他处安稳之地,在该处装卸,惟移泊所耗时日,不在装卸日期内计算,并该口岸如遇有照例节期或风雨不能工作,因而耽误,亦照扣算。

六、装卸　装工由公司给价雇用,卸工由钢厂给价雇用,惟舱内堆法须听船主指挥。岸上装卸机未设之先,暂用各轮船之钓竿、绳索,以资装卸。

七、船上收交地限　惟一切货物装时须交到轮船钓竿所及之处,卸货由轮船交到钓竿所及之处。

八、所有装载之提单,须船主签名为凭。

九、扣留货物权　若有欠付水脚或欠付应给之空载津贴,或欠付过限船期等费,轮船得以扣留货物抵付,至雇船人之一切责任以货物交到船上为止。

十、轮船装货卸货,须在该船能稳泊之处。

十一、若遇有坏船损货情事,须按照一千八百九十年所订约克及安德域比条例摊派。

十二、此合同立即施行,惟一千九百十年一年内装运若干,各造可以随便议定。

十三、公断　若将来因本租船合同或约内解释不明之处有所争执,则照常例推举公证人秉公判断,公断之后,各须遵守,不得异言。

十四、公司责任　兹特声明,公司除交货上船之外,别无责任。

十五、钢厂责任　兹特声明,钢厂除接收货物外,别无责任。

十六、船行责任 兹特声明,船行除接收转运交纳货物外,别无责任。

十七、立约后彼此均须切实遵行,即将来继业继任及委任之人,亦须一律遵守,倘有违约,须按照合同内所应有之利益,估计赔偿。

十八、如钢厂照合同续展七年半期,则此约亦照限续展。

大清宣统二年二月十二日

西历一千九百十年三月二十二号

汉冶萍煤铁厂矿有限公司总理　盛宣怀

协理

西方炼钢公司总理

大来洋行总理

见证人

汉冶萍公司与若松制铁所订立售铁草合同

宣统二年十月初六日(1910.11.7)

日本若松制铁所(此后称制铁所)向汉冶萍煤铁厂矿有限公司(此后称公司)购定生铁条款,开列于左:

一、宣统三年即明治四十四年起,至宣统六年即明治四十七年止,此四年内制铁所愿购、公司愿售每年生铁大约一万五千吨之谱,每年预于年前彼此将次年购售之数订定。至明治四十八年即宣统七年一年,制铁所愿购、公司愿售生铁大约八万吨。至明治四十九年即宣统八年起,每年制铁所愿购、公司愿售生铁大约十万吨,以十年为期,至明治五十八年即宣统十七年底止。期满后,彼此可再议续展十年,仍每年大约十万吨。

二、在汉阳船面交货或他处船面交货,订定每吨生铁价日本金二十六元。所谓他处者,系指扬子江内地方。

三、汉阳每年装船七万吨,他处即冬令轮船可到之处,每年装船三万吨。所谓冬令轮船可到之处,系指扬子江内地方(如芜湖等处)。

四、生铁之化验分数,彼此商定另开清单,总以马丁盐基法 Siemens Martin Basic Process 合用为度。

五、每次所交生铁吨数以在制铁所过磅为准,由公司派人驻扎该所,会同过磅。

六、轮船装货运至制铁所会磅收清后,即将收到数目电告公司,即于本日将价付与公司指定之银行。如遇银行不办事之日,即于银行收款之日付款。

七、汉阳尚未建设码头以及起重机器之前,每日装船以六百吨为度。俟码头及机器建设后,每日装船以一千二百吨为度。将来在他处交货亦然。惟礼拜日、封关日以及其他轮不装货之日,及大风大雨不能装货,不在此例。倘汉阳于他轮不装货之日仍行装货,须将此格外多装之货摊算,以补或有每日不足所定之数。

八、装船时彼此派人取样封储两匣,一存制铁所,一存公司。如因化验分数争执,可将封存之两匣,交彼此商定之局外化验师化验定断。

九、如遇天灾、炉座机器出险、工人罢工以及因各项人力难施之事,公司不能交货,制铁所允无异言。

十、彼此解释合同词义,如有意见不合之处,可照通行之公正人评断例,彼此各请公正人评断。

十一、此合同一式三份,公司之总理执一份,汉阳铁厂执一份,制铁所执一份。

宣统二年十月初六日

明治四十三年十一月初七日

汉冶萍煤铁厂矿有限公司总理　盛宣怀(签名、盖章)

协理　李维格(签名、盖章)

日本若松制铁所长官　中村雄次郎(签名、盖章)

〔附件一〕

再,本日制铁所与公司订定之购售生铁合同第一条内开:明治四十八年制铁所愿购、公司愿售生铁大约八万吨,至四十九年起以十年为期,每年大约十万吨等语。现另立合同附件,声明虽有"大约"二字字样,然上下数目不得过一二万吨之谱，以便彼此可定预算。其上下数目，每年预于年前彼此将次年之数订定。立此附件声明。

宣统二年十月初六日

明治四十三年十一月初七日

汉冶萍煤铁厂矿有限公司总理　盛宣怀（签名、盖章）

协理　李维格（签名、盖章）

日本若松制铁所长官　中村雄次郎（签名、盖章）

［附件二］

再，本日制铁所与公司订定购售生铁合同，兹因多购生铁即须多搭矿石搀用，自明治四十九年即宣统八年起，每年制铁所加购公司矿石十万吨，其年期与化验分数及价值，悉照明治三十三年即光绪二十六年彼此所订合同办理，惟不必指定何处矿石，总以公司所属相仿佛之矿石，供足此数为度。立此附件声明。

宣统二年十月初六日

明治四十三年十一月初七日

汉冶萍煤铁厂矿有限公司总理　盛宣怀（签名、盖章）

协理　李维格（签名、盖章）

日本若松制铁所长官　中村雄次郎（签名、盖章）

中村致汉冶萍公司函

明治四十三年十一月初七日（1910.11.7）

汉冶萍煤铁厂矿有限公司台鉴：

径启者，敝所与贵公司本日所订之合同系草合同，至迟明年日历三月，敝国议院通过后，再行签定正合同。惟所有条款悉照此次草合同所开，不再更改。特此附函声明。顺颂

台祺

日本若松制铁所长官　中村雄次郎（签名、盖章）

汉冶萍公司致中村函

宣统二年十月初六日(1910.11.7)

若松制铁所长官台鉴:

径复者,接展来函内开:敝所与贵公司本日所订之合同系草合同,至迟明年日历三月,敝国议院通过后,再行签订正式合同。惟所有条款悉照此次草合同所开,不再更改等语,敝公司自当照办。惟贵所既须俟议院通过再行签定正合同,则敝公司亦当交董事会通过,再行签定正式合同可也。
顺颂

台祺

          汉冶萍煤铁厂矿有限公司总理 盛宣怀(签名、盖章)

               协理 李维格(签名、盖章)

汉冶萍公司致中村函

宣统二年十月初六日(1910.11.7)

若松制铁所长官台鉴:

径启者,兹所面议光绪二十九年即明治三十七年所订矿石价值,系订定十年。现拟将前开合同所载之价值及本日续订宣统八年起之矿石价值,均订定十五年。惟前合同十五年可将已过之五年扣除,敝公司自当照办,仍祈示复存查。顺颂

台祺

          汉冶萍煤铁厂矿有限公司总理 盛宣怀(签名、盖章)

               协理 李维格(签名、盖章)

中村致汉冶萍公司函

明治四十三年十一月初七日(1910.11.7)

汉冶萍煤铁厂矿有限公司台鉴:

径复者,今关于敝所与贵公司所订矿石价值之一节,特赐芳翰内开:于

光绪二十九年即明治三十七年所订矿石价值系订定十年。现拟将前开合同所载之价值及本日续订宣统八年起之矿石价值,均订定十五年。惟前合同十五年可将已过之五年扣除,本公司自当照办等语。已悉。敝所自当照办可也。特此函复声明。顺颂

台祉

日本若松制铁所长官　中村雄次郎(签名、盖章)

汉冶萍公司致中村函

宣统二年十月初六日(1910.11.7)

若松制铁所长官台鉴:

　　径启者,敝公司将来所出生铁及矿石两种日多,除供本国及敝公司自用及本合同签字之前敝公司与人订定之合同函件及寻常装运至外国之生意不计外,如再有多余生铁、矿石两种,于本合同未满期内欲与人议订年期长久及大批生意合同,当先尽问贵所愿否购买,如不愿再购,敝公司即售与他人可也。顺颂

台祺

汉冶萍煤铁厂矿有限公司总理　盛宣怀(签名)
协理　李维格(签名、盖章)

中村致汉冶萍公司函

明治四十三年十一月初七日(1910.11.7)

汉冶萍煤铁厂矿有限公司台鉴:

　　今接手教,据悉贵公司将来所出生铁及矿石两种日多,除供贵国及贵公司自用及本合同签字之前贵公司与人订定之合同函件及寻常装运至外国之生意不计外,如再有多余生铁、矿石两种,于本合同未满期内欲与人议订年期长久及大批生意合同,当先尽问敝所愿否购买,如不愿再购,贵公司即售与他人等情。敝所自遵台命,即祈贵公司如此办理。是切为祷。特此函复。顺请

筹安

日本若松制铁所长官　中村雄次郎(签名、盖章)

汉冶萍公司致中村函

宣统二年十月初六日(1910.11.7)

若松制铁所长官台鉴:

径启者,敝公司与贵所于本日订定售购生铁合同,承询扩充之费约需若干,如何筹画,愿借巨款相助,至纫交谊。查敝公司厂矿经此次订定合同之后,自须即行扩充,方能按照合同交货,其扩充等费约计需银二三千万两之谱。惟此款并非一时需用,敝公司拟先尽用本国之款,如本国之款难筹,再行妥酌借用外款,此敝公司筹画扩充之费之办法也。至本日所订合同签字后,拟请预付定银日本金五六百万元,即在铁价内陆续扣还。未还以前周年六厘计息。即祈示复为荷。顺颂

台祺

汉冶萍煤铁厂矿有限公司总理　盛宣怀(签名)

协理　李维格(签名、盖章)

中村致汉冶萍公司函

明治四十三年十一月二十八日(1910.11.28)

汉冶萍煤铁厂矿有限公司台鉴:

敬复者,展诵宣统二年十月六日来函,敬悉贵公司事业扩充费估计约二三千万两,惟并非一时需用,拟先尽用贵国之款,如难筹措,再行妥酌借用外款。又悉贵公司与敝所之间订定售购生铁合同签字后,拟请预付定银日金五六百万元,即在铁价内陆续扣还,未还之前,周年六厘计息。鄙意上述款项,以敝所购买之生铁价款偿还为条件,令某银行通融,较为方便。其方法可进行协商。此事于日历明年三月售购生铁正合同签字后,可以立即实行。在此以前,倘贵公司需用资金向横滨正金银行北京分行交涉时,本官自当向正金银行总经理高桥男爵谈妥,请其允予协商。敬希亮察。顺颂

台祺

日本制铁所长官　男爵中村雄次郎

津浦铁路北段总局与汉阳铁厂订立购买钢轨草合同

宣统二年十月十一日(1910.11.12)

津浦铁路北段总局与汉阳铁厂订立购买钢轨并配件草合同十条列后：

计开：

一、钢轨及零件并一切铸造之章程与轨件之尺度,悉照津浦路局总工程司核定之图样章程及模样办理。

一、钢轨及各配件价目列左：

钢轨　每吨英金六镑。

鱼尾板　每吨英金八镑六先令。

鱼尾板螺钉　每吨英金十镑四先令九本士。

钢轨垫板　每吨英金八镑六先令。

钢轨钩板　每吨英金八磅六先令。

枕木螺钉　每吨英金九镑五先令三本士。

以上均系青岛船边交货价目,如在镇江或浦口船边交货,每吨须减价二先令。

一、此次所订钢轨约重六千余吨,其细数应由总工程司另附清单详注于内。此项钢轨等件订定后,须于宣统三年六月三十日以前一律交齐,除遇有意外及人力难施事故外,如逾限期,每日每吨罚英金六本士(西明年四月底须知照铁厂应运何处,由西六月起运至,西七月底交齐)。

一、此合同订后,准由铁路局特派专门人员在厂按照铸造章程及各种图样,随时调验,及调验明确,委与原订章程无异,然后装船。此项人员酬金即由铁路局自付。

一、每次运交之货收到十天后,铁路局即行照付价值。

一、每次所运轨件,如到青岛或浦口、镇江船边交货时,其进口关税由铁路局自理。

一、钢轨等件运到指明之口岸,于点收时如有损坏伤残及与合同不符之处,铁路不能认收;假若原厂不愿运回,亦可彼此酌商减价作收,惟损坏之数不得过所运之数百分之五。又所交钢轨如未配足零件,仍作未交论。

一、目前外洋钢铁价值较昂,而此次合同所订之价极廉,因津浦北段从前订购机件合同,全路所需轨料系洋厂包办,有此特别情形,故铁厂格外减让,他路不得援以为例。

一、此合同订后,彼此如有争执,即照西例请公正人评断。

一、此合同照缮一样二份,盖用印信,各执一份存照。

附件:

一、此草合同虽经签字,仍俟本局申请督帮办大臣批准后,即行互换正式合同。

汉阳铁厂总办　李

津浦铁路北段总局总办　朱

宣统二年十月十一日

暨南公司与汉冶萍公司订立在南洋包销煤铁合同

宣统二年十一月初二日(1910.12.3)

立合同汉冶萍煤铁公司盛宫保、暨南公司梁炳农,为因汉冶萍公司欲在南洋各埠推广生铁、焦炭销路,暨南公司承揽包销,特将订定试办条款开列如左:

一、生铁价目　头号生铁,上海码头交货,每吨英洋三十二元;二号生铁,上海码头交货,每吨英洋三十元七角;三号生铁,上海码头交货,每吨英洋二十九元四角。惟声明汉厂现炼之铁,头号居多,二、三号只可搭销。

二、焦炭价目　头号焦炭,上海码头交货,每吨英洋十七元;二号焦炭,上海码头交货,每吨英洋十四元五角。以上每吨之数,均照英吨计,一英吨合二千二百四十镑。

三、收付价洋　汉冶萍公司将生铁、焦炭在上海码头过磅装船后,将提单、保险单随时至上海汇丰银行跟单收款,货到南洋各埠,由暨南公司应票,应几个月期,由暨南公司与银行预先商定,关照汉冶萍公司。惟跟票利息应由暨南公司认付。倘暨南公司欲在上海结付现洋,面取提单,则汉冶萍公司便无须向银行跟单收款。

四、包销地面　安南、暹罗、星嘉坡、吡嗮、爪哇、仰光。

五、试办年限　试办一年之内,如销路确有把握,暨南公司即于合同将次期满之前三个月,关照汉冶萍公司续展合同,其续定年限,届时再订。

六、包销数目　此合同在试办一年期内,彼此均不限定数目,倘一年后续订包销,便应指定每年至少运销生铁、焦炭若干吨。

七、焦炭如轮船不允散装,应用打包费归暨南公司自理。

八、如暨南公司自雇轮船到汉装货,则不论焦、铁,每吨均照上开价目减去汉沪运费英洋二元。

九、如暨南公司揽有大宗焦铁销路,派船到汉趸装,须预先三个月函电关照,此三个月期以接到函电之日起算。

十、此合同一式五份,一存盛宫保,一存梁炳农,一存汉厂,一存萍矿,一存上海批发处。

盛杏荪(总公司办事员杨绶卿署名)

暨南公司总理　梁炳农

见证人　吴镜秋

见　证　陈止澜

宣统二年十一月初二日

汉冶萍公司与日本制铁所订立购售生铁合同

宣统三年三月初二日(1911.3.31)

日本制铁所(此后称制铁所)向汉冶萍煤铁厂矿有限公司(此后称公司)购定生铁条款开列于左:

一、宣统三年即明治四十四年起至宣统六年即明治四十七年止,此四年内,制铁所愿购、公司愿售每年生铁大约一万五千吨之谱,每年预于年前彼此将次年购售之数订定。至明治四十八年即宣统七年一年,制铁所愿购、公司愿售生铁大约八万吨。至明治四十九年即宣统八年起,每年制铁所愿购、公司愿售生铁大约十万吨,以十年为期,至明治五十八年即宣统十七年底止。期满后,彼此可再议续展十年,仍每年大约十万吨。

二、在汉阳船面交货或他处船面交货,订定每吨生铁价日本金二十六元。所谓他处者,系指扬子江内地方。

三、汉阳每年装船七万吨,他处即冬令轮船可到之处每年装船三万吨。所谓冬令轮船可到之处系指扬子江内地方(如芜湖等处)。

四、生铁之化验分数,彼此商定另开清单,总以马丁盐基法 Siemens Martin Basic Process 合用为度。

五、每次所交生铁吨数,以在制铁所过磅为准,由公司派人驻扎该所会同过磅。

六、轮船装货运至制铁所会磅收清后,即将收到数目电告公司,即于本日将价付与公司指定之银行。如遇银行不办事之日,即于银行收款之日付款。

七、汉阳尚未建设码头以及起重机器之前,每日装船以六百吨为度。俟码头及机器建设后,每日装船以一千二百吨为度。将来在他处交货亦然。惟礼拜日、封关日以及他轮不装货之日及大风大雨不能装货不在此例。倘汉阳于他轮不装货之日仍行装货,须将此格外多装之货摊算,以补或有每日不足所定之数。

八、装船时彼此派人取样封储两匣,一存制铁所,一存公司。如因化验分数争执,可将封储之两匣交彼此商定之局外化验师化验定断。

九、如遇天灾、炉座机器出险、工人罢工以及因各项人力难施之事,公司不能交货,制铁所允无异言。

十、彼此解释合同词义,如有意见不合之处,可照通行之公正人评断例,彼此各请公正人评断。

十一、此合同一式三份,公司之总理执一份,汉阳铁厂执一份,制铁所执一份。

宣统三年三月初二日

明治四十四年三月三十一日

　　　　　　大清国汉冶萍煤铁厂矿有限公司总理　盛宣怀(签名)

　　　　　　　　　　　　协理　李维格(签名)

　　　　　　大日本国制铁所长官　男爵中村雄次郎代理

　　　　　　　　　　　　西泽公雄(签名、盖章)

　　　　　　　　［附件一］

　　再，本日制铁所与公司订定购售生铁合同，兹因多购生铁即须多搭矿石搀用，自明治四十九年即宣统八年起，每年制铁所加购公司矿石十万吨，其年期与化验分数及价值，悉照明治三十三年即光绪二十六年及明治三十七年即光绪二十九年彼此所订合同办理，惟不必指定何处矿石，总以公司所属相仿佛之矿石，供足此数为度。立此附件声明。

明治四十四年三月三十一日

宣统三年三月初二日

　　　　　　大日本国制铁所长官　男爵中村雄次郎代理

　　　　　　　　　　　　西泽公雄(签名、盖章)

　　　　　　大清国汉冶萍煤铁厂矿有限公司总理　盛宣怀(签名、盖章)

　　　　　　　　　　　　协理

　　　　　　　　［附件二］

　　再，本日制铁所与公司订定购售生铁合同第一条内开：明治四十八年制铁所愿购、公司愿售生铁大约八万吨；至明治四十九年起，以十年为期，每年大约十万吨等语。现另立合同附件声明，虽有"大约"二字字样，然上下数目不得过一二万吨之谱，以便彼此可定预算，其上下数目，每年预于年前彼此将次年之数订定。立此附件声明。

明治四十四年三月三十一日

宣统三年三月初二日

　　　　　　大日本国制铁所长官　男爵中村雄次郎代理

西泽公雄(签名、盖章)

大清国汉冶萍煤铁厂矿有限公司总理　盛宣怀(签名)

协理　李维格(签名、盖章)

[附件三]

再,本日制铁所与公司订定之购售矿石附件内开:自明治四十九年即宣统八年起,每年制铁所加购公司矿石十万吨等语。现另立附件声明,系大约十万吨之数,虽有"大约"二字字样,然上下数目不得过一二万吨之谱,以便彼此可定预算。其上下数目,每年预于年前彼此将次年之数订定。立此附件声明。

宣统三年三月初二日

明治四十四年三月三十一日

大清国汉冶萍煤铁厂矿有限公司总理　盛宣怀(签名)

协理

大日本国制铁所长官　男爵中村雄次郎代理

西泽公雄(签名、盖章)

汉冶萍公司致中村函

宣统三年三月初二日(1911.3.31)

制铁所长官台鉴:

径启者,兹所面议光绪二十九年即明治三十七年所订矿石价值,系订定十年,现拟将前开合同所载之价值及本日续订宣统八年起之矿石价值,均订定十五年。惟前合同十五年可将已过之五年扣除,敝公司自当照办,仍祈示复存查。顺颂

台祺

大清国汉冶萍煤铁厂矿有限公司总理　盛宣怀(签名、盖章)

协理　李维格(签名、盖章)

中村致汉冶萍公司函

明治四十四年三月三十一日（1911.3.31）

汉冶萍煤铁厂矿有限公司台鉴：

径复者，今关于敝所与贵公司所订矿石价值之一节，特赐芳翰内开：于光绪二十九年即明治三十七年所订矿石价值，系订定十年，现拟将前开合同所载之价值及本日续订宣统八年起之矿石价值，均订定十五年。惟前合同十五年可将已过之五年扣除，敝公司自当照办等语，已悉。敝所自当照办可也。特此函复声明。顺颂
台祉

大日本国制铁所长官　男爵中村雄次郎代理

西泽公雄（签名、盖章）

汉冶萍公司致中村函

宣统三年三月初二日（1911.3.31）

制铁所长官台鉴：

径启者，敝公司将来所出生铁及矿石两种日多，除供本国及敝公司自用及本合同签字之前敝公司与人订定之合同函件及寻常装运至外国之生意不计外，如再有多余生铁、矿石两种，于本合同未满期内，欲与人议订年期长久及大批生意合同，当先尽问贵所愿否购买，如不愿再购，敝公司即售与他人可也。顺颂
台祺

大清国汉冶萍煤铁厂矿有限公司总理　盛宣怀（签名、盖章）

协理　李维格（签名、盖章）

中村致汉冶萍公司函

明治四十四年三月三十一日（1911.3.31）

汉冶萍煤铁厂矿有限公司台鉴：

今接手教，据悉贵公司将来所出生铁及矿石两种日多，除供贵国及贵

公司自用及本合同签字之前贵公司与人订定之合同函件及寻常装运至外国之生意不计外,如再有多余生铁、矿石两种,于本合同未满期内,欲与人议订年期长久及大批生意合同,当先尽问敝所愿否购买,如不愿再购,贵公司即售与他人等情,敝所自遵台命,即祈贵公司如此办理,是切为祷。特此函复。顺请

筹安

大日本国制铁所长官　男爵中村雄次郎代理
西泽公雄(签名、盖章)

汉冶萍公司致中村函

宣统三年三月初二日(1911.3.31)

制铁所台鉴:

径启者,宣统二年十月初六日,敝公司与贵制铁所所订售购生铁草合同及附件内开之生铁矿石,并未载明用何国吨量。兹特声明,生铁应照英吨,每吨二千二百四十英镑;矿石照法吨每吨一千启罗,可也。

大清国汉冶萍煤铁厂矿有限公司总理　盛宣怀(签名、盖章)
协理　李维格(签名、盖章)

中村致汉冶萍公司函

明治四十四年三月三十一日(1911.3.31)

汉冶萍煤铁厂矿有限公司台鉴:

径启者,兹接贵公司函开:宣统二年十月初六日敝公司与贵制铁所所订售购生铁草合同及附件内开之生铁、矿石,并未载明用何国吨量。兹特声明,生铁应照英吨,每吨二千二百四十英镑;矿石照法吨,每吨一千启罗,可也等因。敝制铁所当查照办理可也。

大日本国制铁所长官　男爵中村雄次郎代理
西泽公雄(签名、盖章)

北洋政府财政部札汉冶萍公司文

民国元年七月十二日(1912.7.12)

财政部为札行事。

筹备处案呈:前据汉冶萍煤铁厂矿有限公司董事赵凤昌等呈请将该公司添购机炉料件进口及本国转口出口一切关税厘暨货物销场等捐永予蠲免等语。复准国务院抄交案同前因。当经本部抄录原呈咨行税务处核办去后,兹准复称:查汉阳铁厂自制钢铁,于前清光绪三十二年十月十八日,经本处会同度支部议准展免出口等项税厘五年,又核复萍矿煤焦在汉厂免税期内,凡供该厂之用者应准暂免税厘,其外销者应照土货税章完纳税项各等因,行知遵办在案。本年五月间据总税务司申报,各关自第二百二结起至二百五结止,官用物料免税数目共关平银八十万两有奇,现财政困难之时,亟须妥筹整顿办法,以重国课而裨饷源。惟铁政系富强之本,当此商业竞争时代,不能不量予维持。既据该公司呈称前情,所有汉阳铁厂自制钢铁出口转口以及内地厘捐销场等税,应仍照原案准予展免五年,其萍乡煤焦在该厂免税期内亦照原案分别厂用外销征免办法办理。俟将来整顿国税时,如在该厂免税期内另订变通办法,该厂亦应一律遵办,以归划一。至所请将添购机炉料件由外洋进口免税一节,查本处前经奏准官用物料凡系来自外洋者,于进口及运入内地,统照商民货物一律征税等因,通行遵照在案。该公司系营业性质,更未便独示优异,以致办理两歧。所有该厂添购机炉料件由外洋进口仍应按章稽征,以重国课而免参差,其所出矿石及所购本国煤炭物料均应暂照向章办理。除分行外,咨部查照等语前来。相应札行该公司遵照可也。须至札者。

右札

汉冶萍煤铁厂矿有限公司董事赵凤昌等

准此。

汉冶萍公司致中村函

民国元年十二月二十五日(1912.12.25)

制铁所长官台鉴：

明治四十四年三月三十一日敝公司与贵所订定生铁合同，本无上海交货之条，现情形变迁，此后冬令水浅，汉阳不及装船者，改在上海交货，前嘱敝公司驻日代表高木陆郎君与阁下面商加价，承允每吨加日金八十钱，至纫交谊。兹缮就合同附件，如尊意别无更改，请即签定寄下一份为荷。再，敝公司尚有奉商者，该合同第三条开，汉阳每年装船七万吨，现情形既变，拟尽力在汉阳装船，可在七万吨之外至十万吨，但须彼此预先商定，以便贵所雇定船只。如蒙许可，即祈示复是幸。专泐。顺颂

日祉

汉冶萍煤铁厂矿有限公司经理　李维格

叶景葵

上海交货生铁加价合同附件

民国元年十二月二十五日(1912.12.25)

日本制铁所(此后称制铁所)前于明治四十四年三月三十一日向汉冶萍煤铁厂矿有限公司(此后称公司)购定生铁，订立合同，现彼此协议该合同订定公司每年应交之生铁，如在上海本公司码头(于退潮时至少有二十五英尺水深)碇泊船面交货者，制铁所允每吨加价日金八十钱。立此附件为凭。

日本制铁所长官　男爵中村雄次郎(签名、盖章)

汉冶萍煤铁厂矿有限公司经理　李维格(签名、盖章)

叶景葵(签名、盖章)

中华民国元年十二月二十五日

日本大正元年十二月二十五日

中村致汉冶萍公司函

大正二年二月二十一日（1913.2.21）

汉冶萍煤铁厂矿有限公司经理李维格先生、叶景葵先生均鉴：

径复者，前接中华民国元年十二月二十五日来函，并合同附件一纸，均已阅悉。至于拟订如在上海交货者加价合同附件，增改一二字句，签字盖章，兹特附送，希即鉴察，已将此节由日本代表高木君函达尊处，谅已洞鉴。又来函内称，该合同第三款所订，每年应装运七万吨以外，因嗣后本厂情形稍为改变，在汉阳极力多能采运十万吨以内之谱，应先商定云云一节。当初本制铁所订立合同时，所以限定数目者，实系本制铁所所需生铁数目即须权其缓急，且在码头起货设备关系，是以此次来函所示在汉阳多装生铁，本制铁所实有不便之处，恐难照办，致负执事期望之雅意，统希鉴谅，无任至幸。专此布复。即颂

近祺

日本制铁所长官　男爵中村雄次郎启

税务处致汉冶萍公司函

民国二年九月二十三日（1913.9.23）

径复者：

前据贵公司董事等呈称：汉阳铁厂炼铁锰石因虑兴国锰产不敷采运，于前清光绪三十四年七月，在湖南常宁、耒阳两县属批购锰石山场，领照试采，运汉济用。查公司炼铁生料，如大冶铁砂、兴国锰矿石向邀免税，历经遵办在案，常耒锰石同属生料，自应一律免税。当时因小试探采，故未呈请豁免。现因兴锰阻梗，一时不能开采，只得远求于常耒，以资冶炼。呈恳俯赐核准援照汉厂自用生料免税成案，令行长沙关税司将锰石出口税豁免，以恤商艰等情。查汉冶萍公司由大冶、兴国两县运汉之矿砂、锰石既经免税在案，此次该公司由湖南常宁、耒阳两县属批购锰石，自应准予暂行援案照免。相应函达贵公司查照。此复

汉冶萍煤铁厂矿公司

王勋致公司董事会函

民国三年十二月二十六日(1914.12.26)

董事会台鉴：

敬启者,我公司生铁向来行销除国境之外以日本、美国为最巨之销场,香港及澳洲虽亦行销,尚不重要,从前所与竞争者,只有英国生铁,然英铁道远而费重,尚非劲敌。辛亥之季,我公司为时势所迫,暂行停工。适其时印度大达钢铁厂出货之始,遂乘虚而入,不惟香港、日本,即近在上海亦已行销,我公司无铁可售,亦只望洋兴叹耳! 嗣我厂规复,华境已不能再来,但仍在日本、香港等地依旧争售,迄且侵及美国,因大来洋行向售我铁,即以就商请该行为其驻美及驻华总代理,大来君以与我交易多年,情谊甚重,未便率诺。顷到沪因亲向勋言之,并即面陈会长。旋由勋呈明会长,与大达细商彼此划分销场,不相攘夺,一面即商请大来,万不可为大达代理,可由本公司派该行为驻美总经销,与订定代理合同,由该行竭力代为推广我生铁销路。除大达一方面业已发电往商,该厂复电甚表同情,兹已有函致该厂磋商条件,尚未接复外,其大来一方面甚愿为我公司代理,业与商订条款,兹已大致订妥,谨译成华文敬呈台察。查该项条件尚属公道,惟佣钱共计五厘,似乎太多,昨接会长钧函亦谓过巨,拟照三井之例给与二厘半,当即再三与大来磋商。据大来言:大达托其代理,一启口即自愿给佣五厘,且问五厘敷用否? 如不敷似可再加。今姑不援引大达,以免迹近要挟,即就美国通例言,五厘佣实系通例;美国费巨,与日本不同,且日本销路系已成之局,只须保守,无须力揽,亦可坐致生意。美国则推广伊始,大需人力,舟车旅行,已属不赀,且拟添雇一人,专司推广销路之事,若非五厘,诚不敷用等语。并由大来来函声明,谨以译呈台鉴。按大来之意,佣钱不能减少,惟水脚所省则不只每吨五角,挹彼注兹,在我仍复合算。拟请即将该合同核准为荷。专此。敬请

台安

王制勋

［附件］ 大来洋行代理售铁拟订合同

汉冶萍煤铁厂矿有限公司、大来洋行为订立合同事。兹由汉冶萍公司委派大来洋行在美国及英属之哥伦比亚为经售该公司所出货品之唯一代理人，由一九一五年正月一号起，以五年为期，惟两方面均得以提前取销本合同，只须预先于十二个月之前用墨函关照也。该公司按经售货价之数给与该洋行经售佣二分半（即每百元抽佣二元五角），又该洋行对于经售之货价担保收款，另由该公司给与担保货价佣二分半（即每百元抽佣二元五角），该洋行允为竭力揽销，并按照市面攀售可得最高之价格，并允应付九十天或一百二十天期之跟单汇票，但须按照该洋行所售得之货款，届汇票到期之时确系有款可付方可汇解。该洋行允于合同期内代该公司将货品运至美国西岸及英属哥伦比亚，不论由该公司轮船或别家轮船装运，所有由上海装出之货品，每英吨（按二千二百二十四磅）计水脚美金叁元五角，由汉口装出者每吨计水脚美金四元。若系由汉口全载装满运往美国西岸或英属哥伦比亚者，则只计水脚每英吨美金二元五角。惟装船时每天二十四点钟（以晴天论）至少须装一千二百吨。又因美国须常时有现货应售，该公司允于旧金山地方常时寄存现货约六百吨之谱，并设法常使该洋行于价格上及接济上处能与别家竞争。又双方议允代理范围包括檀香山在内，除水脚须按照实市价付给外，其余一切条件均按本合同办理。又该洋行允于每月一号将经销帐造寄，并将售出货品所收到之净款如数照汇。又该洋行应许苟非该公司允准，不得经售别家与该公司同等之货品。本合同由一千九百十五年正月一号发生效力。

一千九百十四年十二月二十六号

汉冶萍煤铁厂矿有限公司（签字）

见证人（签字）

大来洋行（签字）

见证人（签字）

大来洋行致汉冶萍公司函

（1914 年 12 月 28 日）

汉冶萍公司台鉴：

敬启者，敝行与贵公司本月二十一号经售佣二厘半，又担保货帐佣二厘半一节，尊议如将来生意增多，可以将佣银减少，敝行甚愿照办。即于第一年后，每年按上年生意情形，如可减少，即彼此妥为商减可也。此请

大安

大来洋行总经理　大来谨启

再，大达厂实在允给敝行经售佣五厘，前已面告，尊处是则现在所订之佣银，实属公道也。

王勋致公司董事会函

民国三年十二月三十日（1914.12.30）

董事会台鉴：

敬启者，昨函呈大来洋行之合同稿，计邀台阅，兹复与大来商议，其佣银五厘，现在既不能减少，如将来生意增大，即可商减，该行已允照办。当即来函声明，兹谨译呈台察。该函即作为合同附件，合并声明。此请

台安

王制勋

公司董事会致交通部函

民国四年五月四日（1915.5.4）

敬启者：

窃查京奉铁路，此次古冶至秦皇岛段内，需换新轨一万一千吨，闻在英国出标订购，当由敝公司商务所长电致该路总办李福全，准由敝公司估价投标，复电谓已在洋厂定购，复经往返函商，终以货定无可挽回为辞，并谓此次修路，系短期借款，不得不购用洋料，且以洋工司訾议汉厂出货不精等

语,为委谢之地。后经调查,所订之轨,乃系美制,并非英轨,是与借款之国并无关系,而不惜重价远购外洋,在该总办容有别有用意之处,不得不迁就出此,但谓汉厂出货不精,敝公司名誉所关,实难承认。查创办汉阳铁厂,原以自造路轨,杜塞漏卮为唯一之宗旨,前清奏定有案,改归商办后,搜求佳煤,改良炼钢,经营将近二十年,投资三千余万,研精淬厉,出口优纯,固已为中外所公认。近年以来,承办各路轨件,为数甚巨,除从前商办各路不计外,如广九、津浦、陇海、粤汉等处,皆系借款所办,如汉轨略有可资口实者,各该路洋工司久已改购洋轨,岂肯一再订购;且洋工司收验华轨,刻意吹求,决不稍事宽假。然据各路所派驻厂验轨之洋工司萨弥尔出具证明书,谓汉厂轨件确系媲美洋轨,足见公道自在。良验难诬,该路难以一面之词,而掩是非之公者也。惟是往者不谏,来犹可追,该路以借款办路,即不得不用洋料,而现办各路,何一非出自借款,倘使一路作俑,各路效尤,则是违背设厂造轨力图自强之原案,不惟敝公司前途立于危险之地,徒为有债权者尤资藉口,而漏卮不塞,妨害于路政者实非浅鲜。况敝公司之轨,每吨须银若干,现向外洋所购之轨,每吨须银若干,两相比较,低昂悬殊,舍贱就贵,似难索解。惟有仰恳大部俯赐维持,查照原案,通饬各路,嗣后需轨无论多少,悉饬在敝公司投标订购,万不可再购外洋之轨,并恳将汉轨精良、各路选购著有成效昭示大众,以息浮言而坚信用。敝公司益当仰体提倡,精益求精,以期自保利权,发展实业。路政幸甚,铁政幸甚。兹将与该路往返函电摘要抄稿,附呈察阅。谨致
交通部

汉冶萍公司董事会谨启

北洋政府农商部饬

民国四年五月二十六日(1915.5.26)

为饬知事。

前据该公司文称,京奉铁路此次定购外洋轨件为数甚巨,恐各路仿办,公司前途异常危险,请转咨查照原案,通饬各路仍向公司订购,以保利权等

情到部。当经据情转咨交通部,并批示在案。兹准交通部复开:查该公司经营二十余载,出品优美,成绩卓著,本部自当尽力维持,以符提倡国货之旨。现据各路陆续详报,近二年间,在该公司定购轨件不下十余万吨之多,可见本部昭示大公,毫无歧视。此次京奉路向外洋购轨,实以借款之初已有成议,未便中途变更。嗣后各路需用轨件,该公司如能承办者,自应饬令酌购,以维国货而保利权,请转饬遵照等因前来。合即饬仰知照。此饬。

农商总长　周自齐

右饬汉冶萍公司

　　准此。

(二) 煤焦销售

汉冶萍公司致程德全函

民国元年七月十二日(1912.7.12)

雪楼都督阁下:

　　敬启者,顷据萍煤驻宁分销韩振璠函称:昨接江苏军务司警备科函开,敝科稽查前卫戍总督存案,有充公煤炭五十吨,存在贵局,前由卫民汽艇长李先澍拨领十二吨应用,现据该艇长报告,前领煤斤用罄,禀请再领五吨,函移照发云云。不胜骇异。检同原函,陈请酌示等语前来。接阅之下,骇诧殊深。

　　查敝公司萍乡煤矿,创办于前清光绪二十二年,纯系集合商股,经营开采,十有余年,费本在一千一百余万,虽幸观成,尚蕲发达。前者军务司警备科派员在宁局调查煤数,正值军事方殷,是以宁局办事员于调查时,报告吨数,于取用时,凭条支付,深仰民国肇新,凡属商业,必蒙优加保护,推诚相予,以应军需。兹阅警备科原函,指前次调查之煤五十吨,谓为充公之物,盖商货必有违背法律之处,始有充公之罚,今无端没为公有,敝公司窃有未喻。伏惟贵都督仁声义闻,遐迩咸钦,而于商业一途,尤为荩筹所注重,前事或为前卫戍总督命令,恳祈查明取消,并请转饬军务司,于前次已用煤斤十二吨,及以后用煤若干,一律照市给价,以全商业,而示维持,不胜祷盼待命之至。专肃。祗颂

台绥

汉冶萍煤铁厂矿有限公司谨启

程德全致张謇函

民国元年七年二十七日(1912.7.27)①

季直先生阁下:

敬复者,接展台函,备聆种切。宁局煤炭一节,昨已饬交军务司调查,据称:此项煤斤,当南京初光复时,该厂无人经理,由江防水师张统领玉山派弁查明,尚存二千余吨,比即报告前江浙联军总司令部,复经派员查验,并加贴封条,仍令该统领派人看守,力任保护,如有府令往取,即可照发。旋经黎天才登瀛洲兵船及机器局先后拨过七百余吨,维时曾规定五十吨归卫民汽艇随时拨用,而该艇实仅用过十二吨,其余之三十八吨应仍随时拨给,以符原案等情前来。

查此项煤炭,因当日该厂无人经管,且闻系盛氏宣怀私产,时值军事方殷,是以由联军司令派人保护,并分别指拨应用。兹读来示,似于当日没收该厂煤炭之事实稍欠分明。德全忝为公仆,保护商民,是其天职,宁有无端蹂躏之举。此次卫民汽艇请领煤斤,系根据联军司令核定原案办理,其已经取用之十二吨亦在联军司令尚未取消以前。德全莅任未久,不能详其原委也。该汽艇待领煤斤三十八吨,能否陆续照给,以全终始,是在先生主之,不敢相强。至"充公"字样,既承台嘱,自当立即取消,以副雅意。肃此奉复。即颂

公安

---

① 原件未署年份,此系根据内容判定。

李、叶君均此致意。

程德全(印)顿首

汉冶萍公司致程德全函

民国元年七月三十日(1912.7.30)

雪楼都督阁下：

敬启者，顷奉复缄。祗悉。贵军政府拨用敝公司萍煤一节，蒙我公允将前案"充公"字样，立即取消，备荷维持，属在股东，同深感谢。敝公司驻宁萍煤批发所，原为推广销路而设，卫民汽艇前经规定未用之三十八吨，现既需用，自应照拨，以副盛意。惟须给予收条，并前次已用之十二吨，统由该批发所汇总领价。又，来示前登瀛洲兵船及机器局，先后拨过七百余吨，并祈转令该兵轮及机器局，各照用煤吨数，发价给领，以顾商本，不胜盼祷。肃泐。祗颂

台绥

汉冶萍煤铁厂矿有限公司谨启

公司董事会致卢洪昶函

民国二年十二月二十五日(1913.12.25)

鸿沧仁兄先生鉴：

萍矿运销历年以来，受亏甚巨。即以本年论之，阁下接办，亦难起色，开支既不能省，用户之欠款又无从归结。似此情形，按之营业原理，实属背驰。叠经开会研究，皆谓招商包办之外，别无良策。是以议决，准归宝丰公司承办，月销煤一万吨，焦一千吨，已由商务所订立合同，自民国三年一月一日为始，所有旧日同事，应由宝丰公司自行聘用，否则只得另图他就。其有经手未完之事者，则请其暂勿远离，以清经手。事关大计，爱莫能助，良用怃然。至此次新旧交替帐目一切，公司已举总稽查孙慎钦君赴汉主持其事。惟壬子以前，萍乡运销事务，虽非执事原经手，而接替运销，实负专责，孙慎钦君于前事比较，更属生疏，应请阁下实心赞助，任劳任怨，总期为公

司了结前文。将来本公司即为国家与全国商民合办之局,关系民国前途甚大。大凡在局中局外诸人,亦必能体谅本公司办事人之苦衷,不当再作无益之思想也。兹将宝丰公司承销正副合同稿各一份,保单一纸,一并印副附寄,希即查照,并祈将所有客帐从速赶收,务于接替之前,可以收束。如届时尚有未经收齐者,即请开列清单,移交宝丰公司代收为荷。此致。
顺颂
台安

董事会谨启

附印副合同稿等件。

[附件一] 宝丰公司承销煤焦合同

立合同汉冶萍煤铁厂矿有限公司(以后称公司)、宝丰有限公司(以后称承销人)为订立销煤焦合同事,所有双方议订条款各昭信守如左。

一、包销数目　每月订定包销煤焦及销额数目分列如后:

甲、二号焦炭壹千吨。

乙、三号焦炭及四号镶焦炊焦和焦,因矿中出额无定,暂不订定交额及销售。

丙、头号煤约三千五百吨。

丁、二号煤三千五百吨。

戊、三号煤约三千吨。

二、承销地点　自汉口起下至芜湖□,以及鄂属之应城,以上三处为承销地点,其余他埠仍由公司自行售销。

甲、公司厂矿及轮驳自用煤焦皆不在承销之律。

乙、合同期内承销地点,公司不再设分销或招第二人承销。

三、承销包价　武汉三镇交货(别处交货酌加运费)。

甲、二号焦炭每吨洋例银九两七钱五分。

乙、三号焦炭每吨洋例银七两正。

丙、四号焦炭(即镶焦炊焦和焦等)洋例银六两正。

丁、头号煤每吨洋例银五两七钱五分。

戊、二号煤每吨洋例银五两三钱五分。

己、三号煤每吨洋例银四两九钱五分。

以上各价不折不扣,所有出舱工费及各项杂费均由承销人自理,与公司无涉。

四、卸货期限　凡运到之货,无论煤焦,除应城不计外,由公司派轮拖至交卸之处为止,其起卸船期以载重三百六十吨为率,除大风雨不计外,限五天卸空。如有逾期,每船每天由承销人认付赔偿船期洋例银二十两,其交运之船大小不一,均按照三百六十吨推算。

五、押柜　承销人于合同订立之日,即缴公司上海规元五万两作为押柜,议定月息七厘,由公司照给。至此项压柜银须俟合同期满货价清楚之日方能如数退还。

六、担保　承销人自订立合同之日即由担保家另具担保证据一纸,将来合同期内如有货价未清,由担保家如数照偿额定洋例银五万两为度。

七、货价期限　货价以货到之日算起四十日为期,按期付清,不得拖欠。如有延误,公司得按照第六条向担保家如数取偿,如拖欠逾担保家之保额,公司得自由取销合同之权,无须承销人之同意。

八、交收煤焦　凡货到交卸之处,双方眼同过磅,以磅见实收为应付货价之数。

甲、起卸工人及过磅小工等费均由承销人自给。

乙、如有一驳分交二处销户,此项额外拖费应由承销人酌给。

九、货帐界限　凡承销人放出欠帐,概与公司无涉,不得借词坏帐,向公司有所要求。其未订此合同以前放出之帐,公司自行向用户收取,承销人概不承认。如公司欲请承销人代为催收,承销人当帮同催索。合同期满之后,承销人如有未经收齐之帐欲请公司代收,公司只能帮同催索,并不负亏欠之责任。

十、收交货额　第一条内所载额定之数公司须按月照交。如有运道通塞出数旺衰以致数有增减,其逾额之货承销人须悉数起栈,以利转输。若承销人于本月销数为难,准将此项货款移作下月初一为收货之期,遇有上游水涸运务艰难,致有短交之货,其数不得过十成之二,即百分之二十分。如逾二十分以外者,公司须每吨贴承销人银不过一钱,若查承销人并未购买外煤以济用户,则公司可免出此款,以昭诚信。

十一、各任危险　公司在途之货遇有危险,自由公司担任。已上码头之货,设有危险,系由承销人担任。

十二、意外危险　矿山设有不测,运道或有险阻,欲交不能,欲销亦不能,凡人力所不能挽救者,双方皆不负责任。

十三、煤焦税厘　进出口洋关正半税,概由公司自给,与承销人无涉。惟承销人所指地段若在范围以外,其应纳厘捐统归承销人给发,亦与公司无涉。

十四、武汉堆栈　公司堆栈现在只有武昌之鲇鱼套一处,允可让与承销人堆货,惟须订明从粤汉路让地之日为止,并须留出船户挂号处数间,备为公司之用。至汉阳东西等栈久已裁撤,现查有南岸嘴东栈一所,前已出租与炭山湾煤矿,现令其迁移,以让与承销人用,概免租金,以重交谊。

十五、应守事格　承销人既受公司之托,当竭其心力以期推广销路,并不得兼售他项煤焦,亦不得以次号煤焦抵充上等,致碍公司名誉。

十六、用户合同之更替　公司于未立合同之先所有用户合同皆由承销人接续履行至合同满日为止,货价则各收各数,以清界限。

十七、货样比较　萍矿煤焦久已畅销,因其运道迁远,遇有久雨之际,其少数民船加潮等情,在所难免。兹特各存货样以备比较。惟其多数之货若欲各船一式,事亦有所难能,倘有参差之处,承销人亦当设法疏通;如有加潮等事致碍用户,准由承销人会同公司交货司友酌量扣磅,以昭平匀。

十八、承销年限　此合同议订由民国三年一月一日起至五年十二月三十一日止三足年为限,期满之后悉听公司定夺,与承销人无涉。倘公司仍欲招人承办,而此次之承销人果无违背合同情事,仍有续议之望。

十九、价格　第三条及十八条所订承销期限本属三年,惟其价格涨落时有悬殊,恐彼此盈绌太巨,业已双方议定,如煤焦市面消涨至五钱者,一年一议,以期各得其平。如在五钱以内,则仍然照原订合同之价格办理。本合同一式二份,双方各执一份存据。

汉冶萍煤铁厂矿有限公司商务所　王阁臣

宝丰有限公司经理　姜春邨

中华民国二年十二月二十四日

[附件二]　承销煤焦合同附件

查本日汉冶萍煤铁厂矿有限公司及宝丰有限公司所签定之承销合同,双方公议,互允酌加附属条件如左,作为原合同之一部分,与原合同一般有效。条列如左:

一、查原合同第一条额定月销头号煤三千五百吨,二号煤三千五百吨,三号煤三千吨,兹双方议允以上各号虽各定各数,惟将来双方得察看出数及销数情形酌量增减,惟总数仍以壹万吨为额。

二、查原合同第十八条规定承销由民国三年一月一日为始,兹双方议允展限一个月,以二月一日为始,但仍计至五年十二月三十一日止作为三足年,惟其第一年二月份内销运之数不拘定额。

三、公司允准承销人于承销范围内通商口岸挂英商牌号,一俟实行,应由承销人知照公司。

此附件一式两纸,彼此各执一纸存据。

中华民国二年十二月二十四日

[附件三]　保单

具保人慎裕号经理朱葆三,兹因宝丰有限公司与汉冶萍煤铁厂矿有限公司于民国二年十二月二十四日订立合同,由民国三年一月一日起至五年十二月三十一日止,计期三足年,在汉口至芜湖等处及应城承销萍矿煤焦生意,按合同第六条应出具担保证据,保额以洋例银伍万两为度。兹慎裕号自愿担保并承认该合同内担保家应负之责任,特立担保证据。将来如合同期内或合同期满后若有货价未清等事,担保家承认按合同所规定如数照偿,以额定洋例银五万两为度,不得异言。特立担保证据交与汉冶萍煤铁厂矿有限公司存据。须至保单者。

慎裕经理　朱葆三

中华民国二年十二月

公司董事会临时会议案

民国四年三月十九日(1915.3.19)

王代经理函:前以宝丰公司兼销临煤,有违原订合同第十五条之规定。于二月六日常会提出,经公议宝丰兼销临煤,实为违背合同,理应抗议,但现时因交额不足,应先按照合同每年议价之条,由商务所长向该公司要求,将一号煤减额,二号煤包价加增,俟该公司能允增至若干,报会后再行研究利弊,酌定办法。一面应请会长留意人才,以为宝丰不能就范,收回自办之预备等因。旋接该公司来函:萍煤交额改为每月一号二千吨,二号五千吨,三号三千吨。而汉局卢坐办君来信,以现时每月运数只能交足各号煤六千吨之谱。嗣与商议,勉加至每月一号一千吨,二号五千吨,三号二千吨,共八千吨。该公司不允照办,二号煤价亦不允稍加。昨来一函,对于煤额、煤价及兼销临煤诸多辩论,词复强硬,应如何办理之处,请核议示遵。

公议:宝丰承销煤额应由王代经理再与宝丰经理人磋商定数,现查日煤市价既未涨至五钱,仍照合同订价不增不减。至宝丰兼销临煤,应俟本公司交煤足额时,再按照合同十五条之规定,与之交涉。

公司董事会常会议案

民国四年十一月十五日(1915.11.15)

王代经理函:宝丰承销合同,有煤价涨跌过于五钱一年一议之规定,现届十一月,正在调查各煤市,比较煤价,预备提议加价,乃先接宝丰来函,以煤价已跌过五钱,要求减价,并预商明年销额等情。即将去今两年煤市分别比较,通年扯算,开平、山东均无涨落,抚顺较去年跌价一钱,日煤只跌五分。宝丰所请减价自属无庸置议,而我之拟向提议加价一层,亦恐徒费唇舌。拟请仍照原订,办满明年即行收回自办。至煤额揆诸现情,尚无盈虚不剂之状,似可仍照今年定额再接一年,免其再议。可否,请核议遵办。

公议:煤价涨落,自以一年通算为定,不能以一两月之市稍有低落致生异议。至煤额一层,来年四炉全开,自用不敷,而王阁臣仍请照原额,无怪人言啧啧,应即责令,务要核减。

（三）合办东方商运公司

公司董事会临时会议案

民国二年十二月一日（1913.12.1）

民国二年十二月一日临时会议,到会者盛杏荪、王子展、沈仲礼（兼代表朱葆三）、李伯行、施子英、周金箴、张知笙;查帐:孙慎卿、陶兰泉诸君。

会长提议:汉厂售铁日本及购日本煤斤,向由三井经手,其售铁佣钱向系每百二厘五,现减至二厘;购煤佣钱每百三厘加在煤价之内。现高木君与日友在东京组织一东方商运公司,承揽我公司售铁购煤,代为经手,交来草合同二件,嘱为商订。查该合同条件内,如售生铁（现三井售铁合同现尚有四年,于民国七年始生效力）,三井佣钱二厘,彼则一厘五;购煤三井佣钱三厘,彼则一厘,尚属合宜。惟售若松制铁所生铁、矿石,向无佣金,此次每石拟抽佣金一厘,其未订合同者,将来当可加入售价之内,其已订合同者,无可再加,须本公司支付。然高木君在东京派人到若松过磅及公事房费用,每月约千余元,此次拟即包在佣钱之内,不另开支公司之帐,每年公司可省万余元。此外,该公司所有营业余利,本公司尚可得其一半。此议如属可行,该项合同应由商务所长与高木君议定签字。至本公司应得该公司余利之一半,所有收支另列专簿,由会计所派人管理,以公济公,专备本公司额外开销。虽可不归正帐,亦不得私自支用。凡有收款支款,皆须董事会通过。当经公同议决:照办。

公司董事会致商务所函

民国二年十二月五日（1913.12.5）

商务所长台鉴：

　　高木君现在东京组一东方商运公司，交来草合同二件，承揽我公司售铁购煤，酌提佣金，嘱为商订，已于本月一日临时会议提议，当经通过。兹将议案抄送，即希查照办理可也。顺颂

时祺

董事会谨启

东方商运公司与汉冶萍公司订立煤铁批发转运合同

民国二年十二月十三日（1913.12.13）

　　立合同汉冶萍煤铁厂矿有限公司（合同内省文称汉冶萍公司）与东方商运公司（合同内省文称商运公司），订立合同条款如左：

　　一、汉冶萍公司之出产品，如生铁、钢货、煤炭、焦炭、铁矿石等，以商运公司为日本批发及转运代理，惟以下两项不在此列：

　　甲、若松制铁所之合同，对于此合同商运公司只作为交货代理。

　　乙、三井洋行之代理合同，效力至一千九百十七年十二月三十一日停止后，商运公司方为唯一代理人。

　　二、商运公司应得佣钱如下：

　　甲、代交若松制铁所之生铁、铁矿石及它项材料，商运公司须派人前往稽核每次磅见之数，报告与汉冶萍公司；汉冶萍公司按收到交到船面之货价，每百分抽佣钱一分与商运公司。

　　乙、所有由商运公司经售之生铁、铁矿石及他项材料，除售与制铁所之货外，按所收交到船面之货每百分抽佣钱一分半，给与商运公司。

　　三、汉冶萍公司并派商运公司为采办，代理一切由日本购之物料，如煤炭、火砖等物。汉冶萍公司按该物料交到之价，连水脚、保险在内，按每百分抽佣钱一分与商运公司。

四、所有以上各出产品及物料,须由商运公司担承转运,不受汉冶萍公司之经运佣钱。

五、所有以上各佣钱,包括一切公事房及旅行费用在内,均由商运公司自行支给。惟特别电报费则由汉冶萍公司支给。

六、本公司于一千九百十四年正月一号为始,以制铁所各合同发生效力期内为本合同有效之期。

本合同缮成一式二份,各执一份,以昭信守。

汉冶萍公司商务所长　王阁丞(押)

东方商运有限公司代表　高木陆郎(押)

民国二年十二月十三日

合办东方商运公司合同

民国二年十二月十三日(1913.12.13)

立合同汉冶萍煤铁厂矿有限公司(合同内省文称汉冶萍公司)及东方商运有限公司(合同内省文称商运公司),订立合同条款如左:

一、商运公司允认于资本总额内将其半数之股份归汉冶萍所有,凡商运公司营业上所获一切利益,按股均分。

二、商运公司之营业,除关于汉冶萍公司者已另订合同外,兼及各项营业,汉冶萍公司既认为最大股东之名份,凡汉冶萍公司范围内所能办到之事,愿竭力帮助商运公司。

本合同缮成一式二份,各执一份,以昭信守。

汉冶萍公司商务所长　王(押)

东方商运公司代表者　高木陆郎(押)

七、财务收支

（一）帐略

汉冶萍公司第一届帐略

宣统元年三月（1909.5）

汉冶萍何为而称？大冶铁矿、萍乡煤矿与汉阳之制炼钢铁厂一以贯之者也。宣怀于光绪初年既创办招商轮船公司，聘英矿学博士郭师敦，遍查长江煤矿，于无意中勘得大冶铁山，化验成色极佳，蕴藏极富；考县志，为宋代冶场，县以是名。于是相度地址，价买其山。溯流而上，仅见当阳无烟白煤可合炼铁，即留郭师敦开工，钻见煤层甚薄，不足济用。其时风气闭塞，只得留以待时。及光绪己丑，醇贤亲王始议铁路，遂条陈开炼冶铁可塞他年绝大漏卮。其时南皮张制军移督两湖，宣怀由东海奉懿旨饬令赴沪，与制军商榷，即将大冶铁矿图说悉以呈交，是为开办铁厂之始，并以就大冶设厂为请。制军谓耳目大遥，汉阳形势为胜。乙未春，宣怀因病就医沪上，帅招之楚，谓基础已立，而官事拘牵，难期远效，旋即奏准交宣怀招商承办，凡官用五百余万，按出铁一吨纳银一两，以资归补。接办伊始，两炉甫成，而无煤可用。一面忍痛购买开平焦，一面试挖萍乡煤。盖闻长江之水含硫质，产煤皆不合炼铁用，越洞庭而得萍矿，始愿乃偿。初用土法，终之以机炉；初用小舟，终之以铁道；几费经营，乃底于成。萍焦冶铁初试新锎，居然京汉路轨除卢保一段外二千余里，皆属汉厂自造；虽不免亏折，数年之间，得轨价四百数十万，练成一班工匠，萍矿亦藉此岁月以竟全功。登高自卑，行远自迩；不有一篑，何从九仞！其时股本仅库平二百万两，余皆仗银行铁路声气,多方罗掘。人皆为我危,而我坦然处之。逮甲辰年萍矿告成,醴路已通,煤焦不虞其匮乏,而后可扩充钢铁。夫炼钢以生铁为根基,非添造大化铁炉不可。沪宁铁路验我贝色麻炉所制之钢轨,含有磷质,不及马丁小炉所制之鱼尾板为精,则造钢货非改用马丁钢炉不可。困与日商议售矿石,得预支日金三百万元,即奏派李一琴部郎偕英工司彭脱、德矿师赖伦,赴欧考验新法,购机选匠,其所条陈,皆中窍要,即以铁厂总办属之,复筹巨款,以时接济,奚啻背城借一。丁未秋,钢厂甫成,宣怀赴汉萍勘验,新马丁炉所炼钢质极其精纯;旧化铁炉改良后,能出二百数十吨;萍焦一吨零能炼生铁一吨,皆有成效,华商始有集巨资之议。是冬,适奉召入都,遂以官办商办请政府决议,皆主商办,疏上,奉旨:责成盛宣怀加招华股,认真办理,以广成效,余依议。钦此。遵即会同李部郎,厘定详细章程八十八节,赴部注册,登报招股,截至戊申年底,头等老股库平二百万两,合银元三百万圆;二等新股二百五十八万六千余元;三等新股二百四十一万三千余元,共八百万元。已酉春,续收二等新股二百十余万元,共成一千十余万元,准于三月杪付息。先期于三月二十七日在上海开第一次股东大会,选举查帐董事、权理董事。所有公司帐目,截至戊申年为止,已据总办将收支处、稽核处呈送总帐前来,共计该款二千二百四十六万五百余两,内列产业正本一千六百七十四万八千四百两,煤铁货物材料往来及转帐活本五百七十一万二千余两。汉厂历年亏耗已将官厂移交产业对折抵销,萍矿盈余已将矿产资本如数减折作一结束。此帐略之实在情形也。

又据总办将总工程司吕柏、总矿师赖伦呈送估单前来,共计汉阳铁厂产业估值银一千二百二十七万两,大冶铁矿产业估值银一千一百三十万两,萍乡煤矿产业估值银一千五百五十万两,码头轮驳估值银一百六十九万两,扬子江公司股份银五万两,总共估价四千八十一万两,所存活本各物料尚在其外,约计所值之数实倍于所用之数。此估价之实在情形也。

又据总办督饬该总工程司、总矿师预算已酉年冶出铁矿石约三十余万吨,汉出生铁约十余万吨,内造钢货用铁五六万吨,余售生铁。萍出煤约五十四万吨,内造焦炭用煤三十万吨,余售生煤。若无意外担搁,除抵开支外,余利当可敷本项应支之息。惟己酉年成本项下汉厂约须加用银八十万两,现已如数筹备。此外或尚有添置,不至过多。此预算之实在情形也。

似此小结束,化铁炉以三座计,炼钢炉大小以六座计,钢铁以炉座为准绳,煤焦视运销为限度,庚戌以后,余利大有把握。此后本国铁路、海军制造日有进步,则第四生铁炉基址已成,不难立就。再增钢炉数座,并添置钢条、钢片、钢丝机各一座,每日可成钢货一千吨;外洋生铁源源出口,则大冶可造生铁炉四座,每日另出生铁一千余吨,其时萍煤尽敷炼焦之用,并当添开新井,供给各路生煤之用。此外,铁厂有锰精罐钢,煤矿有火砖肥料,种种利益,处处开拓,造诣正未可限量。总之,萍煤冶铁取之无穷,天所以授我圣清,助我富强。

鄙人自得此铁矿以来,三十五年矣。萧萧白发,滚滚红炉,当竭吾生之心血,蔚成宇宙之大观。凡舟车之需材,皆江汉所取给,庶不负当年张相国缔造之深心、李部郎等赞襄之毅力也。已所有商办注册后第一届简明帐略,总公司悉照汉、萍两处表册,汇核总结,并请查帐董事顾、施两君前赴汉、萍两处覆查相符签字。兹特照录分送有股诸君公览,并将总工程司、总矿师估价单及汉冶萍各总办本届开会报告附列于后。

宣统元年三月总理盛宣怀谨识

汉冶萍公司第一届收支各款简明清帐

汉冶萍煤铁厂矿有限公司光绪三十四年正月份起截至十二月底止,收支各款第一届汇核总数简明清帐。

汉冶厂矿收款

一、收售京汉、苏浙、闽、粤等铁路局钢轨等料价,洋例银七十七万四千六十八两七钱四分五厘。

一、收售枪炮等厂钢铁料价,洋例银一万七千一百六十三两七钱二分八厘。

一、收售大冶矿石料价,洋例银三十万三千五百八十五两。

一、收售各户生铁等料价,洋例银八十九万二千七百六十八两九钱。

一、收售各户钢铁等料价,洋银例六万二千二百十二两六钱五分三厘。

一、收代各处修造机件等价,洋例银二百九十五两八钱九分二厘。

一、收转售物料等价,洋例银一千二百四两五钱一分二厘。

一、收各项租费、杂费,洋例银一万四千六百五十六两三钱五分二厘。

以上八款共收洋例银二百六万五千九百五十五两七钱八分二厘,系汉厂冶矿售钢铁各款。

萍矿收款

一、收历届结余,洋例银六十五万一千五百七十七两一钱八分八厘。

一、收售铁厂焦炭及沪、汉、岳、长、洙各局现售焦炭价,洋例银一百七万五千一百三十七两七钱九分。

一、收本矿各分矿现售粗焦等价,洋例银一万一百八十六两一钱七分五厘。

一、收各船户承运焦炭短秤赔价,洋例银六千一百三十九两四钱九分一厘。

一、收售铁厂生煤及沪、汉、岳、长、洙各局现售生煤价,洋例银八十二万一千三百四两三分六厘。

一、收本矿各处锅炉领用及现售烧煤价,洋例银四万一千二百八十四两四钱六分三厘。

一、收萍潭铁路火车领用生煤价,洋例银二万四百六十两一钱八分八厘。

一、收各船户承运生煤短秤赔价,洋例银三千九百三十二两五钱九分三厘。

一、收本矿银洋钱兑余,洋例银一万二千九百七十八两六钱九分八厘。

一、收汇水,洋例银一万五千九百二两三钱四分六厘。

一、收本矿官钱号盈余,洋例银一万二千九百七十九两八钱八分八厘。

一、收本矿自造火砖售价除成本盈余,洋例银一千二百七十八两六钱六分六厘。

以上十二款共收洋例银二百六十七万三千一百五十七两五钱四分二

厘,系萍矿售煤焦价及历届结余各款。

总共结收洋例银四百七十三万九千一百十三两三钱二分四厘。

汉冶厂矿支款

一、支发大冶、兴国州、萍乡各外局经费,洋例银十四万六千八百二十六两一钱四分三厘。

一、支购华洋材料价,洋例银三十八万三千五百四十一两七钱三厘。

一、支购萍乡焦炭价,洋例银六十三万五百六十五两一分。

一、支购萍乡等处烟煤价,洋例银三十三万八千一百六两五钱五分二厘。

一、支发轮驳各船经费,洋例银三万五千八百十五两九钱七分九厘。

一、支发运费脚力,洋例银七万一千七百九十六两二钱二分一厘。

一、支发员司薪伙、丁役工食,洋例银四万六千八百七十八两九钱三分一厘。

一、支发机匠、艺徒等工食,洋例银十四万五千六百六十一两三钱六分一厘。

一、支发小工工作等工价,洋例银十五万八千四百六十二两一钱六分六厘。

一、支发洋工程司及洋匠等薪费,洋例银五万二千二百三十一两五钱八分七厘。

一、支添造新炼钢厂及新化铁炉工料等,洋例银一百五十六万六千十五两七钱二分八厘。

一、支添置基地、房屋、车辆、船只、机器、杂件等,洋例银三十万六千二百八十九两一钱八分七厘。

一、支各处零星修理费,洋例银三十三两九分二厘。

一、支备发戊申年第一届股息及借押各款利息,洋例银五十三万六千六十六两六钱四分三厘。

一、支生铁捐款,洋例银六万六千四百九两七钱七分五厘。

一、支各项杂用,洋例银六万四千四百二十二两二钱九分三厘。

以上十六款共支洋例银四百五十四万九千一百二十二两三钱七分一厘,系汉冶厂矿添置成本及活本各款。

萍矿支款

一、支机矿窿工挖煤一切经费,洋例银六十七万五千六百八十三两九钱二分五厘。

一、支机器洗煤一切经费,洋例银四万九千二百五十三两七钱四分四厘。

一、支机炉炼焦一切经费,洋例银三万六千九百二十四两六钱九分七厘。

一、支煤砖机经费,洋例银一千八百八十四两三钱七分六厘。

一、支机矿土炉炼焦一切经费,洋例银一万四千一百二两三钱二分五厘。

一、支各分矿挖煤一切经费,洋例银一万一千九百十五两七钱一分八厘。

一、支沪总局经费,洋例银六千二百九两一钱三分二厘。

一、支萍总局经费,洋例银一万七千七百一两五钱九分八厘。

一、支稽核处收支机矿收工等处经费,洋例银一万八千八百四十七两四钱八厘。

一、支警备队经费,洋例银一万三千五百四十五两四钱四分九厘。

一、支巡警处一切经费,洋例银一万三千九百五十二两七钱四分七厘。

一、支沪、汉、湘、赣往来川资、电费,洋例银二千二百五十两二钱五厘。

一、支完粮及窿工遇险身故抚恤一切善举,洋例银五千八百六十四两六钱三分八厘。

一、支沪、汉、岳、长、洙各局经费,洋例银八万七千一百九十四两六钱八分三厘。

一、支煤务处收发焦煤经费,洋例银七千六十九两四钱一分三厘。

一、支煤焦由安源至洙洲火车运费,洋例银二十二万一千八百九十八两六钱四分一厘。

一、支洙运长、岳、汉、沪一带船费，洋例银三十九万六千二百五两三钱。

一、支安源上车挑费，洋例银二千五百十八两六钱四分六厘。

一、支洙州至武汉等处起卸费，洋例银三万八千八百八两三钱二分一厘。

一、支各船户承运焦炭溢秤赏号，洋例银三百三十四两一钱二厘。

一、支各船户承运生煤溢秤赏号，洋例银四十九两一钱七分二厘。

一、支报完江西厘金，洋例银三千六百三十一两七钱八分八厘。

一、支本矿机炉、土炉提存学校经费，洋例银八千六百一两一钱七分九厘。

一、支捐助萍邑公费，洋例银六千五百七十一两九钱五分四厘。

一、支完纳井口税并出口复进口税，洋例银二万二千六百二十九两六钱九分三厘。

一、支礼和借款磅亏，洋例银三万一千七百七十一两二钱六分二厘。

一、支备发戊申年第一届股息及沪、汉、萍各庄号利息，洋例银七十七万四千一百八十一两五钱九分五厘。

一、支总平巷工程并窿内添置大小抽水机、吊车笼、煤桶等，洋例银十一万九百二十五两六钱八分二厘。

一、支洋炼焦炉及扩充洗煤机、电汽房及一切起造工程，洋例银二十五万四千三百六十六两二分五厘。

一、支购置汉阳南岸嘴基地及续购安源矿基房屋等，洋例银一万二千七百五十一两八钱九分七厘。

一、支添置轮驳，洋例银五万九千一百二十八两九分七厘。

一、支折轻安源机矿成本，洋例银五十万两。

一、支折减现存焦煤估价，洋例银二十七万九千八百十一两七钱九厘。

以上三十三款共支洋例银三百六十八万六千五百八十五两一钱二分一厘，系萍矿添置成本、折轻成本及活本各款。

总共结支洋例银八百二十三万五千七百七两四钱九分二厘。

以上收支两抵,汉冶厂矿透支洋例银二百四十八万三千一百六十六两五钱八分九厘。

以上收支两抵,萍矿透支洋例银一百一万三千四百二十七两五钱七分九厘。

汉冶厂矿盘存总

一、存新炼钢厂成本,洋例银四百六万四千五百四十九两。

一、存新化铁炉尚未完工已用工料等款,洋例银一百三十五万二千七百八十二两二钱七分一厘。

一、存历年添置基地、房屋、车辆、船只、机器、炉座、铁路、电灯、家具、杂件等价,洋例银一百七十二万三千四百九十二两一钱九分六厘。

一、存钢铁、煤焦及华洋材料等款,洋例银一百七十一万八千八百六十四两二钱。

一、存官局移交旧厂材产冲抵上届结亏,洋例银二百七十万三千六百四十八两九钱五分二厘。

一、存官局移交旧厂材产冲抵本届结亏,洋例银八万四千三百四十五两三钱四分八厘。

以上盘存各项共计洋例银一千一百六十四万七千六百八十一两九钱六分七厘,内除上届盘存厂本洋例银六百四十六万八百六十六两四钱二分六厘,又官局移交旧厂材产冲抵上届结亏洋例银二百七十万三千六百四十八两九钱五分二厘外,实计本届加存厂本,洋例银二百四十八万三千一百六十六两五钱八分九厘。

萍矿盘存总

一、存矿产基地,洋例银一百十三万九千三百五十九两二钱三分四厘。

一、存矿外房屋生财,洋例银四万八千二十九两二钱九分三厘。

一、存安源机矿成本,洋例银五百三十九万七千七百九十八两二钱四厘,除将余利折旧洋例银五十万两外,实计洋例银四百八十九万七千七百九十八两二钱四厘。

一、存萍、湘、汉、沪等处堆储焦炭、生煤估价,洋例银一百二十九万五千九百八十三两三分七厘,除将余利折轻估本洋例银二十七万九千八百十一两七钱九厘外,实计洋例银一百一万六千一百七十一两三钱二分八厘。

一、存轮驳成本,洋例银五十五万两七钱二分一厘。

以上盘存各项,共计洋例银七百六十五万一千三百五十八两七钱八分,内除上届折旧后盘存矿本洋例银六百六十三万七千九百三十一两二钱一厘外,实计本届加存矿本,洋例银一百一万三千四百二十七两五钱七分九厘。

查本届盘结总帐,汉厂计亏洋例银八万四千三百四十五两三钱四分八厘,又光绪三十三年年底以前结亏洋例银二百七十万三千六百四十八两九钱五分二厘,本系接办官局以后之亏款,即以现存官局移交旧厂之材[财]产约估折半如数冲抵。萍矿计余洋例银十二万八千二百三十四两五钱二分一厘,又光绪三十三年年底以前结余洋例银六十五万一千五百七十七两一钱八分八厘,共计结余洋例银七十七万九千八百一两七钱九厘,已于机矿成本项下折轻洋例银五十万两,现存焦煤估价项下折减洋例银二十七万九千八百十一两七钱九厘,如数折除,作一结束。故汉冶萍本届结帐,并无盈亏,理合声明。

汉冶萍公司第一届该存各款简明清帐

汉冶萍煤铁厂矿有限公司光绪三十四年十二月底止该存各款第一届汇核总数简明清帐。

汉冶厂矿该款

一、该华商股分银圆五百万元,按照市价合洋例银三百五十四万三千七百五十两。

一、该预收大冶矿石价,合洋例银二百十万二千六百三两八钱六分四厘。

一、该预收钢轨价,洋例银一百三十一万一百九十二两。

一、该预收生铁价,洋例银二十七万五百二十六两三钱二分九厘。

一、该上海银行钱庄及各户存款,洋例银三百三十五万六百十一两三钱三分四厘。

一、该汉口银行钱庄及各户存款,洋例银二百四十一万八千八百五十八两八钱六分九厘。

一、该公债票规银七万两,合洋例银六万七千九百两。

一、该预缴铁捐项下,洋例银四十四万一百五两八钱。

一、该备发戊申年第一届股息,洋例银二十二万两。

查第一届股本所入日期长短不齐,预提此数,应俟己酉三月股息付清之后,第二届帐内补找清楚。

以上汉冶厂矿结该洋例银一千三百七十二万四千五百四十八两一钱九分六厘。

萍矿该款

一、该华商股分银元三百万元,按照市价合洋例银二百十二万九千二百七十四两二钱六分四厘。

一、该各洋行存款及外洋购料款,洋例银一百八十一万八千二百六十九两一钱一分九厘。

一、该上海银行钱庄及各户存款,洋例银二百三十七万九千三百二两七分三厘。

一、该汉口银行钱庄及各户存款,洋例银一百六十七万九千六百七十七两七钱五分五厘。

一、该公债票规银三十万两,合洋例银二十九万一千两。

一、该本矿官钱号存款及本矿往来,洋例银三十万六千四百六十七两四钱八分二厘。

一、该备发戊申年第一届股息,洋例银十三万二千两。

查第一届股本所入日期长短不齐,预提此数,应俟己酉三月股息付清之后,第二届帐内补找清楚。

以上萍矿结该洋例银八百七十三万五千九百九十两六钱九分三厘。

两共结该,洋例银二千二百四十六万五百三十八两八分九厘(详细帐目均存总公司备查)。

汉冶厂矿正本存款

一、存新钢厂成本,洋例银四百六万四千五百四十九两。

一、存新化铁炉未完工已用成本,洋例银一百三十五万二千七百八十二两二钱七分一厘。

一、存历年添置基地、房屋、车辆、船只、机器等价,洋例银一百七十二万三千四百九十二两一钱九分六厘。

一、存接办官局历年亏项以旧厂产业作抵成本,洋例银二百七十八万七千九百九十四两三钱。

查官局移交商办官本作银五百六十万两,奏准生铁按吨缴银一两,不还官本。总因煤矿未能先办,机炉不尽合宜,以致接办后出货不多,借款赔利。现在工程大致成立,须作结束,不得不将官交商办利害相衡,所有以前接办官局之亏数,即以现存官局移交之厂地四万三千余方、旧化铁炉两座,以及机器制造七厂、老马丁炉、老钢轨厂、大冶铁路、轮驳等价对折,作银二百七十八万余两,冲抵亏数,以免商累,合并登明。

一、存附入扬子机器制造公司股分,洋例银五万两。

一、存扬子公司代造机器及各厂包工暂借并购地薪工暂记等款,洋例银十三万四千四百八十八两九分五厘。

以上结存汉冶厂矿正本,洋例银一千十一万三千三百五两八钱六分二厘。

萍矿正本存款

一、存矿产基地,洋例银一百十三万九千三百五十九两二钱三分四厘。

一、存安源机矿成本,洋例银四百八十九万七千七百九十八两二钱四厘。

查戊申年结存机矿成本银五百三十九万七千九百九十八两零,因此项成本戊申以前历年利息在内,现作结束,故将戊申以前余利七十七万九千八百十一两七钱九厘之内提出五十万两折除,以轻成本,合并声明。

一、存矿外房屋生财,洋例银四万八千二十九两二钱九分三厘。

一、存轮驳成本,洋例银五十五万两七钱二分一厘。

以上结存萍矿正本,洋例银六百六十三万五千一百八十七两四钱五分二厘。

汉冶厂矿活本存款

一、存钢铁所,实存钢铁等料价,洋例银七十万三千五百八十四两七钱二分二厘。

一、存煤务处,实存煤焦、炭渣等价,洋例银三万九千二百七十四两六钱七分。

一、存生铁厂,实存各种矿石价,洋例银五千四百二两七钱。

一、存物料股、建造股、内五厂、外七厂,实存各种材料价,洋例银五十万七千六百十两五钱八分四厘。

一、存批发所,售出钢铁等货各户结欠,洋例银四十六万二千九百九十一两五钱二分四厘。

一、存奏明预还湖北官本扣抵铁捐及续还官本,洋例银一百二万五百二十八两九钱六分八厘。

一、存外洋购料暂记,洋例银二十一万三千八百六十五两一钱七分九厘。

一、存京汉铁路保固钢轨款,洋例银一万七千一百十五两六钱八分。

一、存马鞍山煤矿局往来,洋例银四万五千十两九钱六分二厘。

一、存大冶土炉化铁局经费,洋例银二万八千八百四十一两九钱九分三厘。

一、存各户往来结存,洋例银五十六万七千十五两三钱五分二厘。

以上结存汉冶厂矿活本,洋例银三百六十一万一千二百四十二两三钱三分四厘。

萍矿活本存款

一、存材料处各项材料及炸药、油米等价,洋例银四十四万四千一百五十四两七钱九分三厘。

一、存萍、湘、汉、沪等处堆储焦炭、生煤估价,洋例银一百一万六千一百七十一两三钱二分八厘。

查焦炭估价银九十九万三十五两零,生煤估价银三十万五千九百四十七两零,因煤焦久存恐致贬价,故将戊申以前余利二十七万九千八百十一两七钱九厘,尽数折除,以轻估本。俟货出清,如有盈余,归入下年结算,合并登明。

一、存官钱号资本,洋例银一万一百七十九两五钱九分二厘。

一、存官钱号历年余利,洋例银八万二千八百九十五两三钱八分四厘。

一、存各户结欠焦煤价并往来各款,洋例银五十四万七千四百二两一钱四分四厘。

以上结存萍矿活本,洋例银二百十万八百三两二钱四分一厘。

总共结存汉冶厂矿正本、活本,洋例银一千三百七十二万四千五百四十八两一钱九分六厘。

总共结存萍矿正本、活本,洋例银八百七十三万五千九百九十两六钱九分三厘。

两共结存洋例银二千二百四十六万五百三十八两八钱八分九厘。

宣统元年六月二十五日经查

顾晴川(押)

施禄生(押)

汉冶萍产业估见时值价目

本公司历年结帐产业,均照实用数目列作存款,实则矿产地产所值何止倍蓰。机器、房屋逐年虽加修理,而以后必须折旧。余昔年总理轮船招商局,每逢结帐之时,必将各轮船照本年时值估价,另列一表,附于帐略之后。今汉冶萍公司所有煤铁厂矿产业以及附属各件,亦应援照由总工程师、总矿务司秉公酌估时值价目开列于后,俾阅者一目了然,以昭核实。

计开宣统元年正月汉阳铁厂总工程司吕柏,大冶、萍乡煤铁总矿务司赖伦,估见各项产业实值之价(有洋文单存据)。

汉阳铁厂基地、房屋、机器、炉座各项估见时值价目

一、厂基共四万七千方(每方估价五十两至一百两不等),共估价洋例

银三百万两。

一、山南莲花湖连水田共五千五百十六方（每方估价银十两），共估价洋例银五万五千两。

一、西总门外洋员住宅基地共六百方（每方估价银五十两），共估价洋例银三万两。

一、汉口万家庙、堡垣、宗关各基地共二万八千一百七十五方，共估价洋例银六十六万五千两。

以上四项共估价洋例银三百七十五万两。

一、一、二号旧化铁炉两座（打风房、高白炉、汽炉机器一并在内），共估价洋例银一百二十万两。

一、三号新化铁炉一座（打风房、高白炉、汽炉、机器一并在内），共估价洋例银一百四十万两。

一、四号新化铁炉地脚（高白炉地脚已完工），共估价洋例银二十万两。

一、天桥全座共估价洋例银二十万两。

以上四项共估价洋例银三百万两。

一、钢厂（新马丁炉四座，内第四座尚未完工；又老马丁炉一座，连铁屋、电吊车一并在内）共估价洋例银二百二十万两。

一、轧钢厂（头道钢筒机、地坑烘钢炉）及拉钢条、钢胚、钢板、钢梁、钢轨机（铁屋、电吊车一并在内）共估价洋例银一百六十万两。

一、电机房两处机屋一并在内，共估价洋例银六十万两。

以上三项共估价洋例银四百四十万两。

一、修理厂（木模翻砂、打铁、打铜、洋砖、机器、钩钉各厂机屋一并在内），共估价洋例银四十万两。

一、化学堂及试验机器房材料、机屋，共估价洋例银二万两。

一、火车、吊车、矿车等，共估价洋例银二十万两。

一、全厂铁路共估价洋例银十万两。

一、洋员住屋共估价洋例银七万两。

一、华员住屋共估价洋例银五万两。

一、全厂公事房共估价洋例银三万两。

一、医药房药料、器具，共估价洋例银一万两。

一、全厂机图共估价洋例银二十万两。

一、栈房及堆料房，共估价洋例银四万两。

以上十项共估价洋例银一百十二万两。

统共计估价，洋例银一千二百二十七万两。

大冶铁矿基地、轮车、机器、房屋、码头各项估见时值价目

一、铁山、纱帽翅、龙洞、象鼻山、狮子山、得道湾铁矿至少长有三千七百五十米得，厚有六十至七十五米得，高有一百至二百米得，矿石含铁约有百分之六十五分，全山皆铁，并无夹杂，浮面约有铁一百兆吨，地面以下深约五百米得，即有五百兆吨之铁（约计每年采取铁石一百万吨，每吨余银一两，每年即可余银一百万两，以周息一分核计），共估价洋例银一千万两。

一、修理机器厂共估价洋例银二十万两。

一、各处房屋共估价洋例银十万两。

统共计估价，洋例银一千一百三十万两，武昌铁矿、兴国锰矿，皆不列作资本。

萍乡煤矿基地、井窿、洗煤机、炼焦炉、制造厂、房屋各项估见时值价目

一、煤矿蕴藏佳煤约计五百兆吨。内约三百万吨，目前所备工程无须大加扩充即可采取（如日采三千吨，年采一百万吨，每吨余银一两，每年即可余银一百万两，以周息一分核计），共估价洋例银一千万两。

一、洗煤机两副（大者每日可洗煤三千吨，小者每日可洗煤四百吨）。

一、炼焦炉二百五十四格（每年可炼焦三十万吨，可余银三十万两，以周息一分核计）。共估价洋例银三百万两。

一、炼焦所得旁生物料（在西国炼焦一吨，除去工料折旧可得旁生物料值银五钱，计炼焦三十万吨所得旁生物料，可值银十五万两，以周息一分核计），可作资本银一百五十万两（尚须添办机件）。

一、煤砖机器（每年可出煤砖五万吨，每吨余银一两，可得余利五万两，以周息一分核计），可作资本银五十万两。

一、矿之附属机器厂、火砖厂共实用银五十万两。

统共计估价,洋例银一千五百五十万两,小花石煤矿、上洙岭铁矿、白茅锰矿,皆不列作资本。

汉冶萍所属码头、栈房、拖轮、驳船估见时值价目

一、汉阳南岸嘴基地及汉阳运销局房屋,洋例银一万五千两。

一、汉阳东码头马力房机器、汽炉等,共估价洋例银四万两。

一、汉阳东码头三合土斜坡工料,共估价洋例银二十万两。

一、汉阳东码头(木、铁)趸船三只,共估价洋例银三万两。

一、上海浦东码头、栈房、基地,洋例银十六万二千两(以上属于汉厂)。

一、大冶石灰窑码头趸船两只,共估价洋例银十万两(以上属于冶矿)。

一、汉口黄鹤洲码头及大智门基地,洋例银二万一千两。

一、武昌复兴洲码头、房屋,洋例银一万五千两。

一、洙洲及湘潭码头、基地、房屋,共估价洋例银一万五千两。

一、岳州码头、栈房,共估价洋例银二万两(以上属于萍矿)。

一、汉平大拖轮一艘,共估价洋例银十五万两。

一、汉冶大拖轮三艘,共估价洋例银二十万两。

一、汉厂小火轮二艘,共估价洋例银一万两。

一、汉冶铁驳船四艘,共估价洋例银十万两。

一、汉冶木驳船二艘,共估价洋例银一万二千两。

一、备用杂料,共估价洋例银五万两(以上属于汉厂)。

一、汉萍深水拖轮三艘(萍福、萍寿、萍通),共估价洋例银二十一万两。

一、汉萍中水拖轮二艘(萍富、萍强),共估价洋例银十二万两。

一、汉萍浅水拖轮四艘(萍元、萍利、萍亨、萍贞),共估价洋例银八万两。

一、汉萍小轮二艘(祥临、振源),共估价洋例银二万两。

一、萍矿钢驳船四艘,共估价洋例银四万两。

一、汉萍大号木驳船十艘,共估价洋例银五万两。

一、汉萍次号木驳船十艘,共估价洋例银三万两(以上属于萍矿)。

统共计估价洋例银一百六十九万两。

一、扬子江制造公司股分洋例银五万两。

总共计估价洋例银四千八十一万两。

汉冶萍公司第三届帐略

辛亥年七月（1911.7）

此为本公司庚戌年第三届结总帐略。凡觇工厂之进步与否，悉视出货销路之增长以为断，试取本届帐与上两届逐年比较，便得内容。至建设添置各费，关系巩固基础、多出货物，所支之款皆加入成本，仍是为厂矿逐年进步之计，非岁修额支比也。试撮举大概：汉厂钢轨一项，第一届进银七十七万余两，第二届进银一百四十九万余两，本届则进银二百二万五千余两矣；生铁一项，第一届进银八十九万余两，第二届进银一百十三万四千余两，本届则进银一百四十二万八千余两矣。萍矿焦炭一项，第一届进银一百七万余两，第二届进银一百十三万余两，本届则进银一百八十八万余两矣；生煤一项，第一届进银八十二万余两，第二届进银一百五十万二千余两，本届则进银一百八十三万四千余两矣。手足胼胝，心血枯耗，昼无宁膳，夜无宁睫，以博此"日增月盛"四字之荣誉。

公司股本结至本届年底止，收现洋一千二百三十六万二千六百余元，合银八百七十七万五百余两。然该款项下本届年底共已该银三千一百八十三万余两，商务通例虚本实利最为危险，又值是年各埠银市恐慌，庄号倒闭之事几于铜山西倾，洛钟东应，支拄之艰，筹画之苦，为执事者所不忍言。然应完工程，应购机料，仍如鄙人上届所言，不登峰造极不止。表册成，新举查帐员冯晓卿君，适委任萍矿商务长，例不兼董，公议请邵子愉、顾晴川二君赴汉萍澈查，晴川君因事转嘱其少君敬初代表与邵君同行，往返三十余日，稽核三数次，一一相符，签字作证，遂以简明帐略刊印分布，幸公鉴焉。

辛亥年七月总理盛宣怀识

汉冶萍公司收支各款第三届汇核总数简明清帐

汉冶萍煤铁厂矿有限公司宣统二年正月份起截至十二月底止收支各款第三届汇核总数简明清帐。

汉冶厂矿收款

一、收售京汉、京张、苏浙、津浦、广九、道清、长吉等铁路局钢轨等料价,洋例银二百二万五千四十六两九钱一分二厘。

一、收售枪炮等厂钢铁料价,洋例银六千七百九十两九钱四分。

一、收售大冶矿石料价,洋例银二十六万五千九百三两七钱七分。

一、收售各户生铁等料价,洋例银一百四十二万八千五百六十三两一钱六分八厘。

一、收售各户钢铁等料价,洋例银十二万四千三百六两四钱三分五厘。

一、收代各处修造机件价,洋例银一百二十八两三钱七分。

一、收转售物料等价,洋例银二万三千二百五十五两八钱一分九厘。

一、收各项租费、水脚杂款,洋例银七万七千六百四十二两九分四厘。

以上八款,共收洋例银三百九十五万一千六百三十七两五钱八厘,系汉冶厂矿售钢铁各款。

萍矿收款

一、收铁厂及沪、汉、岳、长、洙各局现售焦炭价,洋例银一百八十八万二十三两三钱四分六厘。

一、收本矿及分矿现售焦炭炊焦等价,洋例银八千一百五十八两二钱六分二厘。

一、收各船户承运焦炭短秤赔价,洋例银五千三百二十八两七钱五分五厘。

一、收铁厂及沪、汉、岳、长、洙各局现售生煤价,洋例银一百八十三万四千九百九十九两三钱五分九厘。

一、收本矿各处锅炉领用及售烧煤价,洋例银六千一百三十两七钱九分三厘。

一、收售萍潭铁路火车用生煤价,洋例银三万一千二百七十二两六钱一厘。

一、收各船户承运生煤短秤赔价,洋例银一万七百九十三两一分一厘。

一、收本矿及各局银洋钱兑余,洋例银四万五千七百七十五两四钱一分一厘。

一、收汉潭汇水,洋例银一万三千五百七十两八钱二厘。

一、收官钱号第十二届盈余,洋例银二万三千三百九两五钱一分六厘。

以上十款,共收洋例银三百八十五万九千三百六十一两八钱五分六厘,系萍矿售煤焦各款。

总共结收洋例银七百八十一万九百九十九两三钱六分四厘。

汉冶厂矿支款

一、支大冶、兴国州、常耒、上海各外局经费,洋例银三十六万七千三百七十二两七钱八分四厘。

一、支购华洋材料价,洋例银三十九万八百六十六两一钱二分七厘。

一、支购萍乡焦炭价,洋例银一百六十三万九千九百十九两二钱六分。

一、支购萍乡煤及东洋煤价,洋例银七十九万一百五两七钱五分八厘。

一、支发轮驳各船经费,洋例银十万一千三十九两七钱五分四厘。

一、支发运费脚力,洋例银十五万三千二百八十两一钱一分九厘。

一、支发员司薪伙、丁役工食,洋例银十一万二千九百三十三两一钱三分六厘。

一、支发洋工程司及洋匠等薪费,洋例银十万八千三百四两三钱二厘。

一、支发机匠、艺徒等工食,洋例银十七万九千六百二十二两二钱五分三厘。

一、支发小工工作等工价,洋例银四十五万一千二百四十六两六钱一分八厘。

一、支添造新炼钢厂及新化铁炉工料等,洋例银一百五十四万五千八百五十七两九钱九分六厘。

一、支添置基地、房屋、车辆、船只、机件等,洋例银三十万三千一百六十九两一钱八分七厘。

一、支备发庚戌年第三届并补找上届股息及借押各款利息,洋例银七十七万七千八十七两三钱八分九厘。

一、支生铁捐款,洋例银十一万九千三百九十五两五钱六分。

一、支各项杂用,洋例银五万八千四百十八两二钱五分九厘。

以上十五款,共支洋例银七百九万八千六百十八两五钱二厘,系汉冶厂矿添置成本及活本各款。

萍矿支款

一、支机矿窿工挖煤一切经费,洋例银九十三万三千四百七十两七钱八分四厘。

一、支机器洗煤一切经费,洋例银六万五千四十两八钱六分六厘。

一、支机炉炼焦一切经费,洋例银四万一千二十一两八钱五厘。

一、支机矿土炉炼焦一切经费,洋例银三万二百。二十一两八分一厘。

一、支沪总局经费,洋例银七千二百四十八两二钱七分四厘。

一、支萍总局经费,洋例银二万七千七百四十三两三钱三分二厘。

一、支稽核、收支、机矿等处经费,洋例银一万七千四百八十六两五钱七分。

一、支警备队经费,洋例银一万三千五百三十五两一钱七分一厘。

一、支巡警处一切经费,洋例银一万七千四十三两五钱一分九厘。

一、支沪、汉、湘、赣往来川资、电费,洋例银三千五百二十七两三钱三分八厘。

一、支窿工遇险身故抚恤一切善举,洋例银六千九百三十八两八钱三分九厘。

一、支沪、汉、长、岳、洙各局经费,洋例银九万九千三百五十二两二钱六分六厘。

一、支汉外销厘金经用磅手烧火等费及华洋一切经费,洋例银八万四千七百三十两五钱一分一厘。

一、支煤务处收发煤焦经费,洋例银六千八百七十两一钱四分三厘。

一、支焦炭生煤自安源至洙洲火车运费,洋例银四十一万十一两四钱四分二厘。

一、支焦炭生煤由洙运沪、镇、宁、芜、汉、岳、长等处船费,洋例银七十三万二千四百八十三两五钱六分六厘。

一、支安源煤焦上车挑费,洋例银三千二百九十七两三分三厘。

一、支洙洲至武汉等处提驳起卸等费,洋例银十三万二百十七两四钱九厘。

一、支各船户承运焦炭溢秤赏号,洋例银一千五百三十三两四钱三分八厘。

一、支各船户承运生煤溢秤并外销溢秤赏号,洋例银二万九千九百五十二两六钱六分。

一、支本矿机炉、土炉提存学校捐,洋例银一万五千一百四十两八钱一分九厘。

一、支捐助萍邑公费,洋例银八千一百四十三两六钱七分二厘。

一、支完纳井口并出口复进口税,洋例银六万八千四百三十五两六钱五分九厘。

一、支备发庚戌年第三届股息并沪、汉、萍各银行庄号利息,洋例银七十五万五千九百八十七两三钱二分二厘。

一、支总平巷、石巷工程,洋例银十二万五千三百三十两四钱六分六厘。

一、支扩充电机、煤厂等工程,洋例银八万四千一百七十六两八钱五分四厘。

一、支购置长沙码头基地暨扩充土炉、添置民田契价,洋例银一万二千九百二十两四钱七分三厘。

一、支本年添置钢木驳船成本,洋例银六十五万一千六百二十七两四钱七分九厘。

一、支洙岳、武汉扩充堆栈房屋工程,洋例银一万九百五十一两一分九厘。

以上二十九款,共支洋例银四百三十八万七千四百三十九两八钱一分,系萍矿添置成本及活本各款。

总共结支,洋例银一千一百四十八万六千五十八两三钱一分二厘。

以上收支两抵,汉冶厂矿透支洋例银三百十四万六千九百八十两九钱九分四厘。

以上收支两抵,萍矿透支洋例银五十二万八千七十七两九钱五分四厘。

汉冶厂矿盘存总

一、存新炼钢厂成本,洋例银六百四十七万三千三十三两八钱八分四厘。

一、存新化铁炉成本,洋例银二百六十六万四千二百两八钱五分五厘。

一、存历年添置基地、房屋、车辆、船只、机器、炉座、板轴、铁路、家具、杂件等价,洋例银三百九十六万七千八百六十一两四钱七分二厘。

一、存官局移交旧厂产业列作成本,洋例银二百七十八万七千九百九十四两三钱。

一、存钢铁、煤焦及华洋材料等款,洋例银二百二十五万三千四十两二分三厘。

以上盘存各项,共计洋例银一千八百十四万六千一百三十两五钱三分四厘,内除上届盘存厂本洋例银一千五百二万三千九百七十九两六钱五分七厘外,实计本届加存厂本洋例银三百十二万二千一百五十两八钱七分七厘。

萍矿盘存总

一、存矿产业基地,洋例银一百十五万四千三百三十七两五钱九分三厘。

一、存矿外房屋生财,洋例银八万六千三十四两七钱四分。

一、存安源机矿成本,洋例银五百六十万六百七十八两一钱七分六厘。

一、存煤焦估价,洋例银一百八万六千五百二十四两二钱。

一、存轮驳成本,洋例银一百三十一万九千五百八十四两二钱九分二厘。

以上盘存各项,共计洋例银九百二十四万七千一百五十九两一厘,内除上届盘存矿本洋例银八百六十四万八千七百三两二钱一分七厘外,实计本届加存矿本洋例银五十九万八千四百五十五两七钱八分四厘(查本届加存矿产基地、矿外房屋、安源机矿及轮驳成本等项,共洋例银八十八万五千六两二钱九分一厘,本届盘存煤焦估价较上届减存洋例银二十八万六千五百五十两五钱七厘,加存与减存相抵,通盘计算,合如上数)。

统计汉冶萍本届加存成本与透支相抵,结盈洋例银四万五千五百四十七两七钱一分三厘。

汉冶萍公司该存各款第三届汇核总数简明清帐

汉冶萍煤铁厂矿有限公司宣统二年十二月底止该存各款第三届汇核总数简明清帐。

汉冶厂矿该款

一、该股份银元七百四十一万七千六百二元二角一分,照市价合洋例银五百二十六万六百十七两五钱九分一厘。

一、该预收大冶矿石价,洋例银一百九十万七千九百七十四两二分二厘。

一、该预收钢轨价,洋例银一百二十二万五千一百八十四两八钱六分三厘。

一、该预收生铁价,洋例银四万四千九百九十七两二钱七分。

一、该上海银行钱庄各户存款,洋例银五百三十三万九千五百一两二钱五分六厘。

一、该汉口银行钱庄各户存款及萍矿运销局往来,洋例银五百六十五万一千二百八十四两五钱三分四厘。

一、该公债票,规元三万两,合洋例银二万九千一百两。

一、该预缴铁捐项下,洋例银六十三万三千九百六两二钱四分六厘。

一、该备发庚戌年第三届股息,洋例银四十万两。

（查前款系备发庚戌年第三届股息,因洋价涨落不一,预提此数,俟辛亥三月发息时照市作价付清之后,第四届帐内补找清楚）。

以上汉冶厂矿结该洋例银二千四十九万二千五百六十五两七钱八分二厘。

萍矿该款

一、该股份银元四百九十四万五千六十八元一角四分,照市价合洋例银三百五十万九千八百八十五两九钱八分二厘。

一、该各洋行存款及外洋购料款,洋例银一百四十四万六百六十四两五钱三厘。

一、该上海银行钱庄及各户存款,洋例银一百九十六万五千七百三十三两四钱四分七厘。

一、该汉口银行钱庄及各户存款,洋例银二百八十九万九千六百四十四两三钱七分。

一、该公债票,规银十万两,合洋例银九万七千两。

一、该本矿官钱号存款及本矿往来,洋例银一百八万二千一百五十六两二钱一厘。

一、该备发庚戌年第三届股息并第一、第二两届存息,合洋例银二十九万四千八百八十三两六钱三分八厘。

以上萍矿结该洋例银一千一百二十八万九千九百六十八两一钱四分一厘。

汉冶萍总结盈余该款

一、该第二届汉冶萍统计结盈洋例银一万九百三十四两三钱七分五厘。

一、该本届汉冶萍统计结盈洋例银四万五千五百四十七两七钱一分三厘。

以上汉冶萍总结盈余,结该洋例银五万六千四百八十二两八分八厘。

总共结该洋例银三千一百八十三万九千十六两一分一厘。

汉冶厂矿正本存款

一、存新钢厂成本,洋例银六百四十七万三千三十三两八分四厘。

一、存新化铁炉成本,洋例银二百六十六万四千二百两八钱五分五厘。

一、存历年添置基地、房屋、车辆、船只、机器、炉座、板轴、铁路、家具、杂件等价,洋例银三百九十六万七千八百六十一两四钱七分二厘。

一、存官局移交旧厂产业列作成本,洋例银二百七十八万七千九百九十四两三钱。

一、存附入扬子机器制造有限公司股份,洋例银五万五千两。

一、存西美钢铁会社铁价,洋例银一万一千一百五十六两三钱八分。

一、存扬子公司等处代造机件及购地薪工暂记等款,洋例银十四万七千八十一两三钱八分。

以上结存汉冶厂矿正本,洋例银一千六百十万六千三百二十八两二钱七分一厘。

萍矿正本存款

一、存矿产基地,洋例银一百十五万四千三百三十七两五钱九分三厘。

一、存安源机矿成本,洋例银五百六十万六百七十八两一钱七分六厘。

一、存矿外房屋生财,洋例银八万六千三十四两七钱四分。

一、存轮驳成本,洋例银一百三十一万九千五百八十四两二钱九分二厘。

以上结存萍矿正本,洋例银八百十六万六百三十四两八钱一厘。

汉冶厂矿活本存款

一、存钢铁所,实存钢铁等料价,洋例银九十八万三千六百四十七两二钱三分五厘。

一、存煤务处,实存煤焦等价,洋例银五十五万三千六百六十八两五钱八厘。

一、存生铁厂,实存各种矿石价,洋例银二万二千六百八十二两八钱五厘。

一、存物料股、内五厂、外七厂、建造股、钢渣处,实存各种材料价,洋例银二十七万四千一百三十五两八钱四分。

一、存批发所,售出钢铁等货各户结欠,洋例银四十一万八千九百五两六钱三分五厘。

一、存奏明预还湖北官本扣抵铁捐及续还官本,洋例银一百七万五千四百十七两一钱三分五厘。

一、存南浔铁路公司结欠钢轨价,洋例银十三万两。

一、存洋员彭脱购办外洋机料暂记,洋例银十三万八千四百五十一两四钱一厘。

一、存各户往来结存,洋例银七十二万二千二百五十六两五钱五分九厘。

以上结存汉冶厂矿活本,洋例银四百三十一万九千一百六十五两一钱一分八厘。

萍矿活本存款

一、存材料处各项材料及炸药、油米等价,洋例银四十四万七千七百二十九两二钱七分五厘。

一、存萍、湘、沪、汉等处堆储焦炭、生煤估价,洋例银一百八万六千五百二十四两二钱。

一、存官钱号资本,洋例银一万一百七十九两五钱九分二厘。

一、存官钱号历年余利,洋例银十一万三千八十八两八钱一分。

一、存汉厂结欠煤焦价,洋例银一百十六万八千五百九十五两九钱七分九厘。

一、存各户结欠煤焦价,洋例银四十二万六千七百六十九两九钱六分五厘。

以上结存萍矿活本,洋例银三百二十五万二千八百八十七两八钱二分一厘。

共计结存汉冶厂矿正本活本,洋例银二千四十二万五千四百九十三两三钱八分九厘。

共计结存萍矿正本活本,洋例银一千一百四十一万三千五百二十二两六钱二分二厘。

总共结存洋例银三千一百八十三万九千十六两一分一厘。

汉冶萍公司第四届帐略

民国二年四月二十五日（1913.4.25）

此为本公司辛亥年第四届帐略。是年正月至八月，出货顺利，销场畅旺，各省铁路亦整备开工，纷向汉厂定轨，日本制铁所又经续订加购生铁合同。已向外洋购办第四炉材料，限定于壬子年四炉齐开，并可预收生铁各价，以还重息短期债。俟币制改良，即可发行公司债票，扩充大冶四炉，以尽地利，届时便可大集华股，以固根基。所有全局预算，均已确有把握。正冀风帆饱满，大利丰收，各国来游厂矿，皆啧啧称颂不置。讵自八月十九日武昌起义，烽火弥天，警耗迭至，保护洋匠出险，资遣工匠回籍，机炉息火停炼，材料委弃遍地。当南北鏖战之时，移铁作墙，炉顶架炮，其不至全局被毁者，诚邀天幸，亦各股东创业艰难，尚能留此，以为维新强富之基也。事后修治经年，甫得开炉，而商业未复，元气大伤，金融恐慌尤达极点，所幸当时帐籍文卷，概未散失，编列帐略，以备在股诸君考查之资。

查第三届汉冶货款收进项下，共三百九十五万一千余两，本届则减至三百八十万四千余两，比上届少收十四万七千余两。所以然者，钢货进款，因乱大减，生铁、矿砂进款，尚较上届多进五十五万三千余两。截长补短，故所减至此，设无兵事，何可限量。

第三届萍矿煤焦进收进项下，共三百八十五万九千余两，本届则骤减至二百七十一万四千余两，比上届少收一百十四万五千余两。盖煤焦以售给汉阳炼铁为大宗，汉一停炼，萍无销路，星零外售大半停滞。此进款大略也。

支款项下：汉冶两处共支五百八十八万三千余两，较上届少支一百二十一万五千余两；萍矿共支三百八十四万六千余两，较上届少支五十四万一千余两，其中军队费用、银洋兑亏、提给花红等项，尚在逐节调查，务期一一清澈。此支款大略也。

　　股本以洋合银共九百三十八万四百六十六两九钱八分二厘,而该款项下,综计已三千四百三十六万一千四百余两,除汉厂转借萍矿银一百六十万两外,实挪用华洋商款至二千三百三十八万余两。其间有订明不还现银,只还货物;若出货不多,则预付之货价,亦须吃亏利息。此外,押借各款息重期促者居其多数。故基本盈亏,权利轻重,旋转关键,全视出货衰旺以为断。进退之机,间不容发,至堪寒心者也。

　　宣怀是年秋间,宿疾剧发,赴东就医,不能过问。比回国后,于癸丑三月杪,股东再举总理,以老病辞,勉充董事。在事人以帐册见示,兹经董事会公议,是年被举查帐员,因其各有事故,厂矿秩序未复,迄难分赴依法详查。而兵乱时,公司各处有形之损失与无形之损失,初步调查,约有三百余万之多。又因国有问题未决,不及复查。现既仍归商办,应俟复查确实,再当援案呈请政府赔偿。此帐事隔两年,未便再缓宣布,其间遭逢大难,经手复杂,更有林案牵涉,正在辛亥、壬子之交,月前股东会,尚有应由股东公推数人复查之议。则此次帐略,只能将经理所示原册由会计所复核总数,先行刷印,分送各股东阅看。俟下月股东常会,决议推举新查帐员,分赴厂矿及总事务所,调齐各帐,详细复查签字后,再为定本。至壬子年帐目,亦即派人催提,赶紧续办,以昭信实。本日董事常会公议,意见相同。除书立议案外,谨撮举其大要如此。

民国二年四月二十五日(阴历癸丑三月十九日)

董事会会长　　盛宣怀识

汉冶萍公司辛亥年正月至十二月底止
收支各款第四届汇核总数简明清帐

汉冶厂矿收款

　　一、收售京汉、京张、津浦、潼洛、粤汉、道清、长吉、同蒲、张绥等铁路局钢轨等料价,洋例银一百三十二万八千四百五两八钱九分。

　　一、收售大冶矿石料价,洋例银二十六万八千六百九十二两九钱一分六厘。

一、收售各户生铁等料价，洋例银一百九十七万九千五百六十六两六钱五分二厘。

一、收售各户钢铁等料价，洋例银七万五千六百九两七钱二分二厘。

一、收代各处修造机件价，洋例银八十九两八钱九分三厘。

一、收转售物料等价，洋例银五万一百七两七钱九分三厘。

一、收各项租费、水脚、杂款等，洋例银十万二千一百八十一两四钱四分九厘。

以上七款共收洋例银三百八十万四千五百八十一两四钱四分九厘。

萍矿收款

一、收铁厂及沪、汉、岳、长、株各局现售焦炭价，洋例银一百二十一万五千五百六十五两三钱三分五厘。

一、收本矿现售焦炭、炊焦等价，洋例银七千九百三两二钱四分二厘。

一、收各船户承运焦炭短秤赔价，洋例银四千五百六十两三钱七分六厘。

一、收铁厂及沪、汉、岳、长、株各局现售煤价，洋例银一百四十万五千三十八两八钱二分六厘。

一、收本矿各处锅炉领用及现售烧煤价，洋例银三万九千二百四十五两六钱五分四厘。

一、收售萍株铁路火车用生煤价，洋例银二万四千十六两九钱八分九厘。

一、收各船户承运生煤短秤赔偿价，洋例银七千三百十六两七钱九分一厘。

一、收汉潭汇水，洋例银三千六百三十一两四钱五分八厘。

一、收官钱号第十三届盈余，洋例银六千八百六十四两二钱四分二厘。

以上九款，共收洋例银二百七十一万四千一百四十二两九钱一分三厘。

总共结收洋例银六百五十一万八千七百二十四两三钱六分二厘。

汉冶厂矿支款

一、支大冶、武昌、兴国州、常耒、马鞍山、幕府山、上海各外局经费、洋例银三十三万五千二百八十二两五钱四分八厘。

一、支购华洋材料价,洋例银三十万七千三百五十一两九分一厘。

一、支购萍乡焦炭价,洋例银一百二万九千四百四十四两一钱七分五厘。

一、支购萍乡及东洋等处煤价,洋例银三十七万二千七百七十三两四钱五分六厘。

一、支发轮驳各船经费,洋例银五万九千二两五钱二分八厘。

一、支发运费、脚力,洋例银二十一万三千八百十九两七钱五分一厘。

一、支发员司薪伙、丁役工食,洋例银十万三千二百二十六两二钱四厘。

一、支发洋工程司及洋匠等薪费,洋例银十五万六千二百四十八两二钱九分五厘。

一、支发机匠、艺徒等工食,洋例银十三万五千五百四十八两三钱九分。

一、支发小工工作等工价,洋例银十九万九百九十八两八钱六分九厘。

一、支辛亥年第四届股息备换股票并找补上届股息及借押各款利息,洋例银八十一万一千三百九十六两五钱三分二厘。

一、支生铁捐款,洋例银九万三千三百三十六两八钱一分。

一、支各项杂用,洋例银八万八千七百四十两二钱六分八厘。

一、支添造新炼钢厂及新化铁炉工料等款,洋例银一百六十九万二千四百十九两七钱一分一厘。

一、支添置基地、房屋、车辆、船只、机件等,洋例银二十九万四千一百三十八两三钱八分八厘。

以上十五款,共支洋例银五百八十八万三千五百二十七两一分六厘。

萍矿支款

一、支机矿窿工挖煤一切经费,洋例银一百七万二千四百二十一两三钱一分五厘。

一、支机器洗煤一切经费,洋例银七万九千五十六两六钱四分七厘。

一、支机炉炼焦一切经费,洋例银四万八千二百三十七两二钱四分六厘。

一、支机矿土炉炼焦一切经费,洋例银六万一千六十五两九钱五分。

一、支沪总局经费,洋例银六千七百四十八两八钱二分七厘。

一、支萍总局经费,洋例银二万五千七百九十二两八钱四分一厘。

一、支稽核、收支、机矿等处经费,洋例银一万九千六百四十五两三分六厘。

一、支巡警处一切经费,洋例银二万一千五百三两三钱八厘。

一、支警备队经费,洋例银一万六千九百四十四两五钱七分三厘。

一、支沪、汉、湘、赣往来川资电费,洋例银二千九百十四两五钱四分。

一、支窿工遇险身故抚恤一切善举,洋例银七千二百二十二两八钱八厘。

一、支沪、汉、岳、长、株各局经费,洋例银十一万七千二十六两一钱三分六厘。

一、支汉外销厘金、经用磅手、烧火等费及华洋一切经费等,洋例银十万六千一百九十八两二钱七分三厘。

一、支煤务处收发煤焦经费,洋例银八千一百七十三两五钱五分六厘。

一、支焦炭、生煤自安源至株洲火车运费,洋例银二十三万八千九百十五两四钱八分一厘。

一、支焦炭、生煤由株运沪、镇、宁、芜、汉、岳、长等处船费,洋例银五十一万二千九百九十五两七钱四分五厘。

一、支安源煤焦上车挑费,洋例银六千六百六十二两六钱七分三厘。

一、支株洲至武昌等处提驳起卸等费,洋例银十三万三千六百二十四两七钱五分。

一、支各船户承运焦炭溢秤、并外销溢秤赏号,洋例银七百十九两三钱四分九厘。

一、支各船户承运生煤溢秤并外销溢秤赏号,洋例银二万五千三百四十九两二钱九分二厘。

一、支本矿机炉、土炉提存学校经费,洋例银一万三千三百八十两一钱六分八厘。

一、支捐助萍邑公费,洋例银四千七百两九钱三分四厘。

一、支矿次及运销各处军队费用并捐项等,洋例银八万四千六十四两九钱七分八厘。

一、支完纳井口并出口复进口税,洋例银四万九千七百三十二两六钱九分。

一、支辛亥年第四届股息备换股票并沪、汉、萍各行号借款利息,洋例银八十万四千四百四十八两八钱六分七厘。

一、支本矿及各局银洋钱兑亏,洋例银一万一千五百二十七两一钱六分。

一、支还礼和及大仓金洋、马克兑亏,洋例银二十七万五千九百九十九两七钱六分。

一、支官钱号提给己酉、庚戌两届花红,洋例银七千五百九两四钱八分四厘。

一、支总平巷窿口扩充工程并土炉平车、电机处新锅炉工程等,洋例银四万七千五百五十三两七钱三分。

一、支长沙扩充基地价,洋例银三百六十八两一分七厘。

一、支岳州扩充栈地工程,洋例银九百三十九两五钱五分八厘。

一、支本年添置轮船、驳船成本,洋例银三万五千七百五十七两九钱三分九厘。

以上三十二款,共支洋例银三百八十四万六千三百一两六钱三分一厘。

总共结支洋例银九百七十二万九千八百二十八两六钱四分七厘。

以上收支两抵,汉冶厂矿透支洋例银二百七万八千九百四十五两五钱六分七厘。

以上收支两抵,萍矿透支洋例银一百十三万二千一百五十八两七钱一分八厘。

汉冶厂矿盘存总

一、存新炼钢厂成本,洋例银七百八十二万五百四十七两六钱七分二厘。

一、存新化铁炉成本,洋例银三百万九千一百六两七钱七分八厘。

一、存历年添置基地、房屋、车辆、船只、机器、炉座、板轴、铁路、家具、杂件等价,洋例银四百二十六万一千九百九十九两八钱六分。

一、存官局移交旧厂产业列作成本,洋例银二百七十八万七千九百九十四两三钱。

一、存钢铁、煤焦、矿石、物料及批发各货结欠款,洋例银一百九十三万八千一百六十五两九钱八分七厘。

以上盘存各项,共计洋例银一千九百八十一万七千八百十四两五钱九分七厘,内除上届盘存厂本洋例银一千八百十四万六千一百三十两五钱三分四厘外,实计本届加存厂本洋例银一百六十七万一千六百八十四两六分三厘。

萍矿盘存总

一、存矿产基地,洋例银一百十五万四千七百五两六钱一分。

一、存矿外房屋生财,洋例银八万六千九百七十四两二钱九分八厘。

一、存安源机矿成本,洋例银五百六十四万八千二百三十一两九钱六厘。

一、存轮驳成本,洋例银一百三十五万五千三百四十二两二钱三分一厘。

一、存煤焦估价,洋例银九十万七千二百五十九两五钱七分五厘。

以上盘存各项,共计洋例银九百十五万二千五百十三两六钱二分,以抵上届盘存矿本洋例银九百二十四万七千一百五十九两一厘,实计本届减存矿本洋例银九万四千六百四十五两三钱八分一厘。

查本届加存矿产基地、矿外房屋、安源机矿及轮驳成本等项,共洋例银八万四千六百十九两二钱四分四厘,本届盘存煤焦估价减存洋例银十七万九千二百六十四两六钱二分五厘,加存与减存相抵如上数。

统计汉冶萍本届加存成本与透支相抵,结亏洋例银一百六十三万四千六十五两六钱三厘。

汉冶萍公司辛亥年十二月底止该存各款第四届汇核总数简明清帐

汉冶厂矿该款

一、该股份银圆七百九十万六千二百十三圆六角二分,照市价合洋例银五百六十二万六千五百九十五两六钱九分四厘。

一、该预收大冶矿石价,洋例银一百八十万九千六百六两三钱三分二厘。

一、该预收钢轨等料价,洋例银三百十五万五千五百十三两五钱二分三厘。

一、该上海银行、钱庄各户存款,洋例银八百七十五万九千二百三十九两八钱六分九厘。

一、该汉口银行、钱庄各户存款,洋例银三百二十一万五千五百七十七两二钱五分三厘。

一、该辛亥年第四届股息备换股票,洋例银二十七万四千十四两六钱三分三厘。

以上汉冶厂矿结该洋例银二千二百八十四万四十七两三钱四厘。

萍矿该款

一、该股份银圆五百二十七万八百九圆八分,照市价合洋例银三百七十五万三千八百七十一两二钱八分八厘。

一、该外洋购料款,洋例银六万三千七百四十五两六钱五分六厘。

一、该上海银行、钱庄及各户存款,洋例银二百八十三万八千六百三十六两三分六厘。

一、该汉口银行、钱庄及各户存款,洋例银二百四十七万二千一百十二两八钱五厘。

一、该汉厂转借洋例银一百六十万两。

一、该本矿官钱号存款及本矿往来,洋例银五十四万七千七百二十八两九钱五分。

一、该辛亥年股息备换股票及备发前三届未付股息存息,洋例银二十四万五千三百五十六两三钱三分八厘。

以上萍矿结该洋例银一千一百五十二万一千四百五十一两七分三厘。

总共结该洋例银三千四百三十六万一千四百九十八两三钱七分七厘。

汉冶厂矿正本存款

一、存新炼钢厂成本,洋例银七百八十二万五百四十七两六钱七分二厘。

一、存新化铁炉成本,洋例银三百万九千一百六两七钱七分八厘。

一、存历年添置基地、房屋、车辆、船只、机器、炉座、板轴、铁路、家具、杂件等价,洋例银四百二十六万一千九百九十九两八钱六分。

一、存官局移交旧厂产业列作成本,洋例银二百七十八万七千九百九十四两三钱。

一、存附入扬子机器制造有限公司股份,洋例银五万五千两。

一、存附入西美钢铁会社股份,洋例银一万八千三百五十九两六钱。

一、存扬子公司等处代造机件及暂记购地各款,洋例银三万五千七百六十二两二钱七分。

以上结存汉冶厂矿正本,洋例银一千七百九十八万八千七百七十两四钱八分。

萍矿正本存款

一、存矿产基地,洋例银一百十五万四千七百五两六钱一分。

一、存安源机矿成本,洋例银五百六十四万八千二百三十两九钱六厘。

一、存矿外房屋生财,洋例银八万六千九百七十四两二钱九分八厘。

一、存轮驳成本,洋例银一百三十五万五千三百四十二两二钱三分一厘。

以上结存萍矿正本,洋例银八百二十四万五千二百五十四两四分五厘。

汉冶厂矿活本存款

一、存钢铁所,实存钢铁等料价,洋例银八十一万四千三百八十六两四钱一分一厘。

一、存煤务处,实存煤焦等价,洋例银四十七万九千六百四十二两四钱九分八厘。

一、存生铁厂,实存各种矿石价,洋例银一万九千三百五十两。

一、存物料股,实在各种材料价,洋例银三十万七千三百六十五两八钱一分。

一、存批发所,售出钢铁等货各户结欠,洋例银三十一万七千四百二十一两二钱六分八厘。

一、存预缴铁捐,洋例银三十四万八千一百七十四两七钱九厘。

一、存萍乡煤矿局票借,洋例银一百六十万两。

一、存南浔铁路公司结欠钢轨价,洋例银十三万两。

一、存各户往来结存,洋例银三十六万六百二两八钱六分一厘。

以上结存汉冶厂矿活本,洋例银四百三十七万六千九百四十二两九钱二分七厘。

萍矿活本存款

一、存萍、湘、汉、沪等和堆储焦炭、生煤估价,洋例银九十万七千二百五十九两五钱七分五厘。

一、存材料处各项材料及炸药、油、米等价,洋例银四十三万九百八十一两五钱。

一、存汉局期票,洋例银一万一百七十九两五钱九分。

一、存官钱号资本,洋例银一万一百七十九两五钱九分二厘。

一、存官钱号历年余利,洋例银十一万二千四百四十三两五钱六分八厘。

一、存各户结欠煤焦价,洋例银七十万一千九百三两五钱八分五厘。

以上结存萍矿活本,洋例银二百十七万二千九百四十七两四钱一分。

共计结存汉冶厂矿正本、活本,洋例银二千二百三十六万五千七百十三两四钱七厘。

共计结存萍矿正本、活本,洋例银一千四十一万八千二百一两四钱五分五厘。

汉冶萍总计结亏

一、存汉冶厂矿结亏,洋例银四十七万四千三百三十三两八钱九分七厘。

一、存萍矿结亏,洋例银一百十万三千二百四十九两六钱一分八厘。

以上汉冶萍总计结亏,洋例银一百五十七万七千五百八十三两五钱一分五厘。

查本届结亏,洋例银一百六十三万四千六十五两六钱三厘,除去上届结盈洋例银五万六千四百八十二两八分八厘,合如上数。

总共结存洋例银三千四百三十六万一千四百九十八两三钱七分七厘。

汉冶萍公司第五届帐略

民国三年四月(1914.4)

此壬子第五届帐略也。壬子承破坏之后,秩序紊乱,商务凋残,本公司则受创尤巨。是年阳历五月,始在沪组合总事务所,选任经理、所长,分科治事。一面遴派妥员,赴厂坐办,收捡残破,修治炉机。厂矿轮驳亦多为军队占用,复设法收集,以资运煤运矿。正在收合余烬,力求补救之时,鄂人忽倡没收之议,风潮激烈,赣督李烈钧从而附和,几以武力攘据萍矿。当是时也,内则罗掘俱穷,外则摧残无已,累卵之危,不可终日。幸赖诸同人坚忍支持,力任劳怨,得以保此硕果。于是年十一月将汉厂一、二号两炉修复开工,勉支危局。

查本届汉冶收款项下:共一百二十六万七千余两,视辛亥则减收二百五十余万;萍矿收款项下:共一百三十七万七千余两,视辛亥则减收一百三十余万。良以辛亥军兴,在八月十九日以前,尚有七个半月之营业,本届开炉仅有两月,萍矿煤焦既困汉厂停炉不用,又因市面俶扰滞销,收款之少,固无待言。惟汉冶萍为吾国唯一之实业,于此世变残破之余,而尚能支拄以待今日之扩充者,已属非常之幸,甚望中央扶持,地方保护,公司同人策励进行,庶有以起衰救敝,而薪于发达之一日也。兹据会计所长将是年正月起是年阳历十二月止,收支各款核结帐略送交到会。金以是届查帐员杨翼之、朱志尧二君,早已去职,请由现时查帐员孙慎卿、陶兰泉两君复核签字,将以付刊,谨撮叙崖略,以告股东。

中华民国三年四月　　　　　　　　　　董事会会长　　盛宣怀识

汉冶萍公司壬子年正月至阳历十二月底止
收支各款第五届汇核总数简明清帐

汉冶厂矿收款

一、收售京汉、道清、南浔、潼洛、浙江等铁路局钢轨等料价,洋例银十四万三千四百九十九两八钱零五厘。

一、收售大冶矿石料价,洋例银三十八万零一百七十二两四钱一分八厘。

一、收售各户生铁等料价,洋例银三十万零四千二百九十六两三钱六分九厘。

一、收售各户钢铁等件价,洋例银十三万零一百八十四两一钱四分四厘。

一、收转售物料等件价,洋例银二十四万一千二百五十两零六钱二分三厘。

一、收各项租费、水脚、杂费,洋例银六万八千一百八十四两六钱五分四厘。

以上六款,共收洋例银一百二十六万七千五百八十八两一分三厘。

萍矿收款

一、收铁厂及沪、汉、岳、长、株各局现售焦炭、炊焦,洋例银三十万零六千一百六十九两七钱七分八厘。

一、收本矿现售焦炭、炊焦,洋例银八千四百九十三两四钱九分二厘。

一、收铁厂及沪、汉、岳、长、株各局现售煤价,洋例银九十二万六千七百五十二两一钱七分四厘。

一、收本矿各处锅炉领用及现售烧煤价,洋例银三万一千二百八十五两九钱一分三厘。

一、收各船户承运煤焦短秤赔偿,洋例银二千七百三十四两五钱八分四厘。

一、收售萍株铁路局火车用生煤价,洋例银一万二千六百二十三两二钱一分七厘。

一、收沪汉汇水及磅余,洋例银八万零一百七十三两五钱六分九厘。

一、收本矿制造处及材料处盈余,洋例银九千五百二十两零一钱九分二厘。

以上八款,共收洋例银一百三十七万七千七百五十二两九钱一分九厘。

总共结收洋例银二百六十四万五千三百四十两九钱三分二厘。

汉冶厂矿支款

一、支大冶、武昌、兴国、常未、上海各外局经费,洋例银二十五万二千五百七两三钱四分六厘。

一、支购华洋材料价,洋例银十三万二千四百十两二钱八分四厘。

一、支购萍乡焦炭价,洋例银六万七千九百七十四两七分五厘。

一、支购萍乡及东洋等处煤价,洋例银六万二千七百三十五两八钱八分五厘。

一、支发轮驳各船经费,洋例银四万三千五百二十七两三钱七厘。

一、支发运费、脚力,洋例银六万二千二百三十九两七钱四分三厘。

一、支发员司薪火、丁役工食,洋例银五万二千三百四十三两六钱三厘。

一、支发洋工程司及洋匠等薪费,洋例银二万二千九百八十一两三钱零一厘。

一、支发机匠、艺徒等工食,洋例银二万五千八百十二两九分一厘。

一、支发小工及包工等工价,洋例银五万四千九百二十五两九分。

一、支壬子年第五届股息备换股票及借押各款利息,洋例银九十一万二千二百八十三两三钱六分二厘。

一、支生铁捐,洋例银七千九百八十九两五分。

一、支各项杂用，洋例银五万六十四两一分四厘。

一、支添造新炼钢厂及新化铁炉机件等价，洋例银二万二千一百九十六两八钱五分。

一、支添置房屋、火车龙头等价，洋例银二万二千三百九十八两六钱二分八厘。

以上十五款，共支洋例银一百七十九万二千三百八十八两六钱二分九厘。

萍矿支款

一、支机矿窿工挖煤一切经费，洋例银五十三万一千一百八十五两七钱七分三厘。

一、支机器洗煤一切经费，洋例银三万八百十五两七钱三分二厘。

一、支机炉炼焦一切经费，洋例银六千三百二两三钱八分五厘。

一、支机矿土炉炼焦一切经费，洋例银二万四百九十五两九钱一分二厘。

一、支沪总局经费，洋例银二千五百三十一两三钱三分六厘。

一、支萍总局经费，洋例银一万六千六百八十九两九钱七分二厘。

一、支稽核收支机矿等处经费，洋例银二万五千三百八十八两八钱七分三厘。

一、支机矿总工程司经费，洋例银一万九千四百八十七两三钱五分二厘。

一、支巡警处一切经费，洋例银一万九千四百八十七两八分一厘。

一、支警备队经费，洋例银一万四千九百三十一两四钱三分一厘。

一、支沪、汉、湘、岳等处往来川资、电费，洋例银五千六十二两三钱四厘。

一、支窿工遇险身故抚恤一切善举，洋例银四千八百四十两一钱三分四厘。

一、支焦炭、生煤自安源至株洲火车运费，洋例银九万二千一百六十二两一钱二分四厘。

一、支捐助萍邑学校公费,洋例银八千三百六十六两三钱九分七厘。

一、支完纳井口并出口复进口税,洋例银五万一千七百十五两八钱四分。

一、支沪、汉、岳、长、株各局经费,洋例银九万八千八百七十二两八钱一分三厘。

一、支本矿及各局银洋钱兑亏,洋例银三万八千五百四十二两一钱四分三厘。

一、支汉外销厘金、经用、磅手、烧火等费,洋例银十万一千七百五十两三分三厘。

一、支焦炭、生煤由株运沪、镇、宁、芜、汉、岳、长等处船费,洋例银二十九万六千四百六十三两八钱七分三厘。

一、支株洲至武昌等处提驳起卸等费,洋例银五万三千五百二十二两六钱二分七厘。

一、支各船承运煤焦溢秤并外销溢秤赏号,洋例银一万八千六百十三两二钱一分九厘。

一、支壬子年第五届股息备换股票并沪汉萍各行号借款利息,洋例银五十三万八千八百十六两五钱八分四厘。

一、支添置轮船成本,洋例银十万九千三百十三两四钱六分。

一、支本矿窿工程扩充成本,洋例银八千四百十三两七钱一分一厘。

以上二十四款,共支洋例银二百十一万三千七百七十一两一钱九厘。

总共结支洋例银三百九十万六千一百五十九两七钱三分八厘。

以上收支两抵,汉冶厂矿透支洋例银五十二万四千八百两六钱一分六厘。

以上收支两抵,萍矿透支洋例银七十三万六千十八两一钱九分。

汉冶厂矿盘存总

一、存新炼钢厂成本,洋例银七百八十二万四千七百六十一两七钱三分二厘。

一、存新化铁炉成本,洋例银三百二万七千八十九两五钱六分八厘。

一、存历年添置基地、房屋、车辆、船只、机器、炉座、板轴、铁路、家具、杂件等价,洋例银四百二十八万四千三百九十八两四钱八分八厘。

一、存官局移交旧厂产业列作成本,洋例银二百七十八万七千九百九十四两三钱。

一、存钢铁、煤焦、矿石、物料及批发各货,洋例银一百三十万四千三百九十九两二钱八分三厘。

以上盘存各项,共计洋例银一千九百二十二万八千四百四十三两三钱七分一厘,以抵上届盘存厂本洋例银一千九百八十一万七千八百十四两五钱九分七厘外,实计本届减存洋例银五十八万九千一百七十一两二钱二分六厘。

萍矿盘存总

一、存矿产基地,洋例银一百五十五万四千七百五两六钱一分。

一、存矿外房屋生财,洋例银八万六千九百七十四两二钱九分八厘。

一、存安源机矿成本,洋例银五百六十五万六千六百四十五两六钱一分七厘。

一、存轮驳成本,洋例银一百四十六万四千六百五十五两六钱九分一厘。

一、存煤焦估价,洋例银六十万三百四十八两八钱二分一厘。

以上盘存各项,共计洋例银八百九十六万三千三百三十两三分七厘,以抵上届盘存矿本洋例银九百十五万二千五百十三两六钱二分,实计本届减存矿本,洋例银十八万九千一百八十三两五钱八分三厘。

查本届加存窿工扩充及轮驳成本,共洋例银十一万七千七百二十七两一钱七分一厘,本届盘存煤焦估价减存洋例银三十万六千九百十两七钱五分四厘,加存与减存相抵,如上数。

统计汉冶萍本届减存成本与透支相加,结亏洋例银二百三万九千一百七十三两六钱一分五厘。

汉冶萍公司壬子年阳历十二月底止该存各款
第五届汇核总数简明清帐

汉冶厂矿该款

一、该股份银圆八百五十一万四千八百三十四圆三角四分八厘,照市价合洋例银六百六万九千三百六十七两二钱七分二厘。

一、该预收大冶矿石价,洋例银四百二十万六百三十四两四钱八分八厘。

一、该预收钢轨等料,洋例银三百十五万五千四百十七两七钱六分三厘。

一、该上海银行、钱庄各户,洋例银八百九十七万四千五百六十二两八钱一分四厘。

一、该汉口银行、钱庄各户,洋例银二百六十五万八千七百六十一两一钱一分二厘。

一、该第一、二、三届未领股息,洋例银九千八百五十七两六钱四分。

一、该第四、五届备换股票之股息,洋例银二十五万八千六百五两三钱四分五厘。

以上汉冶厂矿结该,洋例银二千五百三十二万七千二百五两四钱三分四厘。

萍矿该款

一、该股份银圆五百二十七万八百九圆八分,照市价合洋例银三百七十五万三千八百七十一两二钱八分八厘。

一、该第四届股息,洋二十五万一千一百一圆六分一分二厘,照市价合洋例银十八万二千六百七十六两四钱二分三厘。

一、该第五届股息,洋十五万四千六百四十五圆五角四分,照市价合洋例银十一万二千五百四两六钱三分。

一、该上海银行、钱庄各户,洋例银三百八十六万五千九百三十五两八钱二分九厘。

一、该汉口银行、钱庄各户,洋例银四百六万三千九百八十七两四钱一厘。

一、该本矿各户往来,洋例银五十一万九千三百五十八两一钱七分五厘。

以上萍矿结该,洋例银一千二百四十九万八千三百三十三两七钱四分六厘。

总共结该,洋例银三千七百八十二万五千五百三十九两一钱八分。

汉冶厂矿正本存款

一、存新炼钢厂成本,洋例银七百八十二万四千七百六十一两七钱三分二厘。

一、存新化铁炉成本,洋例银三百二万七千八十九两五钱六分八厘。

一、存历年添置基地、房屋、车辆、船只、机器、炉座、板轴、铁路、家具、杂件等料价,洋例银四百二十八万四千三百九十八两四钱八分八厘。

一、存官局移交旧厂产业列作成本,洋例银二百七十八万七千九百九十四两三钱。

一、存附入扬子机器制造有限公司股份,洋例银五万五千两。

一、存附入西美钢铁会社股份,洋例银一万八千三百五十九两六钱。

一、存扬子机器制造有限公司包造机件价,洋例银六千九百两。

一、存购外洋蒸水锅炉价,洋例银一万八千六百二十二两五分。

以上结存汉冶厂矿正本,洋例银一千八百二万三千一百二十五两七钱三分八厘。

萍矿正本存款

一、存矿产基地,洋例银一百十五万四千七百五两六钱一分。

一、存安源栈矿成本,洋例银五百六十五万六千六百四十五两六钱一分七厘。

一、存矿外房屋生财,洋例银八万六千九百七十四两二钱九分八厘。

一、存轮驳成本,洋例银一百四十六万四千六百五十五两六钱九分一厘。

以上结存萍矿正本,洋例银八百三十六万二千九百八十一两二钱一分六厘。

汉冶厂矿活本存款

一、存钢铁所,实存钢铁等料价,洋例银四十九万八千九百九十三两七钱九分六厘。

一、存煤务处,实存煤焦等料价,洋例银十五万九千九百五十九两九钱一分四厘。

一、存生铁厂各种矿石,洋例银八万三千五百三十一两九钱三分八厘。

一、存物料股,实存各种物料,洋例银二十四万五千五百二十两三分九厘。

一、存批发所,售出钢铁等货各户结欠,洋例银三十一万六千三百九十三两五钱九分六厘。

一、存预缴铁捐,洋例银三十四万一百八十五两二分九厘。

一、存萍乡煤矿局票借,洋例银一百六十万两。

一、存三井洋行日金二百五十万圆,照市价合洋例银一百八十五万两。

一、存南浔铁路公司结欠钢轨价,洋例银十三万两。

一、存各户来往结存,洋例银四十九万一千一百八十九两六钱四分五厘。

以上结存汉冶厂矿活本,洋例银五百七十一万五千七百七十三两九钱五分七厘。

萍矿活本存款

一、存萍、汉、沪等处堆储焦炭、生煤估价,洋例银六十万三百四十八两八钱二分一厘。

一、存材料处各项材料及炸药、油米等价,洋例银三十九万四千七百四两五钱一分二厘。

一、存官钱号资本,洋例银一万一千一百七十九两五钱九分二厘。

一、存官钱号历年余利,洋例银十一万二千四百四十三两五钱六分八厘。

一、存各户往来及煤焦价,洋例银九十八万九千二百二十四两六钱四分六厘。

以上结存萍矿活本,洋例银二百十万六千九百一两一钱三分九厘。

共计结存汉冶厂矿正本、活本,洋例银二千三百七十三万八千八百九十九两六钱九分五厘。

共计结存萍矿正本、活本,洋例银一千四十六万九千八百八十二两三钱五分五厘。

汉冶萍总计结亏

一、存汉冶厂矿共结亏洋例银一百五十八万八千三百五两七钱三分九厘。

一、存萍矿共结亏洋例银二百二万八千四百五十一两三钱九分一厘。

以上汉冶萍总计结亏洋例银三百六十一万六千七百五十七两一钱三分。

查本届结亏洋例银二百三万九千一百七十三两六钱一分五厘,加上届结亏洋例银一百五十七万七千五百八十三两五钱一分五厘,合如上数。

总共结存洋例银三千七百八十二万五千五百三十九两一钱八分。

汉冶萍公司历年收进股本册

民国三年六月(1914.6)①

光绪二十四年份

收老股库平银三十三万六千五百两,合银元五十万零四千七百五十元。

光绪二十五年份

收老股库平银二十五万两,合银元三十七万五千元。

光绪二十六年份

收老股库平银二十五万四千一百两,合银元三十八万一千一百五

---

① 本件以下至历年销售钢铁煤焦价银表,均系公司申请官商合办时向政府报送的材料。

十元。

光绪二十七年份

收老股库平银十五万两,合银元二十二万五千元。

光绪二十九年份

收老股库平银三十三万五千九百两,合银元五十万零三千八百五十二元。

光绪三十年份

收老股库平银八万两,合银元十二万元。

光绪三十一年份

收老股库平银二十九万三千五百两,合银元四十四万零二百五十元。

光绪三十三年份

收老股库平银三十万两,合银元四十五万元。

收老股加股,银元一百万元。

收预支轨价,拨作农工商部公股,银元一百三十八万元。

收老股光绪三十三年底止利息拨作股本,银元九十八万八千四百十七元五角。

光绪三十四年份

收新招股本,银元一百六十三万一千五百八十二元五角。

宣统元年份

收新招股本,银元三百十三万五千八百三十五元六角五分。

宣统二年份

收新招股本,银元一百二十二万六千八百三十四元七角。

宣统三年份

收新招股本,银元八万九千五百五十二元三角五分。

收湖南公股,银元七十二万四千八百元。

收本年股息拨作股本,银元六十二万七千七百五十四元零三分。

民国元年

收本年股息拨作股本,银元三十八万六千六百十三元八角五分。

民国二年

收本年股息拨作股本,银元一百十三万五千三百十一元二角五分。

以上共收股本银元一千五百三十二万六千七百零一元八角三分。

汉冶萍公司历年收支盈亏总结清册

民国三年六月(1914.6)

汉冶厂矿,光绪二十二年接办起,至国民二年年底止,收支各款。

收款项下

收售出钢铁货价,洋例银二千八百零一万九千六百十四两八钱五分。

收租费等项杂款,洋例银一百二十七万六千六百七十三两九钱五分二厘。

共收洋例银二千九百二十九万六千二百八十八两八钱零二厘。

支款项下

支经费,洋例银二千九百三十六万一千七百零九两零一分七厘。

支铁捐,洋例银八十三万二千七百四十四两七钱零六厘。

支利息,洋例银六百七十九万一千九百五十九两五钱九分六厘。

共支洋例银三千六百九十八万六千四百十三两三钱一分九厘。

收支两抵,计透支洋例银七百六十九万零一百二十四两五钱一分七厘,除存钢铁、煤焦、材料估价及批发货款,洋例银二百五十二万七千五百七十两零七钱五分四厘,又除官厂移交产业抵销光绪三十四年以前亏款洋例银二百七十八万七千九百九十四两三钱,结亏洋例银二百三十七万四千五百五十九两四钱六分三厘。

萍乡煤矿,光绪二十四年开办起,至民国二年年底止,收支各款。

收款项下

收售出焦价,洋例银一千三百八十九万一千一百二十两零五钱六分八厘。

收售出煤价,洋例银一千一百万零零九千五百十二两零五分三厘。

收杂项,洋例银二百零二万零七百三十两零四钱九分七厘。

共收洋例银二千六百九十二万一千三百六十三两一钱一分八厘。

支款项下

支挖煤、炼焦经费,洋例银一千二百十万零一千一百五十两零三钱七分二厘。

支水陆运费、驳力,洋例银八百七十五万五千八百八十二两九钱一分六厘。

支利息,洋例银七百十七万五千一百六十四两一钱三分。

支杂项,洋例银二百十九万三千八百三十二两二钱一分。

共支洋例银三千零二十二万六千零二十九两六钱二分八厘。

收支两抵,计透支洋例银三百三十万零四千六百六十六两五钱一分,除存焦煤估价洋例银八十二万九千四百零四两一钱六分,结亏洋例银二百四十七万五千二百六十二两三钱五分。

汉冶萍公司债款总细清册

民国三年六月(1914.6)

说　明

一、本公司所该官款、商款、外债,尽列册内。

一、外债一项,计该公债票押款,规元二百五十万两;该预收生铁、矿石价款,日金二千一百七十三万零二百八十三元;该应还各款规元三百零二万一千两(查应还各款,共计规元四百零二万六千两,除商款项下,汉口各钱庄欠款及萍矿官钱号储蓄处存款规元一百万零五千两外,所该外债计如上数)。共计规元五百五十二万一千两、日金二千一百七十三万零二百八十三元。

一、册内正金银行一九十年九月十日一款,计原借日金一百万元,除还过日金十六万九千八百四十二元,截至一九十一年底止,尚欠日金八十三万零一百五十八元。日金兴业银行一九零四年一月十五日一款,计原借日金三百万元,除还过日金八十二万七千元,截至一九十三年底止,尚欠日金二百十七万三千元。

一、外债之担保品，所订合同均以厂矿产业作抵。

一、招募股本及所填息股，截至癸丑年第六届止，共计收洋一千五百三十二万六千五百五十元。因系股本，与债款有别，故未列入册内。

债款总数

一、官款：规元四百八十万两。

一、公债票押款：规元二百五十万两。

一、预收生铁、矿石价款：日金二千一百七十三万零二百八十三元。

一、应还各款：规元四百零二万六千两。

共计规元一千一百三十二万六千两，日金二千一百七十三万零二百八十三元。

查预收生铁、矿石价款，应共计日金三千零七十三万零二百八十三元，内有一九十三年十二月二日所订之合同扩充工程费九百万元，尚未收到，故暂未列入单内，应并注明。

债款细数

官款

前邮传部（预收轨价），洋例银二百万两。

四川铁路公司（预收轨价），洋例银一百万两。

又前款之息壬子三月底止，洋例银一万六千四百八十五两一钱一分三厘。

汉口交通银行，洋例银六十五万三千一百五十六两。

南京交通银行，洋例银四万两。

大清银行，洋例银五万两。

湖南官钱局，洋例银四十六万六千三百八十六两。

湖北官钱局，洋例银三十五万两。

湘钱局，洋例银五万一千零二十两。

裕宁官钱局，洋例银三万八千五百九十两。

以上共计，洋例银四百六十六万五千六百三十七两一钱一分三厘，约合规元四百八十万两。

公债票押款

正金银行　规元二百五十万两。查此款于民国元年十二月七日订立合同，民国二年七月起分三年摊还，每年还三分之一。第一年周息八厘，第二年起照市面情形酌量，最低以六厘为率。以公司与川粤汉铁路督办订定之该两路轨价抵还借款，由北京政府承认，将轨价付与银行，至还清为止。

预收生铁矿石价款

正金银行　日金六百万元。查此款于一九十一年三月三十一日订立合同，言明以制铁所按年购买公司生铁价值给还本息，以十五年为期，周息六厘。

正金银行　日金六十一万二千七百三十元。查此款于一九十年十一月十七日借到，周息七厘。

又　日金六十一万四千三百九十五元。查此款于一九十年十一月七日借到，周息七厘。

又　日金五十万元。查此款于一九十二年六月十三日借到，周息七厘。

又　日金五十万元。查此款于一九零八年十一月十四日借到，周息七厘半。

又　日金一百五十万元。查此款于一九零八年六月十三日借到，周息七厘半。

又　日金八十三万零一百五十八元。查此款于一九十年九月十日借到，原借一百万元，至一九十一年底止，结欠如上数，周息七厘。

日本兴业银行　日金二百十七万三千元。查此款于一九零四年一月十五日订立合同，原借日金三百万元，至一九十三年底止，结欠如上数，周息六厘。

正金银行　日金三百万元。查此款于一九十二年二月十日订立合同，内载第一年按七厘计息，第二年以后，由公司、银行商定，至少以六厘为限。自一九十二年起，一九四十一年止，每年应向制铁所另售矿石，以十万吨为限，所购矿石价值付还本利。

　　正金银行　日金六百万元。查此款于一九十三年十二月二日订立合同,以公司售与日本制铁所矿石、生铁价值作抵,分四十年摊还,利息自签定本合同日起算,至第六年,周息七厘,第七年起至还清之日为止,每年利息最低以六厘为度。

　　以上共计日金二千一百七十三万零二百八十三元。

　　应还各款(截至本年五月止):

　　道胜、东方汇理银行　规元七十七万六千两。此系轮驳押款,洋例银七十五万两,不定期,周息九厘。

　　三井洋行　规元二十万两。此系生铁押款,不定期,周息八厘半。

　　又　规元五十六万两。此系地产、生铁、矿厂押款,日金七十万元,六月底期内,二十万周息七厘半,五十万周息八厘半。

　　正金银行　规元一百二十万两。此系矿石、钢轨押款,不定期,周息八厘。

　　又　规元六万二千两。此系大冶铁矿借用,洋例银六万两,周息八厘,本应今年归还,已列入预算表内,嗣因到期不能归还,已商明正金,展期至一九十七年归还。

　　汉口各钱庄　规元八十二万二千两(另附细单)

　　英京购机料汇票　规元二十二万三千两(英金二万七千八百五十镑,九月底止,陆续到期,周息六厘)。

　　萍矿官钱号储蓄存款　规元十八万三千两。

　　以上共计规元四百零二万六千两。

汉口各钱庄欠款细数

　　大成庄(汉厂用)　洋例银三万两。

　　丰成庄(又)　洋例银二万两。

　　仁太庄(又)　洋例银一万两。

　　晋昌庄(又)　洋例银二万两。

　　新昌庄(又)　洋例银三万两。

　　春元庄(又)　洋例银一万两。

百川盛（又）　洋例银三万两。

谦益庄（又）　洋例银一万五千两。

大丰庄（又）　洋例银三万两。

晋昌庄（又）　洋例银三万两。

晋裕庄（又）　洋例银五万两。

大丰庄（汉厂往来）　洋例银四千八百九十九两。

晋昌庄（又）　洋例银七千三百二十两。

大成庄（又）　洋例银三千六百六十九两。

丰成庄（又）　洋例银二百二十七两。

仁太庄（又）　洋例银一万八千三百七十两。

兴业银行（又）　洋例银二万八千六百八十三两。

新昌庄（又）　洋例银六百六十三两。

春元庄（又）　洋例银九百三十六两。

百川盛（又）　洋例银六千九百三十六两。

谦益庄（又）　洋例银九百二十一两。

晋裕庄（又）　洋例银一万三千八百十一两。

同裕祥号（又）　洋例银三万六千五百六十七两。

永康庄（汉厂往来）　洋例银五千四百零六两。

大源庄（又）　洋例银一万九千六百十二两。

保泰庄（又）　洋例银二千九百五十八两。

源成庄（又）　洋例银一千八百三十两。

其昌庄（又）　洋例银一万一千零六十五两。

隆泰庄（又）　洋例银一千五百四十三两。

公顺庄（又）　洋例银四千八百十三两。

谦大庄（又）　洋例银六千三百十三两。

福生恒（又）　洋例银四千五百十七两。

汉成庄（又）　洋例银一百五十三两。

大源庄（萍矿借）　洋例银五千两。

信成庄（又）　洋例银二万两。

裕通源（萍矿借）　洋例银三万两。

裕恒益（又）　洋例银五万两。

裕恒益（又）　洋例银五万两。

裕恒益（又）　洋例银五万两。

晋裕庄（又）　洋例银一万两。

信成庄（又）　洋例银一万两。

衡源庄（萍矿往来）　洋例银三万两。

大丰庄（又）　洋例银四万两。

永康庄（又）　洋例银一万五千三百六十二两。

立豫庄（又）　洋例银一万两。

晋昌庄（又）　洋例银四万两。

履康庄（汉厂借）　洋例银二十一万一千六百七十三两。

吉记（汉厂借）　洋例银七千一百六十六两。

邱玉记（又）　洋例银五千八百二十二两。

志记（又）　规元一万两。

兴业银行（萍矿借）　洋例银五万两。

湖南银行（又）　洋例银十万两。

升记（又）　洋例银一万零二百零四两。

亚细亚公司（萍矿往来）　洋例银一万零二百零四两。

协成庄（又）　洋例银三千零六十五两。

载昌厚（又）　洋例银一万两。

双清堂（又）　洋例银二千两。

祥记（又）　洋例银八千两。

平记（又）　洋例银七百二十四两。

兴记（萍矿往来）　洋例银三千零六十一两。

吴元记（又）　洋例银一千一百两。

滋德记（又）　洋例银二千三百两。

张瑞记(又) 洋例银五百四十七两。

顾福记(又) 洋例银一万零一百七十九两。

贞记(又) 洋例银五千一百零二两。

崧记 洋例银四千零四十二两。

械记 洋例银一千六百六十八两。

柴连记 洋例银一千两。

桢记 洋例银一千两。

以上共计规元一万两,洋例银一百二十六万五千四百三十一两,约合规元一百三十万二千七百两。

辛亥八月底止利息 规元一万四千三百两。

总共计合规元一百三十二万七千两。除今年第一批还款规元五十万五千两外,尚欠规元八十二万二千两。

汉冶萍公司历年支出利息清单

（自光绪廿二年商办日起至民国二年十二月底止）

民国三年六月(1914.6)

汉 厂

光绪二十二年商办起,至三十三年底止,支债息洋例银一百五十六万七千九百三十三两五钱八分七厘。

光绪二十二年商办起,至三十三底止,支股息洋例银二十九万六千七百九十一两二钱一分。

光绪三十四年支债息洋例银二十九万二千四百三十三两四钱九分四厘。

光绪三十四年支股息洋例银二十四万三千六百三十三两一钱四分九厘。

宣统元年支债息洋例银三十一万二千八百八十三两五钱九分五厘。

宣统元年支股息洋例银三十六万六千八百零六两五钱一分二厘。

宣统二年支债息洋例银三十五万七千一百八十五两零四分七厘。

宣统二年支股息洋例银四十一万九千九百零二两三钱四分二厘。

宣统三年支债息洋例银五十三万七千三百八十一两八钱九分九厘。

宣统三年支股息洋例银二十七万四千零十四两六钱三分三厘。

民国元年支债息洋例银七十四万三千五百二十六两四钱一分七厘。

民国元年支股息洋例银十六万八千七百五十六两九钱四分五厘。

民国二年支债息洋例银七十一万五千一百四十七两四钱零八厘。

民国二年支股息洋例银四十九万五千五百六十三两三钱五分八厘。

以上共支洋例银六百七十九万一千九百五十九两五钱九分六厘。内计债息四百五十二万六千四百九十一两四钱四分七厘;股息二百二十六万五千四百六十八两一钱四分九厘。

萍　矿

光绪二十四年开办起,至三十三年底止,息股库平五十万两(1.0484合湘平 1.017959 合),支股息洋例银五十三万三千六百十四两一钱零八厘。

光绪二十四年支债息洋例银九千六百四十二两四钱六分九厘。

光绪二十五年支债息洋例银一万零九百九十三两九钱五分七厘。

光绪二十六年支债息洋例银十六万一千六百十九两三钱二分一厘。

光绪二十七年支债息洋例银十三万四千九百零二两二钱八分六厘。

光绪二十八年支债息洋例银十七万零八百二十二两二钱五分。

光绪二十九年支债息洋例银三十二万零一百五十二两二钱六分二厘。

光绪三十年支债息洋例银二十八万九千四百二十五两二钱二分八厘。

光绪三十一年支债息洋例银二十六万五千三百六十六两九钱二分九厘。

光绪三十二年支债息洋例银三十一万二千零八十两七钱七分。

光绪三十三年支债息洋例银五十三万五千五百十五两二钱七分六厘。

光绪三十四年支债息洋例银六十一万一千七百五十九两四钱九分六厘。

光绪三十四年支股息洋例银十六万二千四百二十二两零九分九厘。

宣统元年支债息洋例银五十四万八千八百七十九两一钱四分二厘。

宣统元年支股息洋例银二十四万四千五百三十七两六钱七分三厘。

宣统二年支债息洋例银四十七万六千零五十二两四钱二分八厘。

宣统二年支股息洋例银二十七万九千九百三十四两八钱九分四厘。

宣统三年支债息洋例银六十二万一千七百七十二两四钱四分五厘。

宣统三年支股息洋例银十八万二千六百七十六两四钱二分二厘。

民国元年支债息洋例银四十二万六千三百十一两九钱五分四厘。

民国元年支股息洋例银十一万二千五百零四两六钱三分。

民国二年支债息洋例银四十三万三千七百四十三两四钱一分六厘。

民国二年支股息洋例银三十三万零四百三十四两六钱七分五厘。

以上共支洋例银七百十七万五千一百六十四两一钱三分。内计债息五百三十二万九千零三十九两六钱二分九厘;股息一百八十四万六千一百二十四两五钱零一厘。

汉萍两共支洋例银一千三百九十六万七千一百二十三两七钱二分六厘。内计债息洋例银九百八十五万五千五百三十一两零七分六厘,股息洋例银四百十一万一千五百九十二两六钱五分。

汉冶萍公司历年销售钢铁煤焦价银表

民国三年六月(1914.6)

钢 铁

光绪二十二年四月起至三十一年三月二十止售生铁,价银一百二十五万八千三百七十九两四钱九分二厘。

又钢轨连配件,价银五百五十二万八千三百四十两九钱七分二厘。

又钢料,价银一百四十八万一千一百八十九两七钱三分八厘。

光绪三十一年份售生铁,阶银四十六万零四百三十六两零一分六厘。

又钢轨连配件,价银四万零五百二十八两九钱七分一厘。

又钢料,价银十三万八千八百二十四两零三分五厘。

光绪三十二年份售生铁,价银八十六万三千零零九两六钱八分七厘。

又钢轨连配件,价银一千九百六十两。

又钢料,价银十万一千三百四十九两九钱七分二厘。

光绪三十三年份售生铁,价银七十五万零六百七十二两九钱四分六厘。

又钢轨连配件,价银三十万一千九百五十一两九钱六分六厘。

又钢料,价银四万八千零零二两九钱一分八厘。

光绪三十四年份售生铁,价银八十九万二千七百六十八两九钱。

又钢轨连配件,价银七十七万四千零六十八两七钱四分五厘。

又钢料,价银七万九千三百七十六两三钱八分一厘。

宣统元年份售生铁,价银一百十三万四千一百十七两七钱一分一厘。

又钢轨连配件,价银一百四十九万一千三百九十五两七钱一分。

又钢料,价银十四万零九十一两一钱六分五厘。

宣统二年份售生铁,价银一百四十二万八千五百六十三两一钱六分八厘。

又钢轨连配件,价银二百零二万五千零四十六两九钱一分二厘。

又钢料,价银十三万一千零九十七两三钱七分五厘。

宣统三年份售生铁,价银一百九十七万九千五百六十六两六钱五分二厘。

又钢轨连配件,价银一百三十二万八千四百零五两八钱九分。

又钢料,价银七万五千六百零九两七钱二分二厘。

民国元年份售生铁,价银三十万四千二百九十六两三钱六分九厘。

又钢轨连配件,价银十四万三千四百九十九两八钱零五厘。

又钢料,价银十三万零一百八十四两一钱四分四厘。

煤　　焦

光绪二十四年份售煤,价银十三万一千六百六十两零九钱二分。

又焦炭,价银二十四万二千二百四十八两七钱四分三厘。

光绪二十五年份售煤,价银十五万九千零三十九两三钱一分二厘。

又焦炭,价银三十八万二千五百七十九两五钱六分八厘。

光绪二十六年份售煤，价银三万九千四百七十九两六钱六分七厘。

又焦炭，价银四十三万二千七百九十九两八钱五分六厘。

光绪二十七年份售煤，价银十一万零四百八十两零二钱八分五厘。

又焦炭，价银四十五万零四百三十七两七钱八分五厘。

光绪二十八年份售煤，价银十三万六千一百四十八两三钱三分九厘。

又焦炭，价银六十一万四千二百三十三两六钱一分。

光绪二十九年份售煤，价银三十四万三千五百八十六两六钱七分二厘。

又焦炭，价银七十五万七千八百九十五两三钱五分五厘。

光绪三十年份售煤，价银三十五万一千九百二十两零八钱零七厘。

又焦炭，价银一百二十一万七千零七十四两七钱三分六厘。

光绪三十一年份售煤，价银三十四万七千二百六十六两六钱零六厘。

又焦炭，价银一百零二万零零五十一两九钱一分一厘。

光绪三十二年份售煤，价银六十一万八千九百四十八两零四分六厘。

又焦炭，价银八十九万一千二百八十六两零六分八厘。

光绪三十三年份售煤，价银五十五万五千一百零九两七钱五分五厘。

又焦炭，价银八十八万六千二百五十二两五钱一分三厘。

光绪三十四年份售煤，价银八十八万六千九百七十七两二钱八分。

又焦炭，价银一百零九万一千四百六十三两四钱五分六厘。

宣统元年份售煤，价银一百五十八万三千九百五十八两三钱五分九厘。

又焦炭，价银一百十五万五千三百零七两九钱二分九厘。

宣统二年份售煤，价银一百八十八万五千一百九十五两七钱六分四厘。

又焦炭，价银一百八十九万三千五百十两零三钱六分三厘。

宣统三年份售煤，价银一百四十七万五千六百十八两二钱六分。

又焦炭，价银一百二十二万八千零二十八两九钱五分三厘。

民国元年份售煤，价银九十七万零六百六十一两三钱零四厘。

又焦炭,价银三十一万七千三百九十七两八钱五分四厘。

汉冶萍公司第六届帐略

民国四年一月(1915.1)

是编为民国二年本公司第六届帐略。办事人岁会其收支该存各数,报告于会。复经查帐员复查相符,刊布于股东者也。

查是年厂矿营业:于汉冶项下,共收各路轨价、矿石售价、各户钢铁料价等一切,计银三百十六万七千四百余两;萍矿项下,共收生煤、焦炭售价、汇款汇水盈余等一切,计银二百八十六万七千一百余两。统共收款为六百三万四千六百余两,以视壬子岁收多至一倍有余,固属差强人意,然较之庚戌不逮远甚,即较辛亥收款,亦尚少四十余万两。良以改革以还,秩序未复,是年夏又值赣宁肇事,长江一带,商业疲敝,虽未久即行勘定,而巨创之后,复受慌恐,公司无形之受损,已不可殚述。是年厂矿开支:汉冶项下,为五百三十一万九千余两,内有支拨萍矿焦煤价,一百七十万二千余两,借款押款利息暨预备本届股息填换股票,共银一百六十万三千余两,添造机炉、添置基地等,四十万六千余两,此三项为大宗,余系购料、雇工、缴捐、给薪、经常必需之款。萍矿项下,为三百五十九万九千余两,内以采炼工费一百二十八万余两,沪、汉、湘各行号借款利息暨预备本届股息填换股票,共银七十七万二千余两,此两项为大宗,余系水陆转运、缴捐、设警、酌购山地、扩充窿工、经常必需之款。统计支款为八百九十一万八千四百余两。

商业公司,凡系添置、添造各费,关系巩固基础,多出货物,所支之款皆得加入成本,俟有余利之年,方在公积之内,分年折旧,此一定之办法。然目下综核支款浮于收款十成之四而强,致存该相抵,本届止,滚算结亏银四百七十余万两有奇。实因变革以来,损失至巨,停工延宕,出于意外。夫以厂矿现时之力,出货只有此数,而负债如许之重,历年有亏无盈,循此不变,弱本强枝,危险孰甚。然则是年股东会议议决,赓续辛亥成约,订借外债,在冶添炉扩充出货,以为根本救济之策者,又乌可缓哉。现在大冶新厂甫在筹备,汉厂第四炉尚未告成,所入不逮所出,各股东要求现银给息,仍是割肉医疮,于事无济,不得已仍照上年股东会议之后各项预算核定,本届股息照辛壬成案,各就票面分派八厘官息,填给股票,在股东免投现资,在公司免再筹借,于厂矿前途受益匪浅。若如欧西厂家,所谓有利均分,无利免派,则又不合于华商之情势者也。虽然扩充工程,投资在先,获利在后,其成效未睹以前,则有种种困难,为必经之阶级。是则上赖政府之维持,而精出货,轻成本,以广销路,汰冗员,节浮费,以纾财力,冀达发展之目的,而副股东之薪望者,则又为董事及办事人所当孳孳勖勉者也。

中华民国四年一月　　　　　　　　　　　　　　董事会会长盛宣怀识

汉冶萍公司民国二年一月至十二月底止
收支各款第六届汇核总数简明清帐

汉冶厂矿收款

一、收售张绥、粤汉、浙江、陇秦、豫海各铁路局钢轨等料价,洋例银六十四万四千二百十五两六钱八分四厘。

一、收售大冶矿石料价,洋例银五十六万六千六百三十六两六钱三分。

一、收售各户生铁料价,洋例银一百六十三万三千五百六十一两九钱四分四厘。

一、收售各户钢铁料价,洋例银十六万六千四百四十八两二分一厘。

一、收转售物料等价,洋例银七万八千八百二十五两二钱五分一厘。

一、收各项租费、水脚、杂款等,洋例银七万七千八百七两四钱二分三厘。

以上六款,共收洋例银三百十六万七千四百九十五两七钱五分三厘。

萍矿收款

一、收本矿现售焦价,洋例银一万三百四十五两九钱九分一厘。

一、收铁厂及沪、汉、岳、长、株各局现售焦价,洋例银一百三十万六千九百二十八两七钱九分六厘。

一、收本矿各处锅炉领用及现售煤价,洋例银四万九千三百三十二两二钱八分一厘。

一、收售株萍路局煤价,洋例银二万四千六十一两一钱二分七厘。

一、收铁厂及沪、汉、岳、长、株各局现售煤价,洋例银一百三十三万二千三百三十七两六钱三分五厘。

一、收各船户承运煤焦短秤赔价,洋例银二万二百八十九两九钱八分一厘。

一、收沪、汉等处汇款汇水除兑亏外,结余洋例银十一万一千七百十七两四分。

一、收本矿制造处及材料、机电等处盈余,洋例银一万二千一百六十七两七钱六分八厘。

以上八款,共收洋例银二百八十六万七千一百八十两六钱一分九厘。

总共收洋例银六百三万四千六百七十六两三钱七分二厘。

汉冶厂矿支款

一、支上海、大冶、武昌、兴国、常耒、马山各外局经费,洋例银四十万八千二百一两六钱四分。

一、支购华洋材料价,洋例银三十万四千八百七十五两五钱六分七厘。

一、支购萍乡焦炭价,洋例银一百五万三千八百七十六两一钱五分九厘。

一、支购萍乡及东洋等处煤价,洋例银六十四万八千三百六十一两一钱三分四厘。

一、支发轮驳各船经费,洋例银八万二千四百九十一两六钱七分。

一、支发运费、脚力,洋例银十七万一千四百七十三两一钱五分五厘。

一、支发员司薪火、丁役工食,洋例银九万七千一百六十七两六钱四分六厘。

一、支发洋工程司及洋匠等薪费,洋例银七万三千四百二十一两五分六厘。

一、支发机匠、艺徒等工食,洋例银十三万二千八百九十六两八钱二分五厘。

一、支发小工及包工等工价,洋例银十六万三千三十二两二钱三分七厘。

一、支第六届股息备换股票及押借各款利息,洋例银一百六十万三千七百三十两五钱一分二厘。

一、支生铁捐款,洋例银九万七千五百十二两六钱。

一、支各项杂用,洋例银七万五千八百六十三两四钱五分八厘。

一、支添造新钢厂及新化铁炉工料等款,洋例银二十九万六千七百七十一两九钱三分六厘。

一、支添置基地、房屋、车辆、船只、机件等价,洋例银十万九千三百五十三两三钱三分。

以上十五款,共支洋例银五百三十一万九千二十七两九钱二分五厘。

萍矿支款

一、支机矿窿工挖煤一切经费,洋例银一百十万八千九十二两六钱四分二厘。

一、支机器洗煤一切经费,洋例银七万六千七百六十一两七钱五分三厘。

一、支机炉炼焦一切经费,洋例银三万五千一百二十七两九钱二分九厘。

一、支机矿土炉炼焦一切经费,洋例银六万七百五十八两五钱二分五厘。

一、支萍总局及稽核、收支、机矿等处并总公司经费,洋例银六万四千一百五十三两六钱二分七厘。

一、支机矿总工程等处经费,洋例银五万七千六百十七两五钱八分二厘。

一、支警务等处经费,洋例银三万九千五百四十三两六钱五分三厘。

一、支沪、汉、湘、岳等处往来川资、电费,洋例银五千七百四十七两七钱五分八厘。

一、支窿工遇险身故抚恤并一切善举,洋例银八千六十二两六钱七分二厘。

一、支焦煤由安源至株洲火车运费,洋例银二十四万八千二百三两一钱九分。

一、支完纳井口并出口复进口税以及捐助萍邑学校公费,洋例银八万三千六十六两七钱六分四厘。

一、支汉、岳、长、株各局经费,洋例银十六万五千七百四十五两二钱一分三厘。

一、支各局外销经用等费,洋例银六万六千五百二两九钱八分三厘。

一、支焦煤由株运沪、镇、宁、汉、岳、长等处船费,洋例银五十九万八千二百三十八两七钱二分七厘。

一、支株洲至各处提驳起卸费,洋例银六万四千七百七十三两六钱六分四厘。

一、支各船承运焦煤溢秤并外销溢秤赏号,洋例银一万五百三十六两二分一厘。

一、支第六届股息备换股票并沪、汉、湘各行号借款利息,洋例银七十七万二千二百八十八两三钱六分九厘。

一、支本矿购置山地契价,洋例银八千七百五两七钱四分一厘。

一、支本矿扩充各工程成本,洋例银十二万五千四百八十两四钱九分三厘。

以上十九款,共支洋例银三百五十九万九千四百七两三钱六厘。

总共结支洋例银八百九十一万八千四百三十五两二钱三分一厘。

以上收支两抵,汉冶厂矿透支洋例银二百十五万一千五百三十二两一钱七分二厘。

以上收支两抵,萍矿透支洋例银七十三万二千二百二十六两六钱八分七厘。

汉冶厂矿盘存总

一、存新钢厂成本,洋例银七百八十五万七千五百四十两四钱五分二厘。

一、存新化铁炉成本,洋例银三百二十九万一千八十二两七钱八分四厘。

一、存历年添置基地、房屋、车辆、船只、机器、炉座、板轴、铁路、家具、杂件等价,洋例银四百三十九万三千七百五十一两八钱一分八厘。

一、存官局移交旧厂产业列作成本,洋例银二百七十八万七千九百九十四两三钱。

一、存钢铁、煤焦、矿石、物料及批发各货结欠款,洋例银二百三十七万五千八百四两五钱六分八厘。

以上盘存各项,共计洋例银二千七十万六千一百七十三两九钱二分二厘,内除上届盘存厂本洋例银一千九百二十二万八千六百四十三两三钱七分一厘外,实计本届加存厂本,洋例银一百四十七万七千五百三十两五钱五分一厘。

萍矿盘存总

一、存矿产基地,洋例银一百十六万三千四百十一两三钱五分一厘。

一、存矿外房屋生财,洋例银八万六千九百七十四两二钱九分八厘。

一、存安源机矿成本,洋例银五百七十八万二千一百二十六两一钱一分。

一、存轮驳成本,洋例银一百四十六万四千六百五十五两六钱九分一厘。

一、存煤焦估价,洋例银七十八万一百三十四两一钱二分三厘。

以上盘存各项,共计洋例银九百二十七万七千三百一两五钱七分三厘,内除上届盘存矿本,洋例银八百九十六万三千三百三十两三分七厘外,实计本届加存矿本,洋例银三十一万三千九百七十一两五钱三分六厘。

统计汉冶萍本届加存成本与透支相抵,结亏洋例银一百九万二千二百五十六两七钱七分二厘。

汉冶萍公司民国二年十二月底止该存各款
第六届汇核总数简明清帐

汉冶厂矿该款

一、该股份银圆九百十九万七千六百六十六圆二角一分三厘,照市价合洋例银六百五十六万六千一百二十七两四钱五分四厘。

一、该预收大冶矿石价,洋例银四百六万四千七百八十八两八钱二分八厘。

一、该预收钢轨等价,洋例银三百三十一万二千四百九十二两九钱四厘。

一、该上海银行、钱庄及各户存款,洋例银一千一百一万一千三百二十五两六钱七厘。

一、该汉口银行、钱庄及各户存款,洋例银二百七十三万七千一百六十两九分五厘。

一、该第一、二、三届未领股息,洋例银七千二百七十九两七钱二厘。

以上汉冶厂矿结该,洋例银二千七百六十九万九千一百七十四两五钱九分。

萍矿该款

一、该股份银圆六百十三万一千七百七十七圆四角七分六厘,照市价合洋例银四百三十八万二百二十五两七钱九分六厘。

一、该上海银行各户,洋例银四百二十四万二千八十八两九钱二分七厘。

一、该汉口银行、钱庄各户,洋例银四百二万三千二百九十两九钱八厘。

一、该本矿各户往来,洋例银六十一万七千三百三十四两九钱九厘。

以上萍矿结该,洋例银一千三百二十六万二千九百四十两五钱四厘。

总共结该洋例银四千九十六万二千一百十五两一钱三分。

汉冶厂矿正本存款

一、存新钢厂成本,洋例银七百八十五万七千五百四十两四钱五分二厘。

一、存新化铁炉成本,洋例银三百二十九万一千八十二两七钱八分四厘。

一、存历年添置房屋、基地、车辆、船只、机器、炉座、板轴、铁路、家具、杂件等价,洋例银四百三十九万三千七百五十一两八钱一分八厘。

一、存官局移交旧厂产业列作成本,洋例银二百七十八万七千九百九十四两三钱。

一、存附入扬子机器制造有限公司股份,洋例银五万八千三百两。

一、存附入西美钢铁会社股份,洋例银一万八千三百五十九两六钱。

以上结存汉冶厂矿正本,洋例银一千八百四十万七千二百二十八两九钱五分四厘。

萍矿正本存款

一、存矿产基地,洋例银一百十六万三千四百十一两三钱五分一厘。

一、存矿外房屋生财,洋例银八万六千九百七十四两二钱九分八厘。

一、存安源机矿成本,洋例银五百七十八万二千一百二十六两一钱一分。

一、存轮驳成本,洋例银一百四十六万四千六百五十五两六钱九分一厘。

以上结存萍矿正本,洋例银八百四十九万七千一百六十七两四钱五分。

汉冶厂矿活本存款

一、存钢铁处,实存钢铁等料价,洋例银一百二十万六千四百三十九两四钱三分五厘。

一、存煤务处实存煤焦等料价,洋例银二十四万九千八百六十二两二钱七分一厘。

一、存生铁厂实存各种矿石价,洋例银十万四千四百二十一两二钱一分一厘。

一、存物料〈股〉实存各种物料价,洋例银二十五万七千七百四十一两二分六厘。

一、存批发处售出钢铁等货各户结欠,洋例银五十五万七千三百四十两六钱二分五厘。

一、存预缴生铁捐,洋例银三十万五千七十九两八钱九厘。

一、存三井洋行日金二百五十万元,合洋例银一百八十五万两。

一、存萍乡煤矿局票借,洋例银一百六十万两。

一、存各户往来,洋例银八十九万八千九百五十三两八钱九分九厘。

以上结存汉冶厂矿活本,洋例银七百二万九千八百三十八两二钱七分六厘。

萍矿活本存款

一、存萍、湘、汉、沪等处堆储焦煤、生煤估价,洋例银七十八万一百三十四两一钱二分三厘。

一、存材料等处各项材料、炸药、油米等价,洋例银三十七万六千一百五十一两二钱三厘。

一、存各户往来及煤焦价,洋例银一百十六万二千七百八十一两二钱二分二厘。

以上结存萍矿活本,洋例银二百三十一万九千六十六两五钱四分八厘。

共计结存汉冶厂矿正本、活本,洋例银二千五百四十三万六千八百六十七两二钱三分。

共计结存萍矿正本、活本,洋例银一千八十一万六千二百三十三两九钱九分八厘。

汉冶萍总计结亏

一、存汉冶厂矿共结亏,洋例银二百二十六万二千三百七两三钱六分。

一、存萍矿共结亏,洋例银二百四十四万六千七百六两五钱四分二厘。

以上汉冶萍总共结亏,洋例银四百七十万九千十三两九钱二厘。

查本届结亏洋例银一百九万二千二百五十六两七钱七分二厘,加上届结亏洋例银三百六十一万六千七百五十七两一钱三分,合如上数。

总共结存洋例银四千九十六万二千一百十五两一钱三分。

汉冶萍公司第七届帐略

民国四年六月(1915.6)①

　　此为民国三年旧历甲寅本公司第七届帐略。是年汉厂共出生铁十三万八百七十二吨,共炼钢五万五千八百五十吨;大冶共采矿石五十四万九千六百五十四吨;萍乡共采生煤五十七万四百六十二吨,共炼焦炭十八万九千一百二十六吨。除生煤一项,因醴桥被水冲断,运道艰阻,不敢多采,故较第六届少九千一百七十吨外,其余各项出货均较上届为增。

　　营业项下:汉冶共收各路轨价、矿石售价、各户钢铁料价等一切,计银四百二十一万三千一百四十七两;萍矿共收生煤、焦炭售价、磅余、汇款汇水盈余等一切,计银三百五十七万九千八百四十七两。总计收款为七百七十九万二千九百九十五两,较上届多收银一百七十五万八千三百余两。此进款大概也。

　　支款项下:汉冶两处共支银五百七十九万三千五百四十五两,内以支拨萍矿生煤、焦炭暨钢炉购买东洋生煤二百十九万六千七百十五两;又本届股息备换股票暨支付各项债息一百二十七万一千四百二十二两;又添造钢厂电机等厂新化铁炉工料暨购办华洋材料八十一万余两;此三项为大宗。余系轮驳运费、洋匠薪工、华匠薪工、生铁捐款暨各局经费为经常必需之款。萍矿一处共支银三百九十五万六千六百二十六两,内以机窿采煤机器洗煤一百二十五万一千四百四十两;又煤焦工费十一万三千七百九十两;又车运轮运提驳起卸一百一万九千余两;又扩充矿工四十六万八千余两;又本届股息备换股票暨各项债息六十四万四千六百二十余两;此五项为大宗。余系缴捐、设警、购置山地、矿工经费、外局经费,为经常必需之款。统共支款为九百七十五万一百七十余两,较上届多支银八十三万一千七百三十余两。此支款大略也。

　　循照公司普通办法,凡添置添造各款,照章应加入成本。本届汉、冶、

---

　　① 原件未署月份,此系根据内容判定。

萍三处存该总结,实亏银七万一千六百八十七两,此项成本照商例应逐年折轻,今反逐年加重,实缘近年营业有亏无盈之故。将来编列年结,除借款利息、股本、官息之外,实有盈余,自应仍将盘存成本减折减轻,以符商例。此次八厘股息名为填给息股,实同支出现银,此所以凡谈中国实业者,每以停止股息为汉冶萍有盈无亏唯一无二之妙法,不知各股东投偌大之巨本,历如许之艰险,必勖以专顾公家不顾私人,其势可暂而不可久。且公司编定十五年盈余还债预算表,核定本届(即西历一千九百十四年)每股发给四厘现款、四厘息股,徒以大难之后,疮痍未复,且第四号大化铁炉计算须至本年阳历六月方得开炼,银钱困难已极。是于本年五月二十七日股东大会声请仍照辛、壬、癸三届办法,一律填给息股,经众通过。董事受股东托付,不能不于股东财产上着想,非好为加重基本金也。熟谙本公司历史者,必能谅之。现值欧战延长,钢铁腾踊之际,所售货价能否因时加涨,不急工费,不力员司,如何严切裁节,此又董事之责,不敢不与在事诸君子忧勤整饬者也。帐略成,经查帐人遍历三处检据复对,一一相符,还告本会,特书其崖略如右。

中华民国四年　　月　　　　　　　　　　　　　　董事会会长　盛宣怀识

汉冶萍公司民国三年一月至十二月底止收支各款
第七届汇核总数简明清帐

汉冶厂矿收款

一、收售张绥、粤汉、南浔、漳厦、津浦、萍洙、陇秦、豫海各铁路局钢轨等料价,洋例银一百四十八万八千五百三十一两一钱四分九厘。

一、收售大冶矿石料价,洋例银六十五万八千八百八两九钱六分五厘。

一、收售各户生铁料价,洋例银一百七十二万七千五百六十八两五分六厘。

一、收售各户钢铁料价,洋例银十四万二千四十一两四钱二分一厘。

一、收转售物料等价,洋例银十三万二千四十八两八钱一分一厘。

一、收各项租费水脚杂款等,洋例银六万四千一百四十九两三钱一分八厘。

以上六款共收洋例银四百二十一万三千一百四十七两七钱二分。

萍矿收款

一、收本矿现售焦价,洋例银一万二千九百二十七两六钱九分五厘。

一、收铁厂及沪、汉、岳、长、洙各局现售焦价,洋例银一百七十九万七千二百九十二两八钱九分四厘。

一、收本矿各处锅炉领用及现售煤价,洋例银五万九千七百二十七两一分八厘。

一、收售洙萍路局煤价,洋例银二万一千三百七十五两二钱五分三厘。

一、收铁厂及沪、汉、岳、长、洙各局现售煤价,洋例银一百二十四万四千四百八十两五钱七分八厘。

一、收各船户承运煤焦短秤赔价,洋例银二万六千九百十八两一钱四分五厘。

一、收镑余及沪汉等处汇款汇水,除兑亏外,结余洋例银三十九万四千八百四两二钱三分九厘。

一、收本矿制造等处盈余,洋例银五千九百六十八两六钱七分六厘。

一、收林虎侯赔案,先以本矿存折划抵,洋例银一万六千三百五十三两九分九厘。

以上九款共收洋例银三百五十七万九千八百四十七两五钱九分七厘。

总共结收洋例银七百七十九万二千九百九十五两三钱一分七厘。

汉冶厂矿支款

一、支上海、大冶、武昌、兴国、常耒、幕府山各外局经费,洋例银四十七万六千一百九十六两三钱九分二厘。

一、支购华洋材料价,洋例银三十三万八千五百三十七两七钱二分六厘。

一、支购萍乡焦炭价,洋例银一百四十九万八千七百七十二两四钱四分九厘。

一、支购萍乡及东洋等处煤价,洋例银六十九万七千九百四十二两七钱六分一厘。

一、支发轮驳各船经费,洋例银五万三千八百五十一两二钱五分八厘。

一、支发运费、脚力,洋例银二十万二千二百六十九两三钱一厘。

一、支发员司薪火、丁役工食,洋例银十一万六千六百十五两一钱二分七厘。

一、支发洋工程司及洋匠等薪费,洋例银六万五百七十七两七钱一分一厘。

一、支发机匠艺徒等工食,洋例银十五万五千三百十五两三分二厘。

一、支发小工及包工等工价,洋例银十一万九千九百四十六两二钱八分四厘。

一、支第七届股息备换股票及各项债息,洋例银一百二十七万一千四百二十二两九钱九厘。

一、支生铁捐款,洋例银十二万八千五百五十四两六钱三分。

一、支各项杂用,洋例银七万五千八百八十两九分四厘。

一、支添造新钢厂及新化铁炉工料等款,洋例银四十七万一千五百三十两八分九厘。

一、支添置基地、房屋、趸船、码头、铁路平车、机件、家具等价,洋例银十二万六千一百三十四两一钱九分四厘。

以上十五款共支洋例银五百七十九万三千五百四十五两九钱五分七厘。

萍矿支款

一、支机矿窿工挖煤一切经费,洋例银一百十六万五千三百十三两三钱四分九厘。

一、支机器洗煤一切经费,洋例银八万六千一百二十七两九钱六分八厘。

一、支机炉炼焦一切经费,洋例银三万四千六百七两四钱八分八厘。

一、支机矿土炉炼焦一切经费,洋例银七万九千一百八十二两五钱二分七厘。

一、支萍总局及收支、稽核、煤务等处经费，洋例银六万六百一两三钱二分。

一、支机矿总工程等处经费，洋例银六万九千八十一两六钱九分一厘。

一、支警务等处经费，洋例银三万九千九十四两三钱二分四厘。

一、支沪、汉、湘、岳等处往来川资电费，洋例银六千六百四十二两五钱六分二厘。

一、支窿工遇险身故抚恤并一切善举，洋例银一万三千五百六十九两四分九厘。

一、支焦煤由安源至洙洲火车运费，洋例银二十一万八千六百九十四两七分六厘。

一、支完纳井口并出口复进口税以及提捐学校公费，洋例银八万八千三百五十九两三钱一分四厘。

一、支沪、汉、岳、长、洙各局经费，洋例银十六万五千三百九十五两一钱一分六厘。

一、支各局外销经用等费，洋例银一万一千五十七两七钱二分四厘。

一、支焦煤由醴、洙运沪、汉、岳、长等处船费，洋例银六十八万二百四十九两八钱四分二厘。

一、支醴、洙至各处提驳起卸费，洋例银十二万八十四两四分。

一、支各船承运焦煤溢秤并外销溢秤赏号，洋例银一千六十两九钱一分五厘。

一、支第七届股息备换股票并各项债息，洋例银六十四万四千六百二十四两五钱三分三厘。

一、支本矿购置山地契价，洋例银四千四百五十一两四钱八分二厘。

一、支本矿扩充各工程成本，洋例银四十六万八千四百二十八两七钱八分二厘。

以上十九款共支洋例银三百九十五万六千六百二十六两二钱二厘。

总共结支洋例银九百七十五万一百七十二两一钱五分九厘。

以上收支两抵，汉冶厂矿透支洋例银一百五十八万三百九十八两二钱三分七厘。

以上收支两抵,萍矿透支洋例银三十七万六千七百七十八两六钱五厘。

汉冶厂矿盘存总

一、存新钢厂成本,洋例银八百二万三千四百七十六两九钱二分四厘。

一、存新化铁炉成本,洋例银三百五十九万六千六百七十六两四钱一厘。

一、存历年添置基地、房屋、车辆、轮驳、机器、炉座、板轴、铁路、趸船、码头、家具、杂件等价,洋例银四百五十一万九千八百八十六两一分二厘。

一、存官局移交旧厂产业列作成本,洋例银二百七十八万七千九百九十四两三钱。

一、存钢铁、煤焦、矿石、物料及批发各货欠款,洋例银三百四十七万二千七百七十四两八钱一分九厘。

以上盘存各项,共计洋例银二千二百四十万八百八两四钱五分六厘,内除上届盘存厂本洋例银二千七十万六千一百七十三两九钱二分二厘外,实计本届加存厂本洋例银一百六十九万四千六百三十四两五钱三分四厘。

萍矿盘存总

一、存矿产基地,洋例银一百十六万七千八百六十二两八钱三分三厘。

一、存矿外房屋生财,洋例银八万六千九百七十四两二钱九分八厘。

一、存安源机矿成本,洋例银六百二十五万五百五十四两八钱九分二厘。

一、存轮驳成本,洋例银一百四十六万六千六百五十五两六钱九分一厘。

一、存煤焦估价,洋例银四十九万八千一百八两九钱六厘。

以上盘存各项,共计洋例银九百四十六万八千一百五十六两六钱二分,内除上届盘存矿本洋例银九百二十七万七千三百一两五钱七分三厘外,实计本届加存矿本洋例银十九万八百五十五两四分七厘。

统计汉冶萍本届加存成本与透支相抵,结亏洋例银七万一千六百八十七两二钱六分一厘。

汉冶萍公司民国三年十二月底止该存各款
第七届汇核总数简明清帐

汉冶厂矿该款

一、该股份银圆一千十一万三千八百二十七圆七分九厘,照市价合洋例银七百二十一万六千一百四十两七钱四厘。

一、该预收大冶矿石价,洋例银三百九十万五千二百七十二两三钱二分八厘。

一、该预收钢轨等价,洋例银三百五万三千八百三十一两五钱八分八厘。

一、该上海银行及各户存款,洋例银一千一百六十五万七千一百三十七两六钱六分八厘。

一、该汉口银行、钱庄及各户存款,洋例银二百十一万一千三十五两四钱三分一厘。

一、该第一、二、三届未领股息,洋例银六千四百七十九两五钱四分七厘。

以上汉冶厂矿结该洋例银二千七百九十四万九千八百九十七两二钱六分六厘。

萍矿该款

一、该股份银圆六百七十四万二千五百五十一圆三角八分七厘,照市价合洋例银四百八十一万三千五百六十七两九钱六分二厘。

一、该上海银行及各户存款,洋例银六百七十五万八千七百三十八两八钱二分七厘。

一、该汉口银行钱庄各户存款及洙州各户往来,洋例银一百九十二万七千八百九十两一钱六分四厘。

一、该本矿各户往来,洋例银五十万七千四百四十二两八钱一分五厘。

以上萍矿结该洋例银一千四百万七千六百三十九两七钱六分八厘。

总共结该洋例银四千一百九十五万七千五百三十七两三分四厘。

汉冶厂矿正本存款

一、存新钢厂成本，洋例银八百二万三千四百七十六两九钱二分四厘。

一、存新化铁炉成本，洋例银三百五十九万六千六百七十六两四钱一厘。

一、存历年添置基地、房屋、车辆、轮驳、机器、炉座、板轴、铁路、趸船、码头、家具、杂件等价，洋例银四百五十一万九千八百八十六两一分二厘。

一、存官局移交旧厂产业列作成本，洋例银二百七十八万七千九百九十四两三钱。

一、存附入扬子机器制造有限公司股份，洋例银六万九千五百两。

一、存附入西美钢铁会社股份，洋例银一万八千三百五十九两六钱。

以上结存汉冶厂矿正本，洋例银一千九百一万五千八百九十三两二钱三分七厘。

萍矿正本存款

一、存矿产基地，洋例银一百十六万七千八百六十二两八钱三分三厘。

一、存矿外房屋生财，洋例银八万六千九百七十四两二钱九分八厘。

一、存安源机矿成本，洋例银六百二十五万五百五十四两八钱九分二厘。

一、存轮驳成本，洋例银一百四十六万四千六百五十五两六钱九分一厘。

以上结存萍矿正本洋例银八百九十七万四十七两七钱一分四厘。

汉冶厂矿活本存款

一、存钢铁处，实存钢铁等料价，洋例银一百八十二万四千七百六十四两四钱九厘。

一、存煤务处，实存煤焦等料价，洋例银三十万九千四百二十两二钱五分五厘。

一、存生铁厂，实存各种矿石价，洋例银九万七千七百六十九两三钱四分三厘。

一、存物料股，实存各种物料价，洋例银二十二万二千二百七十九两三钱四分。

一、存批发处，售出钢铁等货各户结欠，洋例银一百一万八千五百四十一两四钱七分二厘。

一、存冶矿，实存物料、矿石、煤焦等价，洋例银十一万三千一百三两九钱七分三厘。

一、存预缴铁捐，洋例银二十万九千三百两三钱四分九厘。

一、存三井洋行日金二百五十万圆，合洋例银一百八十五万两。

一、存各户往来，洋例银一百十四万七百五十三两八钱二分五厘。

以上结存汉冶厂矿活本，洋例银六百七十八万五千九百三十二两九钱六分六厘。

萍矿活本存款

一、存萍、湘、汉、沪等处堆储焦炭、生煤估价，洋例银四十九万八千一百八两九钱六厘。

一、存材料处各项材料、炸药、油米等价，洋例银三十八万三十两九钱九分八厘。

一、存各户往来及煤焦价，洋例银一百五十二万六千八百二十二两五分。

以上结存萍矿活本，洋例银二百四十万四千九百六十一两九钱五分四厘。

共计结存汉冶厂矿正本活本洋例银二千五百八十万一千八百二十六两二钱三厘。

共计结存萍矿正本活本洋例银一千一百三十七万五千九两六钱六分八厘。

汉冶萍总计结亏

一、存汉冶厂矿共结亏洋例银二百十四万八千七十一两六分三厘。

一、存萍矿共结亏洋例银二百六十三万二千六百三十两一钱。

以上汉冶萍总共结亏洋例银四百七十八万七百一两一钱六分三厘。

查本届结亏洋例银七万一千六百八十七两二钱六分一厘,加上届结亏洋例银四百七十万九千十三两九钱二厘,合如上数。

总共结存洋例银四千一百九十五万七千五百三十七两三分四厘。

(二)辛亥革命前之借款

公司与汉口正金银行订立洋例银五十万两押款合同

宣统元年二月三十日(1909.3.21)

立合同汉冶萍煤铁厂矿有限公司,今将汉口租界并华界各地契自一号起至六号止,共二十六张,押到汉口正金银行洋例银五十万两正,所有应还本息日期及议明各条开列于左:

一、此项押款洋例银五十万两,系正金借与汉冶萍之款,以下各条彼此均须遵守。

一、汉冶萍收款之时,须将以上所开契据交与正金收执,以作信物。

一、正金交款日期分作两次,一于西历三月二十一日交银二十五万两,一于西历四月十九日续交银二十五万两。此项银两均交与汉阳铁厂总办李维格手收。

一、此项押款系按长年八厘起息,惟年月均照西历核算。

一、此项押款自西历一千九百零九年四月十九日起至两年半作为到期。

一、第一年先还息款,分作两期,以六个月为一期,嗣后,以三个月为一期,到期共还本利若干,其数如下:

一千九百零九年十月十九号,息银二万一千六百四十三两八钱二分。

一千九百十年四月十九号,息银一万九千九百四十五两二钱。

一千九百十年七月十九号,还本银十万两,又息银九千九百七十二两六钱。

一千九百十年十月十九号,还本银八万两,又息银八千零六十五两七钱五分。

一千九百十年正月十九号，还本银八万两，又息银六千四百五十二两六钱。

一千九百十一年四月十九号，还本银八万两，又息银四千七百三十四两二钱四分。

一千九百十一年七月十九号，还本银八万两，又息银三千一百九十一两二钱三分。

一千九百十一年十月十九号，还本银八万两，又息银一千六百十三两一钱五分。

一、订立合同后，所有前项华界各地契即送请日本领事照会关道，存案备查。至租界地契照各国地契出入定章妥为办理后，再将前项各地契交与正金收执，以为信物。

一、前项基地如将来或须变价而价款不足抵还本利，须由汉冶萍另将他物作抵补足。

一、以上款项俟第三期本利还清后，即西历一千九百十一年正月十九号，正金当将地契自一号至四号缴汉冶萍收还，余契俟本利全数还清，再行一并交回。其华界之契，由日本领事照会关道销案。其租界之契，由正金过还原户，以清交代。

一、所有以上契券之地租钱粮及一切费用，均归汉冶萍照认。

一、此项押款系盛宫保作保，如到期不赎，由盛宫保备款取赎。

一、此项合同分缮两份，彼此各执一份查照。

宣统元年二月三十日

明治四十二年三月二十一日

太子少保、正任邮传部右侍郎、汉冶萍煤铁厂矿有限公司总理　盛宣怀

汉冶萍煤铁厂矿有限公司协理　李维格

横滨正金银行汉口支店支配人　小林和介

见证人大日本汉口领事　高桥橘太郎

所有以上地契开列于下：

第一号　汉口英租界第一百十一号基地道契一张。

第二号　汉口万家庙江岸东福洋行基地容翰屏卖契两张,司道印照一张,施万青老契一张,收条一张,容翰屏收据一张,又万家庙江岸道印契两张。

第三号　通济门外万家庙基地道印契十五张。

第四号　黄鹤洲基地(此契现存清丈局,俟税出再交正金收执,暂以江汉关道印文为凭)。

第五号　堡垣基地道印契一张。

第六号　宗关基地道印契一张。

以上契券均编有号数并盖有图章为记。

汉阳铁厂向汉口交通银行订借洋例银五十万两合同

宣统二年六月十二日(1910.7.18)

宣统贰年陆月拾贰日汉阳铁厂、交通银行为订立借款合同事,其规则议定于后:

一、借数付期:汉阳铁厂向交通银行借洋例银伍拾万两,本月先交贰拾伍万两,七月续交贰拾伍万两,以两个月内交清。

二、息金:每月七厘五毫,除陆续收回本金、扣除息金外,其余息金以三个月由铁厂照付。

三、抵偿之款:第一条内本金,以吉长铁路轨价作抵,凡应收轨价,按批由铁厂出立价单,交由交通银行持向铁路总局收取,以抵本金。

四、清款期限:第一条内本金,除陆续所收轨价外,其余之数,均于宣统三年四月内一律归清。

五、抵偿不足之担保:第一条内本金,除陆续所收轨价外,如有不足之数,悉由担保家如期如数清偿。

六、汇兑轨价:第三条交通银行在天津所收吉长轨价,系行平化宝;所付铁厂之本金,系汉口洋例银;将来汇水平色,均照市价计算。

七、收款界限:第三条内开,汉阳铁厂所缴吉长钢轨,按批价单交由交通银行持向铁路总局收价一节,惟此项轨价未收到价银之先,所有一切责任,皆归汉阳铁厂担任。

八、合同:一式两纸,汉阳铁厂执一纸,交通银行执一纸,各执为凭。

汉阳铁厂总办　李维格

交通银行　萧懋琛　卢鸿昶　曾国藻

担保　扬子机器制造有限公司

宣统二年六月十二日立

公司向横滨正金银行借款日币一百万元合同

宣统二年八月初七日(1910.9.10)

汉冶萍煤铁厂矿有限公司(此后称公司)向横滨正金银行(此后称银行)借日币一百万元正,订定条款如左:

一、此一百万元,即以西历一千九百零八年六月十三号银行与公司所订日币二百万元借款合同所开之担保一切物件,续为此次一百万元之担保,并由盛宫保担保,于西历一千九百零八年六月十三号合同内所有担保条款,仍照施行。

二、此次借款利息,为按年七厘。付息之期每年分为两次,一日历六月底,一日历十二月底,由公司在横滨付交银行。

三、西历一千九百十年九月十八号即中历本年八月十五日,由银行付与公司日币五十万元;十月二号即中历八月底,再付日币五十万元。

四、此借款按照汉口横滨正金银行买日本电汇之价核算,以汉口洋例银交付公司。惟公司可于收款之前无论何日与银行订定汇价。

五、公司以装运出口至美国 Seattle 之生铁、矿石发票所开之半价带根汇票抵还此次借款,以西历一千九百十一年美国轮船第一次至汉阳、大冶装货起,至西历一千九百十二年止。

六、银行将带根汇票在美国收到货款后,即于本日电汇横滨,其汇价照本日于公司最便宜之价核算。银行在横滨收到此项货款后,即于本日停止此项利息,并出具收条交与公司,为还款之据。

七、如公司愿将此次借款全数或尾数付还银行,取销此次合同之担保,可以照办,惟须三个月前预先知照银行。但借款虽已还清,担保亦已取销,而此合同期内公司运往 Seattle 之生铁、矿石发票半价之带根汇票,仍由银行经手,所收货款听公司拨用。银行代收货款之费,至多不出一百分内一分之八分之一,即 1/8%,譬如代收美金五十万元,即银行应得代收费美金六百二十五元。

八、此合同第一款所开之担保,前后合同期内如未取销,而公司欲将此项担保再借款项,须先尽银行,其售卖钢铁等货预借之款不在此例。如公司、银行彼此愿以矿石抵还借款,而公司亦供应得及,均可听便。

九、此合同一式四份,公司执两份,银行执两份。如因解释本合同意义不合,可照公断通行之例,各请公正人评断,彼此遵从。

十、此合同一俟还清本利之日,所载各条全行作废。

大清宣统二年八月初七日

大日本明治四十三年九月十日

汉冶萍煤铁厂矿有限公司总理　盛宣怀

协理　李维格

横滨正金银行北京支店支配人　实相寺贞彦

收　据

今收到汉口横滨正金银行本公司于明治四十三年九月十日与北京贵银行所订合同借款日币金一百万元,议明该款如数由汉口贵分行交付其第一期日金五十万元(合洋例银四十万六千二百五十两正),业已照收。此据。

明治四十三年九月十八日

宣统二年八月十五日

汉冶萍煤铁厂矿有限公司

收　据

今收到汉口横滨正金银行本公司于明治四十三年九月十日与北京贵银行所订借款合同计日币金一百万元,该款议明如数由汉口贵分行交付第二期日金五十万元（合洋例银四十万二千五百五十两正），业已照收。此据。

明治四十三年十月二日

宣统二年八月二十九日

汉冶萍煤铁厂矿有限公司

汉冶萍公司向横滨正金银行订借规元一百万两契约书

宣统二年十月十六日（1910.11.17）

汉冶萍煤铁厂矿有限公司（以下简称公司）与横滨正金银行（以下简称银行）关于日本货币借款契约缔结条项如次：

一、公司所借用者为规元银一百万两，按照借款当日上海正金银行所得日本电报之汇兑时价换算日本金圆，分中历十一月十五及十二月十五两期，各半交清。上海汉冶萍总公司为受领地点。

二、本借款之归还期限自借款交付之日起一个年间，年利七厘，每半年分还其本利。然公司须照上海当日正金银行之电卖金货汇票之银价计算收还其本利，若上海各银行之银价与市面银价不同时，得照银行银价换算收还与正金银行。

三、公司须交付盛宣怀及其他股东名义之公司股票额面银元一百五十万元，作本借款之担保品。然本担保品中，虽有他人名义之股票，均可视为盛宣怀一人所有，他人不得干涉。

四、股票价格之低落致充当偿还本利之担保品不足时，得以制出之生铁清偿其本利。

五、公司受领本借款之后，当偿还之际，对于汇兑银价得常与银行商议决定之。

六、本契约书缮写二通，一存公司，一存银行，各自保管，以为凭据。

横滨正金银行北京支店支配人　实相寺贞彦

汉冶萍煤铁厂矿有限公司总理　盛宣怀

宣统二年十月十六日
明治四十三年十一月十七日

追加合同

民国二年十二月二日(1913.12.2)

现因汉冶萍煤铁厂矿有限公司愿将前清宣统二年十月十六日即明治四十三年十一月十七日(西历一千九百一十年十一月十七日)汉冶萍煤铁厂矿有限公司与横滨正金银行北京分行总理所定规元银一百万两相当之日本货币借款合同,另行商订追加合同如左:

一、按照原合同第三项及第四项,汉冶萍煤铁厂矿有限公司(下文简称为公司)将其股票抵押与横滨正金银行在案。现因公司已将公司所有财产一切提供担保,横滨正金银行应允将前所抵押股票交还公司。

本追加合同缮写二份,双方署名签字,各执一份,以作凭证。

大正二年十二月二日
民国二年十二月二日

横滨正金银行上海支店副支配人　水津弥吉
汉冶萍煤铁厂矿有限公司董事会会长　盛宣怀
右认证人
大正二年十二月三日
在上海日本总领事馆总领事　有吉明

借　据

宣统二年十一月十五日(1910.12.16)

今借到六合公司名下各股东所执汉冶萍厂矿股票息单共计三万股,每股银元五十元,共计股本银元一百五十万元,由汉冶萍公司暂向正金银行押款,以济厂矿急需。所有此项股份应得利息仍归六合公司各股东按期支取,其股票息单,至迟两年即由汉冶萍公司备款向正金取赎,以还六合公司。在两年期内,股东或须全行取还,或须先行取还若干,均可照办,六合公司但取佣钱两毫半（即系每万元二十五元）。至此项担保，仍以汉冶萍公司交存六合公司之大冶、萍乡全矿产地印契为第二次抵押，决无贻误。立此借据存照。

宣统二年十一月十五日

汉冶萍公司　总理

协理

办事员

收支

汉冶萍公司致六合公司函

宣统二年十一月（1910.12）

六合公司公鉴：

启者，汉冶萍公司现因需款孔亟，已由上海总公司特派员与三井洋行商定，准借日金一百万元，惟因大冶、萍乡各矿地契均已押在六合，不便抽出另押。从前曾向贵公司转借集成纱厂〈契据〉向浙江铁路公司抵押，如期归还。此次仍拟烦请贵公司向集成公司暂借纱厂契据抵押一年，如集成公司欲于一年以前归还，尽可先期三个月知照，汉冶萍公司即当于三个月内向三井洋行如数归赎，以还集成，决不迟延。所有集成纱厂因抵押需用保险各项使费，一概由汉冶萍承认，决不令纱厂稍有亏损。想贵公司与纱厂热心公益，当无不赞成其事。除派收支员金氽蕃面商办理外，兹将汉冶萍公司借票一纸及代缮集成公司、三井洋行合同两份送上，请分别查收，并将三井洋行合同一份由集成公司签字后交付，以便汉冶萍收支员即可向三井洋行收款，无任感祷。专此。布颂

筹祺

汉冶萍公司总理　盛宣怀

六合公司致汉冶萍公司函

宣统二年十一月(1910.12)

汉冶萍总公司台鉴:

敬复者,顷接北京贵公司总理盛函开:汉冶萍公司现因需款孔亟,已由上海总公司特派员与三井洋行商定,准借日金一百万元,惟因大冶、萍乡各矿地契均已押在六合公司,不便抽出另押。从前曾向贵公司转借集成纱厂向他处抵押,皆如期归还。此次仍拟烦请贵公司向集成公司暂借纱厂契据抵押一年,如集成公司欲于一年以前归还,尽可先期三个月知照,汉冶萍公司即当于三个月内如数归赎,以还集成,决不迟延。所有集成纱厂因抵押需用保险各项使费,一概均由汉冶萍承认,决不令纱厂稍有吃亏,想贵公司与纱厂热心公益,当无不赞成其事。除派收支员金籲蕃与六合公司经理人顾咏铨面商妥办外,并将汉冶萍公司借票一张及代缮集成公司、三井洋行合同两份送上,即请分别查收并请将三井洋行合同一份,由集成公司签字后交付,以便汉冶萍收支员即可向三井洋行收款,无任感祷等因。接聆之下,本公司当即与集成公司商明,勉允所办,惟此事实系格外通融,必须各守信义。一年之内,集成公司如有自己需用契据之日,虽未至期,应照合同先期于三个月知照,务请贵公司届时务必于知照三个月内全数赎还,万不可稍有失信。所有借据一纸已经收执,并由六合公司给据与集成公司收执,其三井合同已由集成公司经理签字,分别存交。专此奉复。即请

台安

六合公司经理人　叶松鋆　顾润章　赵兴昌

汉冶萍公司致六合公司函

宣统三年十月(1911.12)

六合公司公鉴:

启者,上年十一月因汉冶萍公司向三井洋行借用一百万元,系请商贵公司转借集成公司将纱厂抵押,系于一千九百十一年十二月二十八号到

期。现因军务倥偬，本公司实属无可腾挪，特派高木六郎与三井洋行商允，加息一厘，其余一切仍照原合同办理，务请贵公司转商集成公司通融应允。如集成公司欲于一年以前归还，仍照原约先期三个月知照，即由汉冶萍公司向三井洋行如数归赎，以还纱厂，决不迟延。特此专函声明。顺颂

筹祺

汉冶萍公司总理　盛宣怀

六合公司致汉冶萍公司函

宣统三年十月（1911.12）

汉冶萍总公司台鉴：

　　敬复者，顷接青岛贵公司总理盛函开：上年十一月因汉冶萍公司向三井洋行借用日金一百万元，系商请贵公司转借集成纱厂抵押，系于一千九百十一年十二月二十八号到期。现因军务倥偬，本公司实属无可腾挪，特派高木六郎与三井洋行商允，加息一厘，其余仍照原合同办理，务请贵公司转商集成公司通融应允。如集成公司欲于一年以前归还，仍照原约先期三个月知照，即由汉冶萍公司向三井洋行如数归赎，以还纱厂，决不迟延。特此专函声明等语。查集成纱厂现正议交三井洋行代理，所有前项押款一百万元，已商明纱厂暂允照办。惟据集成公司声明，一年之内如有自己需用前项契据之日，应照原合同先期于三个月知照，务请贵公司届时务必于知照三个月内全数赎还，万不可稍有失信，是为至要。专此奉复。即请

台安

六合公司经理　叶松鋆　顾润章　赵兴昌

公司与北京正金银行订立日金六百万元暂借款合同①

宣统二年十二月二十六日（1911.1.26）

　　今据明治四十三年十一月二十九日日本制铁所长官男爵中村雄次郎

---

① 此暂借款合同在 1911 年 3 月 31 日公司与制铁所、横滨正金银行订立预借铁价日金六百万元正合同后，即行作废。

所复中国汉冶萍煤铁厂矿有限公司（此后称公司）宣统二年十月初六日致制铁所函内称：明年三月售买生铁正合同签押以前需用资金，公司随时向横滨正金银行北京分行（此后称银行）商借可也等语。兹银行与公司订定借款合同如左：

一、银行应将日本金六百万元借与公司。

二、此借款公司需用之时，须于十日之前知照上海正金银行，自第一次交款之日起至五月三十一日以前，每一星期限五十万元，或按照上海正金银行买进日本电汇之价核算，在上海交付公司之总公司，或公司需用日金亦可在横滨交付。倘若银行在一星期内能交与五十万元以上，即可照办。

三、此借款订定年息六厘，自交款之日至明治四十四年五月三十一日，即华历宣统三年五月初四日为期。

四、届期应还本息，仍由上海公司之总公司或按照当日上海正金银行卖出日金电汇挂牌之价揭算，或公司在日本还清本息，均可听便。

五、如公司在上海用款还款，可与银行预先订定汇价，不必拘定收付款项之当日汇价。

六、此合同一式四份，银行执二份，公司执二份。

宣统二年十二月二十六日

明治四十四年正月二十六日

汉冶萍煤铁厂矿有限公司总理　盛宣怀

协理　李维格

横滨正金银行北京分行总办　实相寺贞彦

［附件一］　汉冶萍公司致横滨正金银行函

横滨正金银行台鉴：

径启者，本日敝公司与贵银行签定之日金六百万元借款合同，此款敝公司原指制铁所预付铁价定银日金五六百万元抵还，如敝公司与制铁所于贵历年本年三月即将彼此前订草合同之正合同签定，自当按照本日合同，于五月三十一日将贵银行所借日金六百万元本息付还；若该正合同三月内

不能签定,则应展期一年至明治四十五年五月三十一日,再行将制铁所预付铁价定银付还。用特函订,即希示复为荷。专泐。顺颂

日祉

汉冶萍煤铁厂矿有限公司总理

协理

[附件二] 正金北京分行致汉冶萍公司函

汉冶萍煤铁厂矿有限公司台鉴:

　　径启者,今接贵翰内开:本日贵公司与敝银行签字之日金六百万元借款合同,此款贵公司原指制铁所预付铁价定银日金五六百万元抵还,如贵公司与制铁所于日历本年三月即将彼此前订合同之正合同签定,自当按照本日合同于五月三十一日将敝银行所借日金六百万元本息付还;若该正合同三月不能签定,则应展期一年至明治四十五年五月三十一日,再行将制铁所预付铁价定银付还等语。敝行自应照办。特此函复声明。顺颂

台祺

横滨正金银行北京分行总办　实相寺贞彦

公司与制铁所、横滨正金银行订立预借铁价日金六百万元正合同

宣统三年三月初二日(1911.3.31)

　　第一款　大清国汉冶萍煤铁厂矿有限公司(此后称公司)照明治四十四年三月三十一日即宣统三年三月初二日与大日本国制铁所(此后称制铁所)所订售买生铁合同及其附件并函件,订借大日本国有限公司横滨正金银行(此后称银行)日本金币陆百万元,以十五年为期,自交款之日起算,按年六厘行息,定于每年六月十五日、十二月十五日两次付息。

　　第二款　本借款定自明治四十四年起至明治四十七年止,每年单付利息;自明治四十八年起,以后每年付利还本,即于此年六月十五日还本日金二十五万元,十二月十五日还本日金二十五万元;自明治四十九年起至明治五十八年止,于每年六月十五日还本日金二十七万五千元,十二月十

日还本日金二十七万五千元。

第三款　此次借款言明以制铁所按年购买公司生铁价值给还本息。

第四款　如公司愿将此次借款之本全数或尾数全数付还,银行可以照办,惟须于六个月前预先知照银行。

第五款　制铁所允将每次应付生铁价值径交银行,即取银行收条交到公司,以为付价之凭据;银行允收到生铁价值时,将其收款清单交到公司,即以银行收到之款作为付还本借款本息之用。

第六款　银行收到制铁所生铁价值款项应须先付息后还本,利随本减。

第七款　第一款所开十五年期满,本项如有尾款未清,公司自应将别项现款照数付清,以完债务。

第八款　彼此解释合同或附件词义如有意见不合之处,可照通行之公正人评断例,彼此各请公正人评断。

第九款　本合同及附件缮写中文、日文各六份,制铁所、公司、银行各执各文二份,以为凭据。

大日本国明治四十四年三月三十一日

大清国宣统三年三月初二日

大日本国制铁所长官男爵中村雄次郎

代理　西泽公雄

大日本国有限公司横滨正金银行代表者

董事　小田切万寿之助

大清国汉冶萍煤铁厂矿有限公司总理　盛宣怀

协理　李维格

［附件］

再,本日公司与制铁所及银行所订预借生铁价值合同内未经详载办理条款开列于左:

一、自银行收到制铁所生铁价值之日起,银行允照银行当时活期存款之利率付给回息；若有存三个月或三个月以上之款，而公司愿将此款商作定期存款，银行应允照当时银行公定之利率付息；若公司愿将此款移存在中国内银行之各分行，银行须听其便，但不得有碍付利还本。

二、银行允收到制所生铁价值款项，除足敷其年应付本利之数外，其余之款应由公司随时提用。

三、公司愿将此等款项由日本汇寄中国或外国，或由中国汇寄日本，银行须照当日银行卖出电汇市价办理；若公司在中国愿收在日本之款，银行之在中国分行须照当日买进日金电汇办理，但其汇价照本日市面可以办到于公司最便宜之价核算；惟公司可于汇款之前，无论何日与银行订定汇价，或公司有在日本须付金款并非移存他处或移交他处汇寄者，公司可嘱银行径拨。

宣统三年三月初二日

明治四十四年三月三十一日

汉冶萍煤铁厂矿有限公司总理　盛宣怀

协理　李维格

有限公司横滨正金银行代表者董事　小田切万寿之助

汉冶萍公司致横滨正金银行函

宣统三年三月初二日（1911.3.31）

横滨正金银行台鉴：

径启者，宣统二年十二月二十六日，即明治四十四年正月二十六日，敝公司与贵行北京分行订有借款日币六百万元合同，现敝公司既于本日与制铁所订定售买生铁正合同，并于本日与贵行另订预借生铁价值日币六百万元合同，则宣统二年十二月二十六日即明治四十四年正月二十六日所订合同之日币六百万元，即移作本日敝公司与贵行所订合同之六百万元，并非另外一款，前订合同即行作废。至于此六百万元之利息应照前订合同交收款项之日起算，并接续本日所订合同，于本年阳历六月十五日照付可也。

顺颂

日祉

　　　　　　　　　汉冶萍煤铁厂矿有限公司总理　盛宣怀

　　　　　　　　　　　　　　　　　　协理　李维格

横滨正金银行致汉冶萍公司函

明治四十四年三月三十一日(1911.3.31)

汉冶萍煤铁厂矿有限公司台鉴:

　　径启者,兹接来函内开:宣统二年十月二十六日即明治四十四年正月二十六日,敝公司与贵行北京分行订有借款日币六百万元合同,现敝公司既于本日与制铁所订定售买生铁正合同,并于本日与贵行另订预借生铁价值日币六百万元合同,则宣统二年十二月二十六日即明治四十四年正月二十六日所订合同之日币六百万元,即移作本日敝公司与贵行所订合同之六百万元,并非另外一款,前订合同即行作废。至于此六百万元之利息自应照前订合同交收款项之日起算,并接续本日所订合同,于本年阳历六月十五日照付可也等因。敝行已悉,照办可也。顺颂

日祉

　　　　　　　　　横滨正金银行代表董事　小田切万寿之助

横滨正金银行致汉冶萍公司函

明治四十四年三月三十一日(1911.3.31)

汉冶萍煤铁厂矿有限公司台鉴:

　　径启者,兹接来函内开:敝公司与贵行所订预借制铁所所购敝公司生铁价值日币六百万元合同及附件内开期限年月,系照阳历计算等因。敝行已悉,照办可也。特此奉复。顺颂

日祉

　　　　　　　　　横滨正金银行代表者董事　小田切万寿之助

公司与制铁所、横滨正金银行订立预借生铁价值续合同^①

宣统三年四月初三日（1911.5.1）

第一款　大清国汉冶萍煤铁厂矿有限公司（此后称公司）前于明治四十四年三月三十一日即宣统三年三月初二日与大日本国制铁所订有售买生铁合同及其附件并函件，今为推广工厂及工程起见，以其生铁价值作抵，向大日本国有限公司横滨正金银行（此后称分行）订借日本金币一千二百万元，以十五年为期，照阳历计算，自交款之日起，按年六厘行息，定于每年阳历六月十五日、十二月十五日两次付息。

第二款　此借款一千二百万元，分三年由银行付交公司。明治四十四年八月底付交公司二十五万元。此后如何分期交付之处，由公司与银行随时商量；但公司需用巨款，必得于两个月前预先知照银行预备。

第三款　本借款定自明治四十四年起至明治四十七年底止，每年单付利息；自明治四十八年起，以后每年于阳历六月十五日、十二月十五日付利还本，分十一年摊还。自明治四十八年起至明治五十七年，每年还本日金一百零九万元；明治五十八年还本日金一百十万元。

第四款　此次借款，言明以制铁所按年购买生铁价值（除先尽付还明治四十四年三月三十一日所订合同借款六百万元之本利外）及他人或公司在日本所售生铁价值给还本息。如公司将来查明在日本北海道室兰设炉炼铁，于公司合算可以实行，则公司在室兰所售之生铁价值，亦可交付银行作为本借款付息还本之用。如以上生铁价值不敷付息还本，即以汉阳铁厂所存焦炭抵付。

第五款　此借款并无抵押，但公司亦不将公司所有汉阳、大冶两处现在及将来一切产业抵押他外国借款，如将来欲将此汉冶两处产业抵押借款，须先尽银行。但公司如将汉冶萍产业抵押与中国度支部币制局或大清银行，以公司债券抵借中国国家钞票，可以照办，其汉冶两处产业不必先尽

---

①　此续合同草签后，辛亥革命爆发，没有签为正式合同。

银行。

第六款 如公司欲将萍乡煤矿产业抵押他国借款,或以萍乡煤矿产业抵押他国,发售公司债票,则公司亦须将汉冶产业作为明治四十四年三月三十一日银行借与公司之六百万元及本合同借款之抵押,或抵押与银行,照他国一律发售公司债票。如公司欲将萍乡煤矿之售卖煤焦价值向他国抵付借款本息,或发售公司债票,应照本合同第五款不以产业抵押借款之意,不以萍乡煤矿产业抵押,则公司可以照办。

第七款 如公司招足股本或做到第五款后段所开办法,愿将此次借款之本全数或尾数全数付还银行,可以照办,惟须于六个月前预先知照银行。

第八款 制铁所允将每次应付生铁价值径交银行,即取银行收条交到公司,以为付价之凭据。银行允收到生铁价值时,将其收款清单交到公司,即以银行收到之款作为付还本借款本息之用,他人或公司在日本所售公司生铁价值及公司在室兰所售生铁价值,亦照以上办法一律办理。

第九款 银行收到制铁所生铁价值款项及第八款后段所开生铁价值,应须先付息,后还本,利随本减。

第十款 第一款所开十五年期满,本项如有尾款未清,公司自应将别项现款照数付清,以完债务。

第十一款 此合同及收款收据,须由公司总理、协理,会同公司董事签字,收款时声明用处实系公司推广工厂及工程之用,方允照付。

第十二款 此合同及附件、函件,俟公司、银行各董事通过及制铁所允照办理,公司董事在本合同签字,即作为正合同及正附件、函件,银行与制铁所函致公司为凭,但不能再改字句。如公司、银行各董事不允通过及制铁所不允照办,此合同即行作废。

第十三款 此次借款系以货价抵付本息,系属商务往来,如有意见不合之处,可照通行之公正人评断例,彼此各请公正人评断。

第十四款 本合同及附件、函件,排印中支、日文各六份,制铁所、公司、银行各执各文二份,以为凭据。

大清国宣统三年四月初三日

大日本国明治四十四年五月一日

　　　　　　　　大日本国制铁所长官男爵中村雄次郎代理

　　　　　　　　西泽公雄（签名、盖章）

　　　　大清国汉冶萍煤铁厂矿有限公司总理　盛宣怀（签名）

　　　　　　　　协理　李维格（签名）

　　大日本国有限公司横滨正金银行董事　小田切万寿之助（签名）

〔附件〕

　　再，本日公司与制铁所及银行所订预借生铁价值续合同内，未经详载办理条款开列于左：

　　一、自银行收到本合同第八款所开生铁价值之日起，银行允照银行当时活期存款之利率付给回息；若有存三个月或三个月以上之款，而公司愿将此款商作定期存款，银行应允照当时银行公定之利率付息。若公司愿将此款移存在中国内银行之各分行，银行须听其便，但不得有碍付利还本。

　　二、银行允收到本合同第八款所开生铁价值款项，除足敷其年应付本利之数外，其余之款应由公司随时提用。

　　三、公司愿将此等款项，由日本汇寄中国或外国，或由中国汇寄日本银行，须照当日银行卖出电汇市价办理；若公司在中国愿收在日本之款，银行之在中国分行须照当日买进日金电汇办理。但其汇价照本日市面可以办到、于公司最便宜之价核算。惟公司可于汇款之前，无论何日，与银行订定汇价，或公司有在日本须付金款，并非移存他处或移交他处汇寄者，公司可嘱银行径拨。

明治四十四年五月一日

宣统三年四月初三日

　　　　　　汉冶萍煤铁厂矿有限公司总理　盛宣怀

　　　　　　　　协理　李维格

　　　有限公司横滨正金银行董事　小田切万寿之助

横滨正金银行致汉冶萍公司函

明治四十四年五月一日(1911.5.1)

汉冶萍煤铁厂矿有限公司台鉴:

敬启者,本日所订合同第四款内开:此次借款言明,以制铁所按年购买生铁价值及他人或公司在日本所售生铁价值给还本息等语,现在日本代售贵公司所出生铁系属何人? 每年所售生铁其数若干? 代售合同几年为期? 期满是否续办? 即希见复。如将来代售换人,或贵公司自办,仍希随时知照银行可也。再者,本合同第八款后段开:他人或公司在日本所售公司生铁价值及公司在室兰所售生铁价值,亦照以上办法一律办理等语,俟此合同作为正合同时,乞由贵公司即知照在日本买卖生铁人等,将来将生铁价值径交银行总行或在日本各支行为荷。顺颂
日祉

横滨正金银行董事　小田切万寿之助

汉冶萍公司致横滨正金银行函

宣统三年四月初三日(1911.5.1)

横滨正金银行台鉴:

敬复者,兹接来函内开:本日所订合同第四款内开,此次借款言明,以制铁所按年购买生铁价值及他人或公司在日本所售生铁价值给还本息等语,现在日本代售贵公司所出生铁系属何人? 每年所售生铁其数若干? 代售合同几年为期? 期满是否续办? 即希见复,如将来代售换人或贵公司自办,仍希随时知照银行可也。再者,本合同第八款后段开:他人或公司在日本所售公司生铁价值及公司在室兰所售生铁价值,亦照以上办法一律办理等语。俟此合同作为正合同时,乞由贵公司即知照买卖生铁人等,将来将生铁价值径交银行总行及在日本各支行为荷云云。敝公司现在日本代售生铁系三井物产会社,每年约售生铁三四万吨,此代售合同尚有一年,拟展期四年,公司自当知照三井物产会社及其余在日本买卖生铁人等,此后所

有生铁价值径交贵行总行及在日本各支行,作为本日所订合同借款给还本息之用。至于将来代售换人或敝公司在日本自售,亦当随时知照贵行可也。此复。顺颂

日祉

汉冶萍煤铁厂矿有限公司总理　盛宣怀

协理　李维格

日本制铁所致汉冶萍公司函

明治四十四年五月一日(1911.5.1)

汉冶萍煤铁厂矿有限公司台鉴:

敬启者,敝所拟与贵公司约〈定〉,如制铁所或汉阳铁厂彼此有机炉出险之事,一时不能制造钢货,如彼此情愿代造,而彼此之力亦可做到,且比较价值相宜,货色亦能合用,拟由彼此代造,并设法使此钢货容易往来,以收通工易事之益;但如有窒碍难行之处,即作罢论。如何之处,即祈示复。顺颂

日祉

制铁所长官男爵中村雄次郎代理

西泽公雄

汉冶萍公司致日本制铁所函

宣统三年四月初三日(1911.5.1)

制铁所台鉴:

径复者,兹接来函内开:敝所拟与贵公司约定,如制铁所或汉阳铁厂彼此有机炉出险之事,一时不能制造钢货,如彼此情愿代造,而彼此之力亦可能做到,且比较价值相宜,货色亦能合用,拟由彼此代造,并设法使此钢货容易往来,以收通工易事之益;但如有窒碍难行之处,即作罢论。如何之处,即祈示复等语。敝公司为通工易事起见,自当查照来函办理可也。

顺颂

日祉

汉冶萍有限公司总理　盛宣怀

协理　李维格

汉冶萍公司与邮传部订立预付轨价洋例银二百万两合同
宣统三年六月初六日(1911.7.1)

邮传部款项处(此后称部款处)今与汉冶萍煤铁厂矿有限公司之汉阳铁厂(此后称铁厂)订定预付轨价合同,条款如左:

一、邮传部为欲铁厂扩充造轨,以应路需,由部款处预付铁厂轨价汉口洋例银二百万两,由铁厂另立印据,每张十万两,注明收银日期,交部款处收执。此项预付之款,自铁厂收银之日起,周年六厘计息,六个月一结,于每年六月底、十二月底两次结算,应收息银仍作预付轨价之款,亦由铁厂另具印据交部款处收执,亦一律照数计息。

二、此款自宣统四年起,每年由部款处于部辖各路轨价内扣还银四十万两,至宣统八年止扣清。每次扣还本项即行止息,并将印据由铁厂批明扣还银数,仍交部款处收执,其余仍旧行息。其积欠利息,亦于宣统四年起至八年止,分年匀数摊扣,如遇并无轨价可扣之年,或轨价不敷应扣之数,由铁厂缴还现款,收回印据。

三、凡各路向铁厂定购钢轨合同订妥后,如何交货付价,应由铁厂将详细办法知照部款处备核。

四、凡已经扣付轨价数目,应由铁厂每次详开清单寄部款处核对。

五、合同订一式两份,盖印签押后各执一份存照。

邮传部款项处　于焌年

汉冶萍煤铁厂矿有限公司汉阳铁厂　李维格

宣统三年六月初六日

（三）股息

公司董事会呈农商部文

民国三年二月六日（1914.2.6）

为呈复事。

奉大部指令：据侨日商务总会总理吴作镆呈，在浙江慈溪本籍创建中等实业学校，以汉冶萍公司优先股一千股银五万元作为常年经费，因该公司光复后股息填给股票，以致校费无着，请令饬发给现款，以维教育等情到部。抄呈令饬该公司按照所呈，参核现状，酌量办理，并将对于该校所管股息，可否通融办理情形呈复等因。并抄粘呈一件到会。仰见大部对于教育实业统顾兼筹，莫名钦佩。伏查集股营业，股息所出，悉本于营业之盈余，敝公司自经革命以来，两丁困厄，杌陧情形，几致破产，不得已始有此次赓续原约借款之举，盖一以偿重利到期之外债，一以为扩充厂矿之要需，冀其出货增多，力图恢复，当此救亡图存之际，安有余利可言？若以借款充息，不惟为债权所干涉，而剜肉补疮，仍重股东之担负。上年股东常会以辛亥股息截至八月光复日止，壬子股息以是年开炉日起，并算每股四元，填给股票，报经到场股东一致赞成，宣布照办。实以各股东目击艰危，不得不纾其所急，事非得已，良用歉然。兹吴作镆以股息充作学费，请发现款，本有理由，惟股票付息，无论其为个人所得，为捐助公益，在公司初无区分之理，自未便因一人所请稍涉歧异，致启竞争。理合备文呈复，为此呈祈大部俯赐鉴核施行。此呈

农商部

公司董事会致株萍路局函

民国三年四月二十五日（1914.4.25）

株萍铁路局局长、副长均鉴：

径启者，接准公函，以贵路旧存萍矿局历年运费余利公积金余业租息

各款,当辛亥光复之际,路归湘省代管,经由前湘都督谭札查总数,银洋合计,共合洋四十三万一千三百三十元有零,时矿局骤难归款,复经前湘督札填矿股,由湘保管。民国二年一月,路复部辖,此项股票亦奉部令收回。惟查每年股息均未动支,计自辛亥十二月初十日起,至癸丑十二月初十日止,应得股息应请照数支付,函嘱查照见复等因。

查辛亥八月十九日武汉军兴,汉厂即停炉闭厂,萍矿亦相继停工,直至壬子年冬间,汉厂始将炉座修复开炼,上届股东常会当将辛壬两届股息应如何支给提出公议,金以停止营业期内自无发给股息之理,且经此巨创,借款发息,剜肉补疮,仍增股东担负。议决:辛亥年股息以是年八月十六日为止,每股派息二元五角三分三厘,壬子年股息以是年开炉之日起,每股派息一元四角六分七厘,凑成四元,并填息股,并以旧股票年代变更,应请换新票,以资信守等情,宣布在案。贵路股票系填明辛亥十二月初十日,已在军兴停工之后,无息可计,壬子股息,自应照股东会议决每股一元四角六分七厘办理。惟贵股票系填在辛亥冬间,当系旧式股票,亦应请换新票,即请贵局将股票寄交上海敝总事务所会计所更换,并将壬子息股一并填奉,以归一致。至癸丑股息,容俟本届股东常会公议后,再行奉闻。此复。顺颂
公绥

汉冶萍公司董事会谨启

公司董事会致交通部函
民国三年十一月二十五日(1914.11.25)

敬复者:

奉一四七一号公函内开:本部所辖株萍铁路,此次因修复水患,需款万急,查贵公司应付该路矿股壬年利息一万二千余元,癸年利息三万三千余元,共计四万七千余元,应请一并给现,交付该路,以备工费之用,并请转饬矿局除运费外,七个月各月垫付该路一万元,俟修复工成后即由该路如数匀还,并速见复等因。奉此,伏查集股营业,股息所出悉本于营业之盈余,敝公司自经改革,受创最深,杌陧情形,几至破产,上年股东常会当将辛、壬

两届股息应如何支给提出公议，金以停止营业期内固无发息之理，即开炉后经此巨创，亦非数年所能回复，如借款充息，不惟为债权者所干涉，而剜肉补疮，仍重股东之担负，辛亥年股息应以是年八月十八日止，每股派息二元五角三分三厘，壬子年股息应以是年修复开炉之日起，每股派息一元四角六分七厘，凑成四元并填息股，全体议决遵行在案。株萍路矿股系填在辛亥冬间，已值军兴停工之后，无息可计，壬子股息自应照股东会议决息股办法办理。本年四月路局陈局长函请发息时，业将以上情形详复。至癸丑股息，因本年未开股东常会，尚未议定办法，然以目前窘迫视上年为尤甚，救亡图存之不暇，安有余利可言。当不出于以息作股也。承示运费外，每月垫付一万元，工竣匀还一节，以该路修复需款之时，路矿相维，谊应遵照，无如势处困难，开矿经费日在支绌之中，下月矿费尚在无着，前股东会预算节略内尚有拟借欠运煤车价一条，敝会明知大部为难，不敢据以上请。惟有函嘱矿局每月运脚按月结清，不得拖欠。聊副尊命，稍释歉忱，凤荷维持，尚乞鉴恕。谨复

交通部

汉冶萍公司董事会谨启

商办时期(二)
(1916—1948)

一、综合

（一）董事会、股东大会议案

公司董事会常会议案

洪宪元年二月二十六日（1916.2.26）

洪宪元年二月二十六日即旧历正月二十四日常会。到会者：王子展（代表沈仲礼）、李伯行（代表林薇阁）、张知笙、杨绥卿（代表周金箴）；查帐谢纶辉、杜炳卿诸君。

盛会长因病未到，函请王子展先生代表主席。

孙会长函：前为辛亥资遣洋员，要求赔偿，请付仲裁一事致函外部，顷得曹次长复函并附抄各件，照抄一份送请查核办理等语，查抄件内，比、和二使照会除柏森尔、贺佛朗、沙冷三人，和馆允交仲裁，并附仲裁条件一份外，其余所索之款，均称应当付给，不待仲裁。

又续函：接曹次长函，谓比、荷工人索赔案，合同既明定可交仲裁，公司仍可依据合同驳复，最好将合同原文引入，以便转复两馆。

王代经理对于前函开具意见书四条：一、英文草拟仲裁条件，请将原文寄阅；二、柏森尔等三人委任和公使为仲裁人与法不合，应请另举公正合格之人；三、洋员所索三百元或五百元，均系事后加入，不能承认；四、所有索偿，殊无理由，实因外部提回赔偿剩款时允为设法负责之语，有以启之各等语，一并提请核议。

公议：此事既付仲裁，自应将全案一并交由两方公正人评判，以昭公允，即照曹次长续函依据各工人雇用合同条件及参以王代经理意见四条函复。

王代经理函:前向美国列德干利厂订购冶厂化铁炉,业经报由董会核准,查当时列德厂代理三井行交来清单内,有须增改者共十一款,本嘱照增改方允签约,三井当即承允。讵嗣接美厂电,竟须加价美金二万二千六百六十元,另有炉顶由单盖改作双盖,要求加美金四万二千三百五十元。查炉盖由单改双,系吴任之在美时,所交清单未曾说得清楚,今请追加,业已会商吴任之、大岛,照允加增。至前开增改之十一款乃三井所允,自应由该行负责,已经驳拒,俟得复再闻等语。

公议:冶厂所订炉座不能不用双盖,既由吴任之、大岛会商,照允加增,自勿庸议。惟应照改十一款之加价,从前签约时三井业经允诺,断不能于订约之后翻请追加,应由三井负责,公司不能承认。

王代经理函:公司曾于民国二年派程文熙留学比国,专习冶炼钢铁,订明学成在公司效力十年,前年因比国被兵,该生避往英京,适吴任之因公到英,商由勋派至英厂实地练习,现已回华,派往汉厂。据吴任之函称,该生学识尚浅,只合月给一百两以下,而渠必欲如志愿书每月二百两,拟即辞退,任其他就,但所付学费合银三千二百余两,应否免追,报请核示。

公议:程生文熙既据吴厂长函称学识尚浅,自不能给以优薪,致滋糜费,应即辞退。所有学费照章追缴。

王代经理函:公司昔年资派陈宏经留美,学习机器,上年三月回国,派赴汉厂任拉钢厂工司之职。兹吴任之函称:陈君学问虽有,人地不宜,请调沪任用等语。查陈君志愿书头两年月薪二百两,系专指在厂服务而言,若调司文牍,仍支原薪未免过费,如任其另就,则从前学费是否免追,并请核示。

公议:陈生宏经既据吴厂长函称,人地不宜,所请调沪任用,自勿庸议。至学费本应全追,因念其在厂服务年余,应查照该生学费数目,追缴十成之八,以示体恤。

王代经理函:前孙会长介绍之徐恩第,在萍矿充副工司,当时订明试用一个月,再行酌定。现黄绍三函称:徐君办事称职,拟与订立三年合同,第一年月薪二百两,第二、三年二百五十两,如核准即复令照订。

公议:萍矿用人,现正筹议规定员额员薪,徐君恩第应俟规定发表时,再行议订。

会计所长函:据萍矿屠收支函,矿用兑换券,政府既严加取缔,似未便照旧行使,业经函复湖南财政厅声明已截止不发,其发行在外者尚有四、五万元,拟以五六个月为限收清,并报请董会核定,刊登广告。又孙慎卿君条陈改用煤券,拟于三、四月内行用,不知与部饬有抵触等语。可否即照所拟限期收回兑换券,并改用煤券是否可行,并请核示,以便转知该收支遵办。

公议:矿用兑换券既经函复湖南省财政厅限期收回,办法甚是;煤券已经盛会长批准试办,应由该矿收支拟具券式,送会核定,以便印刷寄矿,即以此项煤券以为收回兑换券之用,即由会计所函复知照。

冶矿徐坐办函:公司捐助冶县地方公益费一案,上年承准以二千两为冶矿捐款,以二千两为冶厂捐款,经史前县行据绅士禀以不能将矿厂并为一谈,函矿为地方申请,曾经抄函请示,兹又准陶知事函申前请,兹再抄寄,可否准将年捐四千两,统归冶矿名义捐助之处,请速示复,俾便转达等语。

公议:厂矿同为公司所有,又同一区域,所捐公益费四千两,自系包括一切在内,即复徐坐办,函达县知事查照。

公司董事会常会议案

洪宪元年三月十一日(1916.3.11)

洪宪元年三月十一日即阴历二月初八日董事常会。到会者:王子展、李伯行(兼代表林薇阁)、周金箴、沈仲礼、杨绶卿(兼代表张知笙);查帐谢纶辉、杜炳卿诸君。

盛会长因病未到,函请王子展先生代表主席。

盛会长函:大冶新厂布置一切,均系大岛、吴任之二人会商定见,目下中国无人能胜此任,只得暂派吴任之兼充厂长,而以大岛兼充总工程师,以资熟悉而免纷歧。前与任之面商委任条款,并与大岛面议用人一切章法,已由任之会同阁臣代拟大岛委任书一份,已酌量改正,送请会议。

公议:大冶新厂开办在即,盛会长委任吴任之兼充厂长,大岛兼充总工程师,计画极为妥协,委任大岛条件权限亦极分清,一致赞成,应即照办。

盛会长函:略谓近来煤焦价格飞涨,我公司由宝丰代销所订合同,第十九条载明,煤焦市面消涨至五钱者,一年一议,以期各得其平等语。查煤焦价格涨至五钱以上为日已久,前曾提议加价,以阁臣及鸿沧因循坐误,现在价格既与曩昔大殊,自当照合同办理,断无坐视公司吃亏之理,已函嘱阁臣,速照时值与宝丰重订价格,一面函致总稽核顾君会同筹议,务请诸公督率进行,克期办妥。

公议:宝丰销煤合同价格,本订明消涨至五钱者,一年一议。查上年十一月宝丰要求减价,比时王代经理报告煤价并未涨至五钱,是以公议不能不仍照原价,只嘱减额交煤在案。本年煤价虽已涨至五钱以上,然未至一年,自未便议加,一俟本年合同期满,即收回自办为是。

王代经理函:萍矿洋员史奈达等十九人索赔辛亥损失一案,久悬未结。上年函嘱王文柏君与驻汉德领往返磋商,定议将所存公兴栈器俱拍卖后,由公司与索偿人认贴一半。兹据王君来函谓,拍卖已毕,特将公司应付之款开列总清单一纸,计公司付过九百五十一元二角外,现在应找洋例银一千八百七十八两七钱二分,又洋九千四百十七元三角四分,照开汉文清单转请核准照付,了此交涉。

公议:查上年九月王代经理转据王文柏函称,议结认赔各款,出具四年十二月一日期票一纸,交存驻汉德领,到期照付,所余未结之款即拍卖器俱一项,询据王代经理面称,此项期票,上年并未兑付,是此次单开之数自系一次付清。但上年函称,此案全案了结只需一万七、八千元,此次来单银洋并计已在二万元以外,前后数目何以不符,应将前今函单送请总稽核处,复核报会,再行核议。

王代经理据萍矿李、黄两君函:以滇事影响,湘西不靖,鉴于辛亥革命洋员仓猝离矿,事后要求赔偿,预筹安置之法,现拟通函在矿各洋员,如湘警逼近,宽限十日离矿,一切什物自带,照合同各给三个月薪水并川资,取具各人收清薪水,带齐什物,离矿后于本矿及公司无涉草据;倘有情愿在矿供职者,亦必取具遇险殒命于本矿及公司无涉,其家属不得向本矿及公司别有要求草据,并须驻湘德领签字等语。查此次办法甚为周妥,报请核准,电知照办。

又据续函称:查萍矿德员六人中的二人合同已满,随时可以辞退;其四人合同期满,一在七月,一在九月,一在十二月,一在明年一月,若此时一总发表六人离矿,则每人均须发薪三个月,似不合算;且湘事近尚安靖,似未可过事张皇。拟将各洋员合同未满以前三个月知照不再接订,如自愿接续者,再照黄、李所拟办法,且不订年限,随时停止,似此则尤为周到,可否?并请核议。

公议:王代经理续陈办法较为周妥,萍矿洋员合同已满者,停止;未满者,准于三个月前知照,不再继续;如合同未满期内,设有危急情形,再照李、黄两君所拟办法办理。即由代经理函复查照。

王代经理函:据冶矿杨华燕函称,据制造处主任丁祥麟陈请,病假三个月,丁已年迈,拟准辞退,即以扩充工程处谭炳章补充。惟丁祥麟于前清光绪十七年到冶,现薪一百元,服务已二十余年,现因年衰辞退,可否给予一次养老金若干,以示体恤,请核示。

公议:丁祥麟辞退,请以该矿工程处谭炳章补充,应由代经理询明谭炳章调充后,谭之遗席是否添人,如不添人,不另加薪,复到时再议丁之养老金可也。

王代经理函:沪栈管栈洋员曼纳士上年九月准假回国,由该员托人代理。前接该员来信,已任军职,不能来华,应即另觅妥人补充。兹查有向在招商局杨家渡管栈之洋员安美那,堪充此选,经与接洽,亦愿照曼纳士合同条件受雇,月薪由二百二十五两至二百七十五两为止,订期五年,函请核准照雇。

公议:查现拟雇用安美那,人尚妥当,所订月薪与前洋员曼纳士薪数并无出入,应准照订。

王代经理函:宜昌锰矿上年派员勘探,成色极佳,惟孕藏不富,运道艰阻,自开殊不合算,兹有丁吉旋君愿自备资开采,运至汉厂交货,每吨索价洋二十五元。查常未最好之矿,成分约百分之三十分,现在成本约银七两,宜矿以百分之五十分为标准,拟每吨给价洋十五元,丁君尚未肯承包,应如何与之议价之处,请核议示遵。

公议:宜锰虽成分较优,每吨已出价洋十五元,实不为少,应与丁君磋商再议。

王代经理函:据冶矿杨矿师华燕函称,以修理日员住宅,最初估价约二千两,后经招匠承包,实需工料银二千八百六十四两,已蒙照准,并奉会长谕,派华燕监修。现查该宅墙脚松坍,不能就用,必须重做,为原估所无,屋之持久全恃墙脚之坚固,因与议价,需加工料银二百两,合计经费需三千零六十四两,日署监修员已签字认可,克日兴工,限四个半月完竣等语,用特转陈查核。

公议:所请加价为数有限,应即照准。但墙脚之必须稳固,尽人皆知,何以原估时并未计及,一再追加,殊非核实之道。嗣后凡有工程,必须逐细一次估足,只有估价之后核减,而无一加再加之理,应函知厂矿查照。

公司股东大会议案
民国五年十月三十一日(1916.10.31)

中华民国五年十月三十一日下午二时,假上海总商会开股东大会。到会者六百六十四人,计十四万八千二百三十五股。

李副会长主席宣言:今日开股东大会,所有报告事项,详具刊件分送。所应解决者,计有两事。兹将第一事简单报告:本公司与日商安川商订合办钢厂及生铁供给一事,当订立合同时,在制铁所函订每年铁额之前,近接制铁所来函,从后年起,年需交铁二十余万吨,至最多年额则需三十一万五千吨。此事最要关键在自己出产能以供给,并与制铁所磋商减额能以办到以为断。合同内本订有附件,声明须俟本公司此次股东大会通过,方生效力。应请诸君详细讨论。

股东联合会代表傅筱庵先生起立宣言:合办钢厂及生铁供给一事,详阅董事会报告书及合同条件,均悉。此举董事会为生铁上筹销路,即为营业上谋发展,股东等无不欢迎。但所虑者,供求必须相应,斯应付不致为难。制铁所每年应交大宗生铁,关系借款合同信用,最为紧要;此外,复有本厂自用及国内外销额,亦关营业进行,必须就汉冶两厂产额切实通筹,方免顾此失彼,务请董事会督同办事人先与制铁所将按年交额切商定议后,再将自用、外销各额面面顾到,尚有盈余,即可履行。在会诸君是否同意?请表决。众鼓掌。

农商部代表王槐清先生起立宣言:适才股东傅筱庵君所言极表赞成。惟鄙人对于合同条款尚有疑义,按生铁供给合同第三条,既订明在大冶交货,自应以在冶所交吨数为准,何以第六条又有秤量在钢厂圈内行之之语?又第九条,将来钢厂对于公司表示拟享受本合同所订利益之意思云云;又第十条,钢厂与公司间合同成立时,本合同当失其效力云云,词句间甚为费解,应请原经手人简明解释。

王前兼代经理登台答复云:生铁外面向有一层泥沙,一经搬动,必即剥落,故在大冶所交本系一千吨,而运至日本复磅,往往不能足数,所以第六条订明秤量在钢厂圈内行之,即公司运交日本矿石另有加耗,亦属此意。至第九、第十两条,因此次所订尚属草合同,即该钢厂亦尚在筹备中,将来钢厂成立后,尚须另订正式合同,所以有将来享受利益及钢厂与公司间合同成立时,本合同当失其效力之语。

股东汪幼安先生起立谓:傅股东所说,鄙人均极赞成,惟生铁吨数总以在大冶过磅为准。

主席宣言:顷间傅筱庵先生宣言,合办钢厂、生铁供给一事,大致以必须供求相应,此项合同方能履行等语,为最要解决,深恐诸君有未尽悉者,兹嘱书记照录傅君宣言,当场贴布并宣读一过,再用起立法表决,以期周至。书记朗读毕,众一致鼓掌,起立。复由傅筱庵先生起言:此案今日虽已表决,惟供给生铁,如何方能与本厂供求不致支绌,利益不致妨碍,仍请董事会通筹兼顾,妥慎办理,随时与股东联合会接洽为要。众鼓掌。

主席宣言:合办钢厂事已承诸君解决。兹将第二事报告,即股息问题。

本公司经济困难已达极点,尚何股息之可言?各股东若能俟至营业发达后再发股息,实系正办,此时若议发现息,真无异挖肉补疮。但各股东投有巨资,四年无息固多缺望,而股票跌价有关信用,于公司前途亦不无影响,今于无可设法之中,姑拟筹发四厘现金,四厘仍填息股,惟款巨难筹,何时方能筹到亦尚无把握。股东为公司主体,此项办法是否行,请诸君公议。

股东傅筱庵先生起立谓:股东盼望发息业已数年矣,今会长所说半发现金,半发息股,在股东一方面因念公司经济困难,固不敢过于要求,然以维持票价而论,四厘现息断不可再少。在会诸君如以鄙言为然,请起立表决。全体起立赞成。

主席云:诸股东虽然如此要求,然公司此时实无现金,各股东必欲为挖肉补疮之举,尚须宽以时日,设法筹措。

傅君又云:政府恤商惠工,本有保息政策,如果公司不能筹措,可向政府商借。农商部现有代表在此,即请就近与之磋商,谅无不乐于维持。

农商部代表王槐清先生起立云:"政府"二字意义甚广,不能专指农商部一部而言。在农商部,对于公司为主管衙门,对于公股则为股东资格。今日鄙人到会,系代表农商部之股东之资格,非代表农商部之行政机关而来。发息一事,在股东方面无不乐从;然以公司状况而论,若鄙人为农商部代表,照维持实业理法言之,不但现息不能发,即息股亦不应填。

傅君又云:王槐清先生所说系官股代表口气,不知商股全仗有息方可维持,票价抵押周转,此乃中国商场习惯,不得不尔。王君既云息股亦不应填,应请将官股免息,我等商股惟有恳求部代表格外提倡,设法维持,务求发给现息四厘。

王君又云:保息借款系农商部行政之事,敝代表不便置词,连官股免息之说,统应由董事会径与农商部长官函商办理。

股东汪幼安先生起立谓:王槐清先生所说意思不错,但闻农商部于保息一层业已定为政策,今日各股东所要求保息借款以及官股免息各节,正与大部宗旨不相违背,王先生既系农商部之股东代表,应即由董事会先与磋商定见,再答复股东,其言下大有立请决断之意。

主席云：众股东既如此要求，会时短促，此事亦非一二言可以议定，况代表未必有此全权，只得由本会一面与部代表王槐清先生详细磋商，一面切实恳请农商部格外维持。容俟商定如何办法，再行函请股东联合会转知各股东。众鼓掌赞成。时已三点半钟，遂遥铃散会。①

公司董事会议案

民国五年十二月三十日（1916.12.30）

孙会长报告：本公司总事务所移设汉口一案，业经议决。此次总、副经理周巡厂矿，逐细调查，具有改组办法，亟待决定，鄙人由京来沪，现拟定期约同本会诸君赴汉开会议决，以便定案实行。

盛君泽承报告：改组办法已由夏经理拟有纲要条件，此事至迟必得在明年三月以前决定，即可部署一切等语。

公议：改组事关重大，自应及早进行，惟阴历年间，伊迩同人各有商业羁绊，不克分身，总、副经理现拟有改组大纲，请先寄会讨论，俟明年阴历正月底或二月初间，会长能抽身南下到汉，请预期电示本会同人即赴汉口齐集，正式会议通过，似此则时间稍舒，办已先有研究，似较年内匆促赴议为胜。

公司股东大会议案

民国七年一月二十七日（1918.1.27）

中华民国七年一月二十七日下午二时，假上海总商会开股东大会。到会者九百八十一人，计十七万八千一百六十六权。

李副会长主席宣言：孙会长在京不能与会，由鄙人代表报告一切。第九届帐略业经刊布，众股东当已阅过。公司营业历届并无赢余，去年因欧战之故，获利一百三十余万。上届发息，照本公司章程按八厘核发，四厘现息，四厘息股。今届董事会于去年九月二十五日提议，给现息六厘。诸君

---

① 原件附有《汉冶萍公司与日商安川议订在日合办钢厂及供给生铁合同报告书》。

须知,民国三年一月十三日颁布公司条例,官息不得过六厘,本公司章程定为八厘,历年填给息股皆一时权宜之计,现拟照六厘发息。诸君以去年现息四厘、息股四厘为善乎?抑以此次六厘现息为善也?请众股东公决。

股东傅筱庵先生起言:九届给息六厘可以照允,惟章程所定八厘官息刊在股票之上,不能取销。众鼓掌。

李副会长报告与鄂代表会议经过情形,言上年九月间湖北省议会公举代表李宗唐等五君来沪,赍有湖北省长暨省议会公函,要求续议鄂省股权地权一案,嗣经会议,据鄂代表开来条件:一、股权,请将鄂省官本遵照公司章程一律填给股票股息;事权均照公司章程办理;一、地权铁捐,仍照案按吨缴纳,并索缴砂捐。当经依据本公司招商承办奏案,一再辩论,并将历次面谈笔录函报股东联合会议复。旋准复称,本公司由官督商办改为公司,不过内部组织性质虽有不同,其承受官厂官矿成案依然存在,铁捐归还官款,永远报效,改为公司后再三申明,今欲改填股票,更纳铁捐砂捐,是变更成案,增加公司担负,本会同人不敢赞成;无已,仍须商之全体股东或俟股东大会取决等语。据以转复鄂代表,并谓历年铁捐皆由兵工厂用料划抵,现公司正呈请中央准将兵工厂料价按批付现,如能邀允,此项铁捐当然缴送鄂省。将来出铁日多,缴捐愈巨,于鄂省财政不无裨益。至于砂捐,倘日后另开新矿,自应按照矿章办理云云。去后,讵鄂代表复函,逐条驳辩:一、吨铁两银缘官督而发生,官督取销,吨铁两银抽还官本之规定自连带而变更。二、因有官本而取股权,有地权而收铁捐,不炼铁而售砂乃争及砂捐。凡兹权利,悉孳生于义务,何得谓之增加担负?三、另辟新矿再按矿章办理,贵公司既认照抽,何以预拟于不可必得之新矿,而转靳于开采多年之旧矿等语。本会以鄂代表持议甚坚,难于就绪,即照录来函,寄请孙会长核夺。适夏总经理赴部,请领鄂城采矿执照,而鄂代表亦以会议事呈诉农商部,因即在京商承孙会长,与鄂代表继续开议数次。湖北一方面非但不稍让步,且请领灵乡矿区为本公司生出障碍,又添出两条:一、自本公司改为商办日起至填股日止,将官款照商股八厘计息,结还现金;一、将汉厂地基议给时价。至是,而鄂人要求声调愈高,当答以俟归沪报告公司公决。昨又接湖北王督军及孙会长来电,当众宣布。

股东汪幼安先生起言:改归商办时系由前鄂督张文襄经手,共作价五百六十余万两。当时因无现款,议抽铁捐,每吨抽还银一两。历年以来,已抽还捐银一百余万两,余欠之数,按照合同须挨年抽还。光复之后,鄂省即以时势变迁,前议作废,要求将欠款四百余万一次还清,而铁、砂两捐仍要公司照出。鄙人意见,鄂省要求一次还清固无不可,惟须倒贴公司利息,乃鄂省非但不肯倒贴利息,反要公司认彼利息之外,铁砂捐尚须永远抽付,照此计算,鄂省要索之款不啻三倍于欠额,我股东如何能承认此无理之要求?孙会长电述农商部调停,办法亦不明了,如谓填一半股票,则其余一半当如何?如谓填一小部分股票,则其余一大部分当如何?此层办法鄙人绝端反对。众鼓掌。

傅筱庵先生言:公司接收官本只有二百余万,历届帐略可以为证,除历年吨铁两银抽还百余万外,实欠之数不过百余万,俟抽清之后,官本一项将永远消灭,此事本不成问题。即现在抽还官本期内,商承官厂于亏折之后,如抵受店底生财,双方议定之价无更改之理,即无讨论之余地。湖北代表无理要求,董事会本不应与之接洽,现在吾股东组有联合会,鄂省要求万不承认。众鼓掌。

股东谢蘅牕先生起言:商承官后,乃张文襄因官力不继,做此圈套。盛前会长招商承办,乃公司之维持鄂省,非鄂省之维持公司也。且商局系承官局之产,其款应隶中央,非鄂省独有,故不能承认鄂省之要求。

股东沈联芳先生起言:鄂省官款,照帐略所开,移交旧厂作银二百七十八万七千九百余两,历年抽还铁捐一百余万两,余欠只有百余万两。如鄂省必欲一次还清,应须算还公司利息。况且按照张文襄原奏案,其款非尽鄂有。鄙意由董事会及股东应将会议情形分电农商部,请速发矿照;一面复电王督军声明理由,公推汪幼安先生起电稿。

汪幼安先生言:拟电稿立论约有二端:或绝端拒绝,或表示稍有商酌余地。请择定一端,以便起草。公议:稍缓,由股东联合会主稿。

汪幼安先生又言:此次复电中,须声明夏总经理在京所议让步暨鄂督军来电、孙会长来电,众股东均不承认。

股东庄得之先生起言:公司只照旧案办理,前由官办改为商办,固是奏案,后改公司,亦是奏案,均经奏准中央,无可置议。所有填股、还现各种要求,可概置不理。一切均应仍照原案办理。众均起立赞成。

李副会长言:诸君所言自是正理,惟矿区在鄂,矿照未领,纯用激烈对付,办事人如何措手?

沈联芳先生言:如董事果有办法,有把握能可不失权利,报告股东再行公决。

李副会长言:公司更有紧要问题,是为矿石,俟新厂告成后,汉冶两厂之需即无从供给。公司本有象鼻山及鄂城两处矿产可以开采,而屡请矿照不得,长此以往,困难情形必益加甚,局外不知,必以为办事之人未先筹备,不得不预为声明。

傅筱庵先生言:今日农商部派实业厅长张轶欧先生代表莅会,我等应请张厅长代股东向农商部陈请,速发矿照,并请张厅长登坛表示意见。

张厅长登坛尚未发言,傅筱庵先生言:张厅长今日莅会,将代吾股东向部陈情,吾等当全体起立表示敬意。全场一致起立并鼓掌。

张厅长登坛宣言:鄙人此次代表农商部股票为股东,非代表为农商部也。对于职务上言之,则无以奉答。然鄙人前在部办事,正值公司请照之时,于此中情形略知一二,可以私意为诸君告焉。论普通矿业条例有优先权,如象鼻山曾有咨案,俟公司矿砂不足,鄂省当照原价售与公司;鄂城铁山公司请照在先,更为自有之利,农商部无不给照之理,如其不给,虽控之于平政院可也。无如铁矿一事,自国有问题发生后,订有特许办法,划出矿业条例之外,准驳应由国务会议取决,是将法律束缚完全打破。故公司第一次请照,即为合肥内阁主张所反对,遂即打消,是为阻力之一;此外即鄂事问题,鄙人之意,对于中央阻力,尚可设法疏通,至鄂人一方,须要各位股东悉心设法方可解决。且中央政府,并非有意与公司为难,观于民国初年,政府对于公司期望极深,维持亦切。自大借款成后,感情稍变,至四年中日交涉事起,舆论尤激,此即阻力之大原因。公司欲免人言,当知自奋,必须实在立于不败之地，使人无可藉口，乃是正当办法。

傅筱庵先生言：张厅长所言极是，本公司至为心感。惟公司无矿何以为自立之基？今众股东拟电请农商部请给矿照，务请张厅长亦发一电致部。

张轶欧先生应允，遂自起电稿致部。汪幼安先生将股东致农商部请给矿照之电当众宣布。

傅筱庵先生言：今日在总商会开会，应请商会领衔。

商会总理沈联芳先生应允。

汪幼安先生言：鄙人对于本公司章程股权一节，提起一种动议，按公司条例第三节，股东会第一百四十五条，公司各股东每一股有一议决权，但一股东而有十一股以上者，其议决权之行使得以章程限制之等语。盖公司股东会原系征求股东多数意见，若股权漫无限制，则一、二人之大股东可以专制全体，于公司营业前途甚有重大利害。拟请更定本公司行使股权章程，凡股东一户至多以一千权为限，无论有超过一千权以上若干股份，均以此为限制，其一千权以内，原有递减折算权数办法，仍照原章办理。如股东公议表决通过，则请依照公司条例第一百九十九条，将本公司原有章程关系股权一条，按照此项议案修改。经傅筱庵先生重将此议宣告，全体起立一致赞成。请主席列入决议录。

李副会长言：本届董事、查帐员任满，应请诸君另行选举。

周金箴董事起言：董事九人，查帐二人，在大公司中人数实嫌太少，今届董事应举十一人，查帐四人。

傅筱庵先生言：董事人数既嫌其少，可以增加。惟两年之中公司转亏为盈，旧董事之功自不可没，且现在鄂省之交涉、矿照之请求均未办竣，遽易生手，恐难浃洽。照各公司条例，可留用旧董事三人，但各公司旧董事留任具用抽签法，鄙意不如用议决票选留。众均起立赞成。于是股东投票，投毕，由股东公推张轶欧、陶兰泉、宋德宜、费云卿四君监视开匦检票。

计留任董事三位

孙慕韩先生　四万六千七百五十七权

李伯行先生　三万七千八百三十四权

周金箴先生　二万〇〇四十六权

当选董事八位

盛泽承先生　二万九千四百八十六权

杨缓卿先生　一万八千二百四十一权

傅筱庵先生　一万五千七百二十七权

张知笙先生　一万五千四百五十三权

沈仲礼先生　一万五千一百五十六权

邢冕之先生　一万三千四百二十一权

陶兰泉先生　一万二千二百二十二权

吴锦堂先生　一万〇九百八十四权

董事次多数

顾咏铨先生　五千四百六十八权

王颂坚先生　五千二百四十九权

夏棣三先生　三千九百十七权

严松涛先生　二千八百五十九权

王星北先生　一千六百〇四权

徐冠南先生　一千二百八十八权

王一亭先生　三百七十七权

李云书先生　三百四十五权

吴蔚若先生　三百三十二权

施子英先生·一权

当选查帐人四位

沈联芳先生　三万七千九百五十二权

谢纶辉先生　三万七千一百五十四权

林薇阁先生　二万八千三百九十九权

刘襄孙先生　二万二千三百〇五权

查帐次多数

邵子愉先生　一万〇六百二十三权

盛莱荪先生　四千一百三十八权

汪幼安先生　四千〇二十八权

何升如先生　一千二百八十权

朱五楼先生　七百十六权

张知笙先生　五百七十六权

李朴臣先生　四百八十权

宋德宜先生　四百十六权

吕镜宇先生　三百三十二权

庄得之先生　三百二十权

傅筱庵先生　二百九十七权

盛筱珊先生　一百十权

陈安生先生　三十六权

厉树雄先生　二十一权

王颂坚先生　十权

陶兰泉先生　六权

王一之先生　一权

当场宣布后，时已六点半钟，遂摇铃散会。

［附件］　经理报告书

鄙人等承董事会委任，承乏总、副经理，就职以来，时逾一纪，今当召集股东大会，谨将经过事实撮要报告，幸垂鉴焉。

一、议订交日矿石生铁加价、交额。查民国二年十二月二日新借款别合同载明，四十年内公司允除已订合同外，售与制铁所矿石一千五百万吨，生铁八百万吨，其售价以制铁所通告时，制铁所购入价值为标准，制铁所与公司商酌议定；又附件声明，必须双方协定，制铁所无勉强公司允照制铁所购入价值之意，以昭公允各等语。订约之时，鉴于旧合同价格订定，无伸缩余地，故售价订为双方协定，用意深远。惟矿铁两项交额，虽有矿石二年前、生铁三年前由制铁所知照公司,互相协定分年相当数目之规定。然以四十年内,除已订合同外,订交如许巨额,亦须通筹缓急,方能应付。民国五年九月,日本制铁所通告公司按年应交额数,因函商不得要领,当经陈由董事会议请高等顾问李一琴君赴东会议,先议售价,次及交额。制铁所谓:照合同订明,以购入价值为标准,购入之价即贵公司生铁、矿石之价,可仍照旧价计算;购额既经订明,年限吨数自应照通告之数分年照交。迭经李君反复辩论,并告以借款添炉受欧战影响,致成炉出货均出预算范围,情形至为困难。要求生铁照英铁计值,涨落随市,矿石每吨照原价日币三元加半;交额连新旧合同并计,前二十年宜少,后二十年加多,以纾厂矿之力。函电往还,磋商再四,始议定生铁售价,照交货前一年英国克利夫伦三号瓦伦兹十二个月之扯中价目及日币二十六元两数,合并折半计算为一年之定价,每年订定一次。无论英铁如何跌落,总以日币二十六元为最低限度,不再减少。矿石价为每吨日币三元八角。交额:矿石自民国九年起,生铁自十年起,新旧合计,均于四十年内交足如约,惟须酌量支配,分年照交。又以民国五年度旧合同应交铁额本为八万吨,先是制铁所长官来华过沪时,经李会长商允减交两万吨,李君到东会议时,又商减一万,计交五万吨,并以每吨成本实合现市日币四十二元五角,售铁一吨即亏折十六元五角,要求扶助酌加。承制铁所长官允此五万吨即照四十二元五角付价。大纲议定,李君回国。

复经恩颐赴东,将李君议定各款与制铁所商订合同,并将矿石、生铁分年交额支配列表,加订旧合同矿铁交额交到至少数以外,准照新合同给价。又以历年矿石、生铁自汉冶交货后,以在制铁所过磅为准,则吨数盈亏无由自主,矿铁向有补耗,矿为百分之五,铁约千分之八,积少成多,亦属暗耗。经与改订,矿铁在汉冶磅交为准,即自汉冶开船之日付价,矿耗一百吨加二吨半,铁耗一千吨加四吨,均较以前减半。又以大冶采矿工艰费巨,六年份交额加多,商允制铁所长官,允自六年六月十八日在大冶开船日起,每吨于原价三元外加给日币四角,虽属有限,亦不无小补。至本公司所负日债息率太重,此后扩充矿山工程在在需款,与制铁所议价、交额合同签订后,并与正金总行商请协助，一为减轻借款息率，一为展缓还本年限，即以展缓还本期内之货价作为往来，透支日币三百二十万元，以备扩充工程之用，亦经正金复允照准。是役也，李君一琴开其先，恩颐踵其后，幸不辱命者，固由原订合同有双方协定之文，亦由东邻政府暨彼都人士均以亲善为怀，开诚相助，致有此良好之结果，差可告慰于我股东者也。

一、改组各机关并裁减冗员。查偕复、恩颐就职后，周历厂矿实地调查，知各部组织除汉厂外，均须力加整饬，以裨业务。兹将先后办理情形分述如下：

甲、运输所。旧设武汉萍矿运销局，运销兼管，流弊滋多；且用人冗滥，糜费过巨，实为公司一大漏卮。所管轮驳仅属萍矿一部分。与汉厂轮驳各分畛域，调度不灵，以致运输疲滞，害及出产。即于本年二月陈明董会，在汉设一运输所，置所长一，遴派潘毓初君承充，额设员司若干人，厂矿轮驳悉归节制。凡铁厂所需矿石、煤焦及售出钢铁、煤焦，均归该所专司运送，原有之洣、豹、长、岳各分栈，统隶该所管辖，以一事权，厘定规则，颁发遵守。该所专司运务，其销煤之一部分并入商务所办理，即将旧有之运销局裁撤，人员一律遣散，并将洣、岳等栈裁减六十余人，运务为之一肃。自后汉厂原料悉由该所通筹缓急，支配供给，举从前捍格之患、散漫之弊，一律祛除矣。

乙、萍乡煤矿。萍矿开办以来，习为宽大，冗滥滋多。后又以事、工两部分权而治，矿长任工，坐办任事，非涉侵越，即形放弃。本年四月间，该矿黄矿长绍三调充冶厂副长时，即陈请董会以李镜澄君为矿长，裁去坐办名目，另以金岳祐为正矿师，专管矿工一部分事。盖以明于矿学者治矿，以富有经验者长矿，庶事举而权不相侵，亦分定而责有专属。即一面责令李矿长裁人节费，为减轻成本，切实整理之计。旋据报称，先就总局及办事并附属工程各部分员司裁去三分之一，计裁六十五人；又归并骈枝机关数处，月节薪费一千五百余元。其关于窿工程一部分事较重要，已饬督同金正矿师考察情形次第酌裁。

丙、大冶铁矿。冶矿在昔事务本简，自汉厂添炉后，矿石需多，即日矿亦逐年增额,则主矿事者职务极为重要,自事工分治后,位抗权分,秦越相视。影响所及,出额不充,长此因循,必致贻误。因即援照萍例,陈请董会以现任矿长之杨华燕君调总公司,即以现任坐办之季冠山君改任矿长,取消坐办名目。矿长以下分设四股:一为事务,一为采矿,一为运务,一为材料;遴派妥员分充股长。而采矿股即由矿长兼领,股以下分设各课,各以所属之事隶之。另以王观英为计划兼扩充工程师,仍隶属于矿长。规定试行章程,发交遵守。甫于七年一月一日成立至未经改组以前,迭饬裁撤冗员,已据报裁十有余人。现在改组伊始,复经函令切实淘汰,总期人无冗滥,费不虚糜。

一、煤焦收回自办。查萍煤济厂外,余悉销售,以资周转。前有宝丰公司承揽包销三年合同,虽订有煤价涨落,随议增减之文,而煤焦价涨从未享有增价之利益,徒以廉价之煤供他人之利,大受非议。至五年年底期满,即预请董会收回自办。始而宝丰以短交为词,函商如何补交,如何津贴,继又托人来商,如果继续承销,所有短交可不计算,均经婉谢后,即由律师致函,要索赔偿损失,否即起诉。经商会调停,宝丰仍以要求续销为目的,毅然不为稍动。盖本公司对于宝丰,于法律上无责任,于情理上无欠缺,何能受彼之束缚? 本年煤价飞涨,设稍徇就,归其续销,其损失又何可计? 现宝丰已提起诉讼,本公司当请有名律师据理辩护也。

一、筹还债款。查本公司所负债务,固以预支矿石、生铁售价为大宗,而与各银行往来积欠亦巨。六年一年,筹还道胜、三井、正金、台湾、通商、湖南等银行债款,共计一百三十三万余两,并汉口各钱庄结欠,第三期还款现亦议定分期归结。当此艰难支柱之时,尚能设法腾挪,减轻担负,当亦诸君所愿闻也。

以上所述,限于篇幅,仅举大概。本公司体大事繁,整理本自不易,近年欧战延长,钢铁翔贵,煤亦增涨,营业因之稍有起色。然受其影响者亦多,大冶新厂炉机以及厂矿扩充应添机器,早在欧厂定购,因战事稽延,迄未运到,不惟冶厂工程不能适如预算,即汉厂新添两炉,前年工竣,至今未能全开,当时预算可出铁二十一万吨者,现不过十三四万吨,成本因之加重,每吨至二十五两有余。加以金镑奇贱,售日铁一吨即亏折约银十两。五、六两年,时局多故,湘鄂一有军事,煤焦运道即有阻遏。近则湘岳设防,交通阻隔,煤运中断,汉厂至忍痛购用外煤,以免停炉,损失不可胜计。此固迫于中外时势之无可如何,至最关切要之根本问题则尤在铁矿。盖此后汉冶六炉需矿甚巨,并外销之数,岁需一百四五十万吨,冶矿原有矿区万不敷用,而所购鄂城尚未取得矿业权,危险殊甚。瞻念前途,未可许抱乐观者也。偕复、恩颐任重材轻,时虞陨越,尚望诸君子有以指导而董率之,不胜大愿。

汉冶萍公司总经理　夏偕复

副经理　盛恩颐

公司股东常会议案

民国七年十二月二十九日(1918.12.29)

中华民国七年十二月二十九日下午二时,假上海总商会开股东常会。到会者六百四十人,计二十三万九千九百十六股,合十五万六千零七十八权。

李副会长主席宣言:今日股东常会,孙会长在京不能与会,由鄙人代表报告。第十届帐略业经刊布,众股东当已阅过。去年公司营业尚称发达,此为欧战正酣,钢铁价涨所得效果,尚嫌囿于机力未能多制,阻于运路不敢多采,际大好时机,未臻丰盛极境,此时局使然,实非人力有所未尽。现在欧战已停,外洋订购机件当能陆续运到,大冶新炉明年自可次第完备,出货必多,国内人心厌乱亦能渐趋和平,运道当不致再有梗塞;而湖北灵乡及江西城门山两处铁矿,已由总经理在京与两省官绅逐细磋商,现已略有眉目,将来公司营业如无意外顿挫,必能蒸蒸日上。即欧战停后铁价未必增涨,然各国为善后计,一时亦未必就有铁来,本公司钢铁仍可居于优胜地位,此可为诸君预告者也。上年得毛利银三百四十八万六千余两,较前年所得为多,本年已届年终,悬拟盈余,更可较上年所得为多,此更可为诸君告慰者也。当经理提出帐略之后,董事会临时会提议,公司以股东为主体,此次获有盈余,悉赖各股东坚忍不挠之力暨各执事奋勉从事之功,议发头等优先股息,每股五元四角;二等优先股息,每股五元二角;普通股息,每股五元。余提十分之一,为办事人酬劳。结盈净数为一百九十八万九千余两。惟有一事请诸君须特别注意者,结至十届止,尚有前亏一百七十三万余两,全在各执事人勤奋前进,不以目前小胜遂尔自满,其考察督率之责,本董事会亦决不放弃责任也。上届营业大概如此,众股东满意否? 请表示。全场一致起立表示满意。

主席宣言:先接股东联合会来函,以盛前会长为公司创办之人,主持厂矿二十年,从未支送薪费,请照现在会长薪费例补送。当经董事会公议,以公司能有今日,悉系盛前会长一手所造成,饮水思源,理应酬报。照会计所查报,自成立公司起至身殁日止,共主持厂矿二十年,拟照联合会所说,补酬洋四十万元。其时盛董事在会,以盛公一生专办实业,不计报酬,一再坚决辞谢。同人之意,以谓在盛董事为廉让,在公司股东全体则为图报勋劳,于义均不容偏废。一再斟酌,准将此四十万元自十一届帐略起,在余利项下陆续提出,在沪建设盛公祠,铸像竖碑,春秋祭祀,就中设汉冶萍俱乐部,为公司研究制炼营业之地。函复股东联合会后,接复,称为公私兼顾,极为赞成。今日诸君在此,仍须公告,以为何如?

董事傅筱庵先生退就股东席起立宣言,谓汉冶萍厂矿系盛前会长牺牲生命财产而来,理应报享,为中国开创实业者立一模范。其余大致与主席意旨相同。并谓,如众股东赞成,请起立表决。全场一致起立。傅君又云:此次拟酬盛前会长之款,虽经盛经理辞谢,将来陆续提出建祠铸像时,仍须由盛经理支配,诸君赞成,请起立。众均起立。

主席宣言:报告已毕,请问部、省代表诸君有无意见发表? 部代表、江苏实业厅长张君答云,并无意见。主席复问各股东尚有意见否? 众股东谓,营业既有盈余,另无意见。于会长、董事、经理处各致谢忱。摇铃散会。

公司股东大会议案

民国九年二月八日(1920.2.8)

中华民国九年二月八日下午二时,假上海总商会开股东大会,到会者四百四十二人,计十三万二千四百五十六股。

孙正会长主席宣言:今日为股东常会。鄙人已两届被选,忝为董事,因事所羁,未克到会。今日得与诸位股东相聚一堂,实深欣幸。第十一届帐略业经刊布,想诸位股东均已阅过,兹再将帐略所未叙及者数端,宣布于众。查是届营业,正值欧西酣战之时,铁价既高,获利又丰,而股东所得红利仅比上届多十分之一,到会诸君或有不甚惬意者,请详言之。公司负债之巨,无可讳言,除外债有年限且订定以售货价值逐年拨本无须还现外,所欠国内各债,息随本涨,日积月累,断断非计。遭逢时会,获有盈余,亟须逐渐清理,此其一。大冶袁家湖新铁厂预算本属不敷,所借之款概系金洋,以金易银,汇水太短。公司既有盈余,多助新厂一款,即少用外债一款,留此余额,等结束大工时,或仍须动支,或届时金价已稍增涨,总较目前易银为合算,此其二。金贱之影响,业如上述矣,而公司所售生铁矿砂,以金核算者居多数,收回货价,或原金暂存,或以金押银,存金息轻,押银息重。此次所派红息数目不在少,处阴历年关,百事收束,设法筹措,实非易易,此其三。总而言之,七年获利之厚,实缘欧战,乃千载一时之机遇,故不能不稍留余步,以为将来之计。但求下届结帐仍获丰收,多派股息,谅诸君亦不愿取盈于一朝也。鄙人羁身政界,驻沪日少,旷职之处,抱愧甚多。幸董事任期业已届满,本日请诸君照章投票,另举贤能,藉补旧董事之不逮,公司幸甚。

主席又云:诸位股东如有意见请即发表,否则请投票选举。

股东向潜园君起言:鄙人有三项意见。顷阅经理报告,知日本制铁所购买生铁、矿石,业经与商加价,但现值金价太贱之际,所加仍属不敷成本,必须竭力向制铁所要求,将矿铁两项增加价值,此其一。又制铁所原订矿铁两项交额,现值出货不多之际,应与切商核减,此其二。又与湖北合办灵乡铁矿之权,系以五百余万之款所换来,本公司自应占多数股份,且所以牺牲为此者,为能多得矿砂耳。故灵乡矿砂至少须每年供给我五十万吨,否则砂仍不足用,何苦为此? 此其三。总此三者,均须请由董事会与股东联合会合力通筹,切实与议。

主席云:贵股东所提意见,鄙人甚为钦佩,董会自当照此而行。

股东傅筱庵君起言:向股东所提意见,鄙人亦甚以为然。惟于合办灵乡铁矿一层尚未透澈,须知此五百余万系从前张文襄官办铁厂时用去之款,官家办不下去,方交盛前会长接办,此刻必须与之力争。

股东汪幼安君起言:此五百余万系奏明以每吨生铁一两捐银归还之款,现在与鄂省交涉,究至如何程度,应请主席宣布。

主席云:公司意在得砂,而不得矿照即无希望。因鄂省叠来索还官款,故不得不略为变通,董事会对于此事必当力争。

汪君又云:阅看报纸,有分别填股、还现之说,此系缴捐以外多加之款,实说不过去。不知现在究竟是否填股,抑系还现?是否一次填付,抑分数次?

主席答云:从前鄂省原有填股之说,后来商议全数还现。目前正在交涉之中,尚无确定办法。容俟阴历年后,再由夏总经理赴鄂与商,方能定准。但还现决不能一次付给。因数目太巨,公司实无此财力也。

傅君又云:顷间各股东所提意见数种,务必请董会注意进行。万一争之不得,当再召集股东大会,当众议决。诸位股东如以为然,请起立表决。于是众股东全场一致起立赞成。

李副会长起言:诸位股东如无意见发表,请即投票。计分三种:一为留任旧董事,二为选举新董事,三为选举监察人。于是众股东纷纷投票。投毕。

李副会长云:请诸位股东推举四人监视开瓯检票。计举定交通部代表任筱珊君、农商部代表邢冕之君,暨股东宋德宜,厉树雄二君。

正检票核算股权间,股东王心贯君起言:制铁所矿铁价值虽经议增,而日金低落,仍属吃亏。适才诸位股东所说加价、减额两层,鄙意仍非根本解决办法,不如乘此金贱之时,将日债全数还清较为有益。又灵乡铁矿虽系广仁堂之产,但与湖北合办,系汉冶萍公司投资,自应由汉冶萍公司出面,合同内不当用广仁堂名义,务请董会注意。请众股东表决。

李副会长答云:贵股东所提意见,鄙人极端赞成。无如还款一层,非空言所能济事,果能再招数千万股本,将日款全数还清,岂不甚善? 但恐言之匪艰,行之维艰耳。

股东汪幼安君起言:王股东所云,本席甚为赞成。

股东傅筱庵君云:王股东所提意见,确为根本问题,惟有先请董会将加价、减额两层与制铁所极力交涉,如结果不能美满,应再召集大会筹议集款办法。

于时检票核算事毕。计:

留任董事三位:

孙慕韩先生　四万二千四百十八权

李伯行先生　三万一千九百零一权

盛泽承先生　二万九千六百四十权

当选董事八位:

张知笙先生　一万四千七百九十四权

靳翼青先生　一万二千五百七十五权

傅筱庵先生　一万一千三百五十一权

邢冕之先生　九千六百二十九权

杨绶卿先生　九千零四十六权

沈仲礼先生　八千三百八十七权

刘襄孙先生　七千八百六十一权

沈联芳先生　七千八百十二权

董事次多数:

盛泮澄先生　六千九百五十九权

贺得霖先生　六千六百二十九权

陶兰泉先生　五千二百三十二权

厉树雄先生　二千五百七十五权

周金箴先生　二千四百七十四权

屈文六先生　一千三百〇六权

夏棣三先生　九百五十五权

李经羲先生　四百六十权

洪念祖先生　二百二十九权

施子英先生　九十九权

郑陶斋先生　二十二权

当选监察四位：

左子廙先生　二万九千八百零五权

邵子愉先生　二万三千九百六十权

潘馨航先生　二万一千零六十八权

叶琢堂先生　一万三百五十二权

监察次多数：

庄得之先生　七千四百八十权

盛苹臣先生　六千二百三十九权

盛绳祖先生　五千九百六十一权

王心贯先生　五千二百二十五权

李树农先生　三千七百五十权

吴锦堂先生　二千八百二十三权

王蓉生先生　一千七百九十八权

傅品圭先生　一千七百五十权

汪幼安先生　一千三百权

樊稼田先生　三百七十九权

徐冠南先生　二百二十七权

朱葆三先生　二百二十五权

林降秋先生　七十五权

周厚坤先生　五十七权

方叔远先生　三十六权

林伯翀先生　二十六权

谢子楠先生　十九权

当场宣布后，时已五点余钟。遂摇铃散会。

[附件]　经理报告书

民国七年第十一届营业状况具见帐略暨董事会所撰序言，诸君当已鉴及，勿俟赘陈。兹将是年份办事各情形撮要报告，幸垂察焉。

商务情形

查商务所七年份营业，约可分为三大时期。是年四、五月间，欧战方酣，铁价腾跃，购户眼光均以和议尚遥，莫不纷纷争购；而默察欧洲战局，德人仍苦争于法境司华桑及辖土体沃来之间，不能越雷池一步。我公司对此稍纵即逝之时机，不敢存观望犹豫之态度，爰尽其力之所及，售出生铁七万五千余吨，计实收价银八百二十余万两，售出钢货一万七千余吨，实收价银三百三十余万两，而所抛八年远期及交与若松制铁所与本公司各厂矿自己领用者，尚不在内。其时售价，生铁通扯每吨一百十两，钢板四百八十两，槽钢角钢一百四十两，获利之丰，得未曾有，此为最盛时期。迨至九月十月之交，战事若即若离，消息或虚或实，其时购户以时局将变，畏葸者半多观望不前。其时铁价虽未尝稍跌，而谣诼纷传，铁市顿现沉寂之象，此为渐入于变迁时期。及十一月十一日休战签约以后风声所播，钢铁市价遂有一落千丈之势。尚幸我公司于停战以前，早将本届存货尽行抛出，正在陆续交货时期，故虽购户失其常态，定货受其影响，而本届盈余不因以稍减者也。此后铁市逐步疲钝，销路亦愈形困难，所冀金价渐高，成本渐小，则国内贸易我公司固具有操纵之权，即海外竞争亦未必遂落英美之后也。

会计情形

本公司资产六千万，厂矿局所跨连三省，出入动以亿兆计，是非有精确之会计，不足以计盈虚而资谋画。六年十一月，立改良簿记处，聘凌君善昭主其事。凌君历办银行、铁路会计有年，经验学识，足以副之，乃于六年冬亲赴各厂、矿、所先事调查各该处实在情形及制造开采手续，阅四月而竣事，将利弊之大者、著者及应如何改良增益之处归报公司。继另聘顾宗林、李惠之、孙天孙三君，以资助理，并由凌君偕前代理所长赵炳生君及顾、李、孙三君再至各厂、矿、所作第二次调查，为实行改革之预备，拟具厂、矿、所详细帐例及切实办法,而改良簿记之处筹备乃告结束。七年十月,董会派凌君试署会计所长,试用新式簿记以为模范,爰于八年一月一日实行,各厂矿会计人员均直辖于会计所,厂、矿、所帐务责成各处长按月册报,公司由会计所完全负责。成立已及一年,各处帐目悉楚楚可观,按时呈报。会计关系公司全局,经此改良,不准帐目精审,即漏卮亦从而杜绝矣。

运输情形

本公司运输事务,以转运冶砂、萍煤,接济厂需为大宗。七年份运砂尚属平平,而运煤甚属困难。属于车运方面,已详产煤情形报告中。是时车运,武长尚未接轨,煤焦至株后,仍全恃轮驳及雇民船转载。由水程运汉,时方军队征调,络绎于汉岳长沙之间,轮驳常供差用,甚有击毁者,亦有在南军范围之地,不令放行者。萍矿至出煤无地可堆,汉厂则缺煤停炉以待。运道艰棘,至忍痛购用外煤以供燃料,虽至冬令时局稍定,运务略有起色,而一年受损之数已不资矣。

产铁情形

汉厂为本公司成货之区,出产所关即盈亏所系。七年份受军事影响,燃料缺乏,仅产生铁十三万九千一百余吨,比较五六两年,各少一万吨左右。是年铁价最昂,销路极畅,而产数转绌于往年,是则不无遗憾。然有一事足为股东告者,则汉厂制钢颇见改良,经世界海上保险公司之试验,证明质地精良,足与外洋制造相埒。凡造船钢板钢料,由我公司供给者,该公司可为出具证书也。

产砂情形

大冶铁矿为本公司冶炼策源之地,然采掘多年,已近地腹,施工较难,费本加巨,且于供给汉厂而外,尚须履行借款合同,采额年有加增。查七年份共产砂六十三万零三百零一吨有零,比较六年份,已多出十万吨以外,此后冶炉告成,需砂尤巨,仅此一矿,供求深虞不给,唯有竭力图维,另辟新区,庶无原料短缺之患。

产煤情形

萍乡煤矿七年份受军事影响,较六年时尤为困难。醴陵为南北驻军必争之地点,即为本矿运道之咽喉,是年该地驻军忽南忽北,每一易军,车运猝停。四月下旬,第二路军队数十营溃入萍境,南军复据醴陵,乘势急追。其时赣防兵力极单,溃军满境,设南北接触,地方糜烂,不堪设想。幸该矿长在萍年久,于地方感情素洽,冒险赴醴,竭力劝阻,得无巨变。而车运因兹阻滞多日,几经磋商,重复开运。而株萍路局之车辆损失待修者若干部,散失在外一时不能收回者又若干部。直至冬令,车运尚未复旧,以致出煤减至最少之数,而尚无堆地,材料虽至充足,而仍难接济。总计是年产出毛煤只六十九万四千四百余吨,比较五六两年,产数各短二十余万及三十万吨不等者,职是故耳。

新厂情形

本公司在大冶添设炼厂,原期出货增多,推广销路,藉轻担负,亟欲观成。惟机件订自美洲,嗣因欧战剧烈,禁止钢铁出口,已成者既被扣留,未成者因而停造。迭经设法,殊鲜效果,程功迟缓,职是之由。上年欧事已平,订件始渐运到,现在可望陆续到齐。上年冬巡察厂矿,就往查工,见成者泰半,进行有绪,约至本年秋冬,当可落成。此则受欧战影响,延长时期,初非意料所及也。

赴东议增售价情形

本公司前与日本制铁所所订预支矿石、生铁价合同,价格均经订定。其二年十二月新合同,售价则系订明双方协议。五年冬,经董事会委托高等顾问李一琴君及恩颐先后赴东协议加价,并将矿石、生铁交额新旧合计,酌量支配,分年照交,列表订约,均于六年开会时报告在案。至七年份铁价为最高时期,而我仍墨守旧价,损失过巨。董会爰命偕复赴东协议增价,经与日本政府诸公商论请增理由,于是制铁所允将是年铁价增至每吨日金一百二十元,砂价增至日金三元八角。此偕复、恩颐屡次赴东议价之情形也。

湖北交涉情形

湖北要求本公司归还汉厂官办时用款,及本公司请领灵乡铁矿矿照之事,前于民国七年一月股东大会之日,业将经过情形详细报告。嗣于是年十一月间,偕复遵奉董事会之命赴京续商。适湖北王督军亦因公到京,当与农商部暨湖北官绅叠次会商,于是有官绅商三方合办灵乡铁矿之议。先与在京鄂绅商榷条件,复持赴鄂省请督军阅核,磋议一再。迨八年一月下旬,由湖北官矿公署将还款、合办两项条件签注答复,因过于苛刻,归报董会暂置未议。上年八月间,接奉王督军、何省长来电催复,当即请由董会将条件详加斟改,大致官款五百余万元分作六年还现,未还清前铁捐照缴;还清后每吨缴捐五钱,砂捐除自用外,售出者每吨缴银四钱;其灵乡铁矿则由湖北官绅与本公司合办,本公司至少占股十成之四,矿砂每年至少售与本公司五十万吨,价值照生产费酌加,余利每吨至多不得过一元,逐款签明。复由偕复于上年十一月间携赴鄂省,面交督军、省长,惟迟之日久,迄无回答,屡经催询,始由省长公署将重复签注条件交来一阅,仍即带回。大致对于董会所答,虽未全允,而据云仍有磋商之余地,只以鄂省官绅意见未能融洽,是以一时官署未能答复。偕复旋即赴京与鄂绅接洽,现在静待鄂省官绅先自协议,确定宗旨,再与磋商。兹值股东大会,合将续议情形撮要报明。

汉冶萍公司总经理　夏偕复

副经理　盛恩颐

公司股东常会议案

民国十年六月四日(1921.6.4)

中华民国十年六月四日下午二时,假上海总商会开股东常会。到会股东七十一人,计七万七千零二十七股,一万二千九百九十二权。

李副会长主席宣言:今日股东常会,孙正会长在京不能前来与会,电嘱鄙人代表主席,报告一切。惟有一层先须声明,今日到会股东人数太少,照本公司章程第三十二节,股东会有集股本四分之一以上到会者,得议决事件;又第三十三节,到会之股东如不满前项之定数,其会议事件不得为决议,惟本公司可将会议之意告知各股东,再集第二次股东会云云。现在虽已延会一小时,而到会股东仍只有七万七千零二十七股。查本公司总共股份三十五万零五百零九股,照章须有八万七千六百二十七股,方足四分之

一之数,今到会股东既不足四分一之数,照章不能议决事件。今日所当报
告诸位股东者,惟营业情形,其详俱载第十二届帐略及经理报告书内,业经
刊布,诸位股东当已阅过,无待赘陈。至于本届开会稍迟,系因改用新式簿
记,手续纷繁所致;又大多数股东上年纷纷要求,务于阴历年前发息,不得
已由董事会公议提存公积,分派余利,各数目函经股东联合会集众公议,一
致赞成先行发息然后开会,于是由董事会遵照股东联合会复函,议决登报,
先将余利于阴历上年十二月二十五日起按股发给矣。兹因股数不足,今日
之会不能成立,自当俟下次再行开会。遂摇铃散会。

[附件] 经理报告书

民国八年第十二届营业状况具见帐略暨董事会所撰序言,诸君当已鉴
及,无待赘陈。兹将是年各厂、矿、所情形撮要报告于左,幸垂察焉。

商业情形

欧战告终之后,其时东西各国,凡属制造原料,无不供过于求,钢铁市
价遂有江河日下之势,所幸我公司已于七年份将八年份生铁完全抛出,虽
因各定户无力出货,不得不减价退盘,要皆认罚三四成作为代价,而此项退
盘之生铁,仍得照市价陆续出售,不可谓非不幸之幸。查是年售出生铁共
三万六千二百余吨,实收价洋四百余万元;钢货一万一千七百余吨,实收价
洋二百余万元,所有交与日本制铁所及本公司各厂矿自己领用者尚不在
内。统计是年售价,生铁通扯每吨一百十元,钢板二百元,槽钢一百七十
元,角钢一百二十元,核诸成本获利尚丰,若非因各定户退货关系,本届盈
余当不仅此。至售与日本制铁所之生铁六万吨,矿砂四十五万吨,制铁所
允照原定价格增为生铁每吨日金九十二元,矿砂每吨日金六元,合并声明。
惟是铁市现既逐步疲钝,而销路亦日形困难,外而欧美亚各国既逐渐输入,
内而钢铁制造家接踵而兴,竞争方始,惟有轻成本,精出品,以蕲自立于不
败之地而已。

会计情形

本公司帐目向用旧式簿记,每年结帐,由厂矿各计盈亏,报告公司汇编

帐略,自筹备改良以来,惨淡经营,计历一载,乃克于八年一月起改单式簿记为复式簿记。所用会计之制度,系将原有资产作为公司所有而分投于各厂矿,其负债亦由公司担负,各厂矿之产品则照六、七两年平均定价售与公司,交由商务所销售,盈亏即为公司之盈亏;其产品定价与实在成本差数,虽为厂矿盈亏,仍归公司结算。本届帐略即改良后之第一次成绩也。幸能依照法律,编具财产目录、损益计算书及贷借对照表。夫财产目录所以表示公司之资产,损益计算书所以表示收入与支出之结果,综结盈余则转入贷借对照表,而公司之经济状况可以一览无遗,不可谓非改良簿记成功之第一步。惟是公司簿记至繁极赜,比虽粗具规模,仍当再求进步,俾益完善也。

运输情形

本公司运输分为汉湘、汉冶、汉沪三线。民国以来,湘省连年兵燹,汉湘运务受创最深。八年份幸无战事,惟湘西南防务倥偬,征调络绎,装煤民船常被封用,时见缺乏。而株萍路煤车因七年份被兵毁坏,停驶者多,至八年秋间,始行修复,故是年运务虽无阻梗,究未能十分通畅。然较七年份,汉湘水运实多运煤焦约十万吨有零。粤汉路湘鄂段客货车本早通行,惟代本公司运煤合约,至是年六月间始与交通部商妥签订,即于八月一日开运到年底止,共由陆运煤焦至武昌者约六万九千余吨,是年由安源共运出煤二十万四千三百余吨,焦二十六万七千九百余吨。至由大冶运矿石至汉厂,八年全年计运三十二万二千三百余吨,较七年份亦多运四万三千八百吨有奇。汉沪线系专运汉厂出品至沪销售,只有汉平一轮,是年往来行驶尚属平安。

新厂情形

大冶新厂工程原定七年秋冬可望告竣,讵初则受欧战影响,继则欧美各工厂罢工风潮层见迭出,以致机件不能如期交运。打风机三架,为炼炉要具,以及各项电料均未运齐;又化铁炉等机件当由外洋运华,时值欧战剧烈期内,遗失零星要件甚多,无从追补,只得向汉厂、萍矿等处配制,程功迟缓,职是之由。虽曰工程之艰巨,抑亦时机之不顺,有以致之也。

产铁情形

汉厂八年份新旧四炉出铁十八万吨以上,为开厂以来出铁最旺之年,但其中有代龙烟公司炼铁一万九千余吨,土铁回炉九千余吨。欧战告终以来,销市疲滞,钢货存储甚多,而钢炉亦年久待修,因而停炼修理,是以本年所拉钢货仅约四千八百吨。然此次拆修,将轧钢厂煤气出口改小,而空气出口放大,能减少烘烧时间,即省煤亦巨;且能将三吨重钢锭径轧至五寸胚,作钢条厂之用,较前之由钢锭而钢胚而钢条,辗转烘轧,省工省煤为多,是亦一大进步也。

产砂情形

冶矿八年份共产砂六十九万零九百余吨,比较七年份超过六万零六百余吨,第采额年有加增,得、铁两山原有厂基厂位均须展拓,而存厂与码头之容量亦与采矿之多寡有关,原有存厂、码头不敷应用,因在得山西码头对面添建新存厂一座,又加建码头一所,铁山加建码头、存厂各一所,似此则两山采额,在出矿旺月,每日可达四千吨。此扩充工程以备增加采额之情形也。

产煤情形

萍矿八年份出煤七十九万四千九百九十九吨有零,较七年份出数多十万余吨;八年份炼焦二十四万九千余吨,较七年份多三万三千余吨。溯查萍矿频年受军事影响,纷扰靡纪。六年湘赣之交局势稍定,即从事整饬内部。正在进行,又值湘省军事发生,大半年中,忽南忽北,牵及于萍,直至七年秋,始获暂定。是年际兵事之后,乘此时机复事整顿,一面厉行减政,并事裁人,一面促进工程,通筹兼顾,用能宿垢除而精神振,计全年出煤数目,比较七年进步甚速。兵燹之余略有成绩之可言,亦云幸矣。

汉冶萍公司总经理　夏偕复

副经理　盛恩颐

公司董事会1921年第九次常会秘密议案

民国十年六月十五日(1921.6.15)

民国十年六月十五日第九次董事常会。到会者:盛泽承(兼代表盛泮澄)、张知笙(兼代表沈联芳)、杨绶卿、刘襄孙,监察左子廙诸君。

李会长函:昨承赐简,敬拜箴言,庄诵再三,感沦肌髓。夫乘人之车者,载人之事,衣人之衣者,怀人之忧。仆虽不敏,窃尝闻古训矣。是值事机之盘错,理应尽心,况思患难之友朋,言犹在耳。屡踌躇而四顾,实进退之两难,不得已而陈情,本大违其始愿。处局外者,或加评议;在局中者,知荷鉴原。乃承雅意慰留,益觉貌躬滋咎,惟默揣疏庸,岂有曲突徙薪之远识?自伤衰老,无复焦头烂额之余,能若徒闻命而即行;不计公司之何补,则十驾之驽马,久未见功,一割之铅刀,遑堪再用? 过情期许,愧对群公,仰贡悃忱,幸勿复我。

孙会长来电:接阅李会长辞职书,殊为忧惧。公司近年渐有进步,而根基仍未稳固,端赖李会长坐镇主持。琦羁职京华,未能亲自南来,惟祈李会长俯念公司创造之艰,始终贯彻,勉为担任,取消辞意。望诸董事踵门恳切挽留,泽承系大股东,急宜竭诚往留,共维大局等因,并奉李会长抄示复孙会长函稿到会。

公议:应先请盛泽承、泮澄两董事亲诣李会长处,恳切挽留,再由其他各董事踵门继续挽留。

公议:本会紧要函牍,应守秘密。近日颇有摭拾会中函件登报评论,殊于事实不符。嗣后除例行公事外,概由秘书储藏,俟常会或临时会各董到会公阅,以资缜密。

公司董事会 1921 年第九次常会议案

民国十年六月十五日(1921.6.15)

到会者:盛泽承(兼代表盛泮澄)、张知笙(兼代表沈联芳)、杨绶卿、刘襄孙,监察左子廙诸君。

总、副经理函:(略)

公议:汉厂一、二号化铁炉两座,年久敝败,修炼既不合算,任其坍废更属冒险,应准如拟,即将炉身依次拆卸,其附属之锅炉机件概系重价购致,移付他处,均尚合用,应由吴厂长开单点数,妥为保存,并抄册一份,送会备查,以重财产。

孙会长函:前接会函,以仙居停办,所有一切案据及填就股票,应如何设法收回取销,以杜后患。又公司拨交开办经费一万三千元,用存若干,嘱指示王隶生妥为办理等因。经饬王隶生与饶敬伯接洽,兹将仙居铁矿所有案据、文件及已填户名之股票,均经会同饶君点存北京汇丰银行,由该行出有收条,交琦保管,提取须与饶君同往,伊意不愿完全交出,拟保存彼方面及另一方面之权利耳。总之,股票虽有已填户名者,而股款未交,将来呈部取消前案,则该矿一切案据当然作为无效。至用款数目,据饶君交来收支清册详加察核,未见太滥。应否驳令分别办理,相应将原册附请查照见复。

公议:除函请孙会长转致饶敬伯君,先将仙居公司月支经费停止外,此项报册过于简略,请孙会长交该公司监察人,检齐帐据,逐款详查,以重公款。

湘南急振会会长赵总司令电:湘省师旅饥馑,历岁频仍,灾荒奇重,不下于北五省,如永顺等处,待振者二三十县之多,饥民四五百万之众,掘草根,餐泥浆,饥死者日数百人,易子析骸,未可喻其惨剧。现虽设会急振,惟区广灾深,非广乞中外仁人君子普施化雨,势难有济。素谂贵公司慈善愿宏,对于敝省商务发展尤有密切关系,伏望慨捐大宗振款,电汇到湘,俾数百万生灵立登衽席,无任迫切感祷盼复之至。

公议:湘灾綦重,待米为炊,本公司至为廑念,除株洲商会现议办米平粜,酌予捐助外,议再备洋二千元,专送长沙赵总司令,随同各厂捐款,择尤散放,以尽杯水车薪之义。

总、副经理函:运输所转据株局胡局长函称:株洲自经连年兵燹,地方元气大伤,加以去岁始遭大水,继患虫伤,收成歉薄,盖藏大虚。值此青黄不接,醴陵等处均有贫民闹荒,株地亦恐不免。现经商会筹议维持,一面限制粜米,一面分段筹款办米减粜。所有株市新街一带,自筑铁路,设转运局后,工役众多,约计贫民在三千以外,日食米二十担有奇,预算减粜津贴将达二千元,该会商请我局担认十成之三,约六百元,应否照认,转请核示,等语。查株局为运煤缩毂之区,夫役众多,全系外来贫民,藉工生活,兹兵燹后继以岁荒,该商会分段筹款办米减粜,固属维持地方,而株局夫役亦可得以安集,有裨运务,所有减粜津贴,该商会商请株局担任十成之三,约洋六百元,似亦未便拒却,理合陈祈核议示复,以便饬遵。

公议:照准。

总、副经理报告:运输所潘所长转据株局电称:株湘两路因醴株大帮饥民搭车逃荒,从昨日起煤客车均停,减粜助款,迫待垫济。又外来饥民络绎过境,赵总司令令由株路局转电商会暨职局,维持施粥。事关大局,应如何办理? 转请核示饬遵。

公议:捐洋四百元,交该地方商会办理。

公司董事会 1921 年第十一次常会议案

民国十年八月一日(1921.8.1)

民国十年八月一日第十一次董事常会。到会者:盛泽承(兼代表盛泮澄)、傅筱庵、杨绶卿(兼代表张知笙)、刘襄孙,监察左子廙诸君。

总、副经理函:据冶厂黄副厂长洋文函电报告:水塔于试验时倾塌,并毙数人,约需四个月修复等语。此事虽出意外,总因建筑失宜,以致肇此祸端,危及人命,机械科员当负其责。黄副厂长已知水塔建筑不甚合法,事前未经正式告知总工程师,似亦咎有难辞。兹将来两函译呈鉴核。

公议:据报冶厂水塔先因漏水,继即坍塌冲毁房屋外,并惨毙工匠多名,修复须四个月之久,致冶厂开炉停滞,受亏甚巨。新厂一切工程系总工程师大岛专责,黄厂长先因塔身工料薄弱屡与中川工程师言之,该工程师不加检点,致骤出此意外之巨险。此项水塔系何人打样,是否原样欠固? 抑包工人偷减工料所致? 应由黄厂长详细查明,索赔损失。

经理函:江西永和煤矿公司近因困于经济,由屠鹤清派人来商转让于本公司承受。先派刘朗、汤尚松两矿师前往调查,后派冶厂黄副厂长详加复勘,据报情形,尚有承受价值。当电汉厂许收支调查该公司股本及欠人各帐,总计约在四十万元。经理等以冶厂开炉后安煤仅敷炼焦,厂矿锅炉车船岁需烧煤二十万吨尚须另购,所费不赀;该矿煤质既优,而又接近安源密迩铁路,工作既挹注有资,运输亦极便利;该公司既愿移转,似应收回,不惟免购外煤,且去安源之一敌。经与该公司当事人朱祖荫、屠鹤清一再磋议转让条件,代价一层,该公司于股本及实用外尚须酌偿优利,总须四十五、六万元。惟转让手续颇烦研究,因之尚未定议。而朱、屠两人需款孔急,暂以该公司股票票面十万元,即二千股抵押三万元应用,订立转让永和股票预付款项合同,声明将来转让煤矿契约成立,即作转让之款,如不能成立,即照数偿还,并按月一分计息,如不能还,即将股票转让于汉冶萍,不另索价等语。此时因贵会会期尚远,而朱、屠又立待需款,未及陈报,已于七月十九日签订。兹将该项合同录请追认。除陈孙会长外,其转让条件俟妥商就绪即陈请核议施行。

公议:永和煤矿接近安源,照总经理函称,为免购外煤起见,本公司有承受之价值,现将股票十万元抵借洋三万元,业已过付,本会准予追认,仍俟将让渡条件妥议就绪,并永和自开股东会,全体股东通过之后,再行报会公议。

总、副经理函:据汉厂吴厂长函称:方今时局俶扰,兵变时有所闻,我厂地处武汉繁盛之区,此次会垣暴兵劫掠,厂受虚惊不浅。现经同人等集议自卫,拟就员司组织义勇队百人,所需枪枝军装预算约需九千元,请核准,由厂呈请督军备价购领,以资编练等语。查该厂长所陈该厂同人练团自卫,以其视厂为家,即以爱家者爱厂,似可利用其休戚与共之心,作其勤事效忠之气。理合据以转陈,祈核议示遵。

公议:汉厂员司拟组织义勇队,编练自卫,即以卫厂,事属可行,所需枪枝准即由厂备价购领,以资应用。

总、副经理函:本公司体大事繁,工商并重,非恃法律之维护莫策营业之安全。兹有张云抟先生覃精法学,品端望重,拟请聘为本处法律顾问,月致公费二百元,可否?请核示遵行。

公议:本公司关系法律之事甚多,必有须法学专家咨询赞助,俾免偭越。所拟聘请张云抟先生为法律顾问,月致公费二百元,准即照行。

总、副经理函:前据冶厂冶矿函,大冶县方知事奉省令筹募湖北地方公债,商请厂矿各认购二千元,当以公司经济困难,复由厂矿备函婉辞在案。兹据吴厂长函称:目前方知事因公赴窑,旧案重提,情词迫切,且致函申明将来届还本之年,此债票即可抵充厂矿公益捐租金。黄副厂长意知事情面不能不为曲全,拟由厂矿各认五百元,乞核示等语。是否可行?陈请议复,以便饬遵。

公议:准由大冶厂矿各认公债五百元,惟须与方知事切实声明,俟届归还之期即抵作公益捐租金之用。

总、副经理函:稽核处副处长庞钟璘现经郡乐公司调任总秘书,遗席查有商务所采办股股长吴焕荣堪以升补,理合陈请俯予委任,如蒙核准,所遗采办股长,拟即以该股股员阮寿林升署,合并陈明。

公议:照准。

公议:现在天气炎热,仍照曩例自下期常会起休会一月,如休会期内遇有要事,再开临时会。

公司董事会 1921 年第十一次常会秘密议案
民国十年八月一日(1921.8.1)

民国十年八月一日第十一次董事常会。到会者:盛泽承(兼代表盛泮澄)、傅筱庵、杨绶卿(兼代表张知笙)、刘襄孙,监察左子廙诸君。

公议:报载湘赣之交战云弥满,武长路轨业已中阻,而本公司萍矿水运煤焦及已运存株洲堆栈者,均为汉阳炼铁养命之源,历年兵争被劫,不止一次。现为引鉴前车起见,函托笠原顾问面托上海日总领事,迅电长沙日本总领事,面告湘局当道,切戒行军官吏对于在路在站萍焦煤万勿稍有蹂躏,是所至托。

公司董事会 1921 年第十二次临时会议案
民国十年八月二十九日(1921.8.29)

民国十年八月二十九日第十二次临时会。到会者:盛泽承(兼代表盛泮澄)、杨绶卿(兼代表张知笙)、刘襄孙(兼代表孙会长),监察左子廙诸君。

经理函：前以永和煤矿无力进行，商请转让，与之议订转让股票预付款项合同，陈奉议复，准予追认，仍俟将让渡条件议妥，并永和自开股东会通过之后，再行报会公议等因。遵与该当事人朱、屠二君一再磋商，该公司股票全数本系十七万八千五百五十元，如能全数收齐，允于优先、普通照正合同所订七十五元、六十五元外各加给五元，如只能收到十四万元，仍照正合同付价，意在将股票悉数收清，事权归一，故特予以奖励。股票息折收至十四万元时，即悉数过户，连转让书交与本公司接收，照优先七十五元、普通六十五元，兑付票价一半现金，一半期票，如是则本公司为大多数之股东矣。一面即由该公司旧董事召集股东会当场辞职，即由股东选举新董事接任，似此递嬗，则永和矿产即为我所有权矣。再由新董事提议增加股本，即照收买实数为增加之数，或推广若干，并订立章程呈部注册。以上即为转让手续，业经商订附合同，于八月四日签字，特录呈核议，如不蒙通过，自可作废，或须改正，亦可商改，均于合同内载留余地。至收买价值，现经筹有的款，除报明孙会长外，陈请会议示遵等语。并接续函呈送驻京事务所照录。

孙会长致本会函开：详加披阅夏经理两次报告，所订让渡合同均甚妥协，深为赞成，请从速议决云云。又奉孙会长有电：收买永和煤矿合同甚妥，琦深为赞成，业于七四号函请核议，因路上阻滞，恐尚未到，希速行提议知照夏经理遵办为要。

公议：永和煤矿，前据夏经理函称有承受之价值，当经本会于上次常会将所订转让股票合同议准追认。夏经理并函请孙会长核示，兹迭接会长函电，极端赞成。本会以萍煤全数炼焦供四炉之用，烧煤尚须外购，永和逼近安源，设不乘时收回，万一永和另与他处缔结合同，于本公司更属未便。所议条款叠经审查，均属妥协，惟付款办法一半照原议以收到股票之数付给现金，尚余一半，俟新公司接收清楚，毫无纠葛，再行找付。附合同第二条所载"一半付三星期期票"字样，应即删去。即责成夏经理实力进行，随时报会核查，并录议案寄请孙会长查照。

公司董事会 1921 年第十三次临时会议案

民国十年九月二十三日(1921.9.23)

民国十年九月二十三日第十三次董事临时会。到会者:孙会长、盛泽承(兼代表盛泮澄)、杨绶卿(兼代表张知笙、刘襄孙),监察左子廙诸君。

日本制铁所来函:十年份矿铁增价,敝所因经济困难,无协议之余地,兹将吨数价格按照各契约分配于左:

矿 石

明治三十七年契约　　五万吨　　每吨日金三元五十钱

明治四十四年契约　　五万吨　　每吨日金三元

明治四十五年契约　　四万一千六百六十七吨　　每吨日金三元

大正二年契约　　七万八千三百三十三吨　　每吨日金三元八十钱

生 铁

旧契约　　四万八千吨　　每吨日金二十六元

新契约　　五万二千吨　　按克利夫伦市价与二十六元折半计算

至于本年铁额,务请减为十万吨。

公议:矿石价值合同期满,自应重订。前函所索每吨日金四元五十钱,实不为多。生铁价值分配于新合同之五万二千吨,自当按照原约,以克利夫伦扯价与日金二十六元折半计算,其分配于旧合同之四万八千吨,每吨日金二十六元,实属不敷成本,应照本公司炼出生铁生产费酌加利益,定为每吨日金五十五元。至于本年铁额,既一再来商减为十万吨,自可照允。惟明年必须照约至少以二十万吨为限,其矿价年限应改为一年一定。即照此函复制铁所,并将该所以后不得再购桃冲矿砂一节附函声明为要。

总、副经理函:民国七年七月间,据吴厂长函称,汉厂俱乐部建筑费前于扩充工程预算内列为一万五千两,业经照准,图样绘就,积极进行,函报备案等语。嗣于八年八月续据函称:俱乐部工程按图须四万两,不敷尚巨,请提房租补助等语。当以租金为公款,未便照准,饬将预算估册寄核,当为设法以促其成。此函去后,迄未照寄。兹又据函称:俱乐部经费本年预算列入六万元,业经兴工,冬间落成。再值工料价涨,六万只敷建筑,其一切陈设暨水管费用无着,现拟变通将底屋暂移作总公事房,旧有之公事房作俱乐部,第二层为交际关系,必须购置家具,估需银五千两,冷热水管估需银一万两。旧公事房改为俱乐部,点缀亦稍需款,预算不敷,殊出意料之外,陈请追加,并以冶厂采石处供汉厂白石九十两年可盈余一万四千元,又新厂营造,各包工押款利息计有三千元,请拨助前来。查汉厂俱乐部初估为一万五千两,续估则需四万两,已超过一倍有余,兹称建筑费需洋六万元,购置家具、装配水管又需一万五千余,约共合洋八万一千余元,不惟与初估、续估相差过巨,即衡以本年预算已超过十成之三而强,现既落成有期,工程无从缩减,即铺设装修亦联带之不可免者,应否准予追加之处,祈核议示遵。

公议:俱乐部本非至急之工,理应议定后办。察核原估建筑费列为一万五千两,嗣后一再添列,竟超出三倍之多,并云落成有期,无从缩减,似此任意铺张,殊属非是,即以冶萍两处俱乐部论亦均无如此巨费,事前既未核准,势难率准开支,应由总、副经理函属吴厂长切实声复。

总、副经理函:汉厂稽核赵步郊之子伯华,由公司资遣赴美学习冶金,曾奉议准支给学费三年,并由经理酌定每年美金七百二十元。现接吴厂长函称:赵生现在三年业将届满,接该生学校职员函称,尚须一年乃能毕业,并据该生函请赓续支给学费二年,其中以一年为练习费用,以宏造就前来。健意练习一层似可毋庸置议,祈核准再给学费一年,俾得学成归国效用等语。查该生既称尚需一年方能毕业,似应准予续给学费一年,美金七百二十元,以免功亏一篑。理合陈祈核示祗遵。

公议:照准。

公司董事会 1922 年第七次临时会议案

民国十一年八月二十一日(1922.8.21)

民国十一年八月二十一日第七次董事临时会。到会者:盛泽承君(兼代表贺得霖君)、傅筱庵君、刘襄孙君(兼代表沈联芳君),监察左子廙君(兼代表孙会长)。

夏总经理函：九州制钢公司前来议铁价，仅出每吨日金三十七元四十钱，业经驳复。兹松本来言：闻制铁所铁价定为四十元五十钱，能否亦照此价供给？答以照此公司牺牲太巨。松本云：如必照合同价格，则九州无开工希望，现在工事十月可竣，十一月即可开工等语。当与服部、笠原两顾问商拟价格如下：

直接生产费	三十一元五角
利息	三元零七分
折旧	二元
管理费	一元二角
	共三十七元七角七分

照生产费加百分二，七角五分五厘四毫

共计银元三十八元五角二分五厘四毫。

其中冶矿萍矿利息、折旧未计，官利未计，以日金每元合银元九角计，应为日金四十二元八十钱。依现在市价，必照合同九州恐不能开工，或致另生问题，拟照上开计算，除去零数八十钱，定为每吨日金四十二元。九州今年需铁约一万吨，如减交制铁所一万吨供给九州，似尚合算。当以此价非正式告知松本。据答：如是则较九州制钢预算每吨增四五元，尚须细算再商。可否照所拟日金四十二元之价，本年暂行供给一万吨，祈核议示遵。

孙会长电：本年九州公司需铁万吨，每吨四十二元，鄙意可允，诸君同意，希电夏照办。

公议：现值钢铁市价疲滞，本公司售与九州制钢公司生铁，既须亏本，而九州炼钢售价亦恐未必定能有盈，若再亏耗，本公司又须照约摊认一半，似此两面吃亏，何如暂缓开工之为愈。倘九州必欲今冬开炼，本年不妨特别供给生铁一万吨，惟冶厂一时恐尚不能出铁，产本势难悬拟，即夏总经理函开每吨国币三十七八元，亦曾声明系萍冶两矿利息、折旧与官利未计之约数。现冶炉尚不能开，应以汉铁成本为标准，而汉铁成本更不止此数，且按照合同铁价无折合日金之必要。兹经一再斟酌，核减本年特别供给九州生铁一万吨价值,应定为每吨中国国币四十二元。但本公司一方面既认亏供应生铁,松本一方面亦应将供应煤焦价值格外核减,订一相当数目,以期两方帮助,事底于成。即电请夏总经理再与松本切实商酌,并函复孙会长查照。

公司董事会 1922 年第八次临时会议案

民国十一年十月二十日(1922.10.20)

民国十一年十月二十日第八次董事临时会。到会者:盛泽承君(兼代表贺得霖君)、傅筱庵君、刘襄孙君、沈联芳君,监察左子廙君(兼代表孙会长)、邵子愉君。

股东联合会函:本公司章程第二十七节,股东定期会一年一次,在每年三月行之,今已民国十一年十月,则本公司第十三、第十四两届帐略早应造成,而九、十两年份会期逾时已久,尚未开会,以致股东等不明公司营业状况。兹依照公司条例第一百七十九条之规定,加查第一百七十八条所列各项簿册,即希查照。

又函:本会以近年铁价日跌,各处经费日增,深抱隐扰,亟思补救。兹拟统筹全局,提交贵董事会速开股东会议,共谋整顿方法,今先将疑问各端缕列于后,即希答复。

一、民国九、十两年定期股东会何不照章召集?

二、第十三、第十四两届帐略何以延不报告?

三、永和煤矿何人往勘? 何人主购? 矿量几何? 共买价若干? 应抄示合同及报告书。

四、鄱乐煤矿能否专归公司或添招外股?

五、宝华、振冶两矿情形。

六、冶厂新炉何以久不开工?

七、冶厂水塔塌倒,新屋渗漏,工程腐败,何人负责?

八、汉厂当欧战时积存钢货三千余吨,何故不肯出售? 许志澄派其兄为东码头过磅员,总公司曾否得知? 沪汉两处售货何不公开,竟由培昌、东顺等铁号专包?

九、汉厂近二年来出货及成本又目下存货若干?

十、冶萍各矿近二年来出货及成本又目下存货若干?

十一、倪锡纯售货情形及店名、吨数、时价。

十二、吴维清办料情形及店名、品名、价格。

十三、周厚坤、许志澄经手事件及何人荐保?

十四、总公司近年开支比较。

以上各问为整理公司必查之点,即请明白答复,以凭研究办法。

公议:应将本公司历年艰困情形电呈交通部、农商部,请示维持办法,并将股东来函录请孙会长鉴核,就近即赴交、农二部,声明上海近又发生股东联合会实与旧有联合会重复,殊难承认,除由董事会随时相机对付外,务请孙会长面陈大总统暨交、农二部部长,俾知公司营业为难,免被扰害。

夏总经理函:奉电,以九州制钢公司售铁炼钢,既须亏耗,不如暂缓开工,倘九州必欲今冬开炼,本年不妨特别供给生铁一万吨,应定为每吨价值银币四十二元等因。当经转达。据松本答称:铁价照每吨日金四十元,煤价照本计算,三炉齐开,照市价每吨尚须亏三四元,未敢冒险开炉,如照银币四十二元,更难办理,出示英、和文预算。当与两顾问细加斟酌,松本所虑亏折亦属实情。松本复来东京谓,既拟暂行缓办,应于工程大体完时将现用技师、工匠酌留数人,其余悉行遣散,本月底开一董事会议决,询问本公司意见如何,并偕能否到会。兹将预算抄呈台察,应否暂行缓办及解散职工之处,祈核议电示遵行。

又来电:九州制钢厂于十月二十五日开董事会,议决开工方针,贵会是否亦主张缓办,并委任何人代表,乞电示。

公议:九州制钢公司既拟暂行缓办,解散职工,本会亦表赞成。即电复夏总经理,十月二十五日该公司开会,并即请夏总经理代表列席。

经理函:上月接萍矿李矿长、舒副矿长寒勘两电报告:窿工处工人罢工。正核办间,据该矿长函称:此次路矿罢工风潮,原因本年一月有醴陵人李隆郅来安源,设立路矿工人俱乐部,呈经县署批准立案。现萧镇守使有取消该俱乐部之举,该俱乐部于本月十一日分函路矿两局,要求三条,首重由两局陈请官厅出示保护。其时正值粤汉罢工风潮已起,不得已于十三号将三条完全答复,不料十四日又复罢工。旋由该俱乐部送来要求十五条,限日答复。深恐酿成暴动,当即报告镇守使、县知事派兵弹压保护,并由旅长与该俱乐部代表先商保全抽水打风电机,以保产业。经许多曲折始有保全之把握。商会境绅调停无效。十七日突有工人纷来电机锅炉房驱逐工人,硬息炉火。当由旅长弹压,得保炉火未息。路矿两局再四熟商,现象日迫,愈延愈坏,蔡总司令、路局正副局长亦均电嘱和平解决。不得已由两局各派代表随同绅商与俱乐部代表李隆郅磋商,舌敝唇焦,至十七夜始商定十三条,限十八日九时答复。两局郑重会商,如约则示弱,不如约则决裂;决裂之后路矿产业必不能保。事到危急,与其坚持致令全体败坏,毋宁示弱,以保产业,将来或尚有办法。不得已,于十八日午刻始与订约,十九日早照常开工,惟订此条件后,姑不论工资加多,而此后各工程诸多窒碍,实难应付。事已如此,不得不速图善后。寿铨衰朽不堪,修泰才识短浅,均已计穷力竭,断难再负重任,特乞转请董事两位亲临萍矿察看保存之产业,主持善后之办法,并请速即选派正副矿长来此接替,切实整顿等语。查核协定十三条,其间条款殊觉宽假,然事急治标,容有不得不然之势,嗣后究应如何对付之处,照抄条件送请核夺示遵。

公议:查核所订十三条多所迁就,实属窒碍难行,于公司前途损害殊大,本会断难承认,应仍责成该矿长等设法挽回,勿稍诿卸,即请经理查照饬遵。

汉厂吴厂长函:公司营业艰难,经济窘困,加之工潮日横,维持乏术,非全体改组缩小范围,无以善其后,至改组之法,前于总经理处已略陈梗概。我公司既预定此举,亦即可以应付工潮,盖工潮之横正未有艾。萍矿罢工虽经平息,微闻不日将于汉厂要求同式之条件,一旦发生,不免应付计穷,胡不乘此经济最困之时稍停工作,以为应付。伏祈预示方针,俾资遵守,如不蒙赐示,则萍矿前例已成,届时或有不免兼顾迁就之处,不得不相机施行也。

公议:查核吴厂长所陈全体改组、缩小范围办法,正合本公司目前局势,现已由经理处召集各厂、矿、所长及高级员司组织特别委员会,讨论改革各事,以备股东大会采择施行。至罢工风潮已成趋势,只得相机因应,总以预为设法制止,不受损失为上策,即请经理转饬遵照。

公司董事会 1923 年第一次临时会议案
民国十二年二月五日(1923.2.5)

民国十二年二月五日第一次董事临时会。到会者:盛泽承君(兼代表贺得霖君)、傅筱庵君(兼代表沈联芳君)、刘襄孙君,监察左子廙君(兼代表孙会长)。

孙会长函:顷接会函,悉沪上各小股东组织联合会,派员查阅簿册,并提出疑问十四款,自属被裁之人挟嫌寻衅,本无价值之可言,承嘱向政府声明公司困难情形,请设法维护,自当力为陈说。惟以今日政府之势力,岂能钳各股东之口。为今之计,亟应先行召集各厂矿长开特别会议,决定方针,赓续召集股东大会,报告实情,公同表决,俾从股东共明真相,谣诼自无由生。琦滥膺会长,职属遥领,于公司事,既无全权,且苦鞭长莫及,今处万难之际,应请李伯行会长即日到会,主持一切,庶可提纲挈领,改组图新。夏地山赴东八阅月,借款未成,应即电催回沪,与各厂矿长计画一切,以备开大会报告。盛泽承久有辞职之意,似不如早自引退,稍可息肩,并请李会长暂兼总经理一席,俾一事权。至于两届股息问题,应由股东大会解决。究应如何办理之处,尚祈酌核,早日施行。

孙会长叠次来函:接农商部函:小股东联合会赴部呈控公司两年股息未分,帐略未报,夏经理等溺职营私,请先将吴健等停职严究,厂矿暂行停办,裁撤新设备机关,切实整顿,并抗议借款,要求将夏经理撤回,定期召集股东会,宣布帐略,发给股息,重要问题付之公决各等语。函会查明核复。

公议:敦请孙会长即日来沪主持一切,暨电催夏总经理迅速回沪,并将本会电稿录送正金总行知照。

老股东联合会函:叠接股东纷纷来函,质问公司久不召集股东会报帐发息,冶炉久不开炼,案卷被毁、被窃,总经理赴日不返,正副会长一不到会、一已辞职,种种重大事故,联合会何以置之不闻,是否与公司办事人勾联一气等语。情词异常严重,本会岂能代人受过!为此,函请贵会于一星期内迅将公司重要案卷何以被毁、被窃,所失是何种文件?汉厂罢工如何处置?冶炉何以久不开炼?股会何以久不召集?帐略何以久不刊布?正会长远在北京,副会长又称辞职,夏经理久滞东京,仅盛副经理在沪,公司现在办事究竟何人负完全责任?逐条详晰复会,以凭核商办理。

葛福莱律师函:敝当事人曾致函请求查帐,至今未复。现委托敝律师请求速即召集临时股东会,讨论以下各点:

一、民国九、十两年不开股东常会之理由。

二、十三、十四两届报告与帐略从未报告之理由。

三、公司章程第十三条应发之股息何以不发?

四、历届盈余支派状况。

五、公司内某项人员何以未经股东允准擅自借款订购材料等物?

六、公司支款情形。

七、大冶新厂化铁炉不开炉理由。

八、不开炉之责任问题。

九、公司目下情状。

何以必须讨论以上各点,说明如下:

第一项,虽经责问未承答复。

第二项,同上。

第三项,同上。

第四项,同上。

第五项,有大宗材料未经股东允准即行购买。

第六项,公司用去大宗款项未曾解释。

第七项,新厂铁炉不开未曾解释。

敝当事人故委托敝律师请求贵会于十五日内召集临时股东会,以便届时讨论改组方法等语。并接新股东联合会来函开列八条,大致相同。

公议:股东联合会来函暨葛福莱律师代表股东来函两件,应交经理处分别逐条切实查明,报告本会核夺。

公司股东检查委员会致孙宝琦函

民国十二年四月三十日(1923.4.30)

径启者:

本公司盛氏所有股份,前经盛氏悉数拨归愚斋义庄一户,在会审公堂立案,并蒙大总统明令褒奖,通国皆知。昨又经慕韩先生及李伯行先生宣布愚斋义庄委托全权代表书,亦称该义庄占全股额三分之一。本日敝检查会到公司查阅股册,乃并无愚斋义庄之股户,据夏总经理声称,尚未办有过户手续,公司对于此等巨额股份改并股户,业已彰著,应审查明确,请其过户,方合正轨。现值股东会期已迫,股权问题发生窒碍,应请贵会克日通知愚斋义庄,请其将该户所有汉冶萍股之堂记号数详晰据实开列,于三日内交到公司转交敝会为要。此致

汉冶萍公司董事会孙慕韩会长台鉴

汉冶萍公司股东检查委员会

公司董事会和股东联合会联席会议案

民国十二年六月十五日(1923.6.15)

民国十二年六月十五日联席会议。到会者:董事会孙会长代表李伯行,董事傅筱庵、刘襄孙、陶兰泉,监察左子廞;股东联合会评议员傅筱庵、汪幼安、谢韬甫代表刘予醒、孙慎钦、李征五、秦待时、俞寰澄、张仲炤、李伟侯诸君。

经理请派代表谒商吴使、萧督,将砂捐与官本、灵矿各问题一同解决,孙会长庚电请由董会暨联合会推定代表人员将姓名电知,分函磋商一案。

公议:鄂省交涉关系公司存亡,至为重要,会推代表前往磋商诚不可缓,惟此项代表非素得鄂中当道钦佩之人断难收效。金以孙会长爵齿德三达俱尊,诚得会长亲赴洛阳、武昌磋商,必能挽回大局,解决历年未解决悬

案。应即电录本日议案,公推孙会长勉徇众议,克日一行。并以盛董事泽承在公司兼任经理多年,情形熟悉,公议兼推盛董事会同孙会长前往办理。

公司董事会和股东联合会联席会议案

民国十二年六月三十日(1923.6.30)

民国十二年六月三十日联席会议。到会者:董事会孙会长代表李伯行,董事傅筱庵、刘襄孙、沈联芳,监察左子廙;股东联合会评议员傅筱庵、汪幼安、俞寰澄、孙慎钦、谢韬甫代表刘予醒、谢蘅牕、张仲炤诸君。

鄂省改抽砂捐一事,前因与合办灵矿、归还官款有联带关系,公推孙会长赴洛阳、武昌,与吴使、萧督磋商。嗣奉会长电复,政局大变,此时断难与议,只有嘱吴厂长赴鄂,切恳缓抽砂捐,勿提他事等因。正核办间,叠接经理函报,接湖北萧兼省长函电,铁捐分成解缴之案,经省议会提议推翻,征收砂捐事在必行。又接冶矿电,鄂省已派潘、田两员来窑设局,应如何对付,乞电示各等语。当经一面由会电复萧兼省长,严词驳拒,恳其从缓设局,容即派员往商解决;一面由经理电奉孙会长电复,已分电吴使、萧督,请其维持,并催吴任之速即赴鄂,经理以应嘱吴厂长何时启行,函请迅示,并遵照前议将从前与湖北交涉情形,开具节略抄附签注条件呈核前来。

公议:改抽砂捐一事,与从前张文襄奏案抵触,且与本公司历次与鄂省议而未决各案均有关系,应遵照孙会长来电即饬吴任之君克日赴鄂,与鄂当道商请从缓设局,仍俟时局平定,另由公司推举专员再往妥议一切。

萍矿李矿长、金矿师电:工人骄横,不受管束,货不足额,硬要加钱,动辄聚众围逼,劝解不能。经工人俱乐部调停,每月加两假期,计算月须加七八千元。坚持旬日,经该部商改将工人认该部月捐约九百元由矿代出,体恤工人,平此风潮。不得已,勉允。惟来日大难后患靡已。各首领痛心大局,虽忍辱,无力维持,全体辞职。铨、祐督率无方,应付已穷,万万支持不住,只能维持现状至本月底止,过期不敢负责。乞速简能员来此接替,如果得人,不难挽救。盼赐电复等语。正核办间,接经理函据李矿长径日两急电,以工人俱乐部请租矿地建筑俱乐部房屋,并要求矿助建筑费一万元,限日答复,不允则有罢工之势。又宥电,陈明萍矿受工人俱乐部之害,岁计损失约五十余万元,仍请解散各等情,抄电陈请并议示遵。又奉孙会长艳电,此事关系公司至巨,辗转电商,恐误机宜,目前处置办法应请诸公商同联合会议定,径行饬办,琦无不赞成等因。萍矿李矿长并又专函陈请辞职前来。

公议:工人骄横,殊为矿累。然李矿长等在矿有年,久著劳勚,值兹内外交迫之秋,正赖群策群力,坚忍应付,竭力维持,岂有全体辞职之理! 该矿长老成谙练,于工人情谊夙孚,务当相机约束,未可任其一再要求。应请经理切实电复,责令妥慎办理,勿滋事端为要。

公司董事会和股东联合联席会议案

民国十二年八月一日(1923.8.1)

民国十二年八月一日联席会议。到会者:董事会孙会长代表李伯行,董事盛泽承、傅筱庵(兼代表陶兰泉)、刘襄孙,监察左子廙;股东联合会评议员傅筱庵、李伟侯、汪幼安、孙慎钦、刘予醒代表谢韬甫暨李征五、俞寰澄诸君。

孙会长来快邮代电:公司章程前经修改,迄未实行。现在时势,旧章殊多困难,即如股权问题悬案不决,大会因而阻搁,亟宜将章程修正,候大会通过实行,倘大会开会无期,亦可有先行变通者,欲为公司筹通久之计,舍此无由。务祈董会暨联合会公同商榷,推定起草员,详慎修正,不胜至祷。

公议:查章程关于公司根本,至为重要。前于民国二年股东大会议决修订,曾由董事会拟有草案。兹孙会长来电提议修订,自属正办。应即根据前届股会议案修订本公司章程,由股东联合会及董事会公同组织修订章程会,妥慎办理。

孙会长来快邮代电:砂捐交涉既无效果,鄙意如果铁捐照征,则厂用炼铁矿砂自应要求免税,以避重征。至出售矿砂,倘每吨四角之税,较纳矿产税不相出入,似应委曲求全,先行解决。至官本、灵矿各问题,即提议接续双方协定,但不必要求同时解决。究应如何办理,希提议公决,转饬经理处遵办等因。查此事叠接吴任之君来函，并由经理抄转来电，报告到鄂与官绅商议砂捐之事，彼此多方辩论，最后经政务厅长转圜，允并灵矿、铁捐各问题一同解决，请先由我提出条款。当答以即陈报公司。健意解决条款必须审慎考虑，免致再生枝节，祈鉴察等语。

公议：俟吴任之君到沪报告近日详细情形，再行核议。

孙会长函：前据李矿长镜澄、李顾问一琴条陈，请将萍矿工作暂停，解散工人，以除不良分子，将来另行组织，可望彻底整顿。一面与开滦商订接济厂用煤焦合同，公司不致大受损失。抵制工潮，舍此别无他策。请诸公提议并商联合会从速施行见复。正核办间，又奉会长函开：李矿长年老力衰，知难辞退，当此工潮澎涨之际，似未便再事敷衍。鄙见应即照准，遗缺即以黄绍三补充，庶驾轻就熟，责成整顿，必能胜任愉快。至抵制工潮办法，曾请将李矿长等条陈采择施行，以解目前之急。诸公究拟如何处置，祈迅定办法，即饬经理处遵办，以免贻误事机各等因。并据经理抄来李矿长电，以病剧，请速派员。又金正矿师、凌会计处长、龚稽核处长来电，以李矿长卧病两旬，矿事无人主持，务请速定办法前来。

公议：昨已派委黄绍三君前赴萍矿体察情形，筹商具复，且俟复到再酌。

公司董事会 1923 年第九次临时会议案
民国十二年八月三十一日（1923.8.31）

民国十二年八月三十一日第九次董事临时会。到会者：孙会长代表李伯行、盛泽承、傅筱庵（兼代表陶兰泉）、刘襄孙，监察左子廙诸君。

俞寰澄先生函：接转经理函述，商务所倪锡纯复称各节，按诸理论既多不衷，核诸情事更多失实，为公司营业前途计，不得不指正其谬误，列述如左：

一、原书谓不知所根据之平均市价系国内的而非国外的。查经济无国界，果吾国生铁之价抬高过于他国，商人计利尽锱铢，即国内区区三万吨之销路亦将为外铁挤销净尽，苟非特许专卖之物，决无国内外价值悬殊之理。

按日本经济年鉴趸售物价表所载铁价,参照当时汇率折算,最低为四十四两,最高为七十二两,扣除相当费用,亦决不至在三十两以下,且欧战后日金腾贵,十年三月最高时八钱三四,去年五六月最低亦在六钱以外,铁价虽落,汇率足以弥补。原书谓复值金价连年暴跌,显与事实相反。又谓输出之铁是否吃亏,有合同在。若指制铁所合同是以解货吃亏为未足,又从而益之;若指制铁所以外之售货合同,则该所长不审市情,甘心吃亏,而订此合同又岂可以为证明之资?原书所谓恃日本为尾闾之泄,按平均销数尚不及产数之半,而不惜亏本售出,真索解人而不可得也!

二、原书谓在外铁不能输入之适当限度内,无时不注意维持市价,于论理绝不可通,于意义适得其反。盖外铁果大跌特跌,则适当限度亦非大跌不可,何维持之足言?会计师之市价报告书指明,据部设〔法〕物价调查处及商务所之市价报告表断不至过于差忒!此不足凭,他何足据?闻生铁旺销时为一二商家包,铁商求购而不得,人言籍籍,耳熟久矣。维持市价、抵制外铁之说,曾无道及之者,该所长之丰功伟烈仅能自称自道,为辩饰之资,其足以解疑息谤耶?

三、会计师报告书中明明指称,根据大数趸批价格而更折实,该所长何以妄称为零售的遁词,知其所穷,吾诚不知其命意所在矣!

其他所陈战时抛货,自以为功。就商情论,如此善价仅多售五分之一,未见为善于乘机者。另一方面观之,存钢损耗三、四百万,同是公司之货,同为该所长所经售,抛铁若为所长之功,积钢宁不为所长之过?经理复昧昧然,言所陈均系实情。应请彻查整理,否则何以息浮言?何以服人心?何以对股东?应请贵董会破除情面,秉公派查,务得究竟,事关全局,非一二人之得失也。

股东联合会函:接督察稽核员俞、汪两君函,商务所售与培昌、森昌两号生铁价格特别便宜,本公司亏损不小;售与日商价只日金四十五元,虽据声明无须运费,若与先运东京事务所待销之货相混,岂□又减六元。查本公司之有商务所与各公司之有批发所性质相类,今对外售铁只有日商,对内只有培昌、森昌两号,则日商方面可付之东京事务所,国内可付之培昌、森昌包销,商务所实际上无事可做,尽可裁撤,何庸年费巨款以养此赔钱蚀本之机关,请转致董事会妥商整顿之法,或自加考察,或另派精干彻查,以定救济方法等因。查函陈各节关系本公司之能否生存,至为重要,应如何整顿改革之处,祈贵董事会详查办理,以图救济。复查历届帐略,商务所开支之巨,殊觉可惊,而按之该所成绩,诚如该函所述,对内售铁只有培昌、森昌,对外只有日商,与付之东京事务所包办、培森两号包销无异。公司岁糜巨款,养此赔耗机关,将何词以对股东。祈贵会自握权衡,通盘筹画,将切实整顿办法迅与示复,勿只付之该所照例一复了事。公司幸甚,股东幸甚。又函:俞君等函述公司所受损失至巨,贵会为公司中枢,责无旁贷,应请迅予查照前后各函,统筹全局,对于商务所以前售铁情事如何彻查核办,以后如何取缔改革之处,见复为祷。

公议:此事应由董事会与股东联合会各举一人,会同彻查。董事会方面即公推代表李伯老,惟伯老亦可自行委派妥人从事,如须款项,仍由公司支给,一面函致股东联合会推定代表,会同办理。

公司董事会和股东联合会联席会议案

民国十二年十月一日(1923.10.1)

民国十二年十月一日联席会议。到会者:董事会孙会长代表李伯行,董事傅筱庵(兼代表陶兰泉)、刘襄孙,监察左子兴;股东联合会评议员傅筱庵、孙慎钦、汪幼安、李伟侯诸君。

吴任之君函:前奉委赴武昌商请从缓设局改收砂捐,并冀与合办灵矿及归还官款各问题一同解决等因。健遵命到鄂与官绅磋商至再,颇费唇舌。盖湖北绅士中嫉忌仇视我公司者素来甚多,历与公司为难,要索事财地三权者实时象晋为创议之人,故此次请将各问题同时并议,时君首先反对,经健据理陈说,政务厅长觉我之理直,遂允假我以时,预备条件将一切问题再与开议。官厅虽如是主持,而鄂绅已有违言。窃以大冶砂捐局于健未到鄂前既经成立,势难无条件取消,若稽延过久,或重出无理之举,何以应付,是以我不得不速筹对付之法,尚祈钧会即定良策,早日解决。若空言推宕,于事无益,且恐有害。兹谨将我前已承认诸条参加意见,摘呈钧鉴。

一、官款五百六十余万两,除已缴外,至十二年底止,尚该若干,拟以一半填股,一半分六年还现。

一、铁捐拟仍照原议还清官款后减半,每吨缴银五钱。砂捐除汉冶两厂自用外,其外售者每吨缴洋四角。

一、灵矿拟仍照公司签注,暂不让步,但总工程师须由公司推荐。

以上办法,似不背原议,与之交涉,步骤尚较稳妥。如彼方不予谅解,惟有敦请中外公正人公断,或依法起诉,方有解决之望。否则,夜长梦多,后患不堪设想。刍荛之见,陈备采择施行。

公议:查核吴厂长所陈对鄂条件,大致尚是。惟闻鄂省对于公司感情不甚融洽,应即抄函转请孙会长赴鄂,与萧兼省长面晤,先行恢复感情,以期徐商解决。倘会长一时不能离京,即请先致萧一电,约期往晤,以便随后从容谈判。

经理函:收买永和煤矿,初因接收交割未清,继因有该矿无煤之说,因将应找价款约八万余元扣住未付。该公司代表朱祖荫、屠鹤清屡次催索,告以无煤碍难再付。现在该矿于本年七月初二日起每日出煤约五十吨,两月以来已出煤三千余吨。兹有黄柳仲来函,称贵公司与永和煤矿公司代表朱、屠两君订约移转股权未了手续,现朱、屠二君委托鄙人代理所有代理权限:一、将移转股权代价收回,并要求赔偿过期损失;二、汉冶萍所欠价款由屠鹤清详开数目,交黄柳仲依法诉追;三、黄柳仲得按照前两条之规定,与汉冶萍直接为诉讼外之交涉。查朱、屠二君曾于本年七月二十三日将未了各项缄请贵公司迅赐履行,迄今多日,未蒙赐复,兹特代申前请,务乞于阳历九月二十日以前将贵公司意见缄示鄙人,以资接洽等语。

查现在该矿既有出煤之证,似宜与前途议一结束办法。惟经理因此事迭受抨击,疑为受贿,断不能再行经手。此事究应如何办理,请贵会核定,直接函复为幸。

公议:应由董事会与股东联合会公派妥练之员前往,先将永和煤矿出煤情形如何,切实查明,复到再行酌办。

经理报告：自日本震灾之后，借款无从再商，而公司到期借款及经常经费在在不能少缓，应如何设法之处，请公同决议。

公议：此事关系重要，应电请孙会长迅赐莅沪，会同商定办法。

公司董事会 1924 年第二次常会议案

民国十三年三月一日(1924.3.1)

民国十三年三月一日第二次董事常会。到会者：孙会长代表李伯行，盛泽承、傅筱庵(兼代表陶兰泉)、刘襄孙，监察左子廙诸君。

经理函：萍矿距沪较远，需费较多。上年湘事发生，汇兑不通，即以旧印矿票周转，并在萍安商号以重息凑借。旧历年前欠款追索愈急，矿工尤嚣然不靖。据该矿长函陈，商集当地军警绅商会议，在长沙加印银元、铜元两种工资券，暂资救济，当复以事属权宜，姑准备案，一俟款到，立即收回在案。兹复据舒副矿长函称：数年来，湘省屡有政变，本矿即受其影响，所恃以临时维持者惟旧印之矿票；而此项矿票年久破坏，且五元票过多，运掉不灵，故于前月又在长沙印刷光洋、铜元两种工资券；旋以纸张既差印刷亦劣，适公司款到，遂全数收回。然欲使本矿金融不致时虞窘涸，而能永远流通有利无弊，则惟有改印银元、铜元两种新票，计银洋一元者十万张，铜元百枚者十万张，铜元五十枚者二十万张，定名为萍矿薪工券，将旧矿票悉行收回，与前印之工资券一同销毁。其利约有数端：商家借款息重，若有此券流通，年可省息三万数千元，而将应拨经费汇至长沙中、交两行作为活期存款，亦可稍得利息，一也；萍安各商家均由长沙进货，此券随时由商家汇集，缴矿改用支票，由长沙汇兑，往复无阻，不虞窘迫，二也；除随时准备少数现款存矿，以便零星兑换外，其整数均可由长沙汇兑，每月经费即无须派员派兵赴长押运，省事省费，三也。惟印刷必须精良，纸张必须坚致，预防伪造，自以在沪印制为宜。函请核示等语。

查该陈请印行薪工券银元、铜元两数，并计为二十万元，旧有矿票行之已久，尚无不便之处，此次改印事非创举，所陈三利亦属实情。惟应防流弊者固在准备基金，以免危险，而尤在印刷精良，杜绝伪造，拟请此项纸券向美国订印,由公司编号发给。此券发行,即将旧有矿票及上年所印工资券一律收回销毁,专以此券流通周转,果能经理得宜,信用昭著,似与矿需不无裨益。发交会计所议亦表同情。但事关重要,应否准予改印,理合陈祈核议示遵。

公议:应俟地方大定之后再行核办。

公司董事会和股东联合会联席会议案

民国十三年六月十七日(1924.6.17)

民国十三年六月十七日联席会议。到会者:董事会孙会长代表李伯行,董事盛泽承、傅筱庵(兼代表陶兰泉)、刘襄孙,监察左子廙;股东联合会评议员傅筱庵、汪幼安、俞寰澄、秦待时诸君。

盛副经理函:十日接夏总经理佳电,草合同颇难就绪。合同中有益公司之事:一、利息统为六厘;二、展缓还本;三、矿铁价值之一部摊扣利息。其有害之事除已酌改数处外,制铁所坚持者:一、公司有利益时方派股息,派至六厘,尚有余款时,以一半还本;二、矿石交额改为三十五万吨,制铁所得自由向他矿购买;三、酌用日本技师,两顾问各添襄办若干名。鄙意技师似尚可允,余均拟坚拒。祈示尊意等语。当即电请严拒去后,兹续接文电,本日晤制铁所长官,必欲弟秘密允认自由购砂,惟云不向象鼻山、纪家洛购买,并以帮助象、纪交涉为饵。答以无权擅允,良心上亦不能允。长官云,以良心言,试问保存权利及任公司破产,孰为轻重?请归商董会后再说等语。势将决裂。除另设法挽回外,祈提请董会公议,电示机宜前来。查制铁所要求三条均属妨害公司利益,而尤以自由购砂一条破坏专利,不守合同,关系公司前途,至为重要。理合提请公同讨论,电示机宜,俾资对付。

公议:制铁所要求三条,异常苛刻,尤以自由购砂为根本破坏公司,应立电夏总经理严词拒绝,切实谈判。彼既欲破我矿石专卖之权,违背从前合同,应请其先行变通优先借款之权,由本公司另行商借外款,并另电本公司商务调查员高木君,协助夏总经理筹商一切。

孙会长函:接岑西林函,贵公司承买永和煤矿下欠一半票价,逾期过久,各股东咸极愤激,弟亦待用孔殷,本定有另行取偿之方法,只以去冬承公函促公司从速付款,各股东因而忍待。刻计逾期几及三年,实属苦累不堪。应请我公函致公司谆催速将所欠永和价款克日支付等语。查此案前经诸公议决根本取消,兹准前因,应如何答复,请查照核办径复为荷。

公议:此案前经议请股东联合会公推两员同会总、副经理暨法律顾问先将全案详加研究,应俟总经理回沪会同研究后,再行核复。

先接湖北萧兼省长来电,催解铁砂捐款,当经电请孙会长酌核电复。兹奉会长蒸电:鄂省砂捐虽未商定,十二年份铁捐理宜先行照缴。鄙见对鄂不宜故意延宕,致多恶感。请即电复鄂萧,琦无全权承诺,未便径复等因。

公议:公司困难情形达于极点,鄂省既一再电催,应请总、副经理于无可设法之中先行筹措二万元,备作十二年份铁捐报会解缴为要。

公司董事会 1924 年第七次临时会议案

民国十三年七月十六日(1924.7.16)

民国十三年七月十六日第七次董事临时会。到会者:孙会长代表李伯行,傅筱庵(兼代表陶兰泉)、刘襄孙,监察左子兴诸君。

经理函:萍矿制造处机器完备,轮舶桥梁均能修造,惟僻处一隅,无从承揽工作,汉厂原有机厂规模反狭,自扬子公司停顿后,汉口绝少机工大厂,以应市需,亟应利用时机发展业务。因与吴厂长健、黄萍矿监理锡赓等筹商将萍矿制处大部分机件迁至汉厂,合成一较大机器制造场所。兹饬由吴、黄两君会同机器师李复几考察筹备,据复情形录陈于左:

一、工场地点。拟于汉厂木模房之南、电料处之西空地,添置厂屋甚为适宜,盖现有之锅炉厂仍有作用,亦无妨他项厂屋,而将来再加扩充尚有余地也。

二、萍矿机器。除一部分留为该矿修理之用外,余皆移至汉厂,拆迁装箱、运费地脚等项估需四千五百元。

三、汉厂机器。可将重复及较大者迁出,与萍矿之机器合组一厂,拆迁等费约需四千元。

四、新机器厂屋。萍矿原有锅炉厂一所,除屋顶及墙板铁皮大半腐烂外,所有铁架屋梁均可迁至汉厂,预算此项用费约需一万五千元;此外,另添新屋布置轨路约需二万五千元。

以上各节为预算之大略,倘须实行,当再详加核算,并须将各种机器如何布置另绘图说,或尚有缺少,可将冶厂已购而未装配之机件一并迁至汉厂,以完布置等语。并附草图清单到处。

查核该员等筹画各节尚属妥协,需费亦不过多。理合提请核议,如荷赞同,再饬详晰预算绘图,著手办理。

公议:查核所请将萍矿制造处大部分机件移至汉厂,合成一较大机器制造场所,以便承揽工作等情,系为发展业务起见,应由总、副经理督饬该厂矿长等将筹拟布置情形绘具详细图说,并详列预算,报告本会核夺。

孙宝琦致公司董事会函

民国十三年十一月十九日(1924.11.19)

查董事会原以董率公司员司为职责,总副经理暨各厂矿长,悉由董事会之选任,疑难之事悉候董会之裁决,是董会之关系至巨。近年各董事多半不能常川到会,每逢开董事会不过二三人,无人负责。总、副经理若遇事径行,不免专擅之嫌,若遇事请教,又有掣肘之患,若彼此推诿,公司贻误更多。际此内忧外患,一发千钧,惟有实行董事制,公司一切事宜概由董事会负责,照董事十一人之额,正副会长即代总副经理,提纲挈领,督率进行;此外董事九人,分工程、营业、会计三部,每部三人,分部职掌而受成于正副会长,每日各董事一小会议,一星期一大会议,协力通筹,事无不举;另有监察董事四人,实行监察,与各董事每年分班亲历各厂矿考察利弊,随时商议改良。庶几职责分明,事权归一,必当使全局之精神一振,可期日趋有功。所有各董事薪俸,宜从优厚,如有不能常川到会者,酌量核减开支,以示区别。计裁并总副经理、各所长及董会原支夫马各费,挹彼注兹,相差计不甚远。宝琦忝膺会长荏苒十年,深愧于公司丝毫无补,洞知非厉行董事制,不能切实整顿。用特提案,应请贵会赞同,提交大会通过,俾可实施,公司幸甚。此次改选董事,必须选择能常驻上海,于三部职掌相宜,于公司情形熟悉之人,万勿使再有挂名虚应故事,致滋贻误。宝琦才识短浅,商情隔膜,平日又不能常驻上海到会办事,深为愧疚。本届改选决不愿再行继任,特此声明。往者不可谏,来者犹可追。伏望诸位股东俯采刍言,免成画饼,毋任盼祷之至。此致

汉冶萍公司董事会

孙宝琦启
十一月十九日杭州寄

公司股东大会议案

民国十三年十一月二十九日(1924.11.29)

中华民国十三年十一月二十九日下午二时,假宁波同乡会并开第十三、十四、十五、十六四届股东大会。到会股东计三百二十九人,凡二十七万七千五百六十股,共十四万七千三百零五权。

董事会长孙慕韩先生主席宣称:今日股东大会,应将公司营业状况报告于诸位股东之前。查公司营业以钢铁为主,故必须销路畅旺价值合宜,方可获利。讵料自欧战停后,世界钢铁供过于求,市价遂一落千丈。本公司因时势之所趋,先将钢炉停炼,专注于生铁一项;而连年湘鄂军事叠兴,水陆运道俱阻,煤焦不能接济,汉厂化铁炉又年久须修,此停彼辍,出铁既已大减,而例应开支之项又不能不悉仍其旧,因而成本加重,售价更属不敷,加之售日生铁系照日金计价,东汇低落,暗亏尤属不少;是以九、十、十一、十二四年之中,结帐无不亏损。近来经济之窘,较前益甚,致股票官利亦无款筹发。昨经董事会同人公议,只得四年并计,拟发四厘息股,聊慰股东之望。未知诸位股东意见何如?应请公同讨论。所有第十三、十四、十五、十六四届帐略及经理报告,俱已另行刊发各股东,兹不赘述。关于会计帐项,并另由会计所长当场说明,以期明了。

股东黄泽民先生质问:本公司定章,每年应开股东大会一次,今已延误

四年,未知据何理由?

主席答称:前年曾经召集一次,以到会股权未足法定之数,不能成立,去年又曾登报召集,亦未成会,并非董事会有意迟延。

股东潘显庭先生附议黄说并质问:公司董事及经理等,以我股东血本,历年亏折,将濒破产,究竟所司何事?

主席答称:公司实在情形,顷间业已报告。所有亏蚀缘由,实由世界大势所趋,钢铁市价一落千丈,而大宗款项大半多用于工程部分,一时难期近效,并非办事人浪费滥支。帐略具在,事实具在,法律具在,不容遁饰。如有弊混,股东尽可纠举。

股东潘承锷先生谓:今日大会既四届并开,追咎既往,无济于事。应请到会股东以事实为前提,勿争意气。

股东袁履登先生谓:应请主席按照开会秩序,先由会计报告帐略,再请各股东发表意见。众赞成。

会计所长赵丙生君报告历年帐略:计九年度亏一百二十七万九千五百八十八元四角四分,十年度亏五十一万一千八百三十五元零三分,十一年度亏三百六十六万六千八百七十六元三角六分,十二年度亏二百九十五万二千六百零九元八角六分;除上亏外,十一年份尚有支销钢货、折轻成本、物料亏耗、无着旧帐等四百二十二万六千三百十六元零七分。共计一千二百六十三万七千二百二十五元七角六分。

股东潘显庭先生质问:第十三届帐略资金资产类第二项"股券"二字作何解释? 本公司并非交易所性质,何有股券之买卖?

盛经理答复:"股券"二字,是一种帐略上之名称,其实即为公司所投收买各种新矿之资也。

潘又质问:是否即系收买鄱乐、永和等废矿所投之资?

盛答:因本公司燃料仅恃萍乡一矿,出货不敷汉冶两厂同时开炉之用,且连年湘鄂用兵,运道时有梗阻,公司为未雨绸缪计,不得不于长江下游收买新矿,以免燃料之缺乏,是以有鄱乐煤矿之收买。该矿地跨鄱阳、乐平两县,运道利便,矿区丰大,现已出煤。潘股东谓系废矿,不知有何证据? 即永和虽未出煤,而据矿师报告,亦有一二百万吨之说。

股东郁凤岐先生谓:公司营业盈亏本无常例,股东未尝不可谅解,但经历四年之久,始行召集开会,殊为违法,且太蔑视股东。

盛经理谓:对于股东大会迟延之故,已经主席说明,在董事会固不能辞咎。惟按照公司条例,股东亦可请求召集,乃此四年之间未接有股东是项合法之请求,似股东方面亦应分任其责。

股东潘承锷先生谓:照公司条例第一百四十六条,股东有十分之一以上之请求即可开会,如公司不能按期召集,股东方面并可自行召集,条文规定甚为分明。今我股东既于此四年内,并未请求及自行召集,即已放弃职权,似不必再作此无谓之争。

股东联合会会长傅筱庵先生提议:顷间主席宣布发息办法,拟四届合并填给四厘息股,但股东方面似嫌过少。鄙人主张改为四届共得八厘,应请主席宣付表决。主席以赞成傅股东主张者起立付表决,大多数起立。

股东李廉波先生提议:四届八厘官息应发现金,不得填发息股。

盛经理谓:李股东之意,大约以公司帐面尚存一百九十一万余元之多,似尽可发给现息。不知此项实为存货存料之作价,并无现款积存,只因多数股东希望得息,勉填息股。此时派发现息一层,实难办到。

股东林孟垂先生谓:公司虽有公积,而厉四届皆系亏折,今日应股东之请发息八厘,按之公司条例第一百八十四条,有无抵触?请大众讨论。

股东潘承锷先生谓:林股东所说第一百八十四条,系指红利而言;今所议发者,为我中国习惯上所有之官利。且公司章程上刊有官息每年八厘之明文,今四年仅发八厘,不得谓为违法。

主席提议:本公司因铁市疲滞,售价不敷成本,以致经济艰窘,历年亏折各情形,适才已经大略报告。惟际此潮流,欲求转亏为盈,必先将厂矿大加整顿,并将未竟各项工程扩充完备,使出货加多,成本减轻,然后方可竞争销售,藉沾余利。而扩充整顿需款至巨,现在招股既属不易,国内借款又息重期短,大不上算。惟有根据民国二年日本借款合同(即预付铁价),继续向日本方面商借。自民国十一年间,即委托夏总经理前赴日本与正金银行、制铁所商酌补充工程借款,并议减从前借款利息,展缓还本年限。往返磋商,至两年之久,今始就绪,计借款总额为日金八百五十万元。所有议定草合同详细条件,业经另行刊印分送,各位股东谅已阅过。对此有何意见,请即发表。

股东汪幼安先生提议:合同附件协定书载,前清光绪二十五年二月二十七日,盛宫保与制铁所长官和田所订购售大冶矿石合同第五款但书之规定矿石专卖权,谓往后认无存在之必要。此层颇有关系,应请加以考虑。

盛经理谓:本协定书就表面观之,似觉不能放松,但实际上本公司应可无虑。因本公司矿石含铁成分既较他矿为高,价目亦因预付而便宜,只要我方可以照数供给,日本方面断不至另觅主顾。

股东秦待时先生提议:合同附件声明,凡关于公司之事业决算,有能派官、红利之希望时,公司应先将决算案送交银行,并须俟双方协商之后方可实行。此层太受拘束。因派给官、红利为公司股东应有之权限,若必须与债权人协定,得其同意方可发息,断然难以承认。最好磋商将此句废除,如办不到,只可允将事业决算案送阅,无得债权人同意之必要。

股东潘承锷附议,赞成秦说。

股东傅筱庵先生谓:合同借贷日款,以股东之赞成与否为先决问题,应请主席先将赞成借款合同成立者付表决。

主席以傅股东主张付表决,大多数起立通过。

股东潘显庭先生谓:此种表决迹近草率,本席不能赞成。

股东傅筱庵先生谓:潘股东既表示反对,不妨请各股东改投议决票。

股东洪雁宾先生谓:适才起立表决既经成立,无再用投票表决之理。本席主张维持原表决。

股东林孟垂先生附议,赞成维持原表决。

主席以洪股东主张付表决,起立者仍属大多数。

主席为慎重起见,又以反对借款合同成立者起立付反证表决,起立者极少数,仅十数人。

股东傅筱庵先生谓:借款合同既经两次起立表决,多数通过,且有农商、交通两部官股代表俞寰澄、施省之两先生当场作证,股东尚有异议否?

股东皆无异议。

股东秦待时先生谓:换文中关于任用工程师及增加襄办若干名,殊嫌含混,似应予以限制。

股东潘承锷先生谓:若干者为无定数,似债权者留与公司方面视需要而定之意,如为限制起见,不如改为至多不得过五人。大众以为何如?

股东秦待时先生谓:聘用技师、襄办人数,主权在我,应规定为至少数,不必五人之多。

股东傅筱庵先生言:此项草合同,夏经理携以回国时,鄙人曾加研究,对于"若干"二字亦曾反对。惟夏云,不能再行更动一字,否则不允借款。故董会将合同全文印送股东研究。总之,将来新董事会为保全股东利益起见,必极力争持。惟事前若限以一定人数,颇觉为难。

股东傅筱庵先生又云:万一此次争执决裂,我方应即要求变更优先权,俾公司另向他国借款还债,以免受制于债权人,此必须申明者。

股东洪雁宾先生谓:借款业经今日股东大会通过,此项附件应交新董事会会同股东联合会详加研究修正之,总须主权在我,不致反客为主为要。

股东厉树雄先生云:曾记得旧合同有"公司随时得以中国自己资本还清日债全部或一部分"。此次合同漏未列入,设有似前数年欧洲战争,公司大为发达时,则公司不将又失此机会乎?请即注意加入。

股东傅筱庵先生附议,通过。

交通部代表施省之先生起立谓:公司借款为重要问题,本应投票表决,今两次用反正起立表决法,既系出自股东公意,自属合法,应即声明录入议案,以免有人藉口。

湖南公股代表张声焕先生起立谓:此次借款合同,各股东业经多数表决通过,本可不再置辞,惟鄙人既为湖南代表,对于借款殊不赞同。其理由有三:一为公司主权恐将为外人所操纵;二为公司正值亏本时代,即使借款成立,不过维持一二年;三为日币市价太低,将来还款恐更吃亏。但此案既已通过在先,敝代表不过将此意声明,以便归报湘省父老。

股东顾鼎梅先生问:如借款成立后,公司前途究竟有无把握?

主席答称:董事会对于必要之计划,亦已几经讨论,因公司经济困竭,非续举新债,无以根本图存。兹根据民国二年与日本制铁所及正金银行所订之合同条款续行借贷,其性质与普通实业借款不同,实为公司习惯上一种预收铁价之性质,利率仅为常年六厘,三年内暂不还本。又将从前旧借款利率在六厘以上至七厘者一律改为六厘,并延长旧借款偿还年期,停止还本三年,俾此三年中,可从容整理,从事进行工程。公司预计大冶新炉落成之后,每年所产生铁总额约可达四十万吨,以应国内外之需求。只须扩张销路,增加出货,减轻成本,公司利益自有把握,亦不至受债权者之束缚。

主席又谓:今日时间已晚,诸股东如无其他意见发表,即请投票选举。

当由股东公举潘显庭、潘承锷、狄巽公、洪雁宾四股东监视票匦。各股东遂投票留任旧董事,选举新董事及监察人。开匦核算权数,计:

留任旧董事三人。

孙慕韩先生　得六万七千零九十七权

傅筱庵先生　得五万二千一百十八权

盛泽承先生　得四万四千二百六十五权

新选董事八人。

刘襄孙先生　得一万四千六百零三权

李伟侯先生　得一万二千七百十九权

林剑秋先生　得一万二千五百零九权

徐博泉先生　得一万二千四百十九权

盛泮澄先生　得一万零零四十四权

盛莘臣先生　得九千九百二十七权

夏地山先生　得九千二百二十四权

丁斐章先生　得八千九百七十三权

新选监察四人。

邵子愉先生　得二万七千九百四十九权

盛绳祖先生　得二万二千二百零九权

谢蘅牕先生　得一万六千九百五十三权

金芿蕃先生　得一万五千八百十八权

董事次多数

盛绳祖先生　得六千二百四十九权

黄翊昌先生　得六千零五十五权

潘若梁先生　得五千一百二十四权

厉树雄先生　得四千零十权

汪幼安先生　得三千七百四十权

孙莲孙先生　得一千八百七十五权

朱葆三先生　得一千二百八十五权

李伯行先生　得二百权

余冠南先生　得一百二十一权

孙慎卿先生　得一百十七权

盛泽承先生　得二十四权

孙慕韩先生　得二十一权

傅筱庵先生　得十权

王颂坚先生　得三权

监察次多数

杨季忻先生　得一万二千三百五十九权

庄仲咸先生　得一万零八百二十四权

盛竹书先生　得八千九百四十八权

孙慎卿先生　得六千五百零六权

傅品圭先生　得三千一百八十五权

陆麟仲先生　得二千六百九十七权

孙景扬先生　得二千五百零八权

李树侬先生　得二千一百十五权

林孟垂先生　得一千四百零六权

刘襄孙先生　得一千权

黄翊昌先生　　得一千权

朱葆三先生　　得二百五十七权

徐博泉先生　　得一百零六权

潘馨航先生　　得五十五权

李征五先生　　得五十三权

傅筱庵先生　　得二十八权

盛玉麟先生　　得二十权

潘砚孙先生　　得十六权

招海泉先生　　得三权

当场报告毕,七时散会。

[附件一]　经理报告书

民国九、十两年第十三、十四两届营业状况具见帐略,诸君当已鉴及,无俟赘陈。兹将该两年各厂矿所经过事实,撮要报告于左,幸垂察焉。

商务情形

我国钢铁产额,在全世界仅占一小部分,故钢铁价格不能不随世界趋势转移。民国九、十两年,适承欧洲和局大定之后,世界钢铁供过于求,市价之一落千丈,盖实时会使然也。方战之殷,铁价腾踊,国内如扬子、和兴,满洲如本溪湖、鞍山站,日本如釜山兼二浦等各铁厂,莫不风起云涌,增加产额,中日各铁商亦皆争先购置,屯积居奇。存货既多,销路骤减,争相出售,而钢铁市面遂成江河日下之势矣。我公司际此潮流,一面参酌欧美、日本市值,酌中定价,使国外钢铁不易输入,以维持国内之市面;一面与美国之培尔福,香港之新兴记,日本之三井、东方各洋行,订逛批之约,以推广国外之销路;一面与陇海、京绥两路订售钢轨各一万吨,以保持本国之利权。故九、十两年计售出生铁为二十三万余吨,其中交日本制铁所之数为十三万八千余吨;钢货为二万五千余吨。其销路尚非锐减者,盖生铁以交制铁所为大宗,钢货则恃铁路之购用钢轨也。惟价格生铁扯价每吨为四十五元以上,钢货扯价每吨为一百十元以上,较之七、八两年,铁价固相去霄壤,钢价亦不敷成本。然十年秋后,钢料市价竟跌至八十元以下,则尚称得价。至交制铁所生铁,九年份增为每吨日金七十元,矿石每吨日金四元五角。十年份矿铁两项均系照合同付价,合并声明。

会计情形

本公司帐目,自民国八年起改用新式簿记以后,赓续照所采会计制度办理。民国九、十两年大要情形如下:

九年度:一计煤焦、钢铁、矿石价收入一千六百零二万二千九百四十五元二角七分;一计原值(即出货成本)、附值(即运脚)并管理费支出一千八百零一万八千七百九十二元二角四分。两抵亏损一百九十九万五千八百四十六元九角七分。一计厂矿所投资,盈亏两抵,亏损六十万零二千五百八十七元七角六分。一计汇兑亏损一百万零零六千一百八十二元一角一分。一计厂矿所投资利息与借款往来利息相抵,盈余二百二十四万零九百十五元四角八分。一计沪栈码头收入,各项收入与各项支出相抵,盈余八万四千一百十二元九角二分。以上通盘计算,九年度亏损一百二十七万九千五百八十八元四角四分。

十年度:一计煤、焦、钢铁、矿石价收入一千四百零一万三千六百九十六元九角;一计原值(即出货成本)、附值(即运脚)并管理费支出一千五百六十万零九千四百六十七元九角五分,两抵亏损一百五十九万五千七百七十一元零五分。一计厂矿所投资,盈亏两抵,亏损四十八万六千五百二十元零一角五分。一计汇兑亏损二十三万零四百六十二元五角。一计厂矿所投资利息与借款往来利息相抵,盈余一百五十九万四千七百五十六元四角七分。一计沪栈码头收入,各项收入与各项支出相抵,盈余二十万零六千一百六十二元二角。以上通盘计算,十年度亏损五十一万一千八百三十五元零三分。此九、十两年度收支盈亏之大概情形也。盖厂矿所互有盈亏者,因出货成本与运脚系假定价格,归公司转帐,不能与支出之数适合;其投资利息与借款利息相抵之盈余,因厂矿所系照投资数目计息,归公司收账,公司所付者借款与往来利息,而公积金等不计息,股份利息亦未结算,致有盈余,并非多算投资利息也。九年之亏损,视之固甚巨,惟内有汇兑亏损一百万六千余元,乃日币假定价格转账之关系。有八年度之兑余,故有九年度之兑亏,此系会计制度使然。此外资产负债另有贷借对照表,不再赘述。

运输情形

查九、十两年,湘省军事叠兴,我公司运输,汉湘线最感困难。九年间,始则第三师及混成各旅由衡撤防,水运大部分停顿;继则战事发生,水陆运全停。由五月起,至七月下旬,水运始通,九月陆运亦通。乃十二月,湘军内讧,车运续停,至十年一月中旬始通。而是年七、八月,湘鄂大战,运事又完全停顿。迨战事了结,湘省又因湖南银行旧债问题,禁我煤焦出口,直至十一年二月,此项问题解决,始复通运。综计此两年中,因军事梗阻,水运约停六、七个月,且所停均系大水畅运之时;车运约停十个月。运事既迭遭困顿,安源运出煤焦,其吨数自较八年份短绌,计九年份共运出煤十一万六千八百余吨,焦二十四万九千八百余吨,较八年份少运煤八万七千四百余吨,焦一万八千一百余吨;十年份共运出煤十五万二千七百余吨,焦十七万九千余吨,较八年份少运煤五万一千五百余吨,焦八万八千八百余吨。又十年份由武昌转运冶厂焦炭四万五千四百余吨,以备新炉开炼之用。至由大冶运矿至汉厂,九年份共运二十七万三千余吨,十年份共运二十六万三千五百余吨,均较八年运数为绌。此则因汉厂一、二号旧炉停炼,矿石少用故也。

新厂情形

冶厂前受欧战影响,外洋机件不能如期运交,致工程濡滞。第十二届会期时,业经据实报告,一面努力进行,其应需配件,分向汉厂、萍矿等处添制,计日程功,故九年间一号化铁炉之建筑,业已大部分告成,而二号炉之工程亦复兼营并进,其他附属之物,渐次设备完全。当于十年三月间,该厂组设化铁股,五月间更有开炉筹备处之成立。正值试验各项机件之际,突于是年六月间水塔出险,担任建筑工程大岛工程师不幸又于是年十月间病故,报经董会,委任吴厂长健兼代总工程师职务。开炉愆期,殊出意外,此亦事之无可如何也。

产铁情形

查汉厂一、二号两炉，系官办移交之物，本已二十余年，式旧质窳，不堪再用，大修则需费甚巨，而出铁不多，殊不合算。前大岛顾问屡以停置为言，因于九年二月间陈奉董会，议准停废。故九、十两年，汉厂炼铁仅有三、四号两炉，共出生铁二十四万九千三百余吨；其间又因三号炉开炼年久，重新拆修，停火四月有余，故总计出铁之数不甚畅旺。至所制钢货，共计八万五千另六十余吨。欧战而还，钢市尤极疲滞，除向国内承揽钢轨而外，其余销路极滞。十年秋间，据商务所送阅汉厂来函，谓交通部现改轨式，汉厂旧式制轨不合时趋，拟停造轨件，另制别项钢货，请以何者为需要，转请核示。当以交部既改轨式，应俟颁定成式再行拉造，以期合辙。至别项钢货，现市正疲，已制者尚苦堆积，无法疏销，若再添制，则搁本搁息，亏耗愈深。函令汉厂于十月底将钢厂工作一律暂停。制钢人材，如工程师、工长，称上选者，应仍留用，暂分置于他机关；其中下者，概予解散，俟需用时再行招致。此系审度市情财力，为此撙节之处置。其有应行扩充方面，如改造电机房，安装交流电机，建筑二码头抽水机斜坡，安装凉水机各种工程，仍逐步进行也。

产砂情形

冶矿九年份采砂八十二万四千四百九十吨七百六十八启罗，比较八年份增七万三千另四十余吨。至十年份因铁市疲钝减采，计共全年采砂三十八万四千二百八十四吨六百七十六启罗，比较九年份出数大减。然采额虽减，而筹备扩充工程仍进行有绪。查狮子山上段矿层施工已久，尖山、野鸡坪逼近官界，半属停采，因于狮山二段开凿巷道，以达矿层。又铁门坎上厂与狮山上段同一情形，就该处中厂侧面另凿巷道以备开采。又露天采矿，每值雨雪即须停工，已在狮山就地平向矿床走向，于已开辟之总平巷凿通横巷三道、风巷一道，俾将来昼夜晴雨均能施工，免误炉需。惟现值采矿深及地腹，人工采掘渐感困难，不得不添用机械相辅而行，复在得道湾、铁山各建压汽机一座，其原动力由冶厂总电机处输送，并于得道湾添设轧矿机二架，以代人力，下设涵洞，便于大火车拖运。此为九、十两年矿工进行之大概情形也。至运砂铁道路线过曲,车辆不能重载,因之用煤亦多消耗,九、十两年,已将李家坊、詹本陆、铜鼓地路线三段,陆续修改,逢湾〔弯〕取直,以增运量而节煤费。尚有水泥厂至石灰窑一段,犹须续改,以臻完善。

产煤情形

萍矿九年份全年出煤八十万六千三百余吨,炼焦二十四万四千九百十九吨二零三启罗;十年份全年出煤七十七万二千九百七十一吨,炼焦二十万零六千零八十七吨五零四启罗。溯查萍矿自民国以来,迭受军事影响,而以九、十两年为最甚。九年自六月至八月,交通断绝八十余日,客军驻萍,需索百端。铁路又湘赣争权,相持不下,款料无法运济,煤焦无处堆存,不得已减工省料,苦守坚持。一面陈请董事会分电湘赣维持,一面饬矿就近与该两省当道洽商,百计千方,始有通车之望。不料原状尚未全复,十年二月间,退驻袁州张宗昌一师,忽近逼距安源三十五里之芦溪镇,势将进驻安源,就地索饷;其时赣西方镇守使奉赣督令,带兵迎堵,密商萍矿拨窿工千余名为随军运送夫,窿内工程因之锐减。迨事定,工人陆续回矿,始能照常出货。至八月间,湘鄂战事又起,交通断绝两月有余,又不得不节减工程,为固守计。实业最忌顿挫,况年年兵事,甚至一年两遇,靡有宁时。其间险象环生,觊觎百出,对外对内,应付几穷,而卒能维持现状,工未全停。综计两年出煤,年各七八十万吨,比较八年所产,减少不过一两万吨,未误厂需要,非始愿所及料也。

总经理　夏偕复

副经理　盛恩颐

[附件二]　经理报告书

民国十一、十二两年第十五、十六两届营业状况具见帐略,已蒙诸君鉴及。兹再将该两年各厂矿所经过事实撮要报告,俾知公司之艰困,以冀群力之维持,不胜感幸。

商务情形

世界钢铁市面,自欧洲和局定后,求少供多,已成江河日下之势。民国

十一、十二两年间,日本因印度太太铁大宗输入,价极低廉。本溪湖、兼二浦等铁随而大跌,故市价在十年底尚为日金六十二元,及十二年底竟跌至五十元左右。美国东部产铁本富,其西部以运费关系,间用华铁,今则东货过多削本,西渐益以比铁源源运往,减价揽售,故市价亦由美金三十五元跌至二十七元左右。国内则扬子、鞍山站等厂,货多市滞,减价争销,以致市面每况愈下,际此潮流,我公司欲求立足计,惟有权衡大势,竭力竞争。一面由日本分销处随时察看市情定价,与印铁竞销;一面与国内承销各号加意联络,并向津浦、京汉、京奉等路设法兜揽;同时且谋推广于美国西部及南洋各埠。故十一、十二两年,计售出生铁尚有二十八万五千余吨之多,其中售与日本者为十七万三千余吨;国内市销者为十万零五千余吨;由沪转销于美西及南洋各埠者约八千吨。又售与日本矿石为五十八万一千余吨,较之九、十两年吨数有增无减,惟价格则以竞争关系,生铁扯价每吨仅四十元零七角七分,矿石扯价每吨仅三元一角七分,较前更为减色。至钢料,自炼钢炉停后两年间所售俱系存货,数亦无几。而德国及卢森堡运来钢货近尤充斥,市价亦极低廉,若非见机早停炼钢,损失当更不止此数也。

会计情形

本公司十一、十二两年帐目,即十五、十六两届收支盈亏大要情形如下:

十一年度:一计煤焦、钢铁、矿石价收入一千四百五十四万九千六百二十五元六角八分,一计原值(即出货成本)、附值(即运脚)并管理费、营业费等项,共支出一千七百三十二万三千七百二十六元六角,两抵亏损二百七十七万四千一百元九角二分。一计厂矿所投资(即厂矿出货成本),亏损二百二十七万七千零三十八元七角(查该年度因汉厂钢厂停工而其厂本应付利息依然担负,故该厂所亏尤巨)。一计厂矿投资利息与借款往来利息相抵项下,盈余一百四十六万四千七百十四元三角六分。一计汇兑项下,亏损二十四万九千八百二十元零五分。一计沪栈码头收入各项与各项支出相抵,盈余十六万九千三百六十八元九角五分。以上通盘计算,十一年度(即十五届)计亏损三百六十六万六千八百七十六元三角六分。查第十四届贷借对照表后附说明书声明:积存钢货市价跌落,存本过高;厂矿所存物料查有亏损,均须折轻存本;辛亥以前无着旧帐亟应支销。该三项滋又更历一载,除旧帐数目仍旧外,其钢货物料该年又经售出支用若干,其存数略有变动。本届亏损之巨,钢货存本太高亦系原因之一,亟应折轻,不容再缓。查十一年底止,钢货积存三万八千八百七吨有零,帐存原本五百七十三万五百七十六元五角七分,现按吨作价七十四元有奇,应折去二百八十五万六千四百六十九元九角一分;盘存物料折去八十三万七千九百四十九元一角一分;辛亥无着旧帐收销五十一万四千一百八十二元二角二分;佛宁门煤矿勘矿费收销一万七千七百十四元八角三分。四项共计四百二十二万六千三百十六元七分,连前共亏七百八十九万三千一百九十二元四角三分正。幸有各项准备金、公积金可以支销,计开如下:一、历年积余项下支销二百四十六万五千八百二十五元八角一分;一、营业准备金项下支销一百二十九万六千四百五十一元二角四分;一、特别准备金项下支销一百四十二万三千三百九十八元五角五分;一、提存折轻存货项下支销四十八万三千二百四十元七角七分;一、备抵旧帐项下支销五十一万四千一百八十二元二角二分;一、提存特别公积项下支销一百七十一万九十三元八角四分。共计合符前数。

十二年度:一计煤、焦、钢、铁、矿石价收入一千二百九十万七千六百六十二元六角八分;一计原值(即出货成本)、附值(即运脚)并管理费、营业费等项,共支出一千四百八十九万八百九元一分;两抵亏损一百九十八万三千一百四十六元三角三分。一计厂矿所投资(即厂矿出货成本),亏损三百三十六万七千八百五十元七角一分(查本年各处因时局关系,出货减少,汉厂钢厂仍停,而利息折旧照常担负,故亏损极大)。一计厂矿所投资利息与借款往来利息相抵项下,盈余二百十一万八千三百七十八元四角五分。一计汇兑项下,盈余五万六千八百九十六元五角五分。一计沪栈码头收入各项与各项支出相抵,盈余二十二万三千一百十二元一角八分。以上通盘计算,十二年度(即十六届),计亏损二百九十五万二千六百九元八角六分。此项亏损均由营业准备金项下支销三十七万二千七十二元六角二分,提存特别公积项下支销十一万九千九百十六元九角,提存法定公积项下支销二百四十六万六百二十元三角四分。共计合符前数。

该两年营业帐面亏数虽巨,然折旧准备金项下增多二百六十六万三千六百七十一元八角二分,若不计折旧,则十一年度仅亏二百四十一万九千五百三十三元五角二分;十二年度亏一百五十三万六千二百八十元八角八分。

运输情形

本公司运输,向分汉湘、汉冶、汉沪三线。历年因湘局多故,汉湘之水陆两运极感困难。十一年度虽无军事,第因上年川鄂之役尚未结束,被扣轮驳多未发还;又因奉直战争,直方征调湘鄂驻军,往来络绎,车路时有阻滞。十二年度则又有湘省谭赵之役。自秋间起,水陆运务复遭梗塞,至十一月中旬始通;而株萍、武长两路又因车辆异常缺乏,运务不畅,兼之工气嚣张,萍矿及株局时有罢工情事,无一不为运输之梗。计十一年度共运出煤八万五千七百余吨,焦二十四万七千三百余吨,较十年度少运煤六万六千九百余吨,多运焦六万八千三百余吨。十二年度共运出煤三万五千九百余吨,焦十六万三千九百余吨,较十一年度少运煤四万九千八百余吨,焦八万三千四百余吨,分转汉冶两厂应用。至由大冶运矿石至汉厂,计十一年度共运二十九万三千余吨;十二年度共运十五万六千七百余吨,十二年汉厂减炼,故用矿较少。又订售日本生铁,本由制铁所派船径至汉厂或冶厂装运,近年长江上游淤浅,秋冬水落时,海船即不能开往汉冶。十一年冬间起,在芜湖设临时堆栈,将交未足额之铁运芜,再由制铁所派轮受载转运,事竣即止。此该两年运输之大概情形也。

产铁情形

汉厂十一年度,三号、四号两炉共产生铁十四万八千五百余吨,其间工潮迭起,动辄罢工,不无停顿。十二年度,工潮虽稍平靖,而是年冶炉亦开,焦炭时虞缺乏;至秋后湘局多故,萍运时有梗阻,燃料益形恐慌。故三、四号两炉因此先后停炼修理,虽有一炉工竣,年内未能开炉。十二年度,共只产铁七万三千七百余吨。比较十一年仅得半数。至钢厂,自十一年一月停炼,工人遣散。惟钩钉厂虽稍有出货,而为数无多;其扩充工程亦限于经济,多半停辍,节缩开支,勉维现状而已。

冶厂十一年度,尚在建筑时期,无可报告。至十二年度,方入营业时期,是年四月,第二炉开炼,尚称顺利,至年底共产翻砂铁四万四千六百余吨,马丁铁四万一千四百余吨,总计八万六千一百余吨,此为冶厂产铁之始。基础既具,附设工程亦渐次完备,将来焦炭充足,不难两炉齐开,产数增加,以辅汉厂之不足也。

产砂情形

冶矿十一年度,产砂三十四万五千余吨,十二年度,产砂四十八万六千余吨。盖因铁市低疲,经济因之支绌,该两年皆就各方需用之数以为开采之标准,并未尽量采掘,以故产数十二年度较十年度稍增,而视九年度则相差甚巨耳。

产煤情形

萍矿十一、十二两年一切工作仍旧,惟因经济困难,十一年七月直井停工三段,裁减工人约六百名,每日出煤约少四百吨。计十一年度产煤八十二万七千余吨,炼焦二十二万五千余吨,十二年度产煤六十六万六千余吨,炼焦十九万九千余吨。该两年中,所受损失,其最大者,曰军事,曰工潮,曰交通。十一年六月,桂军过境,既由矿垫借军费达二万元以上,复抽工人以备输送。乃军事甫定,工潮继起,缘是年一月间,路矿工人禀县立案,组设俱乐部,旋因粤汉、京汉路潮流所播,竟发生九月间罢工五日之事,要求增加工食及星期算工、病假算工,暨年终加给半月工资等项。虽经驳斥,然工焰自此日张,整理殊多棘手。至交通一项,株萍路结欠本矿垫款至八十一万二千余元,而桥朽路窳,机车缺乏,不能多运,迭经交涉,终鲜效果。迨十二年九月,湘省军兴,交通断绝至两旬之久,兼以两年来金融滞塞,矿用不能按时接济,借款利息约负五六万元;木料、米油、砖瓦各价日昂,岁增约十五六万;又新增木税、米捐,层层剥削,均为亏折之原因。至若土井遍开,两年内竟增百余口,只因界案未决,地方以此要挟,官厅亦无法禁阻。关于扩充之进行,尤为障碍。是萍矿最重要而又最困难之一问题也。

总经理　夏偕复
副经理　盛恩颐

五百股以上有被选董事资格股东户名单

民国十三年十一月(1924.11)

农商部公股代表俞寰澄

交通部公股代表施省之

湖南公股代表张声焕

盛氏愚斋义庄

李伟侯、林剑秋、丁问槎、潘馨航、刘襄孙、贺得霖、杨绶卿、庞仲雅、孙慎钦、盛绳祖、周清泉、徐博泉、周紫珊、林降秋、赵丙生、傅其霖、李伯行、吴锦堂、盛泮澄、夏棣三、邵子愉、徐冠南、汪幼安、陈翊周、盛耀祖、靳翼青、黄锡云、张云抟、傅品圭、王颂坚、孙慕韩、盛泽承、沈联芳、盛蘋臣、黄翊昌、丁斐章、谢蘅牕、卞俶成、张仲炤、唐叔璠、陶兰泉、孙莲孙、徐季荪、李廉波、杨季忻、傅筱庵、吕镜宇、林薇阁、邢冕之、庄仲咸、盛莱荪、何东、朱葆三、米有成、厉树雄、朱叔经、金匊蕃、李朴诚、潘若梁、林孟垂。

一百股以上有被选为监察资格股东户名单

民国十三年十一月(1924.11)

秦待时、庄迪先、黄磋攻、李经义、方秩臣、费云卿、梁福、吴耀庭、潘砚孙、汪作之、吕幼舲、李载之、关紫田、吴启周、孙景杨、李树农、倪燮臣、张均房、陈仲韶、李志方、黄普亨、邵月如、沈翊青、施才高、刘顺德、叶琢堂、陈思明、盛玉麟、陈叔云、陆祝封、王心贯、朱殿丞、徐纯甫、傅子汉、盛苹荪、狄巽公、沈厚生、吴任之、林伯䌷、李桐荪、吴苣汀、李征五、何少寅、洪雁宾、方郁生、庄得之、盛竹书、巢少梧、王星北、谢仲笙、洪庆祥、招海泉、蔡伯良。

公司董事会1924年第十五次临时会议案

民国十三年十二月二日(1924.12.2)

民国十三年十二月二日第十五次董事临时会。到会董事:孙慕韩、盛泽承、刘襄孙(兼代表傅筱庵)、李伟侯、徐博泉、盛蘋臣、夏地山,监察谢蘅偬、金籴蕃诸君。

公议:新董事经股东大会选举,今日到会议事,照章公举正副会长,以便主持会务,遂由到会董事用不记名法正式投票。计:

正会长

孙慕韩先生得七票,推为正会长。

次多数,李伟侯先生得一票。

副会长

傅筱庵先生得六票,推为副会长。

次多数,盛泽承。

盛泮澄先生来函请辞议董。

公议:盛泮澄先生既来函辞退董事,不愿当选,情词甚坚,应即照章以次多数推补。惟次多数盛绳祖先生已当选为监察人,应先函询绳祖先生是否愿充议董,抑仍充监察? 候复到再议。

公司董事会 1925 年第一次临时会议案

民国十四年一月二日(1925.1.2)

民国十四年一月二日第一次董事临时会。到会者:傅副会长(兼代表孙正会长)、盛泽承、刘襄孙,夏地山,监察谢蘅偬、杨季忻诸君。

兼代总经理函:接东京赵所长卅电称:艳电悉。晤商吉川顾问,以股东会议修正专指三种附件,此次奉委并致儿玉书,仅以各该附件为限,其追加合同第五即正合同第九,无从另行提出,应请迅转董会核复,并将技师、襄办确数示知,以便照办等语。查本公司日本襄办原有两人,此次添加不宜超过原额。关于技师一节,从前冶厂曾经雇用,尚有成绩,似不妨稍多。鄙见如此,究应如何电复盛、赵两代表之处,仍候公议示遵。

公议:股东会议既将合同通过,其正合同第九、追加合同第五即可不再提出。至附属文书内应照前次议案加入"除照定章派官利外"一语,仍由两代表磋商加入。本公司日本襄办原有两人,此次添加自宜仍以两人为限。厂矿需用日本技师,视需要繁简,至多不得过四名。即由兼代总经理电复盛、赵两代表照办。

公司董事会 1925 年第二次临时会议案

民国十四年一月十日（1925.1.10）

民国十四年一月十日第二次董事临时会。到会者：傅副会长（兼代表孙正会长）、盛泽承、刘襄孙、李伟侯，夏地山，监察谢蘅牕、金耜蕃诸君。

盛、赵代表来电：正金答复，附件内拟加之"除照定章"，一语颇有流弊，公司章程，股东有权可以随时修改，甚至倍增官利之率亦无不可，办事人难保永远不更换，大股东之股票亦可转售，种种可虑，碍难照加；至襄办须汉阳、萍乡、大冶各顾问各一人，共添六人等语。技师四名无问题。谨闻。

公议：正金答复既不愿加入"除照定章派官利外"一语，本公司姑允让步不加。至襄办仍照前电只添两名，随同两顾问驻总公司，不能分驻厂矿。此在公司斟酌情势实已万分迁就，为最后让步，如制铁所及正金再不照允，是借款并无诚意。公司经济困窘，倘阴历年内不能定约交款，因之酿成厂矿风潮，发生意外，致来春不能履行成约，应由日本方面负责。即电复盛、赵两代表速与妥商为要。

公司董事会 1925 年第四次临时会议案

民国十四年一月三十一日（1925.1.31）

民国十四年一月三十一日第四次董事临时会。到会者：盛泽承（兼代表孙正会长、傅副会长、李伟侯）、刘襄孙，监察金耜蕃诸君。

兼代总经理函：萍矿工人年终加发半工一事，始于十一年十月间路矿罢工，要求协定十三条之一，陈奉贵会议驳饬遵。其时李前矿长以工潮正烈，乃从权照发，引咎自劾在案。经理窃以此项要求本属出于常轨，李前矿长为纾一时之难，究非正当办法，因于上年十月间函饬舒代矿长、金正矿师，声明从本年年终起不准再发加工应由矿布告周知，倘仍故违，即向主张擅发者追赔等语。去后，旋于上年十二月间接该代矿长来电谓：赣西现趋紧急，变化无定，不便布告。当以十月间去函时赣局并无若何变化，该代矿长匿不发表,坐失事机,严电驳斥,仍饬遵照前函办理。嗣后函电往还,总以时局关系为言。兹复迭接萍乡县夏知事暨绅商文笃昌等来电谓,此项加工业已实行,一旦取消,工人誓不承认,现届年终,又值政变之时,工人万余,倘被奸人藉端煽惑,势必酿成巨祸,仍请照发,以弭剧变等语。事关重要,理合陈请核议示遵。

公议:萍矿工人年终加发半工,业经经理函陈本会,从上年终起不准再发在案。此次舒代矿长等于奉饬以还不即遵办,致数月后事机迁变,乃以时局紧急为言,仍行擅发,未免措置失当,惟本届既已实行,姑免再议,仍应由兼代总经理转知该代矿长等,嗣后不得援以为例。

公司董事会 1925 年第六次临时会议案
民国十四年三月十六日(1925.3.16)

民国十四年三月十六日第六次董事临时会。到会者:傅副会长(兼代表孙正会长)、盛泽承、刘襄孙、夏地山诸君。

孙会长函:湖北征收砂捐一事迁延已久,如再置诸不理,转圜恐更为难。第五次董会议案拟俟鄙人到沪再行酌议,现因病足一时未能南行,深恐缓不济急,拟请诸公商酌另派干员,迅速往鄂磋商,或允或加一角,以示让步,而冀结束等因。正核办间,接经理函:据赵署厂长函电:湖北限以半月为期,如无专员来鄂,胡、田两委即禀复萧省长,将季厂矿长交大冶县署看管,襄交汉阳县看管。当请改限一月,渠乞再为电催。务恳克日派员来商,襄与季厂矿长仍帮同应付,并不躲避。再,此次日本借款事同条件,请饬寄二份,以胡、田两委奉省令密查,省公署及清理处各要一份等语。特函陈候核议示遵。

公议:砂捐一事,鄂省既相逼甚亟,本公司亦实无人可另派委,应将赵署厂长函电情形摘要电请孙会长电商萧督军暂行展缓限期,一面由本公司迅速物色相当人选,加派前往会商。

经理函:接上海正金银行函称:接总行电,以新订借款合同须加荐会计顾问襄办三人,除物色相当人才外,另有意见三则,为该襄办人薪水及到差川资、供职期内差旅费各问题，转请查照等语。理合抄译来函，陈请核议示知，以便转复。

公议：查会计顾问襄办大野弘君初任职时，合同订明每年薪水日金三千元，出差车船旅费实支外，每日津贴日金十元，到任亦照出差一律付给旅费津贴。又查会计顾问职务规程内载，襄办由顾问聘用，俸金暨聘用条件须得董事会会长或总经理之承认等语。现在会计顾问新添部员事与大野弘君一律，自应由兼代总经理与会计顾问吉川君当面妥商，参照大野弘君初任职时薪费数目酌拟具复，候本会议定，再与订立合同，双方遵守。

经理函：本公司前与日商安川敬一郎立约合办九洲制钢厂，原为推销生铁而设，今该厂设备虽早告成，而受钢铁市价低落影响，迄未开工，所受损失甚巨，即本公司所负该厂借款利息约达日金百万。上年吉川顾问赴东时商请转商安川君将合办组织解散，公司所有股券悉数交出，并对于借款未付利息责任一并解除；将来该厂开工需铁之时，公司仍行供给，并格外克己，以酬免息厚意。兹吉川顾问回沪面告，委件往商，安川已经允洽，应请会长将上项请求正式致函安川，得其复允，则我方手续即可据以办理等语。窃维合办钢厂鉴于世界近势，实为有损无益，今得吉川顾问之协助、安川君之谅解，俾释重负，洵为难得之机会。用特陈请议决施行。

公议：吉川顾问既商明日商安川允将公司与九洲合办组织解散，并将借款未付利息责任一并解除，本会深表赞同，应即由会正式致函安川照办。吉川顾问为公司尽力筹商，克赴事机，至为欣佩。

公议：本日盛代总经理面称：株萍铁路局与萍矿运煤有密切关系。此次该路首局长因向慎昌洋行添购机车，须向公司预支运价二万元，及担保每月付款六千元，将来均由运费项下逐月扣除，专诚来沪恳商，拟请本会酌与维持等语。查株萍铁路历年所欠公司款项甚巨，惟因路矿相互关系，不能不加以援助，应由盛代总经理即与株萍局长妥慎筹商，务将如何还款办法报明交通部核准备案，再行订立草约，报告本会核夺。

公司董事会 1925 年第七次常会议案

民国十四年四月一日(1925.4.1)

民国十四年四月一日第七次董事常会。到会者:盛泽承(兼代表孙正会长)、刘襄孙、徐博泉、夏地山,监察杨季忻诸君。

孙会长函:据林剑秋交来交通部总务厅陈福颐函,以上海工业专门学校存有汉冶萍股票一百七十八股,拟照原价情商公司收回等语。能否通融照办,抑或拒绝而杜援例,开送股票清单,函希核办见复。

公议:查公司条例载明,公司不能收买自己股份。陈君商请将上海工业专门学校所存汉冶萍股票一百七十八股照原价收回之处,实属限于定例,碍难通融,应即函请孙会长查照转复。

盛代总经理报告:会计顾问新添部员三人,薪费事遵与吉川顾问面商数次,最后拟照大野襄办例,每人年支薪水洋五千元。当即函知上海正金,其初似有允意,今日上海正金银行经理桥爪君忽然来言:总行之意,三人之薪必须年支二万四千元,至于每人若干,容由正金自行支配,请贵公司各董事重加考虑云云。究应如何办理,请核议示遵。

公议:本公司现在经济困难,前与正金商订借款时屡经声明,以后公司用费须竭力节省。目前公司内部正在裁员减薪,日员方面未便开支过巨,使公司内部有所藉口,则裁减节省之策无由实行,于公司一切进行发展殊有妨碍。此次日本顾问襄办至多可照大野君现支薪数,年支国币五千元,三员并计年支一万五千元,三员中如须略分轩轾,即以年支一万五千元总数,由盛代总经理与正金熟商支配,妥为拟定,报会核夺。

经理函:前以公司经济困难,通告各机关裁人减费。兹东京事务所叶所长来沪面商,以日本工厂多在大阪,故销路以大阪为最多,况大阪地居日本中心,凡与东京及八幡制铁所接洽事件往返亦极便利,拟将东京事务所迁移大阪,所有大阪出张所即行裁撤,年省经费日金七千余元,并裁撤东所所员稻村笃太郎及周学震二名,以大阪所员递补,其薪数相抵,年省日金一千六百余元,其余事务费等再减三千元,总共每年约减日金一万余元。惟周君家贫,曾蒙经理允调总公司任事,以示体恤等语。查东京本非工商业汇萃之区,设所之初营业尚未发展,仅为通信机关,后因借款交涉多,该所设在彼都进行较为便利,遂因仍未改。兹借款告成,应就营业一方,力谋展拓,自以移设大阪为宜。该所长请撤大阪分所,即以东京一所移驻其间,并裁所员两名,年可节省日金一万二千余元,洵于营业经济两有所裨,理合陈请议复饬遵。

公议:叶所长拟请将东京事务所迁移大阪,所有大阪出张所即行裁撤,系为整理营业、节省经费起见,应准照行。惟所拟留用日员较之华员为多,应照夏董事所议再行酌减日员一两人,仍留用华员一人,俾免事权旁落,即函复经理与叶所长妥商办理。

萍矿舒矿长、金矿师来电:刻运务滞钝,木罄无法续办,拟趁此将窿段洗煤台炼焦炉停工,并设法遣散工人,所留正窿及风巷暂用本地木支持,俾出煤以维锅炉。倘无巨款按月接济,似以此为惟一办法,亦可稍纾困难。如蒙核准,乞即电复,并迅赐汇款,以便发清欠饷,遣散工人为祷。

公议:萍矿为公司根本所系,非切实整顿不能维护现状,发展将来。该矿长等电陈办法,本会未便准行。应责成盛代总经理与两顾问通盘计画,速筹整款救济,先顾目前之急,徐为久远之图,是为至要。

公议:民国九年、十年、十一年、十二年即第十三届、十四届、十五届、十六届应发息股共计八厘,兹定于本年五月一日起填给,先期登报通告。

公司董事会1925年第八次临时会议案

民国十四年四月二十三日(1925.4.23)

民国十四年四月二十三日第八次董事临时会。到会者:孙正会长代表李伯行,傅副会长,盛泽承、夏地山诸君。

经理函:据汉冶两厂长函:奉湖北省公署训令,鄂产清理处以上年所解十二年上半年铁捐银两作为十年以轮租煤价扣抵之款,派员来厂查催十二年上半年铁捐,并守提砂捐银两等情。此事决非推宕可以缓冲,函请迅予核办等因。正核办间,又接经理函:据汉厂函谓,省令转催公司迅速清解,不得空言推诿。又据冶厂矿函:省委连日来厂面催,顷复接函,措词甚激。清理处总以我公司有意延宕,如得派员来鄂或饬赵厂长切实谈判,彼方意思只要有人与之接洽,足见我公司并非漠视;否则,趋走极端,不可不虑各等语。函请俯念事机紧迫迅予并案核议示遵。

公议:铁捐错误应即查案,函请湖北省长更正砂捐一事,因本会各董事在沪均有职业,一时实属无人可以前往商办,惟有函请湖北省长派委专员来沪协商,以期早日解决。

本公司与安川合办之九州制钢厂,前因久不开工,损失甚巨,曾函请安川将合办组织解散,并将借款未付利息责任一并解除,俟该厂开工需铁之时,公司仍行供给,并格外克己,以酬免息之厚意等因在案。兹由吉川顾问交阅安川拟复公司函稿一纸,大致对于解除合办可以照允,惟要求公司照生铁一律供给廉价矿砂,俟得此函之复准,即将解散合办之函正式回答云云。应如何答复,请核议。

公议:安川商请供给矿砂,可以允准照生铁一律廉价供给,以敦睦谊。惟必须声明,如将来供给制铁所额矿及自己炼铁有多余外,方能供给九州制钢公司。即函致吉川顾问照此函复安川,并请安川即日正式答复承认可也。

盛董事泽承提议:前董事杨缓卿先生为公司从前创办时熟手,对于公司事宜极有资劳,拟聘为顾问,请公决。

公议:赞成。自五月份起每月致送夫马公费洋二百元。

公司董事会 1925 年第十一次常会议案
民国十四年六月十五日(1925.6.15)

民国十四年六月十五日第十一次董事常会。到会者:傅副会长、盛泽承(兼代表孙正会长)、刘襄孙、夏地山,监察谢蔺愢、金矧蕃诸君。

经理函:本公司前与汉口庆丰公司代表王成道签订合同,售煤五万吨,每吨规银七两。自民国十三年一月十五日起,至本年一月十五日止,每月交二号煤二千五百吨,三号煤一千六百吨,双方不得少交少收。按三个月一结,如少交在二千吨内,每吨由公司贴补购者损失银一两五钱,二千吨外贴补二两,倘遇天灾人祸不在此例。惟天灾人祸期内应偿扣剩信银之利息,按月一分二厘。订合同之日先收信银十万两,以生铁等栈单作担保,每吨扣回信银二两,余付现金,扣至二万,即缴还栈单一纸。均载明合同互认在案。合同在立,自应照行。惟因上年萍矿工潮蔓延,出货不旺,而株萍铁路复以军事缺车,运道多阻,致汉冶两厂因而停炼。人祸纷乘,以致应交庆丰之煤亦因此衍期。结至本年二月仅交三万三千三百三十六吨零,计短交一万六千六百六十三吨零。上项煤款先后收到二十三万三千三百五十三两零,扣除信银在内,未收回之担保品尚有生铁二千吨栈单二纸。兹接璧士华律师代表庆丰致函本公司,依据合同要求偿还损失,每吨二两,共银三万三千三百三十两。兹抄合同函件陈报,应如何对付之处,祗候核议示遵。

公议:即请经理延聘律师与之交涉为要。

经理函:永和煤矿月支三四千元,而出煤尚不敷自用,现值经济困难,各厂矿均在厉行减政之时,该矿更应极早收束。因函该矿魏矿长速即停工收束,留人保守,月支经费以一千元为限。兹据复称:奉函,自应遵办,惟仍责令保守,不得不慎重将事,通盘筹画,千元实难支配;现拟暂不出煤,专司保守,汽沪照常升火,窿内磅部不停,仅止通风换树,将工人员役从严裁汰,仍月须经费二千元,如守而不保,竟抛弃窿内数十万工程,移出磅部,听其淹没,仅事看守窿外产业,每月更可减少一千三百元之谱。兹就保守情形分拟两折,呈祈核示等语。该矿前后虽已化去数十万,迄今未得正窿,现在所开之窿非常狭小,并且每数百尺即遇缺口,口中所出之水皆浑浊滞泥,显系古时曾经开挖之废井,故虽用九座磅部日夜抽水,亦不见如何功效。鄙见食之固觉无味,弃之亦不可惜。盖将来不再开办则已,如须再办,则必须筹有巨款,雇用有经验之矿师前往寻获正窿,方能有效,断非每月虚掷数千元,终日忙于抽水,结果仅得柴煤二三十吨,如今日状态之所可持久也。一得之愚冒昧上陈,究竟应否继续现状,抑或改保为守,以节糜费之处,均乞核议示遵。

公议:现值减政之时,经济至为困难,所有永和煤矿既称现在所开并非正窿,应即照经理所请改保为守,以节糜费,俟将来必须开办时,另再寻获正窿,妥筹办理。

公司董事会1925年第十三次常会议案

民国十四年八月十五日(1925.8.15)

民国十四年八月十五日第十三次董事常会。到会者:傅副会长(兼代表孙正会长)、盛泽承、刘襄孙、盛薲臣、夏地山,监察谢蘅牕、金匊蕃、杨季忻诸君。

孙会长电:公司与正金新订借款合同加荐会计顾问部员,闻斋藤调停,三人年薪二万,可否按照调停办法,俾得结束,电请提出会议解决。

公议:会计顾问新添部员三人薪费,迭由经理与之争执多时,未能减让。兹既经斋藤君调停,三人每年薪水共支洋二万元,且奉孙会长电嘱照此议结,只得允照办理。其三人中应如何支配之处,仍由经理与正金商酌可也。

孙会长函:农商部秘书张邵希病故,所遗顾问,兹有前农商次长国务院参议鄂人杨君熊祥,号子安,学问优长,才望俱乎,在鄂人中本系一有势力分子,现在赋闲,亟宜于此时罗致,遇公司需要时必能乐为我用。如荷赞同,即希照聘接充为盼。

公议:即照孙会长来函,由会备函聘请杨君接充顾问,仍照张君原薪月支一百六十元,自九月份起支。

经理函:本年度应交制铁所矿铁两项,已蒙贵会致函商请加价,未经照允。又新借款内扩充工程款因汇率增高,约可溢出日金二十余万元,拟充萍矿整理之费,迭函请拨,亦置不理。现在扩充计画书图并预算业经送达,得复照准,即经具函请照预算书内第一期需用银九十二万八千余两项下先拨五十九万九千余两,汇存正金沪行,随时支拨,仍无答复。前于服部、吉川两顾问假归,曾托其向各方疏解。项据大野襄办面告:接服部顾问函称,制铁所现与大藏省发生意见,扩充工程款,非公司派员往商不能拨付等语。查扩充工款既经载明合同详列预算拨用,尚须派员往商,则矿铁加价为本年度利钝所关,情尤重要,更非专员往商不能解决。恩颐现因萍矿亟待整理,不日赴萍,未克分身东渡。为此,函请贵会迅予派委专员,明定权限,饬即克日赴东,务尽八月内到彼开议矿铁加价及拨用扩充工款并汇余各事。伏乞迅赐施行,至深感祷。

又函:本公司移转东亚公司象砂价款,前请吉川顾问商恳制铁所不扣债息,持予付现。兹据大野襄办面告:接吉川顾问函,此项付款权操大藏省,当向各方提议,均不承认,但本公司经济艰窘,不惟该项砂价被扣抵息须由公司垫给东亚,转增担负,即公司应付债息,审查现势,亦难全数清偿。因以个人意见具案于制铁所,大致谓本年预定交铁十万吨,砂四十万吨,假定铁每吨四十元,十万吨即四百万元,砂每吨三元八角,四十万吨即一百五十二万元,共计价额为五百五十二万元,应付息额为二百六十万元,按新借款合同第七条规定,以本年矿铁价额与应付息额之比率已在半额以上,可于每次交货得受一半现金。惟本年生铁少交,请视为不可抗力,特予原谅,移作次年照交。今就砂价一项计算,如交四十万吨,以二十万吨价扣息,二十万吨价得现,除付官矿十万吨、东亚五万吨砂价外,尚有五万吨砂价之收入,用为流转资金,倘生铁亦照此办理,公司必益感奋云云。制铁所长官颇有容纳之意,大藏省方面亦经斋藤课长疏通,已有允意,嘱为转陈等语。查冶象两砂早经交运,生铁一项,冶电亦已备交五千吨。此次吉川顾问向制铁所建议各节,自系审情度势、双方兼顾之计,制铁所、大藏省既均能谅解,似不可失此机会。据情陈请核议,如属可行,恳于此次所派专员一并委托正式向制铁所提议,得其允诺,即可依据进行,以资救济。

公议:一并委任会计所长赵炳生君前往商办。

经理函:恩颐接任总经理后,清查旧卷内有国库券九十五万元,系本公司从前为谢蘅牕君担保银行钱庄借款规元二十五万两,由谢君交来,作为转保之担保品。惟是项国库券业奉财部令取消作废,迭与谢君商换相当之担保品,竭力争执,始允以鄱乐煤矿公司股票六十万元抽换库券。查库券取消已等于废纸,鄱乐现已出煤,股票较有价值,以之抽抵是否可行,祗候公决示遵。

公议:准照总经理所请,即以鄱乐股票调换可也。

公议:现在天气炎热,仍照曩例自下期常会日起休会一月,倘休会期内遇有要事,仍开临时会。

公司董事会1925年第十五次临时会议案

民国十四年十月十三日(1925.10.13)

民国十四年十月十三日第十五次董事临时会。到会者:孙正会长、傅副会长、盛泽承、刘襄孙、盛蘋臣、夏地山,监察谢蘅牕诸君。

孙会长函:琦于民国四年被选为董事会长,只以政务羁身,未能常川驻沪共商进行,居京遥领本属权宜。数年来,公司受各方压迫,虽设法暂为制止,而于事实上仍毫无补救,徒糜厚禄,实深惭愧。公司现在危急之秋,董事长职务关系重要,琦今被任为驻苏联大使,行将赴任。远在异国,鞭长莫及,未能再为遥领,用特提出辞职,务请董会照准,另行推举贤能接任,以免贻误。

公议:孙会长前在京师,曾以政务繁重,不能常川驻沪,委托李伯老代表,现在出使苏俄,同为国家任事,自应仍前遥领,由李伯老代表列席。况自民国四年以来,公司一切重大事件均仗孙会长毅力主持,始能宏此远谟。兹当公司事情紧要,成败所关,匪异人任所赖名贤硕画,为公司策励进行,同人一致挽留,仰资重望,欣企同殷,并由本会函复孙会长勿再执谦,取消辞意。股东联合会亦有函到会挽留,并抄函知会孙会长,并请会长于临行以前仍函请李伯老照旧代表为盼。

公议:孙会长以同人一致挽留,已允担任名义,仍辞公费。本公司嗣后一切重大事件仍须秉承孙会长遥领主持,所有会长夫马公费仍照旧例支送,并由会函知经理处转知会计所查照。

公议:本公司顾问李伯行先生每月送夫马费五百元,即知照会计所查照。

公议:盛代总经理此次亲赴汉冶萍各厂矿查办事件,悉协机宜。其间整顿萍矿,解决工潮,为公司每年节省经费在百万以上,尤属克膺艰巨,劳苦功高,为该矿廓除积患,即为公司巩固根基,荩画壮猷,同深倾佩。所有此次远役因公费用均准在公司开支,并敦请实任总经理,取消代职,嗣后一切薪水公费照总经理支给,并自代理之日起所领薪费均照总经理例补支足数,并由会通知各厂矿一体知照,以重职守,仍函知股东联合会查照。

经理函:前接葛福来律师代表宝华公司函请找付订洋,并催照约采砂,限期答复一案,曾陈奉议复,应由经理与会计所重行详加研究云云。正研究间,又接该律师来函,限本月十二日以前明白答复,否则立即起诉等语。详译贵会议案,重行详加研究之语当系该矿有无开采价值,及公司有无兼营财力,为最后之决定。但该公司咄咄逼人,限期愈迫,实有不及研究之势,只得再陈贵会,恳乞迅示办法,以便遵循。

公议:应请夏董事与盛总经理将宝华铁矿合同详加研究,并请律师斟酌办法,报会核夺。

公司董事会 1925 年第十七次临时会议案

民国十四年十一月十三日(1925.11.13)

民国十四年十一月十三日第十七次董事临时会。到会者:孙正会长,傅副会长,董事盛泽承、刘襄孙、盛蘋臣、夏地山,监察谢蘅牕诸君。

经理函:据汉厂赵厂长函称:砂捐每吨认洋五角,鄂产清理处董事会未获通过,一切情形吴君任之返沪当经陈报矣。前日胡委员智千电话云,砂捐不克定案,即以铁捐言,我方久无解款,砂捐局及靠此过活者均纷纷责言。以渠乃守提委员,应实行提取货物变价作用,或用军队及汉阳县看管厂长等事,昨特造访胡君,据言:五角未能通过,仍系时樾老作梗,萧省长尚有可以五角定案之意,惜我方于省长处太不拉拢。渠意总要先行筹解现款若干,俾大家稍稍润泽,感情不伤,以免铤而走险等语。鄙见如要免破裂,公司于鄂省长处须请托疏通,并筹解款,俾鄂绅沾润,否则,实行提货变卖,或用军队或押人,时骧均无能抵抗,似不如我方先行起诉,要求法律解决,未解决前不得提件办人之为愈也。

继又续接函称:今晨胡委告以省长据鄂产清理处呈准,密令胡联甲督带军警向厂提货变卖,呈中于我方出洋五欠等情概行抹煞,但云无诚意而已。彼辈提货者不愿决裂,只图从中渔利云云。时骧因请设法维持。胡属函陈钧座请董会致函萧省长,将已认捐五角宣布,请予定案,否则公司经济困难,濒于破产,亦无可如何云云。好在省长有五角可以定案之意。此函去后,既揭其奸或可妥协,事如不成,亦无妨碍。惟函缮就,祈寄由时骧转呈,以便接洽。至于捐款,无论交涉成否,亦须筹解各等语。

此事延宕已久,究应如何对付,请核议示遵。

公议:砂捐一事,自应和平结束,前经盛总经理在汉面允加至五角,可由本会即照此致函萧省长,请其照准立案,俾早解决。

经理函:上月扬子公司在沪开股东会,当委潘襄理、孙股长代表与会。兹据复称:遵于十月二十六日到会,由主席李一琴先生报告公司已濒于破产情状。又宣读日人高木所拟与川崎合办草约。并谓中国人方面恐老股东未必再愿加本,已由叶君揆初与交通部接洽,由京汉、陇海等铁路局凑集十五万元,与川崎合组新公司,将来各铁各路所需车辆等件,即可由该公司承造,藉以维持营业。并声明草约条件系高木之意,川崎能否同意,尚须磋商,深愿各股东将办理此事全权畀诸新董事会,俾可迅速进行云云。嗣由股东严汲青先生提议将草约第三条修改为"旧股东添附新股十五万元",下加"如旧股东不能添足,另招中国新股补足"字样,主席允可后以全案付表决,结果四千六百十四权通过。次由严汲青先生提议裁减费用。主席声明,董事不支薪费,上海每月所支不过数十元,惟汉口事务所每月尚须数百两,遂以裁撤汉口事务所,付表决通过。最后,选举当选董事为李一琴、陈理卿、王阁臣、何士楚,而灏芬亦在其列;当选监察为濮卓云、朱旭初。再本公司股票二千零五十三权,遵谕均未使用,合并声明等语。查本公司所有扬子股份为数既多,扬子积欠本公司债款甚巨,此次扬子股东大会议与川崎协商另组新公司各节,与本公司股本债权均有关系,亟须预定对付方法,庶可相机进行。兹抄附报告草案送请鉴察,指示方针,俾有遵循。

公议:扬子公司积欠本公司债款甚巨,此次扬子股东大会议与川崎协商另组新公司,本公司所有债权,应预先声明债务不能按户公摊,本公司不能承认,总期债款不致落空。应由总经理切实函致该公司为要。

经理函:会计顾问襄办大野弘君在公司服务十有二年,熟悉情形,办事勤敏,赵所长两次赴东商办事件,深得该襄办协助之力,实属著有勤劳。该襄办现支年薪五千元,平均核计每月尚不及五百元之数。应如何优予加薪奖励之处,请核议施行。

公议:会计顾问襄办大野弘君办事得力,应每年加给薪水华币三千元,连前共支年薪华币八千元,自本月份起支,以示鼓励。

总经理报告:工程顾问襄办小田君办事得力,拟请酌加薪水,以资鼓励。

公议:自本年十一月份起按年加给薪水华币二千元,连前共支年薪华币五千元。

总经理报告:叠接股东李征五君来函,商报馆对于公司素来主持公论,请附入股份六万元。应如何办理,请公决。

公议:公司经济困难,只能附股洋三万元,分期交付。至如何交付之处,请总经理会同副会长斟酌,随时饬令会计所办理。

萍矿马代矿长快邮代电:矿欠商款业将细帐转陈,惟各债户日肆逼索,苦口解说,迄不见信。匪特穷于应付,抑且妨碍办公,务乞迅赐派员清理,免受逼迫,至为盼荷。

公议:萍矿所欠商款应由经理设法妥筹,从速派人前往清理。

总经理函:潘襄理灏芬才大心细,老成持重,任事以来深资臂助,此次代理经理职务,尤能措置裕如。公司现值盘错之秋,事务益形繁重,陈请委任潘君为副经理,以资佐理而利进行。

公议:潘襄理升任副经理一事,上次开会曾经提出,一致赞成,昨据盛总经理函请,即经先行专函委任,兹特补行通过,以符案牍。

公司董事会 1925 年第十八次临时会议案

民国十四年十一月二十三日(1925.11.23)

民国十四年十一月二十三日第十八次董事临时会。到会者:孙正会长代表李伯行,傅副会长,董事盛泽承、刘襄孙、盛蒉臣、夏地山,监察金匊蕃诸君。

湖北萧兼省长训令内开:该公司铁砂捐款积欠至数十万之巨,总以捐额未定,捱不缴纳。就砂捐而论,公家所要求者六钱,公司所承认者五角,其未曾解决者亦只五角以外之问题,至于五角以内数目,固应按月照缴,无可推诿。现在省库奇绌,需款迫不能待,除令饬胡委咸林驰赴该厂严切催提外,仰即赴速筹解等因。正核办间,又接来电:据鄂产清理处函,汉冶萍公司盛经理到汉,仍委吴健、赵时骧代表,据称捐款只认五角,毫厘不能再加。查砂捐定为六钱,原本文襄公吨铁两银成案,并未增加,近复减少一钱,已属格外体恤,乃吴代表毫无解决诚意,本会公同议决,扣留煤铁抵偿捐款办法六条,恳请令委专员会同汉阳、大冶两县及各该地驻军长官强制执行等因。查鄂省需款孔急,公司捐款积欠至巨,屡经交涉,迄无结果,准情酌理,岂能再延?除函复并分别令行外,电希查照。

经理函:据汉厂赵厂长函称:守提砂捐胡委员来函面告,以奉省令催缴捐款提货公文行将到厂,强迫不能抵抗。总之,砂捐一日不解决,又无现款敷衍,鄂省对于汉厂不肯放松。为缓冲之计,非速付现款不可云云。正核转间,又接该厂长急电:田、胡两委暨县已奉军省会令实行提货,并收管所有轮驳。昨胡、田偕陶知事来厂出示令文,势在必行等语。是砂捐之必待解决,势益紧迫。应如何解决缓冲之处,祈核议施行。

公议:本公司于民国二年订借日款,业将全部产业出抵在先,鄂省遽用武力,恐启交涉,致生枝节,应即电复萧省长,先饬地方文武停止强制执行,一面即就五角之数议定砂捐办法,以便照议办理。本公司经济奇窘,而鄂省相逼甚急,非空言所能济事,只得先行筹借,设法酌解,以解目前之厄。仍请盛总经理迅速妥筹为要。

孙会长电:接赵省长蒸电,湘省奇灾,嘱为劝捐。此次安源遣散矿工,赵公甚为出力,日后倚赖之处正多,理宜襄助。琦特倡捐一千元,祈在交际费内照支,公司暨招商局、愚斋义庄可否凑捐九千,共集万元?请速筹商措齐电汇,以琦名义复之,并祈惠示。

公议:湘省被灾甚重,理应捐助,况本公司事宜,多赖湘省维护,尤不能不竭力设法。除孙会长倡捐及招商局、愚斋义庄捐助外,本公司即捐助洋三千元,合成一万元。先以孙会长名义电致湖南赵省长,并电复会长查照。

前总经理夏董事函:偕于十一年春间,因商借款、加价等事,带同赵炳生、大野弘、殷源之诸君赴日,寄居东京帝国旅馆,该旅馆忽遭回禄,同人等所携行李悉付一炬。事后检点损失,偕计行李十六件,值洋约五千元,赵君行李九件,值洋二千一百元余,大野君行李七件,值日金一千六百余元,殷君行李二件,值洋六百余无。当时制铁所长官拟酌偿损失,偕等以义不可受辞之。笠原顾问因请公司优酬,偕答以俟借款成后陈请贵会核办。本年借款告成,就地位论,偕已不在其位,固可不谋其事,惟念诸人历次随偕赴日赞襄跋涉,不无微劳,似不可再累其受此意外损失。特将此事颠末函达台端,应否予以酬偿之处,敬祈核夺施行。

公议:夏前总经理与赵炳生诸君因公赴日,已属勤劳备至,自不能任其再受意外之损失,所有被毁行李,应即由公司照数酬偿,即函致经理转饬会计所支给。

公司董事会 1926 年第一次临时会议案

民国十五年一月八日(1926.1.8)

民国十五年一月八日第一次董事临时会。到会者:孙正会长代表李伯行,傅副会长,盛泽承、刘襄孙、盛蘋臣,监察谢蘅牕诸君。

湖北萧兼省长来电:漾电悉。砂捐既认为磋商接近,盼速解决,请即派员来鄂诚意接洽,以便早日定案。至扣留煤铁,原非吾鄂官厅本意,一经商妥,立可取消。此事或行或止,枢纽实操自公司,幸熟图之。惟此次代表人员务须尊重信义,切实负责,吴君任之无劳枉驾等因。正核办间,选接经理来函,据汉厂电告,砂捐虽经会长并日领致电,不能制止,以致十六师川债亦派员查货备提。胡委智千、周实业科长佛生电告,省长去电系自拟意已接近,请速派员诚意商洽。又接冶矿厂及舒课长函电报告:省委在冶强取焦末片铁,实业团咸动公愤,经黄石港商会出而调停,电请省长饬令从缓执行,省委始拟交条件三项:一为限期先解三万两;一为冶厂所存焦末片铁经委员圈定,由知事派警看守;一为公司派员携款赴鄂磋商,以两月为限,逾限无结果,仍照令提取。并声明仅系冶厂一部,汉厂方面不得牵涉在内。复经绅商最后调停,劝请公司于阴历冬月底筹拨三万元,暂解目下之围,一面再派员往商解决。又据商务所抄呈冶厂来电:砂捐局不准装铁赴沪,又因发欠饷,以生铁二千吨商与汉口吕方记押银四万两,启运被阻,再三说明,始允放行。讵到汉后,清理处复派军警干涉各等情。照抄函电,陈请并案核议示遵。

公议:公司艰窘情形已达极点,全赖货物周转,稍沾微润,若官厅监视,加以军警干涉,势将全部机关闭塞,运用不灵,现象更形危险。应即由会切实声明,电请湖北萧兼省长先饬地方印委停止提扣货物,并准公司自由输运出口,以利懋迁,一面请上海总商会一体电鄂声请维持吾国惟一实业,以壮声援。

经理函:萍矿经往查办封闭俱乐部后,内政虽有改善之望,但所负债款除还外,尚该长沙、上海汇票、萍乡安源商欠及往来米料薪水各项,综计约近一百万元,催索频闻,未便久宕。现在经济困难,来源涸竭,委实无法应付。应如何设法维持,以固根本,祈核议等因。正核办间,据萍矿雷矿长、金总工程师先后来电,会计所分文无存,员司工人饥寒交迫,存米仅敷十日之用,再迟有钱无市,必至绝食,务请速汇巨款接济,并盼复。

公议:矿米关系紧要,必须设法购储,即函请经理迅速妥筹办理,一面先由会电复萍矿知照。

公司董事会 1926 年第五次临时会议案
民国十五年十二月二十四日(1926.12.24)

民国十五年十二月二十四日第五次董事临时会。到会者:孙正会长代表李伯行,傅副会长,盛泽承(兼代表盛蘋臣)、刘襄孙、李伟侯,监察谢蘅牕诸君。

盛总经理报告:此次奉委赴日磋商借款等事,留东三月,先后计开议至十七次,反复辩论,舌敝唇焦,最后结果计日本方面要求本公司者七条,允许本公司要求者四条,另纸抄附,陈请公决。经理因须面请机宜,先行遄回,留赵襄理在东,俾便继续商议进行。

公议:查核日本方面所要求各款,以第七款为最重要,而此第七款乃系根据民国元年壬子原订预借矿石价值合同内之第七条而重申明之。日方允许本公司所要求者,砂价加为每吨日金五元五角,铁价加为每吨日金四十一元,且自十六年起停止利息两年,并允通融日金二百万元,得此可资周转。当此时局艰危,公司朝不保夕,应予照办,以赴事机。即请总经理电致留东之赵襄理本此旨趣与日本制铁所、银行商订合同,惟第七款出入尤关重要,稍一不慎,易滋流弊,务由总经理督饬襄理再行切实磋磨,将合同各条文斟酌妥善,务期词意显明,以免将来争执,是为至要。

公司董事会 1927 年第一次临时会议案
民国十六年六月十七日(1927.6.17)

民国十六年六月十七日第一次董事临时会。到会者:盛泽承、李伟侯、盛蘋臣、夏地山诸君。

本年一月十二日傅副会长致函会计所,以救济武昌难民需款孔急,本公司捐洋二千五百元,望即照付,候董事会议时提出追认云。

公议:此事关系善举,且本公司厂矿多在鄂境,自不能不酌捐救济,以联感情。此项捐洋二千五百元,应准追认。即由经理转饬会计所照数出支可也。

公司董事会 1927 年第二次临时会议案
民国十六年六月二十一日(1927.6.21)

民国十六年六月二十一日第二次董事临时会。到会者:盛泽承、李伟侯、盛蘋臣、夏地山诸君。

经理函:奉上海临时法院令开:通缉傅宗耀、查封产业一案,亟应遵照中央政治会议第九十八次议决案暨蒋总司令感电,查明傅宗耀所有汉冶萍等公司股份分别没收,令仰该公司即将傅宗耀名下所占股份查明,并将股东名册呈送来院,以凭核办等因。查傅董事股份记名傅筱庵者计六百六十七股。理合开单陈请核议示遵。

公议:傅副会长名下股份既经查明共有六百六十七股,应请经理即行抄单函复上海临时法院查核,至票根册簿甚为繁重,不便检送,请法院派人前来查阅可也。

按,公司股东名册虽属繁重,当可用车专呈。如不遵照院令办理,实有违令袒逆之嫌,未敢赞同。

常注。七月九日。

公司董事会1928年第二次临时会议案

民国十七年七月三日(1928.7.3)

民国十七年七月三日第二次董事临时会。到会者:孙会长(兼代表李伟侯)、盛泽承、夏地山、厉树雄,监察谢蘅牕诸君。

李一琴先生函:奉示议送洋五千元,以示酬劳而资结束等因。查维格在公司服务系自前清光绪二十二年起,担负重大,劳心焦思,致牺牲健康,疾病丛集。意谓鞠躬尽瘁,公司必有以安其老病,而今所得之酬报不如一洋员矿师,后起厂长尚有休养之金,奉示之余,心实感伤。且顾问夫马欠发者已有二年半之久,与所送者相差悬殊。明知公司经济困难,然困难之中亦必有公允安慰之办法。用再上渎聪听,静候后命,想不致使维格抱憾终身也。

公议:李顾问在公司服务多年,著有劳绩,为同人所共知。前次酬报只因限于目前经济,未免菲薄,深为歉怀。惟甫经致送,未便遽有变更。定当特别注意,日后再行设法补酬,以慰前劳,应请会长委婉致函表示。

会议提议:现在各顾问夫马均已结束,惟李伯老、卢鸿沧、萧慧诚、孙公访、孙中璜诸君,事同一律,应即一并议酬,以资结束。

公议:卢鸿沧君前在公司著有劳绩,应即致送洋二千元,其萧慧诚、孙公访、孙中璜三君应照顾问夫马原数各送给三个月。又李伯老应致送洋五千元,惟李伯老从前按月公费,不肯收受,此次之款应请会长先行致函声明,候接回信再行照拨。

公司董事会 1929 年第二次临时会议案
民国十八年三月五日(1929.3.5)

民国十八年三月五日第二次董事临时会。到会者:孙会长、盛泽承(兼代表盛蘋臣)、夏地山、黄翊昌、厉树雄,监察谢蘅牕诸君。

经理函:奉农矿部训令:据整理汉冶萍公司委员会呈称,属会对于整理汉冶萍公司事宜与各省各部磋商,欲求整理宜从接管入手,按接管办法早经国府核准。现经议决,拟请钧部令行该公司限于三月十五日以前将所有煤铁矿厂及一切财产交由属会接管,以便整理,除一面由会规画接管手续籍资进行外,呈请鉴核施行等情。除指令照准外,令仰公司遵照办理,并将遵办情形先行具报核夺等因。事关公司存亡问题,至为重要,而事机又复紧迫。为此,陈请贵会召集紧急会议,以资应付。

公议:本公司近年受军事影响,营业顿挫,正在力图整顿,以期恢复。今忽奉农矿部接管整理之训令,殊深悚异。惟本公司系属商办事业,若遽将一切厂矿财产交与政府接管,对于股东之血本如何办法,对于巨额之债务如何担承,尚来言及,深恐外间不察,因而另生枝节,反令本公司处于为难地位,且非政府整理公司之意。此事关系重大,断非董事会所能擅主,似宜请政府先将一切办法详细宣布,俟提出本公司股东大会公同议决。即照此意婉切函复农矿部。

公司董事会 1929 年第四次临时会议案
民国十八年三月二十一日(1929.3.21)

民国十八年三月二十一日第四次董事临时会。到会者:孙会长(兼代表盛泽承)、夏地山、厉树雄(兼代表黄翊昌),监察金笏蓍诸君。

农矿部快邮代电:接管办法系十七年一月交通部呈请国民政府核准,近据整理委员会呈请限令该公司于本年三月十五日以前将所有煤铁矿厂及一切财产交该会接管,经本部转呈行政院备案,该公司自应照办,且政府接管法人财产,为欧美先进国通有之例,股东之财产所有权并无转移,自无何种损害,所请收回成命,碍难照准。惟本部体恤商情,姑准展限二十日。仍希转属该公司于四月五日以前遵令移交为盼。

公议:本会请愿无效,此事关系重大,惟有将此案全卷抄交股东联合会议决办理。

公司董事会1929年第六次临时会议案
民国十八年七月三十一日(1929.7.31)

湖北清理债捐委员会先来艳电:赵代表兴昌对于湖北债捐既未解决,所出支票十万元到期不兑,辞汉已久,音问毫无,希仍饬赵代表速来解决悬案,并早清捐款,嗣又来养电,限两星期派代表来汉解决,并即电复各等语。

公议:砂捐一案,本可从早解决,因接管问题发生,以致停顿。日前,接清理债捐委员会艳电,时适原代表赵襄理患病入院,未能即往。兹又接准该会电催,幸赵襄理病亦痊愈,应请赵襄理即行前往,仍就上次原议范围与之妥商解决,并先电复可也。

总经理报告:前因日本借款展缓付息,三年期满,而砂价亦须重议,当派费股长、吉川顾问前往妥商。兹接函报:与正金银行及大藏省等各方面再四协商,展期付息,只能再缓一年,其砂价仍照上年一律,未允再加等语。谨此报告,应请核议示遵。

公议:既已再四协商,只可照允。

公司董事会1929年第七次临时会议案
民国十八年九月七日(1929.9.7)

会长提议:李一琴先生现已作古,其生前对于公司创造改良备尝艰苦,颇著功劳。同人追念前功,允宜从优致赙。昨经会商,应由本公司致送赙仪一千元。因其开吊有期,先已函请经理转饬会计所照数支送,应请补行通过,以符手续。

公议:李一琴先生对于公司确有功劳,所送赙仪一千元应即补行通过。

又提议:李一琴先生辅佐盛前会长创办公司著卓劳绩,现今病故,应附祀上海盛公祠内,以示崇报。

公议:赞同。

募捐服部博士记念资金发起人白仁武等函:工学博士服部渐君经营制铁业二十年,就汉冶萍公司顾问又六易寒暑,现退隐林泉,同人慕其高风,钦其功绩,佥议酿资,为博士作为永久记念,以表景仰之忱。倘荷赞同,即希赐襄斯举,无任感祷。

公议:服部渐君前在公司顾问任内,对于厂矿一切工程多所赞画。追念前功,允宜资助,即由本公司捐日金三百元。请经理转饬会计所照数支汇可也。

公司董事会1929年第八次临时会议案
民国十八年十月四日(1929.10.4)

经理函:会计顾问襄办人大野弘、工程顾问襄办人小田团次郎合同期满,双方并无完了该合同之意,应自十八年一月十一日再各照原订合同赓续五年效力。惟查该两襄办人任事勤能,深资得力,拟请各加年俸国币一千元,但时已九月,未便再从一月起加,应俟贵会议决为定。至出差日给,兹已斟酌情形修改为在中国地方日支津贴国币十六元五角,在日本地方日支津贴日金二十元。理合陈请核议示复,以便照订续约,俾资遵守。

公议:大野、小田两襄办合同期满,自应照订续约,继续五年效力。既称该两襄办人任事勤能,应准自本年十月份起各加年俸国币一千元。所拟修改出差日给津贴,亦属斟酌适中,并准照行。

经理函:会计顾问吉川雄辅君合同期满,按照该合同规定,双方并无先期表示完了之意,该合同自当赓续五年效力,拟请会长与吉川君加订一协定书,俾昭信守。附拟协定书稿,祈核夺施行。

公议:即照所请加订协定书,请由会长签字盖章,以资信守。

公司董事会 1930 年第三次临时会议案

民国十九年六月二十日(1930.6.20)

经理函:前派会计副所长费敏士赴东,商请将以前各借款偿还期限再展缓两年等情,并陈报在案。嗣据费副所长两次函陈,要求本利延期两年一事,已承制铁所谅解照允。惟正金银行欲将上海分行往来透支之现银十九万六千两在本年汇率高涨之时全数收回,幸经制铁所长官从中调停,该行始行让步,允将正金自身借款日金六四三、七一三元四二钱,沪行透支银款改作日金一七七、三七五元五六钱,归入总行借款。该两项自本年六月二日起订为年息二厘,分十五年摊还,年付日金六万余元。正金经手各项借款一部分之利息日金五零四、一四二元一六钱,订为自本年六月起十五年间停止偿还,不另计息;自第十六年起,公司照上列金额年偿日金六万余元,并正金名义借款共十一项,息率由六厘改为年息五厘半。兴业银行欠款无多,其经手借款一部分之利息,日金二六五零一元五零钱,不再计息,从本年六月起,年偿日金八百元;借款一项息率亦由六厘改为五厘半。至本年砂价问题,制铁所长官坚持每吨日金五元,吉川顾问与敏士屡争无效。长官谓,已派山县初男来沪面议各等语。嗣山县君来沪带交日方正式复函,并将分年偿还及减息方案拟具合同,嘱为核签。经理以矿价骤减日金五角,实感困难,要求每吨加日金一角五分。经山县电商制铁所,未允,似无再加之余地。理合将日方复函及合同四份附列清单一并送请核议施行。再,日方函内延期一节,暂时照临时办法办理云云。当以"暂时"二字无确定范围,与费副所长函报不符,询据山县称,此事经长官承议,决无异议,已函请长官致函公司,将"延期二年"字样声明等语。合并陈明。

会议:此次吉川顾问与费副所长敏士赴东商议停付利息及矿砂价值各节,所称各项草合同承日方谅解,顾问等极费心力,始得此结果。惟砂价仅允每吨日金五元,再三磋商,无再加之余地,只有照办。至原拟停息二年,日方复函用"暂时"二字,未免含糊,应请制铁所长官将"延期二年"字样切实致函公司声明为要。

清理汉冶萍湖北债捐处电:元电敬悉,允派代表来汉谋解悬案,至为欣幸,希克日派定并将代表台衔、启行日期见复为荷等语。正核办间,又接篠电,催速派员前来。

公议:此事本当派员前往商议,惟刻值大冶红军窜扰,厂矿停顿,大局岌岌可危,只得从缓再行派员与议,即照此电复。

经理函:本月十一日接大冶厂矿龚稽核真电:昨日驻军他调,红军随即占领县城,向省请援无效,厂矿危急万他,除率各员尽力维持外,乞迅示机宜等语。旋由大野襄办交阅村田顾问电,此地十三日被匪军占据,日人及职员家属均上船避难,请释念。又交阅近海驻冶员相泽致电,铁山、得道湾虽驻省官军二连,然与新厂通信机关已被破坏,十二日以后情形不明各等语。除电催赵厂矿长即赴厂矿维持外,陈报鉴核。

公议:大冶厂矿现被红军窜扰,职员被难,工程停顿,该厂驻军众寡不敌,应即电致湖北省政府迅派得力军队前往救援,俾可复业。

公司董事会 1930 年第四次临时会议案
民国十九年八月二十六日(1930.8.26)

会长提议:近来金价奇昂,公司顾问及所有雇用人员年俸多系日金,向以一零九申合国币付给,不免吃亏。现在职各员具有津贴,顾问及雇员应如何体恤办理之处,请公决。

公议:村田、吉川两顾问及森口技师薪俸原系日金,按照一○九支给,现在金价激涨,生活加增,相差太巨。日顾问诸人宣力有年,深资臂助,自应优加待遇,嗣后改照市价算付。其大野、波多野、小田三员薪俸原系华币,嗣后应即改为一半日金一半国币,分别支付。又大野、波多野、小田三员应领薪水半数之国币准与总公司华员一律支给津贴,以资补助。均自本年七月份起由会计所分别照办,即函致总经理查照饬遵。

公司董事会 1931 年第四次临时会议案
民国二十年六月十六日(1931.6.16)

公议:孙会长自民国四年就任本会会长以来,总持全局,擘画周详。公司至今得以维持于不败者,皆会长宏济之力,方深依赖。遽尔仙游,同人等痛悼之余,以仝以会长对于公司劳苦功高,本公司应谨致赙洋五万元,治丧费洋一万元,并附祀盛公祠,以昭崇德报功之意。即函致经理照办。

公司董事会 1931 年第五次临时会议案
民国二十年七月二日(1931.7.2)

经理函:据会计所费副所长敏士函称:奉命渡日,即同吉川顾问先至八幡,面谒制所中井长官,手交钧函,并将公司二十年度实行预算案提出,请无条件承议,俾公司得以矿价全部,维持现状,及继续进行扩充冶矿一部分工程。长官答以去年来日本钢铁市价受外货竞争影响一落千丈,存矿甚多,资金缺乏,十九年度结帐共亏日金一千余万元,为制铁所创始以来未有之巨大损失,现在已将化铁炉九座中停开四座,故对于采买原料一层,如铁砂数量、价格上不得不一律大加低减,以资弥补。磋商旬余,一再力争,长官始行让步,允得将矿砂二十五万吨改购二十七万吨,价格三元三十钱改为三元五十钱,略示优待。敏等以与公司原来提议相差尚远,势非续争不可,乃又赴东京晤谈多次,前途主张坚决,让步无望,似无续商之可能,故暂回沪。以后应如何进行,一切统希钧裁等情。理合转陈核议示遵。

公议:本年矿砂交额、价值,经费副所长与顾问前往日本一再磋商,制铁所长官始允矿砂改购二十七万吨,价值每吨日金三元五十钱。查价值过廉,公司不免受亏。惟既称前途主张坚决,让步无望,只得准照办理。应由经理设法声明明年不得援以为例。即函复经理查照。

公司董事会 1932 年第二次常会议案
民国二十一年六月十一日(1932.6.11)

傅会长提议:鄂省售卖钢轨一事,根据上次议案分向关系各当道洽商,曾约定售得轨价三分之一归湖北,三分之一归四明,三分之一归公司。债务、砂捐亦与谈及,各方意思均可帮忙。似宜筹定办法,早日派员前往交涉。现阅鄂省府暨财政厅来文,亦以催派代表为言。究应如何办理之处,请公决。

公议：汉厂存轨经傅会长与鄂方约定，售得轨价，本公司与湖北、四明均匀分配，办法极为周妥，一致赞成。至湖北官款、砂捐两事，盛总经理曾经面告傅会长，仍派赵襄理赴鄂交涉，即请赵襄理先与盛总经理妥拟办法就道。

公议：公司现在办公房屋光线不足，空气恶劣，租金如此之贵，上次董会时适值租约期满，经赵襄理转期一年，当时面托厉董事与房东情商解除租约，已得该房东面允，总可商量。查黄浦滩七号通商银行三楼全部可以租与本公司，租金较廉，设备完全，光线又好，适合本公司之用，即请总经理与厉董事协商办理。

公议：本会秘书处主稿于醴泉君已经退休，现在公司对于湖北正在交涉之时，往来笔墨事多，所遗主稿席关系重要。查帮稿兼管卷俞岑荪君在事多年，情形熟悉，即以俞君暂行兼代，每月支薪水洋二百元。俞君既兼代主稿，其管卷一席势难兼顾，即以帮管卷兼缮写徐伯平君升补，以专责任，仍兼缮写，月支薪水洋一百三十元，均自六月份起支。函请经理转饬会计所遵照支给。

公司董事会 1932 年第十次常会议案

民国二十一年十一月二十二日（1932.11.22）

公议：股票登记截至本日不及万股，恐远道股东或未周知，应再展半月，以便股东前来登记。又外埠股东或于上海报纸上所登告白未经注意，应请经理将登记告白在汉口、长沙、广东、北平、天津报纸刊登，以便周知。又交通、实业两部均系本公司股东，应由会剪同登记告白，另函两部查照。

鄱乐公司董事会函：本公司资本六百万元，内有三分之一本息，约银二百余万元，向存贵公司。原备发展建设之用，且订有特约，由贵公司担负尽量供给垫款之义务，本公司即依此资力标准为进行之计划，而期与贵公司休戚相关，共荣共茂。讵意本公司虽矢斯志，乃贵公司不但未履垫款特约，且于存款亦拒不给付，以致本公司平时无从进行，遇灾不得救济，因而债台高筑,借贷度日。敝董事会除陈情呼吁外,未尝执约言法相责难者,原冀暂时稽延而终得贵公司履地特约也。乃自十九年迄本年春夏向贵总经理迭申芜笺,历陈下悃,乃竟分文未拨,敝董事会仍万分谅解,凡绵力所可勉任无不为之。于是后有福绥银元之贷款,从事革新筹划增产,暂延残喘,以待甘霖。今福绥新借款二十万元早已告罄,催促践约提偿尤穷应付,目前所需更急如星火,亟应添置设备,实施增产计划,至少实需三十万元,筹调无术,窘达极点,万祈于最短期间将所有本公司存款本息赐予,如数拨付,并望在函至七日内将付款的期或其他妥善办法,先行示复,否则环境所迫,惟有法律救济之一途矣。

公议:此事应将原函送交经理。

公司董事会 1933 年第二次常会议案
民国二十二年一月十七日(1933.1.17)

实业部批:查该公司恳拟按照新案呈请设立登记,其股东延不开报姓名者可暂依照原股东名簿开列具报。所请展缓登记一节,应毋庸议。

公议:整理股票,部批股东如有延不开报姓名者,可暂依照原股东名簿开列具报。是公司登记自可及早办理,惟各股东散处四方,股票登记虽经展延,仍有未能周知者,应再展期至本年二月末日为限,不再转期。由会计师会同本公司法律顾问拟具公告文稿,送会审核,再行送登各报,并声明:如再不来登记,将来发生法律上纠葛问题,公司不负其责。

公司董事会 1933 年第三次常会议案
民国二十二年二月十五日(1933.2.15)

经理函:前奉函示,以公司股票登记展期,至本年二月末日为限,属由会计师会同本公司法律顾问拟具公告文稿送会审核等因。兹由童会计师拟具限催股东登记公告文稿,并附函声明意见前来,理合将公告文稿连同原函一并送请审核等语。查童会计师之意见,对于实业部批饬暂用股东原名簿一层,以公司旧制,股册每一股票为一户,有同一人而花名累累者,有同一户名而确非一人所有者,未由稽考,认为开报有所困难,拟再呈部请示。而姚顾问律师来函,则以为公司登记之期限为时已迫,与其呈部请示,曷若以旧制股册稍事整理,径向实业部呈请登记,如部认未妥发回更正时,再就实业部指示未妥之处重为更正,俾可节省时间云。

公议:查核所拟限催股东登记公告文稿尚属妥贴,惟须用董事会名义,应即修正,将原稿送请经理分送各报登载,一面将公司登记各项手续请由童会计师会同姚顾问律师负责,依法筹备,及时呈部。至股东名册,其逾限而不来登记者,自可遵照部批暂用原有股东名簿开报,不必再行呈部请示,以免多费时日,致误期限。

公议:本公司股东大会久未举行,亟应召集。所有公司历届营业报告及各项手续,应请总经理积极筹备,尽本年四月内开会,弗再延误。

公司董事会 1933 年第七次常会议案
民国二十二年四月十五日(1933.4.15)

实业部函:查贵公司股份,本部占额颇巨,董事一职,向例本部应占一员,惟原有董事一职虚悬已久,亟应补充,以资便利,兹以黄金涛接充该项职务。除令饬该员遵照外,相应函达查照,并希见复为荷。

公议:前农商部董事一席虚悬已久,兹实业部委派黄金涛君接充,极所欢迎。查官商董事向为股东大会所产生,现股东会开会尚未定期,自应遵照命先请黄君到会,俟本届股东大会时再行补选,以重手续而符定章。

经理函:接汉厂兼摄厂长韩鸿藻三月二十二日电称,鄂财厅奉总司令令,厂轨扫数提清,分交陇海、平汉、津浦各路,特闻等情。查汉厂存轨为本公司自有财产,且有押款关系,理合据情陈报贵会察核抗议是祷。

公议:此事应即电请总司令饬令鄂财厅结价收卖,一面函请四明,一同致电抗议,以期得劲。

清理汉冶萍湖北债捐处代电:贵公司对于吾鄂债捐悬案,去岁赵丙生代表莅汉,虽经一度接洽,但仍无具体表示,仅云将所提协议书草案携沪请示后再谋解决。乃时逾数月,迄无只字见示。现敝处复经省府重行改组成立,关于此项债捐亟应从速清理,用特电达,务希迅派全权代表即日前来磋商一是,并盼电复。正核办间,复接省政府真日电同前由。

公议:查核上年赵襄理带回清理处所开条件,苛酷已极,绝对不能接受,应以提付股东大会讨论复之。请派代表一层,暂毋庸议。

公议:公司登记,部限已迫,所有登记应备各项文件,请经理赶紧筹办完妥,尽一个月内送会审核。

公司董事会1933年第十次常会议案
民国二十二年六月一日(1933.6.1)

民国二十二年六月一日第十次董事常会。到会者:傅会长(兼代表盛蘋臣)、盛泽承、夏地山、厉树雄、孙莲孙,监察谢蘅牕诸君。

湖北财政厅代电:案奉湖北省政府令:以奉豫鄂皖三省剿匪总司令训令,饬将清理汉冶萍湖北债捐处裁撤,所有汉冶萍公司积欠之债捐由省政府督同财政厅负责清理等因。正遵办间,复奉省府训令:以汉冶萍砂捐稽征所经省府委员会决议,饬由本厅遵照豫鄂皖三省剿匪总司令指令接收办理等因,奉经委派易家骏为砂捐稽征所所长,查贵公司积欠本省债捐款项,现在本厅奉令接办,对于从前积欠债捐及此后缴纳砂捐办法亟须厘定,希即迅派负责人员莅鄂商洽,并速将派定员名及起行日期先行电复为荷。

公议:债捐悬案现在改由鄂省府督同财政厅办理,请派员赴鄂商洽此事,即请盛总经理酌派熟悉此案人员前往协商,一俟派定何员,再行电复鄂财厅查照。

公司董事会1933年第十一次常会议案
民国二十二年六月十五日(1933.6.15)

民国二十二年六月十五日第十一次董事常会。到会者:傅会长、盛泽承、夏地山、厉树雄、孙莲孙,监察谢蘅牕、杨季忻诸君。

孙慎钦君函:查前股东大会选举董事、监察,鄙人以次多数列名议录,今李董伟侯因案缺席,可否递补,即请函复为盼。

公议：李伟侯董事现虽因故缺席，并未来函辞职，即以此意函复孙慎钦先生可也。

实业部函：查《矿业法》之颁行，业经一再考虑，以期尽善，惟时势变迁，或应再行斟酌，而实际障碍亦或未尽扫除，兹值国家力图振兴矿业之际，对于上项根本法规自应深加体察，量为损益。素仰贵公司对于矿业经历甚富，所有矿业法各项规定如有应行修改之点，务祈斟酌实地情形从详发掘，于本年八月底以前送部，庶本部得以综合各方意见，以定提议修正之标准，矿业前途实利赖之。

公议：此项法规有否修改之点，非具有矿业专门学者不能拟议，应将原函连同矿业法规一册一并送请经理发交本公司专门人员详加研究，发掘意见，及时送部可也。

公司临时股东大会议事记录

民国二十二年六月三十日（1933.6.30）

中华民国二十二年六月三十日临时股东大会。

开会地点　西藏路宁波旅沪同乡会

开会时间　下午四时

出席人数　三百一十人

代表股权　七万零零四十三股

主　　席　傅筱庵先生

记　　录　周剑寒　叶道民

开会顺序

（一）振铃开会

（二）全体肃立向国旗党旗及总理遗像行三鞠躬礼

（三）主席致开会词

（四）专议修正公司章程

（五）振铃散会

主席副会长傅筱庵先生致开会词：

本公司今日召集临时股东大会系为讨论修正公司章程,原定上午十时开会,惟因远道股东不及如时赶至,且非星期例假,上午各股东又均有业务羁身,故特将开会时间延至下午四时举行。间有不少股东未见申新各报广告,致劳跋涉,无任歉仄。

查今日到会股东共计三百一十人,代表股权七万零零四十三股,核诸本公司实收三十七万三千三百二十五股之数,仅及五分之一而弱,不足法定人数;惟依法得以出席人表决权之过半数为假决议,将假决议登报公告通知全体股东,于一个月内再行召集大会,经第二次表决即可作为确定。本公司章程已有多年未加修订,于现行法令多有未合,自应依法修正,所有修正之章程业已分别送奉,谅诸位股东均已阅及,如有意见,请各抒伟论,俾收集思广益之效。兹将修正新章程请乌崖琴股东逐条宣读,以便讨论修正,提付表决。

乌崖琴股东遂起立将章程逐条宣读。

第一章　总纲

第一条,无异议,通过。

第二条,无异议,通过。

第三条,无异议,通过。

第四条,主席提出将"即定为本公司之本店,其他厂矿处所均定为本公司之支店"删去。全体赞成,通过。

第五条,戴成志股东提议将"本店"两字改为"总事务所"、"认为必要时"以下删去。全体赞成,通过。

第二章　股份

第六条,完全通过。

第七条,完全通过。

至第八条,姚永励律师提议将本条改为"股票分创办股、优先股及普通股三种"。

主席说明头等优先股系本公司最初创办时之股份,二等优先股系官督商办时招募之股份,而普通股则为最后募集之股份。为优待老股东之投资，纪念老股东之创业不易起见，故有优先股之规定；惟分头等、二等似有未当，为区别计，故改头等优先股为创办股，二等优先股为优先股。众意如何，请讨论。

高景衡股东起立发言谓："创办股"三字在法律上无根据。

徐永祚会计师提议在"创办"两字下再加"优先"两字，以示区别而符法令。

洪雁宾股东起立发言谓：头等、二等与普通三种股票在现在市价上初无分别，鄙意可将头等、二等一律改为优先，以免麻烦而资简便。

主席谓：洪股东意见本席深表赞同，惟开会前曾经实业部代表黄金涛司长及交通部代表王仲武科长相互研究，金认头等优先股为创办股颇为允当，今股东既有异议，尽可从长计议，姑俟与部代表商酌后再行报告。

主席复请徐会计师报告，谓：依照公司法第一百八十九条"公司已发行优先股者，其章程之变更如有损害优先股东之权利时，除股东会之决议外，更应经优先股东会之决议。"故取销优先股未尝不可，惟依法尚须经优先股东开会议决耳。

洪雁宾股东谓：鄙意并非主张取消优先股，惟删去头等、二等字样而已。

顾鼎梅股东发言谓：本席为优先股东之一，优先股之规定系为优待最初创办之股东，于法于情似不能取消。

陈冠英股东谓：优行股与普通股市价既无分别，又何必加以区别，横生枝节。

主席谓：今日到会人数不足法定，本条既意见纷歧，不妨暂予保留，俟召集第二次临时大会再行议决。

洪雁宾股东谓：今日既不足法定人数不能决定，则不妨将原文保留，待下次开会讨论可也。

主席言：今日本系假决议，仍以第八条原文付表决。

全体起立，通过。于是乌崖琴股东继续宣读。

第九条，无异议，通过。

至此,洪雁宾股东提议在本章程内第一行修正章程下加"草案"二字。

戴成志股东起立发言:今日作为假议决,"草案"两字不成问题。

第十条,第十一条、第十二条、第十三条、第十四条、第十五条,以上六条均无异议,照原文通过。

第三章　股东会

至第十六条,洪雁宾股东谓:照普通习惯,股东常会之召集系于决算后三个月,今规定六月,殊属不当,请说明其理由。

钱选青股东谓:何时决算亦请一并说明。

童诗闻会计师起立解释谓:本公司有一厂二矿远在汉阳、大冶、萍乡,各厂矿分别将决算送至公司为时须一月以上,公司造具总决算后又须经董事、监察人之审查,长途跋涉,势非四个月不办,为使厂矿顾全社会习惯便于商家决算并适合会计年度起见,故定为六个月内,其"内"字自具伸缩大有关系,请各股东注意,至何时决算时则本章程内另有规定。

洪雁宾股东谓:公司人员甚多,而分厂矿仅有二、三处,办理决算决非困难之事,诚如所言,则如中国银行有分支行一百余处,岂非经年不能办,故童会计师之解释尚欠明白。

主席谓:本公司自有其特殊情形,不能与中国银行相提并论。洪股东既认六个月太长,则请另行规定五个月亦可,三个月亦未尝不可。

次主席即以五个月付表决,赞成者请起立。无人起立。

次以三个月付表决,赞成者请起立。亦无人起立。

次以六个月付表决,赞成者请起立。起立者多数,通过。

第十七条,将本公司下"本店"两字改为"总事务所",通过。

第十八条,将本公司下"本店"及所在地之下"本店"两字均改为"总事务所",通过。

第十九条,通过。"第四章选举"删去,通过。

至第二十条,洪雁宾股东谓:本条第一项依法规定自无问题,惟第二项以七折计算不知有何依据,请解释。

徐永祚会计师起立发言。

华德斋股东请徐会计师高声发言。

徐会计师谓：鄙人草拟之原稿并非如此规定，盖系出于董事会之修改，股东即有异议，请从长讨论可也。

洪股东谓：依照一般公司章程规定，十一股至百股，以二股为一权，百零一股至五百股，以三股为一权，五百股以上以五股为一权，今七折六折计算殊属困难。

徐会计师提议在计算下再加"零数不计"四字，童会计师附议。

佘雨东股东谓：第三项第四项应加严限制，以保护小股东。

主席谓：本条七折六折字样系董会所改，本席亦系小股东之一，对五股为一权极表赞同，惟此事须征大股东意见，应请本公司最大股东之实业部、交通部代表发表意见。

洪雁宾股东谓：现值政府提倡实业不遗余力之时，应请部代表顾全小股东利益，以示奖掖而表大公。

主席谓：洪股东计算股权与小股东大有不利，请加以精密计算。因照本条第二项原文，以七折计算为七十权，而洪股东主张二股为一权，则仅五十权也。

佘雨东股东谓：洪君之主张于小股东固属吃亏，但于大股之股权则减少不少。

主席声明以股东地位发言谓：本公司一百股之股东为数甚多，而五百股以上之股东则甚少，故以整个言之，吃亏仍在小股东。鄙意第二项仍照原文规定五百股以上可改为五股为一权，至百零一股至五百股，应如何限制，请讨论。

高馥孙股东主张以股数计算。

钱选青股东谓：五百股以上之股东既少，似无多大问题，十一股至百股之股东则甚多，应慎重规定。

主席归纳各方意见：以一股至十股每一股为一权；十一股至百股以七折计算，零数不计；百零一股至五百股以四股为一权，零数不计；五百股以上以五股为一权，零数不计。提付表决，赞成者请起立。全体起立通过。

第二十一条,洪雁宾股东谓:何谓用单记名法,请加解释。

童会计师谓:一票举一人为单记名法。

洪股东谓:解释错误,应改为"双记名单选法",且票留三人亦有未合。

主席说明此系本公司历史之关系,故有此项规定。

钱选青股东谓:历史两字已不适用。

律师、会计师主张将本条全删。

主席以第二十一条全删付表决,全体赞成通过。

至第二十二条,改二十一,通过。

第二十三条,改二十二,通过。

第二十四条,改二十三,通过。

第二十五条,改二十四,通过。

第二十六条,改二十五,通过。

第五章　改为"第四章　职员"

至第二十七条,改二十六。钱选青股东谓:董事与监察人之当选资格何以相差如此之多?

佘雨生股东谓:一百股股东既甚多,五百股股东既甚少,为普遍起见,主张董事资格改五百股为二百股。

主席谓:股票市价一落千丈,五百股股东虽少,但所值亦甚微,究竟五百股抑或二百股,请大家考虑三分钟提付表决。

三分钟后,主席发言:鄙人主张改董事五百股为三百股,监察人仍为一百股。因董事三年一任,而监察人则一年一任也。

众起立赞成,通过。

第二十八条,改二十七,无异议,通过。

第二十九条,改二十八,"本店"改"总事务所",通过。

第三十条,改二十九,通过。

第三十一条,改三十,"董事制"字样多印,删,通过。

第三十二条,改三十一,无异议,通过。

第三十三条,改三十二,无异议,通过。

第六章　改"第五章　会计"

第三十四条,改三十三,无异议,通过。

至第三十五条,改三十四。"董事制"字样删。钱选青股东发言:本条第四项劳工恤养金仅规定三百分之五分,与劳工法有无抵触?

徐会计师谓:本条已有劳工奖励金之规定,五分恤养金并无不合。

主席谓:第二项,董事长、常务董事及董事监察人报酬二十分可减少五分,为十五分,而以减去之五分增入劳工恤养金,为十分。

钱选青股东主张将第一项股东红利二百十分减少十分,改为二百分,而改第三项办事人员酬劳为三十分。

徐会计师谓:尚多五分可仍加在劳工恤养金项下。

主席以修正:一、股东红利二百分;二、董事长、常务董事及董事监察人报酬十五分;三、办事人员酬劳三十分;四、劳工恤养金十五分,付表决。全体赞成,通过。

第三十六条,改三十五,无异议,通过。

第七章　改"第六章　附则"

第三十七条,改三十六,无异议,通过。

第三十八条,改三十七,无异议,通过。

主席末谓:今日到会股东及其代表股数不足法定,通过修正之章程应作为假决议,容再召集第二次临时大会提出确定,所有今日未到会之股东当分别通告或登报公告,今日到会股东有与相识者,请将今日开会情形告知,并请其出席第二次临时大会为幸。

至此已六时四十五分,遂宣告散会。

公司董事会1933年第十四次常会议案

民国二十二年七月十七日(1933.7.17)

民国二十二年七月十七日第十四次董事常会。到会者:傅会长(兼代表厉树雄)、盛蘋臣、夏地山、孙莲孙,监察杨季忻诸君。

庞仲雅、吕子彬、吴砥成诸君来函:鄙人等曾于民国十七年一月间存入贵公司第六百四十二号存票,共记户名,计规元五万一千四百两,订明月息一分,每六个月一付,结至本年七月二十三日止,共五年六个月,应得息金三万三千九百二十四两,历向贵公司会计所收取,屡屡推诿,分文未付。现鄙人等年均花甲以外,对于此项存款大有得之则生之慨,为此请求贵董事会将此存款本息一并如数付还,俾得维持生活,不胜迫切待命之至。

公议:此项存款本息久久拖欠,实于公司信用有关,应请总经理、襄理转饬会计所克日将本息一并清付,是为至要。

公议:天气酷热,本会仍照曩例自八月一日常会起休会一月,在休会期内如有重要事件发生,即开临时会议。

公司第二次临时股东大会会议记录

民国二十二年七月二十三日(1933.7.23)

中华民国二十二年七月二十三日第二次临时股东大会。

开会地点　西藏路宁波旅沪同乡会

开会时间　下午三时

开会人数　八十九人

代表股数　五万二千零六十六股

主　　席　傅筱庵先生

记　　录　周剑寒　叶道民

开会顺序

一、振铃开会

二、全体肃立向国旗党旗及总理遗像行三鞠躬礼

三、主席致开会词

四、宣读六月三十日第一次临时股东大会通过之假决议章程

五、决议假决议

六、散会

行礼如仪后,即由主席傅筱庵先生致开会词:

今日召集第二次临时股东大会系专为决议第一次临时股东大会通过

之假决议章程,因六月三十日召集之第一次临时会到会人数不足法定,故依法为假决议。今日开会决议系以假决议为决议之根据,依法只须出席人表决权过半数之议即可成立。现计到会人数为八十九人,代表股权五万二千零六十六股,虽亦不足法定额数,但合两次之表决已可认为股东多数之意见,依法即可作为确定。现在已过原定开会时间,应即开始讨论,为假决议之决议。

主席致词毕。

石芝坤股东起立向主席提出质问,谓:本公司现在是否存在?

主席答称:本公司当然存在。

石芝坤股东又谓:本公司既然存在,则敢问公司中之会计、出纳等等之经济实权现在是否操在国人手中,太阿倒持,成何体统!

主席答谓:今日专议章程,不涉其他问题,股东如有涉于章程以外之意见可于股东常会中提出讨论之。

施福昌股东发言谓:公司章程早已形同具文,盖董事、监察从未遵照章程行使其股东会所赋予之职权,而公司对外抵押借款等重大事项股东均未由过问,敢问此种押借之权应操之于董事会欤? 抑当操之于股东会欤?

主席仍以"今日系专修章程,其他一切可于股东常会中提出讨论"为答。

石芝坤股东谓:本公司股东已有多年未接公司开会之通知,今日应乘此难得之机会讨论公司之"生命线"问题。

施福昌股东谓:权衡轻重,宜先开常会讨论重大问题,修改章程不妨从缓。

主席谓:今日开会系以第一次临时会之假决议为议案,初不涉其他问题,请各股东注意。

施福昌股东谓:上次临时会既不足法定人数,假决议可以推翻。

主席谓:假决议有法律上之依据,故依法自有其相当之效力。

施福昌股东谓:章程既同具文,又何贵乎有此章程!

主席谓:今日应根据上次假决议而决议。

石芝坤股东请主席规定常会日期。

主席答谓：股东如有意见请用书面向董事会提议，董事会自当于举行例会时提出讨论而决定之也。至此，主席以时间已晏，仍请乌崖琴股东将第一次临时会通过之假决议章程逐条宣读，予以决议。

乌崖琴股东即起产将新章程逐条朗读。自第一章第一条至第二章第十五条均无异议，一一通过。至第三章第十六条，佘雨东股东提议拟改为"本公司股东常会于每年三月三十一日以前举行之"，以下照原文，并说明其理由为：查第五章会计第三十三条本公司帐略既每月终有月结，而六月终有决算，则年终总决算自易如期完成，帐略表册尽一月三十一日以前不难从容造具，至监察人查核报告尽二月内亦易办完，股东常会限三月底以前举行亦自非不可能之事，原定决算后六个月，迹近延宕，殊无负责精神，且常会期不明定举行时日，易蹈以往多年不开会之覆辙，故应改正如上。

主席征询襄理意见后即宣称谓：据襄理报告，本公司办理总决算事实上有许多困难，故实不能于三个月内办竣。因盘货计料手续浩繁，而机器生财折旧短时间内亦不能加以确定之核算，惟六个月内当可全部办理完竣。

施福昌股东谓：本公司聘有会计师为常年会计顾问，查算并非难事，且办事职员为数甚多，推三诿四，未免有忝厥职。

主席谓：办事人如有失职情事，股东可于常会时弹劾罢免。当以仍照原文付表决，多数赞成通过。

次继续宣读。

第十七条，通过；第十八条，通过。至第十九条，佘雨东股东提议改为"股东得委托他股东为代表，但须具委托书预送监察审查，如所委托非股东者，认为无效。至于代表人，连其本人所有之表决权，合计不得超过一千权"。

主席谓：关于此项股权问题，上次开会时鄙人亦曾有仍照旧章不得过一千权之提明，兹与实业部代表黄金涛司长及交通部代表唐宝书局长、许元方处长征求意见之结果，据称第一次临时会通过之假决议已分别向部呈报云云,究竟如何之处,请部代表向大众表示意见。

交通部代表邮政储汇局总务处长许元方起立发言谓:本条与第二十条有连带关系,请主席将十九、二十两条合并提出讨论,因第二十条内并无规定限制股权也。

乌崖琴股东遂继续宣读第二十条。

佘雨东股东提议拟改:"二、十一股至百股,每三股为二权;三、百零一股至三百股,每三股为一权;四、三百零一股至五百股,每四股为一权。"

许代表谓:依照上次假决议之规定,交通部之股权业已减少不少,须知私人大股东或许有化名情事发生,但在政府方面则既无分化之可能,更无把持垄断之私意。

朱承勋股东谓:股东会应以股东之意思为意思。

主席谓:实业、交通两部为本公司最大之股东,征询部代表意见为理所当然之事,决无何种私意存于其间。

朱承勋股东谓:请部代表向大众发表意见。

许代表起立谓:第二十条股东权之规定因业已呈部在卷,殊难变动,如果必欲更改,敝代表实无权作主。

洪雁宾股东发言谓:上次开会因不足法定人数,故作为假决议,再由今天第二次临时会决议,佘股东意见殊有见地,惟因方言关系,各股东有未尽了解之处,鄙人可代为补充说明。佘股东原意全系修辞上之关系,因第二项"以七折计算"字样殊不雅观,固不若改为"每三股为二权",在字句上较为整齐划一也。至百零一股至五百股,其间距离太远,故主张百零一股至三百股每三股为一权,而另加"三百零一股至五百股每四股为一权"一项,部代表如有意见,尽请向全体股东发表。现在佘股东提议之真意既明,请主席即付表决。

主席以第十九条原文付表决,通过。又以第二十条:一、一股至十股每股为一权,二、十一股至百股每三股为二权,零数不计;三、百零一股至三百股每三股为一权,零数不计;四、三百零一股至五百股每四股为一权,零数不计;五、五百股以上每五股为一权,零数不计。付表决,全体起立通过。

次即继续宣读。

第二十一条、第二十二条、第二十三条、第二十四条、第二十五条,均无异议,通过。至第四章第二十六条,佘雨东股东提议"选会"两字辞意含混,并拟改董事资格为一百股,监察资格为五十股,否则于本条之末加一但书"如有资格股票不足而被选者,限两个月内购补足数"。盖查德国商法,董事资格不限股东,而英国制度则于被选后二月内补足股数,俱足师法。

主席谓:佘股东所称各节确有相当见地,惟据部代表意见,董事资格由五百股减至三百股已属不当,今如再减为一百股,自更不合。因现在股票市价一百股所值甚微,如果规定一百股为董事当选资格,则其与公司利害关系并不如何密切,殊非立法之本意也。

许代表谓:假决议将董事资格由五百股减至三百股诚已如主席所言已属不当,盖当初订定章程时股票价值甚高,但今则已一落千丈,即仍规定为五百股,其与当时立法本意已大相径庭,矧其尚欲由五百股减为三百股乎!查德国商法固不以股东为限,但亦利害互见,未可认为尽善尽美,其有利于公司者为其能集合专门人才共谋公司之发展,惟此类董事大多为社会上知名之士,颇有以某某公司董事头衔而为交际酬酢之工具者。鄙人留德时,常见有一人而兼任数十家公司之董事,实际上并不预闻公司之一切事项,盖徒拥虚名,全系一种名誉性质耳。董事之尽职与否,与公司前途所关甚大,必其与公司有密切利害关系始能尽其心力,须知部方与商民均为汉冶萍公司之股东,故其希望公司发达之心初无二致,如再将董事资格减少,则实未敢赞同。

佘雨东股东谓:董事系出于股东会之公举,小股东当选以后规定其于一定期间补足资格,盖全系采取人才主义。

施福昌股东谓:部代表前以假决议报部,今日可以真决议报部。

主席起谓:部代表意见极是,部方前既同意于上次假决议之规定,今日如有更改,则于公司呈部登记时亦必加以批驳,与其徒费周章,不若仍照原案之为得计。佘股东之提议小股东深表赞同,可由纪录录入议事纪录,记明佘股东之提议,但因顾虑部方批驳关系,仍照原案通过云云。如此,则佘股东之意见不致没而不彰,而后之股东均可明了今日讨论之实在情形也。

施福昌股东请主席提付表决。

佘雨东股东谓:如果依法规定决不至被批驳。

乌崖琴股东谓:以本公司如许股份,偌大资本而规定董事资格为三百股,实属宽泛已极。

洪雁宾股东谓:三百与一百股之争执殊属无谓,至补足办法亦与潮流不合,惟"选任"两字则实太浮泛,应修改为"用双记名连举法投票选举之"。

主席以此付表决,无异议,通过。

第二十七条,朱承勋股东提议董事任期改三年为一年。

主席谓:凡公司定章,董事任期均为三年一任,如果改为一年,则监察人之任期亦将比例递减为四个月矣,岂非失当之至。

洪雁宾股东谓:董事任期不成问题。众无异议,通过。

第二十八条,通过。第二十九条,通过。至第三十条,童诗闻会计师提出将"董事长执行全部业务"之"董事长"三字改置于"业务"下"对外代表"上,通过。

以下第三十一条至三十七条,均无异议,通过。

最后由洪雁宾、佘雨东、施福昌等各股东向主席请求,请于新章程呈部登记核准以后,即于一个月内召集股东常会。

主席答谓:临时会本为常会之预备,董事会原预定俟登记核准后即于短期间召集常会。各股东认为满意,遂宣告散会。时已钟鸣六下矣。

汉冶萍公司修正章程

(公司第二次临时股东大会修改通过)

民国二十二年七月二十三日(1933.7.23)

第一章 总纲

第一条 本公司系由汉阳铁厂、大冶铁矿、萍乡煤矿合并而成,定名曰"汉冶萍煤铁厂矿股份有限公司"。依照公司法股份有限公司之规定,股东之责任,以缴清其股款为限。

第二条 本公司之营业范围如下:

一、开采铁矿、煤矿及冶炼所需之镁、铝、锰、矽等矿。

二、化铁、炼钢及以钢铁制造一切建筑材料,农工用具。

三、烧炼焦炭、砖瓦及水泥等物。

四、矿产及制品之运销。

五、其他与有关系之副业。

第三条 本公司之采矿业务,应依照矿业法办理。其他属于矿业所需之敷设铁道、开浚河流、建筑码头、航行轮舶、装置电信等事,各应依照现行法令办理。

第四条 本公司总事务所设于上海市区内。

第五条 本公司之公告,登载于总事务所所在地之日报两种以上。

第二章 股份

第六条 本公司资本总额定为银币二千万元,分为四十万股,每股五十元,全数收足。前项资本现在为止,共实收足三十七万三千三百二十五股,收足银元一千八百六十六万六千二百五十元。

第七条 股票概用记名式,由董事长及其他董事四人以上签印发行之,执有股票者,以本国人为限,否则无效。

第八条 股票分头等优先、二等优先及普通股三种。

第九条 股东本人及其因团体堂号名义而推定之代表人,均应将姓名、住所及印鉴报告本公司,遇有变更时亦同,否则因而发生损失,本公司不负责任。

第十条 股份转让时,就由授受双方报请本公司核明过户,在过户未竣前,本公司仍认原股东为股东。

第十一条 用团体堂号名义者变更代表人时,应由股东本人及其新推定之代表人,向本公司声明,其因继承关系申请变更户名者,应提出相当证据,本公司认为必要时,并得令其觅具妥保。

第十二条 股票污损或须分合时,得向本公司申请掉换,但污损程度至不易辨识时,本公司得令登报公告或兼令觅具妥保。

第十三条　股票遗失或毁灭时,应即报告本公司挂失,并自行公告三日以上,自公告日起,经过二个月别无纠葛,方得觅具妥保,补领股票。

第十四条　股份过户或变更户名及代表人,每次应纳手续费银币五角;掉换或补领股票,每张应纳手续费银币一元及其应贴之印花税费。

第十五条　股东常会以前一个月内,临时会以前十五日内,停止股份过户。

第三章　股东会

第十六条　本公司股东常会于每年决算后六个月内,由董事会召集之,临时会由董事会或监察人认为必要时,或有股份总数二十分之一以上之股东提出理由,联名请求时召集之。

第十七条　股东会之召集地点,以本公司总事务所所在地为限,常会之日期、场所及议题,应于一个月前通知各股东,并行公告。临时会应于十五日前通知及公告。

第十八条　股东应于会期前持股票至本公司总事务所,验取赴会证,于开会前五日内,至会所所在地之总事务所报到,换取入场券,方得出席。

第十九条　股东得出具委托书委托他股东为代表,但代表人连其本人所有之表决权,至多以全体股东表决权总数五分之一为限。

第二十条　股东表决权及选举权,按股数分别规定如下:

一、一股至十股,每股为一权。

二、十一权至百股,每三股为两权,零数不计。

三、百零一股至三百股,每三股为一权,零数不计。

四、三百零一股至五百股,每四股为一权,零数不计。

五、五百股以上,每五股为一权,零数不计。

第二十一条　股东会之主席由董事长任之,但临时会之由股东请求召集者,其主席得由股东公推股东一人担任之。

第二十二条　股东会之决议,除公司法有特别规定者外,以股份总数过半之股东出席,出席股东表决权过半数之同意行之,可否同数时,取决于主席。

　　第二十三条　股东会之表决,除投票外,得用其他方法,但股东十人以上反对用其他方法,或用其他方法之表决当场认为尚有疑义时,应改用投票方法表决之。

　　第二十四条　股东会之开会期间,遇有必要时,得由主席之决定,或出席股东表决权三分之一以上之表决,由主席宣告延长之,但总计至多不得过三日。

　　第二十五条　股东会决议录,应由主席签印,连同股东签到簿及代表出席者之委托书,交由董事会保存于本公司。

第四章　职员

　　第二十六条　本公司设董事十一人,监察四人,均由股东会用双记名连举法投票选举之。但董事至少应有股份三百股,监察人至少应有股份一百股,方得应选。董事就任后,应将其当选资格之股票,交由监察人于公司中保存之。

　　第二十七条　董事任期三年,监察人任期一年,连选均得连任,任期内缺额达三分之一时,应即召集股东临时会补选之,以补足原任之任期,如未及补选,董事会认为必要时,得以原选次多数之被选人代行职务。

　　第二十八条　董事组织董事会,设于本公司总事务所内,至少每一个月开会一次,议决本公司重要事务。

　　第二十九条　董事会之决议,以全体董事过半数出席,出席董事过半数同意行之。可否同数时,取决于主席。

　　第三十条　董事应互选董事长一人,常务董事二人,执行全部业务,董事长对外代表公司,常务董事常驻公司,辅助董事长执行业务。董事长有事故时,由常务董事互推一人代理之。

　　第三十一条　监察人各得单独行使监察权,除依法执行职务外,并得列席董事会议,陈述意见,但无表决权。

　　第三十二条　董事长、常务董事之公费,由董事会定之,但应征得监察人之同意。

第五章 会计

第三十三条 本公司之帐略,每月月终应月结一次,每年六月终应决算一次,每年年终应总决算一次,总决算期之帐略应由董事会依法造具各种表册,送交监察人查核,出具报告书后,一并提交股东常会请求承认。

第三十四条 总决算时,于总收入中除去总支出及各项折旧准备与劳工奖励金后,如有盈余,应先提存公积金十分之一,次提股息,按年六厘,其余以三百分率就下列各款发派之:

一、股东红利二百分;

二、董事长、常务董事及董事、监察人报酬十五分;

三、办事人员酬劳三十分;

四、劳工抚恤金十五分;

五、头等优先股特别红利十五分;

六、二等优先股特别红利十五分;

七、特别公积金十分。

第三十五条 分派盈余于股东常会议决通过后行之。股息及股东红利按照停止过户日之股东名簿分派。

第六章 附则

第三十六条 本公司一切办事章程,由董事会另定之。

第三十七条 本章程未尽事宜,悉照《公司法》《矿业法》各规定办理,如须变更,应经股东会依法议决,并呈报主管官署备案。

公司董事会1934年第三次常会议案

民国二十三年二月一日(1934.2.1)

民国二十三年二月一日第三次董事常会。到会者:傅会长(兼代表盛蘋臣)、孙莲孙(兼代表厉树雄)诸君。

湖北财政厅电:顷奉湖北省政府令,以奉豫鄂皖三省剿匪总司令部指令略开,汉冶萍公司积欠债捐为数甚巨,应饬照章缴纳,并令第二区行政督察专员派队协助,仍将该案办理情形随时具报等因,转令遵办,具报到厅。

查此案前经电请贵公司派员来鄂商洽缴捐办法在案,兹奉前因,除呈复外,特再电达,务希即日派员来鄂协商,是为至要。

公议:查此案曾经总经理仍请赵襄理赴鄂洽商,惟因商业习惯总结帐之期将届,公司事繁,致稍迟其行。现闻贾财政厅长已来上海,应即乘此机会将原电送请总经理、襄理就近面与接洽,较之电复便利实多。

前接蔡法前等来函称:前以何熙曾等盗卖萍矿机件,侵害债权,迭经指名告发,呈请行政院及实业部、江西省政府暨建设厅澈查惩办,又于前月检齐抄件,函请贵公司紧急处分,保全矿业,维持债权各在案。法前籍隶萍乡,熟悉煤务,曾垫本款十余万元,特代表来沪,请将萍矿收归商办,法前当筹款填粮,开工采煤,以为贵公司附属机关,贵公司无论何时推广工程恢复原状,当即拨还,实一举两得之计等情。正将原函送交经理核办间,复接蔡君函同前由,并声明对于江西省府一切交涉负责进行到底,请早立合同收归债权接办,以便呈报院部,抵制省方。至扣留赣委何熙曾盗窃矿料,已电萍矿堆栈保管等语。

公议:来函所称债权团一节,公司当时如何与之洽商垫款,本会无案可稽。查萍矿系本公司资产,原属商办事业,蔡君所称委托债权收回商办及为公司附属品等语,见解措辞似均有未能明了之处。此事关系重大,应将原函再行送请总经理、襄理并案审核,详细调查明确,妥拟办法复会核夺。

公司董事会 1934 年第八次常会议案
民国二十三年五月一日(1934.5.1)

民国二十三年五月一日第八次董事常会。到会者:傅会长(兼代表盛蘋臣)、黄清溪、夏地山、厉树雄、孙莲孙,监察谢蘅牕、杨季忻诸君。

赵襄理报告:此次奉委赴鄂会同李顾问祖桢与鄂方官绅各代表洽商砂捐之经过及鄂方提交暂时办法两条,曾函总经理转陈钧会,不再赘述。惟钧会允以年纳十万元,鄂代表之意则以为所提十二万为最低限度,无可再减,态度甚为坚决,而张主席、贾厅长又均力劝勿以此小数致碍及将来正式解决之谈判。因思每年能采至四十万吨,以三角计算,则公司亦不吃亏,且张主席、贾厅长对于我方极其谅解帮忙,亦似难过违其意。凡此种种,李顾问亦经迭函驰报,复虑函达终难曲尽,所以暂行归来面陈一切。此二万元能否照加,以便再行赴鄂结束此项手续之处,敬请公决。

公议:本公司财政困难达于极度,年缴砂捐十万元已属竭泽而渔,再加二万亦虑难于报告股东,惟据赵襄理声言张主席、贾厅长均谓勿惜小害大,致碍将来正式交涉,只得勉力照办,年缴十二万元,按月分交,但遇天灾人祸,公司则无力缴付。即以此意电致鄂方可也。

日本制铁所、日本制铁株式会社会函:此次依日本制铁株式会社法设立日本制铁株式会社,所有原来贵公司与制铁所间,贵公司与制铁所、日本兴业银行间,以及贵公司与制铁所、横滨正金银行间,所订合同协定书及其关系文件中关于制铁所取得矿石及生铁之关系,自昭和九年二月一日以后统由日本制铁株式会社照旧继承,希鉴察等语。

公议:制铁所及制铁株式会社来函,移转矿石、生铁关系,应请盛总经理亲自赴东与关系各方交涉,并声明公司困难以及欧战时代所得本公司之生铁利益数千万,拟具办法报会核夺,再行正式函复日方。

公司董事会1934年第十次常会议案

民国二十三年六月一日(1934.6.1)

民国二十三年六月一日第十次董事常会。到会者:傅会长、盛泽承(兼代表厉树雄)、夏地山、孙莲孙,监察谢蘅牕诸君。

经理函:会计所收支万庆兰身后亏欠公司巨款,奉函饬查明白报会核夺等因,当请贝会计师详细查核,业经陈报在案。兹据贝会计师查报,将该收支所经手帐目显存恶意的错误分别指出,银元部分计洋六万五千元,规银部分计银五万零六百九十余两。查该故员系于民国七年间由李前会长派在会计所收支股服务,迨十六年三月收支股长沈庆圻升任会计所长,该故员即以资递升遗缺。今侵蚀款项如此之巨,对于该故员家属究应如何办理之处,祈鉴核施行。所有会计所其他人员均经经理会同会计师分别详查,尚无通同作弊之处。惟会计所正副所长,不能早日查出弊端,直待该故员出缺后方始发见如此巨大之侵占,其平日疏忽可知,应请严加议处;经理督率无方,亦难辞失察之咎,请予处分等语。

公议:故收支万庆兰身后亏欠竟至十余万之巨,实属出人意料之外。公司款项即股东之资金所在,关系綦重,应责成总经理及会计所正副所长迅即通知该故员保人履行保单。此事总经理及会计所正副所长均属失察,而公司平日财政出纳,会计顾问亦有调查之责,应请总经理商诸顾问拟具报告,复会核夺。

经理函:奉函开,砂捐悬案,经议定派员交涉,惟鄂省从前扣去之轮驳各有若干艘,价值若干,被扣后之历年船租估计应有若干,其所卖去之钢轨共若干吨数,价值若干,以及鄂省历年取用料价未抵捐者与所缴现款作为砂捐者又各有若干,请分饬查明,估计核算,开单报会,以备将来交涉时划抵之标准等因。查前项轮驳、钢轨均由汉厂及转运处经手之事,当经分函饬查去后,旋据汉厂陈报:遵将湖北省政府砂捐局历年提去钢铁材料等项缮具帐单三纸前来。复据转运处函称:本公司轮驳艘数繁多,内容复杂,且自被扣以后权操人手,其散处各方,最近情形至难明悉,势非从事调查不足以明真相,除一面派员四处调查最近实情外,一面即会同属处暨会计同人赶编帐表,将鄂省府取去轮驳艘数,全部轮驳价值自十六年份起至二十二年底止七年以来之船租及成本、应算利息等项,分别详细计算,编成详细计算表五纸,又编统计表二纸,并将轮驳舱面之生财用具及十六年份为债捐处取去材料亦一并估价列入。其余如历年以来湘鄂两省官厅、军队所欠煤焦及代运军队船租,凡可为划抵之助者,谨就属处所知均一一搜罗列入该统计表内,并恐表内意有未明,特另编说略七纸,逐项注说,一并附陈钧鉴。惟表内各款均系照帐面核计,若成本照时值加倍,船租再照时价加算三成,各项用具材料概照目下购自外洋之价,成本、船租并照营业性质计以复利,则七年以来为数当在二千万元以上。至于木驳一百余艘之被拆卸,全部轮驳之遭摧毁,则尤我公司血本所在,损失至为重大,均应据实陈明附表等情。经理审核无异,理合具函,检同单表并会计所帐单一并陈请鉴核施行。

公议:砂捐积案现已商有临时办法,暂可告一段落,此项结算表单即行保存,留待将来正式交涉时应用。

公司董事会 1935 年第一次常会议案

民国二十四年一月十五日(1935.1.15)

民国二十四年一月十五日第一次董事常会。到会者:傅会长、盛泽承、夏地山、孙莲孙,监察谢蘅牕、杨季忻诸君。

经理函:前以本公司各职员加薪漫无标准,曾于十九年拟列事务方面职员薪水等级表,计分甲、乙、丙、丁、戊五等,并规定考核年限,陈经贵会核定,准于二十年份先行试办在案。兹已奉行三载,虽无窒碍可言,惟中下级各员每年加薪人数众多,汇总合算数年以来所加数目已甚可观。当此公司财政困难之际,不能不略予变通,以资补救。且戊等二级以下每级分为上下两项较嫌琐屑,考核年限过短,亦不足以昭其慎重。兹经再三筹划,重行修正一表,分甲、乙、丙、丁、戊、己为六等,考核年限除己等外,各延长一年,庶使各职员有循序渐进之望,而公司财政亦略能节省。是否有当,为特陈请核示,俾便通饬遵照。

公议:查核修改本公司事务职员考绩加薪章程,增五等为六等,考绩年限除己等外,各照旧章延长一年,当此公司财政困窘之时,于鼓励职员搏节度支,双方兼顾,洵为因时制宜之举,自属可行,仍请经理察酌办理可也。

经理函:前奉第六号函,以鄱乐公司商借本公司所执鄱乐股票票面一百万元,抵押借款,议准照借,函达查照办理等因。奉经遵办,理合陈复,即祈鉴核。

公议:查此项股票借给鄱乐,该公司如未抵押借款,则应请经理将原股票收回,以重资产。

二十四年一月十五日第一次常会议案,奉会长重加修正,补录送奉。

公议:此项股票于借给鄱乐公司时,系据该公司声称向实业部抵押借款,现查该公司此项借款既未成立,为慎重本公司资产计,应请总经理、襄理迅将原股票即日收回。

公司董事会 1935 年第二次常会议案

民国二十四年二月十五日(1935.2.15)

民国二十四年二月十五日第二次董事常会。到会者:傅会长、夏地山、厉树雄、孙莲孙,监察谢蘅牕诸君。

经理函:据赵厂矿长函称,本厂矿关于二十三年份军事用款共计洋一万二千零七十六元八角,亟应结束出帐,理合开附清单,函请准予核销。查上年七月间,各厂矿以营业衰落曾公呈省厅区县各政府,请将摊派之临时剿匪补助费准予豁免。几经磋商,卒以团队饷项无着,将补助费改为临时剿匪绅富捐,共洋二万四千元,又特别捐八千元,由各厂矿分摊,按月缴纳。此特别捐以一次为限,绅富捐则俟期满时如县政府经费已足敷用,即行停止,否则再行筹议。其后,各厂矿公同议定每月共缴绅富捐二千元,以一年为限,计本厂矿、水泥厂各五百五十元,富源煤矿四百元,富华、利华煤矿各二百五十元,共合二千元。又每月共缴特别捐一千元,以八个月为限,计本厂矿、水泥厂各二百七十五元,富源二百元,富华、利华各一百二十五元,共合一千元。此军事费用册内自九月份起所以无剿匪补助费名目而有剿匪绅富捐、剿匪特别捐之开支也。瓤意俟绅富捐满期时仍当联合各厂矿呈请豁免,未知能否如愿等情。经理已交会计所详核,各项用款均尚核实,尚无虚糜情事。理合抄录原册,陈请俯准核销,至为感荷。

公议:本公司大冶厂矿二十三年份关于军事摊派各项用款共洋一万二千余元,既据经理详加查核尚无虚糜情事,应准核销。惟查单开就中有驻冶国防军摊垫用款一项尚可联合各厂矿力争,稍有收回若干之希望,即请总经理、襄理转知赵厂矿长努力办理,藉资小补。

公议:查本公司从前执照卷内只有抄白,并无原件,当是遗失,即请总经理、襄理交顾问律师研究或登报声明遗失,俾利登记。

公司董事会 1935 年第七次临时会议案

民国二十四年六月二十七日(1935.6.27)

民国二十四年六月二十七日第七次董事临时会。到会者:傅会长、盛泽承(兼代表盛蘋臣)、黄清溪、夏地山、孙莲孙,监察谢蘅牕、杨季忻诸君。

经理函:鄱乐公司请拨付本息一案,前经拟具办法陈奉函示,对于所陈原则可表同意,惟应由总经理征询未列席之官股黄董事及盛蘋臣董事之意见,俟全体通过后再由总经理商同法律专家拟定办法报会核夺等因。遵即分函黄、盛两董事,先后接准函复表示同意,曾经抄请查照在案,仍遵指示将全案原委委托法律顾问徐士浩律师详为研究。兹准徐律师根据法理拟具意见书前来。相应照录陈请核示见复,以便遵照。

公议:据徐律师意见,对于公司所欠鄱乐款项历引法律,推论种种关系,实有从速解决之必要,不宜再延,其所拟解决办法与总经理前次所拟者大体相同。此事既据徐顾问律师意见有解决之必要,且于法律无所障碍,应即解决。惟其存款利息,应照本会民国十五年间议定原案年息二厘结算,准即速觅受主,一俟该股份买卖成交,即行清偿存款,同时协商将前订购煤垫款合同一并取消。

至谢蘅牕欠本公司一款之本息,应于此时一律偿清,不得再行拖欠。即请总经理再与法律专家详加研究,妥为办理,并呈报实业部备案后,仍将办理完成经过报会备案,并造具此次处分鄱乐股份之理由及方法之详细记录,以备查考。

经理函:本公司对于职员规定各项规则延用已久,惟查今昔情形不同,有不得不变通修改者。兹查公司职员因公出差规定旅费表、公司职员恤金规则均有修改之必要,经理一再审查,详为修正。至公司职员休养金一种尚可适用。是否有当,理合一并录陈核议示遵。

公议:查核总经理所送修正公司职员因公出差旅费规划、职员恤金规则及原订职员休养金规则三种,其间或因或革,各适其宜,并无窒碍难行之处,应予通过,准自议决之日起施行,即请总经理颁布,各机关一体遵守。

公司董事会1935年第九次常会议案

民国二十四年十月十六日(1935.10.16)

民国二十四年十月十六日第九次董事常会。到会者:傅会长、盛泽承、夏地山、孙莲孙,监察杨季忻诸君。

经理函:据赵厂矿长函称,查冶矿附近属于本公司产业尚未探采者尚多,工务所详加履勘,就中胡家山、柯家山、潘家山、向家山、金家山等五处,虽矿量未必尽佳,尚有试探之价值,兹绘成胡家山、柯家山矿区正图一张,柯家山、向家山、分夥山、丛松口等处矿区正图一张,潘家山及金家山矿区正图各一张,经工务所审查无异。又称:阳新锰矿以银山矿量较佳,其附近如鸡笼山、白雪山、松山岭三处亦经工务所同意派员前往测勘,绘成矿区正图各一张,惟鸡笼山等三处锰量有限,故定名为含锰铁矿,附图函请核转注册各等情。查事属冶矿附近各铁矿及阳新各锰矿,应行呈部注册领照,理合具函连同图说一并陈请鉴核施行。

公议:冶矿将及地腹,在于本公司产业内,探得有相当之矿区,领照开采,实为公司未来根本之大计。惟呈请登记给照手续,查矿业法第三十六条载:"矿业权者,对于核准之矿区呈请增减、订正、合并、分割时,应具呈请书,并附新旧关系矿区图及理由书,呈经省主管官署转实业部核准。"此项增辟矿区既属公司产业之内,似可并入公司登记案内一起办理。盖公司登记因现行矿业法矿区面积异于从前,闻须先将矿区依法整理,确定登记后方可发给公司登记执照。若此手续尚在未办,似宜并案呈请,则新旧矿区牟尼一串,较之分别办理为便。应请总经理加以考虑,并商同法律顾问斟酌尽善,如须分别呈请,则请依法补具每一新矿区之新旧关系图二份及理由书二份,庶不致于批驳,藉观厥成。至于阳新锰矿增辟之新区四处,一切呈请手续与冶矿事同一律,应添附送图件,并请补具。又来函仅云附近,未叙明是否全属公司产业,抑或有使用邻接他人土地之处,亦应请总经理查明复会,以凭核办。

公议:本公司创始之时,盛前会长艰难缔造,煞费苦心。前会长谢世后,其德配庄太夫人擘画支拄,本公司受益良多。兹值太夫人七旬仙寿之辰,同人等景仰前徽,且念太夫人生前乐善好施,以救灾扶危为念,兹者仰体慈怀,谨致微仪洋四千元送交盛总经理充作慈善事业,以资太夫人之冥福。

公司董事会 1936 年第五次常会议案

民国二十五年六月四日(1936.6.4)

经理函:窃查强制储蓄为职员福利所系,本市各公司各银行大都举行,本公司未便独后。兹经参酌各公司已往成例,拟订职员储蓄章程十条,陈请核议,倘奉核准,则拟自本年六月一日实行。正核办间,又接经理函送大冶厂矿工人储蓄会简章十二条,请核议施行各等因。合行并案提请会议。

公议:储蓄一端,节平时之财用,备不时之需要,月计不足,岁计有余,所以为个人谋,盖藏而励俭,德法至善也。本市各公司银行早鉴及此,大都已经举办,本公司自宜仿行。查核经理所送拟订职员储蓄章程及大冶厂矿工人储蓄会章程均尚妥协,应予通过,并准自本年六月一日起一同实行。惟该项储款须送存各该地中国银行,以期稳妥。函复总经理分别照办。

公司董事会 1936 年第九次常会议案

民国二十五年十一月二十三日(1936.11.23)

经理函:接准上海市募款购机呈献政府为蒋委员长五十寿辰纪念委员会常务委员王晓籁等先后函开:献机祝寿规定一百万尚未募足,请捐国币一万元等情。理合陈请公议决定示遵。

公议:迭接本市募款购机委员会来函称,蒋委员长勋高望重,中外具瞻。兹逢五十诞辰,群起捐资,购机祝寿,表示敬意,请踊跃捐输等语。本公司虽值经济困难,亦应竭蹶从事。兹公决,捐国币二千元,以勉从国内诸公实业之后,即请总经理支送该会交收,并婉辞函复。

公司董事会 1937 年第二次常会议案

民国二十六年二月三日(1937.2.3)

经理函:公司自民国十三、四年来,焦运不通,铁市骤落,汉冶两炉相继停炼。今年因东西各国竞争军备,国内铁价之涨将近一倍,公司亟应乘此开炼冶炉,以期规复。上期董会已由经理面陈梗概,当蒙诸公赞许。半月以来,从事筹备,其最要者厥惟焦炭一项。查冶厂炼炉一座日出铁四百余吨,每炼铁一吨用焦一吨又十分之二有奇,岁计在十八万吨以上。事前须有大宗储备,以后尤赖源源接济,倘供不应求,必妨工作。至若质地之良否,价格之低昂,成本所关,均须详考审虑。必焦炭来源不竭,庶开炼方有把握。前此汉冶两厂所用焦炭取给萍矿,今兹萍矿收回无期,势须别谋焦炭来源,以应急需。查国内各大矿以开滦产煤最多,兼营焦炭,第煤质含硫过重,不期合用。中兴焦炭无多。至于京汉铁路附近各矿,均难大量供给。若设厂购煤自炼,又苦成本过重,且非旦夕所能集事。再四考询筹计,惟有取给国外,以供急求。查日本制铁株式会社所用焦炭胥由自炼,颇合冶砂之用。现值需焦孔急之时,国内难求,自炼未能,公司与该会社交易有年,将来生铁内销余额,该会社亦可承销,若向该会社洽商代为炼焦备用,以砂易焦,实一时权宜之唯一途径,当可得其允许。惟以一岁计算,用焦至十八万余吨之多,所值约三四百万,于其质地、价格、运输、付款各事端,在我均应就地考询,面为详议,方能妥洽。在彼亦必详加查访,早事筹备,方能承允。若以函电往复询商,既稽时日,又虞挂漏,现拟遴派专员前往日本,与该会社当事诸君熟商代炼之事,仍随时报告情形,再行核办。所有派员赴日与日本制铁株式会社接洽焦炭缘由,理合具函陈请示遵。

公议:近年东西各国增修军备,铁价倍涨,本公司冶厂化铁炉急应趁此时机筹备开铸。惟事关重大,不厌求详,所有应需修炉费用及各项材料共需若干,即请总经理通盘筹计,拟具预算送会,再行核定。

经理函:据大冶厂矿翁代厂矿长函称:查二十五年军事用款共计洋八千六百一十三元六角二分一厘,理合开附清册,仰祈俯准核销。惟查所认之地方临时捐,本厂矿每月摊六百零五元,原订以二十五年六月为止,奈冶县财源枯竭,迭向各厂矿要求维持,交涉颇久,最后始由各厂矿协议再认一年,数目较前减少,本厂矿每月应摊洋四百四十元,即自上年七月为始。至本年军事用款,仍俟年终造册报告,并乞鉴察等情,附清册前来。查军事用款系属特别支出,相应具函,连同清册转请准予核销,实为公便。

公议:查核大冶厂矿军事用款尚无不合之处,应准报销。

（二）股东联合会

公司董事会致农商部、交通部电

民国十一年十月十五日（1922.10.15）

北京。分呈农商部、交通部均鉴：敝公司厂矿地跨湘鄂赣三省，频年兵事多故，如萍乡等处，非惟营业艰危，损失至巨，即监察人前往查帐，亦复梗道难行。且自欧战以还，铁价大贱，存货难售，炉矿虽停，数万工民仍须照常接济，金融竭蹶，达于极点，近更迭受工党要挟罢工，无法维持，内外交迫，情甚危险。致上两届股息则应付维艰，帐册则复查未竣，乃少数股东不能谅解，颇多责备之词，董等以时局阢隉，只有暂待和平，不敢冒渎钧听，徒滋烦扰。讵知近有公司裁撤人员，在外煽惑股东，组织股东联合会第二，各处发电破坏公司现状，并推举代表，开列条件，勒限公司答复。伏查股东联合会已于民国二年设立，呈部有案，殊难再认此种骈指机关，致多紊乱。除函请孙会长宝琦诣部陈请外，合亟电请钧座鉴察公司连年所遭艰困，损失已巨，万难再受此种意外挫折，仰恳俯念商艰，迅赐设法维持。迫切上陈，伏祈电示祗遵，无任感盼。汉冶萍公司董事会叩。有。

公司小股东联合会致农商部代电

民国十一年十月二十五日（1922.10.25）

北京。农商部总、次长钧鉴：汉冶萍钢铁煤值欧战机会获利达二千余万，千载一时。前年股东会议时，敝副会长孙德全曾经提议，将所有现款不得动用，备购日金，俾偿外债。查旧欠正金银行各款，时按九钱余合银，前岁金贱银贵，每元只合三四钱，若能拨银千数百万，即可还日金三千余万。当局不听，深为可惜。按民国八年第十二届报告，历年净赢一千一百四十余万。如经理得人，积此巨款，应大有作为。不料当局见财起意，藉口扩充，浮报滥支，如数销尽，且反欠庄号各款数十万，屡次衍期，不得已于腊月二十九提前关门。大局如斯,非独各小股东痛心疾首,即盛氏昆仲义庄代表亦俱以维持整顿为急,目下乞借小款残喘苟延。董会既一筹莫展,公司恐万劫不复,是以有股东联合会之举。查近年厂矿权操工阀,董会号令久等弁髦。今欲兴利除弊,不啻与狐谋裘,非暂行停办,势必被其要挟。应请电饬该董事会振刷精神,切实整理,必俟裁员就绪,出货保本,再行开炼。否则结党拥众,旷额自肥。总公司月须接济三十万方能应付,现款尽来日大难,若不出以毅力坚心,虽竭股东汗血之资,大部维持之力,亦终难填其欲壑也。是否有当,伏乞钧裁。汉冶萍公司股东联合会叩。有。

公司董事会致孙宝琦函

民国十一年十月二十七日(1922.10.27)

慕公会长阁下:

敬密启者,本公司煤铁厂矿地跨三省,体大用繁,安常处顺,办理已非容易。况近年适值两湖多故,扣货扣轮,损失不计其数。自欧战停后,铁市疲坏,达于极点,几至销路断绝。更为各省紊乱,金融闭塞。凡汉冶萍乡逐月开支,均须取给上海,以致本公司经济之窘,支拄之难,实为从来所未有。渐至厂矿汇银无以应付,庄款到期,屡展屡衍。信用之失,实由时局逼迫至此。而厂矿罢工风潮层见叠出,内外交迫,支持为难,不得已请夏经理赴日以期稍有所获,给发两届股息,作挖肉补疮之计;不料日本经济竭蹶,迄无办法。时阅八月,未能告归。此股息不发,大会不开之原因也。

两月以前,上海忽又发生股东联合会,初次来函,要求依照公司条例第一百五十九条,查阅簿册,当以股东查阅章程决议录、股东名簿等项,既系按例请求,只得函复照允。旋据派来王伯言、谢永森等代表六人,由孙慎钦偕同前来。查阅之后,继而连来两函,一请加查民国九、十两年帐册,一则罗列疑问十四款,要求明白答复。本会查九年帐册已据监察查明无讹,业经付刊,十年帐册已催经理结报,本拟筹得款项,即可照章公布。至该会查询十四款,多属对人问题,显见另有作用。风闻该会中坚分子,系本年二月间,公司为经济困难,具函暂停夫马之孙顾问慎钦,暨股东王颂坚诸人。其来查帐之时,带有前在本公司办事现已辞歇之叶小苏、王济周二人。更可异者,王伯言即王展老之子,谢永森即谢纶辉之子,王颂坚本系旧在股东联合会之人,今乃合群另树一帜,殊与旧股东会对持门户。查民国二年先经设有股东联合会,经股东大会认可,并呈部立案,业已多年,遇事无不监督纠正。此时本公司殊难再认此骈指机关,使以后漫无底止,愈形庞杂;且闻该会近又电致交通部,其意更属叵测,万不得已兹将公司历年艰困情形径电农商、交通两部,请予维持办法外,合将新股东联合会四次来函及复稿并致农、交两部电稿,一并录呈鉴核,敬祈会长迅赐面陈大总统暨农商、交通两部部长,声明本公司无可承认新股东联合会理由,并请详述近数年间公司经济艰窘营业困难情形,值此时局,巨大之公司勉力支持,已觉不易,设再受此意外捣乱,令人寒心。惟求政府鉴察其中原委,设法维持,免致股东遭一蹶不振之亏,而贻债主受永久不解之累,关系中国实业商情,至为重大。此本会筹议所及,敬陈管见,尚祈会长力主大局,妥筹机宜,在京城各方面从速布置,免为浮言所惑,而生影响。现在沪地方面,惟有镇静为主,赶将九、十两届帐册备办,电催夏经理姑先回来。股息一层,在帐册报告内声明,暂停两年不付。是否有当,均候会长指示方针,俾有遵循。迫切上陈,敬请

勋绥

鹄特惠复。

董事会谨启

公司小股东联合会致农商部代电

民国十一年十月三十一日(1922.10.31)

北京。农商部总、次长钧鉴:昨上陷电,谅蒙察阅。汉厂生铁出数不能足额,遂致成本较欧美昂贵。沪汉两批发所,又皆与铁号勾串,垄断渔利。除上海培昌、汉口东顺之外,其他购铁颇费周折。上海商务所长倪锡纯与培昌关系甚密。日前该号定铁三千吨,原价四十二两,订有合同,业已出货。近忽补定一万吨,其时市价四十八两,仅按四十五元定去。只凭夏偕

复一纸复电,遂致盛代经理于不顾。即此万吨,该号不当利得十五万余两。其最奇者,前已出去之三千吨,亦按四十五元作价,公司吃亏二万八千八百余两,余可知矣。汉厂商务所许志澄,则与东顺号结合,并派其兄许某管理出货过磅,内外相通,任意走漏。该两员前皆贫寒,今俱豪富,汽车大厦远胜股东。当此款罄途穷,更虑乘机劫夺。应请电令盛代经理克日撤差,并从严查究,不胜盼祷待命之至。汉冶萍公司股东联合会叩。三十一。

孙宝琦致公司董事会函

民国十一年十月三十一日(1922.10.31)

董事会诸位先生均鉴:

顷接戌字第二十五号来函,并附件,均悉。沪上各小股东组织联合会,派员查阅簿册,并提出疑问十四款之多,自属被裁之人,挟嫌寻衅,本无价值之可言。承嘱向政府声明公司困难情形,请设法维持,免被扰害,自当力为陈说。惟公司煤铁厂矿地跨三省,现政府命令不出国门,各股东对于公司血本攸关,以今日政府之势力,岂能钳各股东之口?此项办法仍属徒托空言,于事何补?鄙意公司处此千钧一发之时,稍纵即驰。倘不从根本改革,实难挽救于万一。为今之计,亟应先行召集各厂矿长开特别会议,决定方针。赓续召集股东大会,报告实情,公同表决,俾众股东共明真相,谣诼自无由生。

琦滥膺会长,职属遥领,于公司事宜既无全权,且苦鞭长莫及。今处万难之际,应请诸位董事竭诚敦请李伯行会长即日到会,主持一切,庶可提纲挈领,改组图新。夏地山赴东八阅月,借款未成,应即电催回沪,与各厂矿长计画一切,以备开大会报告;盛泽承久有辞职之意,似不如早自引退,稍可息肩。并请李会长暂兼总经理一席,俾一事权。至于两届股息,公司当此经济奇窘,点金乏术,岂能为无米之炊?此项问题应由股东大会解决。究应如何办理之处,尚祈酌核,早日施行为盼。专复。即颂

日祺

鹄候惠复。

孙宝琦启

公司小股东联合会致农商部代电

民国十一年十一月二日（1922.11.2）

北京。农商部总、次长钧鉴：十上代电，谅达典签。汉冶萍厂矿雇工虚额，买料浮报，为绝大漏卮。自夏偕复等经理以后，变本加厉。既置技术课任周厚坤以收买各厂矿，黑幕重重，人言啧啧。永和无煤已详前电，鄙乐产焦不能熔矿，而擅动公款五十万购收，又于红股二百万之外，并代谢某个人担保私债三十万，受损已著；复设采买股，任吴维清以购办物料，集权中央，凡照例回扣，均未报明。并假振豫公司名义，按七十五两作价，购进山西土炉铁万余吨。该铁性质极硬，非经回炉，不能应用，加以车舟运费，不下百余万，吃亏尤巨。查七年份抛出各货，系公司正当利权，私许退盘，大受损失。按历届帐略，钢铁飞涨，曾获盈余。股东旧亏尚未弥补，竟以盛公祠为名，提款四十万之多，抚恤日人大岛十万元，浪费滥支，慷他人慨。若不澈查，彼必图赖。是以股东要求查帐，藉可证实。彼等电部蒙蔽，希或幸免，并函税务处督办孙宝琦晋府关说。敝会屡次苦劝，一片婆心。彼等自知情虚，死力抵抗，迄今半月，尚未将帐交出。董会专横，背章违法，股东呼吁力竭声嘶。应乞大部破除情面，严加处分。否则彼等恃势妄为，条例等于无效，章程可以作废。将来公司何敢投资，此后实业势必沦亡。谨渎清听，伫候明教。汉冶萍公司股东联合会叩。冬。

盛恩颐①致公司董事会函

民国十二年二月二十二日（1923.2.22）

董事会公鉴：

前奉贵会转到农商部公函，抄发小股东联合会十月三十、三十一两日快邮代电，请饬盛代经理将吴健、倪锡纯、许志澄停职严究，抄发原电，请查明核办等因，转函到会，相应抄录函电，一并奉览，即希查明核办等因。

---

① 盛恩颐（1892—1958）：字泽承，盛宣怀四子。时任公司副总经理。

　　遵即抄电分饬明白具复去后,兹据倪锡纯复称:查培昌铁号于上年六月二十八日订购生铁万吨,其廉价原因,含有吸收现款,维持债务之意。该少数股东既不明斯事真相,又不谅当局苦衷,藉联合会名义发函攻讦。不负责任,何难肆意立言;欲加之罪,何难吹毛求疵。惟既奉部行查,不得不以此事经过情形及困难缘由,谨为缕晰陈之:当上年六月间,公司金融奇窘,周转为难。对于零星押借之款,已展期至再,各债户纷起责问,不肯再事通融,甚至欲起诉公堂,将押款存货抵欠拍卖。公司状况已入危途,纷扰情形,不可终日。若不将公司出品贬价售现,将何以维持现状? 此为大局计,不得不廉价出售之原因。当惟股东谅解者,一也。公司收入全赖售货,而国内销场有限,抛出期货,尤难立时收现。夏总经理留日筹款,以大借款尚难提出,零款已难再商,而正金到期借款,以信用攸关,不得不尽先筹付。会计科以应付为难,屡电告急,时机窘迫,罗掘几穷。夏总经理爰于六月二十日电令纯在一星期以内,兜售生铁万吨,并以售价如在四十五元以上,可勉敷成本,即速售去,以期获取现金,为暂时周转之计。此夏总经理廿电主张,深抱苦衷。当惟股东谅解者,二也。当六月中旬,外铁市价大跌,如美、日售价不到二十七两,其时培昌适向本公司订购期货三千吨,作价四十余两,较市价高十余两。订约未及一星期,纯以奉夏总经理廿电实行廉价兜售。讵意培昌闻信,严函责问,谓前订三千吨之价与此次公司兜售之价相去太远,扰乱市面,吃亏匪浅,要求赔偿损失。当以公司售价根据成本,今为筹款计,设法推销,万不能因一户价格关系,牵制不行。培昌要求当然置之不理。然而四出兜揽,急切间未获实在售户,即有之亦未能立时致现,而培昌坚以售价不平,争持不已,甚至欲将所定三千吨虽已出去数百吨,亦须一律退回。正在为难间,奉夏总经理漾电,始知培昌又径电东京反对。廉价照漾电办法,由培昌再销七千吨,将前订三千吨一律改为廉价,则先后售价既得其平,免滋争执,而公司售货得款之计,勉有希望。此漾电主张,实具有调停大局,委屈求全之意。当惟股东谅解者,三也。当时遵照漾电,劝告培昌并责以多付定银,不能照通常定货之例。讵意培昌经理以铁价已一落千丈,我公司经济困难,难保以后不再跌价,要求五个月以内,我公司售价不得在三十五两以下。纯以培昌有垄断居奇之态,不甘忍受。复经派员再事设法兜售,无如各铁号均以铁市毫无起色,不敢冒险进货,且无力缴付多金,而转瞬月底,公司各项需款,将何以为计?若允许培昌,则条件受其束缚;若拒绝培昌,则此外实无交易。徬徨瞻顾,莫展一筹。爰于六月二十七日将夏总经理各电及困难情形,陈奉副经理函谕,照夏总经理电定每吨洋四十五元,准培昌承销巨额。惟对于培昌要求五个月维持售价一节,须在合同内添注"如世界铁市行情跌落,不在此例"一语,以备伸缩余地。遵即于六月二十九日与培昌签订合同,由培昌预缴定银现款十六万两,为公司一时救济。此为当时经过之曲折及艰苦之情形。当惟股东谅解者,四也。以上四端,均系实在情形,有案可据,无从饰砌。且此项购铁合同,幸赖副经理主裁加列"如世界铁市行情跌落,不在此例"一语,使公司售价稍资活动,培昌无可藉口,而公司受益之处,一语何啻千金。乃联合会电内,谓此事只凭夏总经理一纸复电,遂置盛代经理于不顾等语,即此一端,其于事实上完全隔阂。其他谣诼,概可想见。纯坦白无私,自安影衾,对于谗匿者之口,本无辩论之必要,兹奉钧谕查复,合将上年六月二十九日培昌订购生铁万吨始末缘由,并抄附往来函电陈请鉴核。

又据吴健复称:原电谓汉厂每年应出生铁二十四万吨,顺查各届帐略所报不过十六七万吨,计年缺六七万吨一节。查汉厂本有化铁炉四座,内有两座损坏多年,已不能用。年来只开两座,每座建筑时假定每日出生铁二百五十吨,实则炉成后,每有不能出足假定之数者。此种情形,西国常有,未足为奇。况该炉业皆老旧,出数自不能足额。各届帐略所报吨数,乃系出炉时磅码并合之总数,且每日所用矿砂亦有数量可稽,有若干矿砂下炉,有若干生铁出炉,丝毫未容假借者也。又谓商务股与东顺号结合一节。查汉口东顺号买铁,向由汉厂接洽,售价悉照大市,且常较沪价为大。曾有一次售去六百吨,其价确乎较贱。惟此项交易实由东顺与上海总公司接洽订购,乃向汉厂出货,并非汉厂直接售出。当时曾以价格低廉,有碍汉厂门市,与总公司起一度之诘问。嗣以总公司既经订定,万难翻悔,只可如数交货。是乃无与于汉厂商务股者也。又谓吴健以其同党许志澄兄弟分踞售货、过磅各要职,恣所欲为一节。查许志澄原司秘书,嗣兼任商务股股长。其兄许耀庭,派在东码头任装货下船兼视察过磅。记录磅码职司之二人者,皆非健之私人,且无党之可言。如以为党,则全厂同事无一不可谓党矣。且过磅一事,职务重要,向系批发处与钢铁处各派磅司会同办理,互相监察,决不能恣所欲为。惟钢铁处所派之人确亦姓许名曰森堂,与许志澄并不同宗,且系素不甚相契者。以上各节,皆系健遵函查明之实在情形也。窃惟健才疏学浅,忝膺厂长之职,对于厂务未能施展,时愧无以对公司。惟差堪自信者素以操守自励,从未引用亲友,管理务主严切,经济务从节省。办理以来,已历十余年,厂内厂外未尝有一闲言。不料今日乃受股东联合会之非议,心实有所不甘。伏祈总、副经理按照电文所指各节,详加审查,若言出非虚,健固当然有应得之处分;设查无其事,何能任人之虚构,横加污蔑,须得熟筹相当对付之法,以维大局,而保名誉,无任迫切之至。

据许志澄复称:窃亮自民国六年四月一号起,兼任商务股事。查东顺号于民国六、七两年未向本厂购过生铁。于民国八年九月始购二号生铁五吨,照当时市价售予,每吨计洋例银六十八两。自九年三月起至十年十二月止,均向驻汉分销处购买,共计二号生铁一千二百四十吨,三号生铁五吨。自分销处取消后,于本年九月十二日复向本厂购二号生铁五吨,照申来价单每吨洋例银四十四两。十月八日购二号生铁五十吨,每吨洋例银三十九两;三号生铁五十吨,每吨洋例银三十七两。系因当时官矿局向本厂出去抵作矿价生铁跌价兜售,本厂因乏现款开支,经厂长核准照官矿局价售予,先收现款。尚有本年二、六两月,共购生铁一千一百吨,悉由沪商务所售予,在申付银,由汉出货。谨附批发处细单一纸,伏乞钧察。此本厂与东顺号交易之实在情形,均经随时呈报上海总稽核处,统可查考。至家兄耀庭,查彼于民国四年十一月进厂,在前任商务股长潘毓初君处任报关职。五年元月调往制钢股钢货外栈,是年四月仍回商务股,经潘君派往东码头任装货下船兼大磅房会磅,职司系专抄录各货花色、重量、件数,报告本股,以备查核。因钢铁处与批发处均有磅司派在该处,专任过磅职务,潘君为慎重起见,重嘱耀庭在旁视察,直接缮具报单,以便与钢铁处送来报单双方核对无误,始送批发处,再由批发处核对后,向买客结帐。此职在亮六年兼代时已任一年。谨将钢铁处与批发处送来自六年起磅发钢铁员司姓名单各一纸,送呈钧鉴,以昭核实。另附耀庭存厂履历单副份一纸,其正份早经寄呈钧处备查,亦希察核。又股东联合会谓亮汽车、大厦远胜股东,究汽车何号,大厦何在,不难查知。兹奉前因,相应函复,仰祈鉴察各等语,并抄附各件到处。

理合据以转陈,并将倪锡纯、许志澄赍到附件,一并照抄呈请贵会核夺。肃颂

公安

副经理　盛恩颐

夏偕复^①、盛恩颐致公司董事会函

民国十二年四月六日(1923.4.6)

董事会公鉴:

奉二号台函,以接股东联合会暨葛福莱律师先后函诘各事,抄交分别逐条切实查明,报告核夺等因,并附抄函到处。遵即分别查明,逐条答复,另纸录呈鉴核是荷。肃颂

公安

附条答□纸。

总、副经理

[附件一]

十一年十月十七日来书质问各节,特复如左:

一、民国九、十两年定期股东会何不照章召集?

民国九、十两年,公司营业均系亏折,但帐面仍有累积盈余,拟发股息而无现款,于是竭力设法会商妥筹,原冀筹措就绪即行召集,讵料日复一

---

① 夏偕复(1874—?):字棣三,浙江杭县(今余杭)人。时任公司总经理。

日,未能如愿,是以开会迟迟。

二、第十三、十四两届帐略何以延不报告?

查本公司历届编制帐略因机关林立门类纷繁,向须于第二年六月始由会计所汇齐结总,送由经理处审核,转报董事会,请监察人分赴厂矿复查签字后,始能付刊,手续既繁,故历届帐略总须翌年年底方能印成分布。十三届帐略于十年十月早经编造齐备,至十四届帐略亦经早日造就,因总经理滞留东京未及审查。兹总经理于阴历年底回沪,已陈报到会,复核后交送监察人复查,俟开定期股东会即行报告。

三、永和煤矿何人往勘,何人主购,矿量几何,共买价若干,应抄示合同及报告书。

收买永和煤矿主旨,因汉冶两厂炉座齐开,萍矿岁炼焦额不足供给,此外车船所用烧煤全年尚需二十万吨,求过于供,所差甚巨;且矿产终有尽期,公司既以煤铁营业,自应广求来源,以固根本(参看大岛前顾问炼焦洗煤供给方法报告书)。适湘东开办永和煤矿公司,密迩萍乡,议者皆谓公司坐失佳矿,且有谓发起诸人强半曾为萍矿职员,长此存在,材料技术均将暗受影响者,会该公司当事人朱君祖荫、屠君鹤清等因内力不裕拟求出让。其时扬子公司建炉炼铁需要煤焦,意在收并该矿,曾与议订草约,已预付定金七万元,只因扬子方面未能全盘收受舍而就我。因上列诸种原因,爰派刘朗、汤尚松两矿师前往调查,金称尚有希望。其时大岛前顾问在萍,因电请往勘,复称冶厂事忙未往,请改派金总矿师或黄副厂长前往等语。当派前萍矿总矿师现充冶厂副厂长黄锡赉详加复勘。据报,该矿石层煤槽与安源大同小异,约估煤量有五、六百万吨,略加布置,日可出煤一二百吨,如能归并,似尚合算等语。公司经此两度报告,以刘、汤两矿师均视察有素,黄副厂长为公司资遣出洋学习专门人员,历膺要职,经验可信,该矿既有承受价值,不得不竭力图成,为固本杜患之计,因与该矿当事人朱、屠两君一再磋议转让手续,订立正附合同,于十年八月一日、八月二十九日先后陈报董事会核议通过。兹将各矿师报告及合同并来往文电抄录成帙,用备查核。

四、鄱乐煤矿能否专归公司或添外股？

鄱乐煤矿系与谢君薲牕合办，照合同性质非专归公司，亦难添招外股。

五、宝华、振冶两矿情形。

购买宝华、振冶两公司矿石之主旨，因本公司于民国二年向日本制铁所预支生铁矿石款项订定合同，应自民国九年起四十年内售交该所矿石总额一千五百万吨，生铁总额八百万吨，故自该年起连同历次所订合同，按年计需交付制铁所矿石六十万吨，生铁二十五万吨，合之本公司自用每年必须开采矿石约一百五十万吨，以四十年计，共须开采矿石约六千万吨，方适合供应自炼及订定售交之数。公司原有之大冶铁矿迭据矿师测勘报告，原有矿区之所蕴藏约仅一千七八百万吨，若每年开采至约一百五十万吨，不独地位不敷，即使办到，不过十余年势且罄净。迭与湖北、江西交涉纪家洛、城门山之矿，久悬未决。是以就长江沿岸从事访勘，适有人介绍宝华、振冶两铁矿公司，经遴派矿师考查，据报告矿质颇佳，因与该两公司订分年购砂之约，案卷具在，不难按图而索骥也。

六、冶厂新炉何以久不开工？

查大冶铁厂于民国四年始规画建造，讵厂基甫经测量而欧战已在开始，公司前向外洋订购机件，欧洲政府因战事一再强扣不交，迨民国九年间始能陆续运齐。工程巨大，配置自须时日。本拟于十年秋间完成开炉，不幸而有水塔之变，十一年秋始能试开，然因建筑有未尽善之处，旋即中止，现在二号炉已布置完备，四月内即行开炉。

七、冶厂水塔塌倒，新屋渗漏，工程腐败，何人负责？

查大冶新厂创办伊始，因有特殊关系，盛前会长委托日本高等工程顾问大岛君为建筑总工程师，所有建设工程担负完全责任，任事后对于新厂诸种规画不辞劳瘁。至水塔塌倒等项，因工程既极繁巨，发生不测情形，即在欧美亦所恒有。大岛总工程师于十年逝世，旋即派委汉冶厂长吴健兼任总工程师职务，积极处理。

八、汉厂当欧战时积存钢货三千余吨，何故不肯出售？许志澄派其兄为东码头过磅员，总公司曾否得知？沪汉两处售货何不公开，竟由培昌、东顺等号专包?

汉厂钢货年出三万数千吨,欧战时竭力行销;钢板一项,向来销路不广,至此畅行于日本市场,货品随销随出,迄时积存仅三千余吨,岂能谓为不肯出售? 至许志澄于民国元年到厂,原充英文秘书,六年四月始兼派商务股长。其兄许耀庭于民国四年到厂,由前商务股长潘国英派充东码头会磅司事,并非许志澄任内所派。沪汉两处售货向例公开,不准专包。至承销之铁号,亦不仅培昌、东顺两家。

九、汉厂近二年来出货及成本,又目下存货若干?

汉厂九年出铁 124 947.35 吨,成本每吨 50.69 元,出钢货 38 759.3475 吨,成本每吨 153.66 元。十年出铁 124 360.52 吨,成本每吨 47.44 元,出钢货 43 667.2145 吨,成本每吨 159.78 元。目下存货若干具见帐略。

十、冶萍各矿近两年来出货及成本,又目下存货若干?

冶矿九年出矿 824 490 吨 680 启罗,成本每吨 2.41 元。十年出矿 384 284 吨 676 启罗,成本每吨 3.95 元。存货具见帐略。

萍矿九年出焦 244 919 吨 203 启罗,成本每吨 12.71 元,出煤 806 331 吨 426 启罗,成本每吨 5.32 元。十年出焦 206 087 吨 504 启罗,成本每吨 13.53,出煤 772 971 吨,成本每吨 4.92 元。

十一、倪锡纯售货情形及店名、吨数、时价(略)

十二、吴维清办料情形及店名、品名、价格

公司历年售货购料均归商务所经办,寻常售销率按市价,如遇大宗销路或有特别情形时,由商务所长统筹办法陈由经理核夺。至采办大宗物料均径向外洋订购,零星物品由商务所开送货单分向本埠各行号询取价单,由商务所长择价格低廉者分别购置。总之,本公司系营业性质,所出货品无论何人何号,均可直接议购。关于买料,则视货物价格,不拘机关行号,纯取公开,相沿已久。至店名、品名、价格、吨数等类,另具有细表。

十三、周厚坤、许志澄经手事件及何人保荐?

周厚坤于民国六年由前冶厂工程师李芸苏保荐,派充冶矿车务处处长,七年四月调任商务所助理员,八年一月调任技术课长,十一年一月兼任西文秘书。许志澄于民国元年由□□□①保荐充任汉厂西文秘书,民国六年以来兼任汉厂商务股长。

十四、总公司近年开支比较

民国八、九两年总公司开支比较表(元)

	八年度	九年度	比较增加数
董事会	106 847.71	126 783.82	19 936.11
经理处	231 403.61	278 319.33	46 915.72
商务所	178 080.39	215 704.82	37 624.43
共　计	516 331.71	620 807.97	104 476.26

按九年度总公司费用较八年度增 104 476.26 元,内董事会计增 19 936.11元,查系上海董事会及驻京事务所增加之薪水及公费;经理处计增 46 915.72 元,查系萍矿教育费 17 880 元,房租 5 000 元,修理费 11 600 元,交际费 12 500 元;商务所计增 37 624.43 元,内有售销钢料佣金 12 000 元,东京事务所薪水公费 4 600 元,沪栈码头装卸费 21 000 元(此款系该栈营业费,因客家堆货多故装卸费亦多,然同时栈租收入亦巨,两相抵销,尚有盈余)。

民国九、十两年总公司开支比较表(元)

	九年度	十年度	比较增减数
董事会	126 783.82	118 861.89	减 7 921.93
经理处	278 319.33	277 904.61	减 414.72
商务所	215 704.82	246 680.55	增 30 975.73
共　计	620 807.97	643 447.05	增 22 639.08

按十年度总公司费用较九年度增 22 639.08 元,内董事会计减 7 920.93 元,经理处计减 414.72 元,查系减轻之公费;商务所计增 30 975.73 元,查系增加售销佣金 17 000 元(良贸),捐税 14 000 元(原归汉厂商务股帐),东京事务所 6 000 元,沪栈码头装卸费减轻 6 000 元。

---

① 原件空缺。

[附件二]

十二年一月二十日来书质问各节,内有二项为前书所未及,特复如左:

公司重要案卷何以被毁被窃,所失是何,几种文件毁窃,是何情形?

上年总经理赴日主办重要事件,一为本公司前与安川合办之九州制钢厂售铁及开炼问题,一为应交制铁所矿石问题,一为大冶新厂前订正金建筑借款预算不敷问题,因调取上列三宗卷档携赴东京,不意侨寓之帝国旅馆于四月十六午后忽遭回禄。其时总经理与会计所长均外出,及闻信赶回,旅馆已全部烧尽,前项卷宗及行李均被焚无余。现已在制铁所、正金银行、九州制钢厂将关于公司往来函牍一律抄补。至被窃一节,十一月二十六日董会秘书办公室失去小提箱一个,是日星期例假,而门未键,致有此失。派探侦查,迄无踪迹。提箱内所储皆零星底稿,并非正卷,只有九年度统计副册一册,然正册尚存,亦无大碍耳。

汉厂罢工如何处置?

查汉厂化铁炉长工自八年间即求加资两次,已加至每名日给四百文,九年夏间又鉴于扬子厂工价每日五百,援例求加,汉厂长以该长工历年求加将何底止,且虑其他工人效尤,遂将人数减少,即以减人之工酌量匀加,该长工见未如愿,全体停工,旋经人调解,减额增资迁就寝事。上年七月间厂工组设俱乐部,择日开成立会,散帖请客,邀有兵工厂工匠,被兵工厂长电告督署,即派军队到厂将俱乐部封禁,并驻兵在厂弹压,因之全厂工人罢工。吴厂长适在大冶新厂,闻信赶回,多方劝导,一面压火封炉,保全炉座,相持至一星期之久始复原状。其上工条件系允其代求地方官准设工人公益会、化铁炉长工每工加工食钱一百四十文,以为可以相安矣。讵于十月间该厂工匠具呈要求六条:(一)伤工给资及抚恤;(二)假期给资并年底双薪;(三)加薪;(四)机件停修给薪;(五)升补及裁退工人须得工会同意;(六)发给房屋开办学校。当以要求六条既加公司担负,且复干涉主权,万难承认。适召集各厂矿长到沪会议,由副经理提交讨论,亦未解决。该工匠以所呈六条公司久无表示,化铁炉工人突于上年阳历除夕罢工,提出三项:(一)每月两休息日,仍给工资,到工者给双工;(二)开除戴、韩两工头;(三)前次六条限二日答复。经陈代厂长廷纪电告总经理,以化铁炉非同他项工作,停顿过久危险极大,且其时需货甚急,电复和平处理,始将第一第二两项照准,至前求六条,答俟吴厂长回厂定夺。旋即平复,于一月三日夜间开工。至二月间,京汉路工风潮轩然特起,汉厂工人又被牵制,于八日罢工,此次事属被动。汉厂邀请营县会同劝谕,将前所要求六条无形取消,遂于十日上工,唯冀嗣后再无工会问题,并妥事防维,张弛互用,或可相安无事。此汉厂历次罢工及处置之大概情形也。

公司股东检查会致董事会函

民国十二年四月二十日(1923.4.20)

径启者:

本会由股东联合会合组,于本月十六日开成立会,公推李伟侯君为正主任,盛筱珊、张仲炤君为副主任,即日进行检查。相应函达,即希查照预备是祷。此致

汉冶萍公司董事会

汉冶萍公司股东检查会启

［附件］ 公司股东检查委员会委员名单

李伟侯、盛筱珊、张仲炤、傅筱庵、汪幼安、邵子愉、孙慎钦、徐博泉、盛蘋臣、秦待时、鲁正炳、陶希泉、陈辉廷、徐冠南、姚慕莲、李征五、严渔三、秦润卿、谢弢甫、施省之、谢蘅牕。

汉冶萍公司致俞凤韶①函

民国十二年六月十四日(1923.6.14)

径复者:

接准大函内开:奉农商部令开:云云,以便复核转呈为盼。计开应查各

---

① 俞凤韶(1881—1967):字寰澄,浙江德清人。时任上海证券商业同业公会理事长。

节,共计六条等因。除第六条具详目前及将来之计画刊本,邀免复赘检本附送外,兹将一、二、三、四、五条查明,另纸答复,及列具清单表件,均截至十一年十二月底止。敬祈查照核转为荷。此致

俞寰澄先生

　　附答复及清单表件并刊本。

汉冶萍公司谨启

答复应查各件

　　一、厂矿各方面有无停工情事

　　查汉厂本有化铁炉四座,其一、二号高炉系前清官办移交之物,本已二十余年,式旧质窳,不堪再用,大修则需费甚巨,而出铁不多,成本加重,殊不合算,因于九年二月间报经董事会议决停置。其三、四号高炉仍昼夜鼓铸,迄未稍停。本年四月,冶厂二号炉又告成开炼,成绩尚佳,所出生铁以之履行债务,供给市销,当无不给之虞。惟自欧战告终而后,铁市固疲,钢市尤一落千丈,国内既无路工,钢轨无从觅售,至炼存别种钢货亦苦滞销,阁本阁息,亏折甚巨,不得已于十年十月间函饬汉厂将钢厂全部工作暂停,制钢人才如工程师、工长称上选者,仍留置于其他机关,以备开办时仍资熟手,其中下者概予辞退;尚有附属之造砖厂,亦因制造需本,行销无利,亦饬暂停。此为审度市情财力,为此撙节之处置。至其余各部分以及冶萍两矿,工作如常,且并增加产力,以期出货加多也。

　　二、实收股本若干

　　本公司新旧两种股本共计一千七百五十二万六千二百元,每股五十元,共合三十五万零五百二十四股,内分官股、省股、商股,另附详细清单。

　　三、内外债各若干,其期限、利息若何及债权人户名,请分别详细款项具复

　　另列详细表附送。

　　四、现在厂矿一切产业(厂矿、机炉、铁路、码头、轮驳及房产、货料等)值价若干,有无最近确实估计

　　另列详细清单附送,具详最近第十四届帐略财产目录。

五、公司最近营业情形

本公司自欧战终止而后,营业逊色,年有亏折。其主因为钢铁之价低落,而缺乏周转资金亦为营业困难之要点。生铁销于国内者本居少数,年来维持现状者,全恃抛售大宗生铁于国外铁商,预收定金,以资挹注。而寅支卯粮,左支右绌,此所以常感困难也。

六、此后进行整理之计画

具详本公司目前及将来之计画刊本。

[附件] 汉冶萍公司目前及将来之计画案

本公司额定股本三千万元,而实收一千七百余万元,厂矿扩充,资产增高,因而负有巨额之内外长短期借款,每年应付利息约二百数十万元。近三年来经济非常困难,而借息从未愆误,故论者谓公司之营业不啻专为债权者作嫁。假使负债一方其大部分为股本而不为借款,虽当此铁市疲滞、同业有辍耕者之时,我股东犹可年分四五厘之股息也。故公司经济困难之主因首为股本不足,其根本救济之策首为招足股本;其第二主因则为制造设备之不完全,炼焦无副产炉之设,制铁可有之副产亦未利用,以是成本不轻,预计公司此后制铁之直接成本(利息、折旧不计)为每吨三十一元强。此成本之数字在东亚各地同业中殊无愧色,然使铁市状况永如今日,则此成本再加间接成本(利息、折旧,其率以出货多寡为断,现在之率每吨约二十元弱),殊不足以自存。故公司所宜急起直追者为减轻成本。制铁成本之最重者为焦,每铁一吨须付焦价十六元二角五分,则首宜减轻焦之成本。依现在情形,从各方面竭力整顿,如欲于每吨焦上减去成本二元,已戛乎其难。唯有仿欧美、日本之式增设副产炉,则每铁一吨之用焦成本可减五元至六元,再加其他副产物之设备,又可减二元至三元,从整顿上再减去若干,则现计三十一元强之成本将来当可减为二十二三元。故根本救济之策次为增加制造副产物之设备。招足股本须俟诸公之讨论。增加制造副产物之设备须用资本约七百万元,虽为公司将来所必须行之事,然需此巨款亦须俟诸公之讨论。今应就公司现在情形立论,公司既与日本订有契约,尚绵亘三十八年之久,且负有巨额之内外债,自当依据现在情形至少须通三十八年而计画之。此后收入支出之损益如何,债务能否偿还,股息是否有着,亟应表明,以释诸公之疑虑。兹列民国十二年以降至四十九年止收支损益预算表如左:(表略)

公司股东联合会致董事会函

民国十二年八月三十一日(1923.8.31)

径启者:

接俞君寰澄、汪君幼安来函,拟具督察稽核处办事规则,请由敝会通过等因。查此项规则,尚属切要可行。相应录送贵董事会查照办理。此致

汉冶萍公司董事会

[附件] 督察稽核处办事规则

(一)督察稽核处对于股东联合会负报告稽核事宜之责任。

(二)督察稽核处凡关于公司各项事务、各种机关,如认为有须纠正之处,随时陈述意见于董事会,并报告联合会。

(三)除检阅稽核处原有文报外,督察稽核处随时得向公司职员询问及调取文件检核。

(四)总分稽核处原有试行章程,督察稽核处如认为不适用,或未完备,得修正或扩充之,随时商榷董事会并报告联合会。

(五)商务所售销货件,应于未成交前报告督察稽核处检核。关于大宗买进物料方面,亦照此办理。

(六)会计所于特别支款,应于支出前报督察稽核处检核。

(七)本规则提出于联合会通过实行。

赵恒惕①致公司董事会函

民国十三年一月八日（1924.1.8）

董事诸公均鉴：

敝省与贵公司关系素深，而公股股东属望于贵公司者尤切。去夏接股东联合会公电，当经电复，特托吴君应图代表商洽一切。吴君经验宏富，于实业尤属专门研究。接其报告，言多扼要。公司事务繁多，尚希就近延任督察稽核，必能举其所知，赞襄盛业。将来股东大会即推为董事候补人之一，并希转达为幸。专此恳商，统祈鉴察。顺颂

公安

不具。

赵恒惕启

公司股东联合会致董事会函

民国十三年十一月三十日（1924.11.30）

径启者：

昨日会议限于时间股东陈述未能详尽，兹特声明，即希查照。

一、定章股东会每年一次，贻误四载，亏损八兆，当局违法，股东痛心，旧董不自引咎，敝会代为抱歉。

二、四届帐略，一时莫明，未经检查，万难承认，如果觅得证据，自应正式起诉。

三、股息八厘，专章订明，擅改半额，绝对否认。应遵详章第十三节四年合计每股应派十六元如数给发，不得短少。

四、鄱乐产煤不宜炼铁，股券无利，不应购置，当此世道险恶，往往藉开矿之名行翻戏之实，不得不防，况鄱矿经过赣人皆知黑幕重布，明眼难蔽。今投五百万有用之资，日采三百吨无益之煤，殊属不合，未经股东同意即是

① 赵恒惕（1880—1971）：字夷午，湖南衡山人。时任湖南总司令兼省长。

经理侵权,应由发起人收回自办,券还原主,款归股东。本公司以萍乡为范围,高坑与安源相接,不应弃近就远,速将鄱乐划清界限,该矿办事不宜与公司相并,该矿用款不应与公司相混。

五、永和速即停工,周厚坤应令停职,听候查办。

六、日款添借,湘省抗议只凭起立通过并未投票议决,将来应由一部分股东负责收回鄱乐之股款,移充煤铁之运本绰绰有余,应加注意。

七、董事受股东之托,应担全局之责,万祈发现天良,尊重人格,对于厂矿之整顿煤铁之经营须具计画,对于舞弊之惩戒建功之酬庸当有办法,幸勿庇护员司,遂致欺压股东,强权易倒,公理难逃也。此上
董事会

汉冶萍公司股东联合会启

公司董事会致交通部函(节录)

民国十四年一月九日(1925.1.9)

敬启者:

奉大部卅一电,一是祗悉。查敝公司股东联合会有二:一为民国二年由股东大会通过设立,赴会注册股东计有十九万三千五百十二股,公举傅筱庵君为会长,呈报部省立案之老股东联合会。一为民国十一年未经股东大会通过手续另自设立之新股东联合会,系徐博泉、孙慎钦两君为正副会长,嗣致函老股东联合会改称纠正会,旋又退为老股东联合会之协会,上年十二月又经老股东联合会登报通告解除协会名义,而徐、孙两君亦先后登报声明与新股东联合会脱离关系,所以该会现在又复仍称为股东联合会,其中究有真正股东几人,实计若干股,不得而知,然确无多数大股东在内,可敢断言。此次敝公司续借日款系经老股东联合会赞成,提付本届股东大会经大多数股东两次表决通过,其致电大部反对者即所谓新股东联合会仍称为股东联合会者。所有大略情形曾先具江电陈复在案。(下略)

湖北省长公署致汉冶萍公司函

民国十四年三月二十八日（1925.3.28）

径启者：

案据汉冶萍公司股东兼湖南股东代表张秉文、吴荫涂、王愿亭、赵南公等呈称：窃汉冶萍煤铁矿有限公司于上年十一月二十九日午后二时在上海西藏路宁波同乡会举行定期股东大会，董事长孙宝琦君被推为临时主席，监察人未到，除当场分发九、十、十一、十二各年帐略由会计所长赵炳生报告外，共提议要案三件：（一）派息，（二）借款，（三）选举。借款一案之内容系以大冶将来产出之铁预向日商抵借日金八百五十万元，流弊既多，关系尤重。该董事等不遵法定手续临时突然提出，不待审慎讨论遽付起立表决，先后仅及三小时竟将三大要案笼统宣告通过。秉文等认为上列事实显与现行公司条例及汉冶萍公司章程完全违反。兹就当日会场情形揭陈理由于左：

甲、股东会应行议决事件例须载明于召集之通知及公告，现行公司条例第一百四十七条第三项、汉冶萍公司章程第三十节均有明白规定，该董事等提议各案绝未载明公告，此其违反之点一。

乙、股东会表决议案应遵照公司条例第一百四十五条以股权为表决单位，该董事等提议各案均用起立表决，计人数不计权数，此其违反之点二。

丙、董事所具之簿册及监察人之报告应遵照公司条例第一百四十九条由股东会选任检查人查核，以昭慎重。是日帐略甫经发竣，主席即提议派息，股东检查之权利竟被无形剥夺。此其违反之点三。

丁、股东选举董事应遵照公司条例第一百五十二条及汉冶萍公司章程第五十一节，就执有股权五百股以上之股东以股权投票选举，是日当选董事有股东名簿向无其人者，其是否执有五百股以上之股权，更无从稽考。此其违反之点四。

依上列四种理由，则本届议决各案法律上当然无效。又查该公司章程第二十七节规定，股东定期大会一年召集一次，嗣因内部帐目不清，自民国十年起至十二年止并未遵章召集,中经股东联合会推员监督,并以帐目纷繁续于十二年四月以该会评议员二十一人组织检查委员会协同原推监督员分类彻底清查,所有检查结果以内容极关重要,随由该联合会径送董事会,请于大会提出报告。不谓本届定期大会该董事等竟将前项检查报告全部湮没,始终一字未提。秉文等以事关重大曾于上年十一月三十日及十二月七日先后电请农商部谕令该公司迅将该非法议案全部撤销,以重公法而维私权在案。该公司煤铁各厂悉在贵省治下,似此非法议决滥借外款于地方主权所关甚大,应请钧长令行该公司禁止非法执行,实为公便等情到署。

查代表所陈各节如果属实,显与公司条例及本公司章程不符,究系如何确情,相应函请贵公司查核见复为盼。此致
汉冶萍煤铁总公司

公司董事会致萧耀南①函

民国十四年四月二十四日(1925.4.24)

敬启者:

接奉公函,据汉冶萍公司股东兼湖南股东代表张秉文等呈称,汉冶萍公司上年十一月二十九日开定期股东大会,违反公司条例章程等情究系如何确情,函令查核见复等因。查此案前奉贵省长函电饬查,业于本年一月十三日、三十一日、二月二十八日三次详细声复在案。兹奉前因,遵再将前函所未及者为贵省长详陈之。

查敝公司此次开股东大会所报帐略曾有股东潘显庭诸君当场据帐质问多端,均由经理详细答复,载在议案,足可证明并非帐略甫经发竣即议派息。至于检查人,本由股东推举,该代表等当日在场,并未加推检查人,何得于事后谓主席剥夺股东检查之权。且查此项帐略早于开会前刊送股东联合会所组织之检查委员会彻底清查在案,开会时并未据该会函复,实属无从报告。该代表等呈称已经联合会将检查结果送董事会提出大会报告

---

① 萧耀南(1875—1926):字珩珊,湖北黄冈(今武汉市新洲区)人。时任湖北省长。

竟被湮没，一字未提等语，不知何所据而云然。总之，该代表等既明知帐略早经刊送股东联合会所组织之检查委员查过，如有弊端，何不径行报告？既知无可指摘，而又故意诬为开会时不予以检查之时间，原呈前后自相矛盾，其为砌词耸听，情迹显然。

又查公司选举董事向系凭开会前领取入场券时呈验股票挂号之户名而定，果如该代表等所云此次新选董事股东名簿向无其人，似当无效。试问，此次具呈之张秉文、吴荫涂、王愿亭、赵南公等，敝公司股东名簿上又何曾有此四君之名？伊等何得自称为股东，其所具之呈文岂不更当撤消作为无效乎！尤可哂者，张、吴两君之名前后不符。查张君湖南派代表时来电原名声焕，旋据登报通电改为张秉文，即以张秉文即系张声焕而论，湖南原派本系开会日临时出席之代表，并非永远之代表，现在开会早已事竣，何得仍用代表名称行使职权？又吴君系民国十二年湖南派来加入股东联合会所组织之检查委员会之代表，原电系称"吴应图"三字，今具呈竟将"应图"误为"荫涂"二字，实则两人均系临时之代表而非永久之代表，其为假借名义尤属显然。尚祈贵省长详加鉴察，则此等伎俩自难逃秦镜之高悬，是否虚实，更无待多辩矣。此外，原呈所陈各节已经敝会于迭次函中详细声复，不再赘述，为此备函奉复，敬祈贵省长查照为荷。谨致

督办湖北军务兼省长萧

汉冶萍公司董事会　孙宝琦等谨启

（三）日债的举借和交涉

1. 850 万元借款

夏偕复致儿玉借款申请书

民国十一年七月十七日（1922.7.17）

关于大冶新厂建设与汉阳铁厂、萍乡煤矿及大冶铁矿之扩充，我们已

作重新估计。此种重新估计计划已于 1918 年递交阁下。当时确定:九百万元借款将不敷全部工程费用,尚缺少四百七十万两。

当时钢铁市场正处于最繁荣状态,我们尚有盈余可提,以弥补此项经费上之差额。所以,我们建议,直到我们应偿付九百万元借款之时为止,在我们自己收益中开支此项差额。

但紧接此项提议以后,钢铁市场开始出现停滞与萧条。后来情况逐渐更趋恶化,去年达到最高峰。从去年下半年起,我们全部现金均告枯竭;不仅对这些力所不逮之工程须投入更多资金,且对日常营业流动资金,亦难于用减少之销售收入去加以应付。

为了从此种困难中解救出来,唯一办法是:首先,用这些工程中尚可动用之资金来补偿所负各种债务;然后,对于这些工程全部竣工所需要经费,用业已提取九百万元借款外之补充借款去支付。

到去年年底为止,这些新建和扩建工程之开支总数如下:

大冶新厂　5 691 905.38 两

汉阳铁厂　1 560 264.69 两

萍乡煤矿　348 560.88 两

大冶铁矿　1 258 955.12 两

总　　数　8 859 686.07 两

在这个总数中,到上年度底止,在九百万元借款内,已付 5 860 671.30 两。差额 2 999 014.77 两,即为我们尚可动用之资金。

至于这些工程全部竣工日后所需经费,经我公司前任工程顾问大岛博士审定,对汉阳与大冶各厂提出新追加数额,数目如下:

大冶新厂　1 202 950.—两

汉阳铁厂　265 619.—两

萍乡煤矿　649 300.28 两

大冶铁矿　155 500.—两

总　　数　2 273 369.28 两

从这些数字中,我们可以看到,要使这些工程全部竣工,尚需经费额为

5 272 384.05 两。在上述数字中,可减少八万四千两,这是从九百万元借款中余下之十四万元差额。

关于 5 188 384.05 两这个数额,我们请求并提议:对九百万元借款,给我们一笔补充借款,其日元数额等于上述两数。我们提议借款期限为三十八年。头十年中按利率六厘支付利息;从第十一年起,开始按二十八年平均还本,并支付利息。其它条件与前次两项借款一千五百万元相同。本利偿付均如前次借款一样,同样从售给帝国制铁所之铁砂与生铁货款中扣还。

我们想在订约以后,立即从这补充借款中取得 2 999 014.77 两款项,庶使我们能支付必要开支。至于剩余部分,新任工程顾问服部博士将研究未完工程计划,并与会计顾问笠原先生共同决定如何加以处理。这笔款项将按照我们之需要逐次加以提取。

上面只是我方建议之初步要点。在阁下考虑以后,如果同意这些一般原则,我们将欣然与阁下进行细则磋商与安排。

盼阁下惠然同意并早日裁复。

夏偕复致公司董事会函
民国十一年九月二十五日(1922.9.25)

十八日偕等作九州之行,目的有二:一、会计所迭电急需经费,正金银行云:须制铁所请其帮忙,方可商借。制铁所长官现在俵山温泉养疴,亦无重要人驻京,只可前往商酌。二、催促大借款之进行(笠原顾问云:借款事本不必以制铁所为中心,现因长官主张收买桃冲矿石,并借给款项;其对于公司之政策如何,总须俟彼说明,然后政府再行审核)。偕与大野襄办前往制铁所,正式磋商;服部、笠原两顾问则赴温泉(距制铁所约半日程),晤长官作非正式之谈判。

十九日夜抵下关,二十日往八幡制铁所晤其经理部长加藤,告以中秋前公司需款五十五万两,正金非得贵所之言,不肯商借,故特来奉商。据答云:余今晚即赴东京,俟到后与正金商酌。

当言大借款事,已将关于公司财政状况之文件送交正金,并录付送阅,此事以贵所为中心,应请帮助,从速解决。答云:文件已经阅及,唯尚有未明了处拟奉询,俟到东京办理。次日服部顾问自温泉来下关,云已晤长官,知前已陈意于三省(大藏、农商、外务),大致言借款须详细调查公司情形,方可决定。但借款为大藏省之事,应由该省调查决定其事。大藏省则谓借款关系矿石供给问题,应由制铁所为政。长官仍推之于大藏省,唯谓彼可供给参考资料及专门人材,以资调查。彼此将责任互相推诿,以致久悬。现大藏省仍欲制铁所先陈意见,长官因派经理部长及调查、购买两课长即日赴东京。唯长官言渠等到后,先须将桃冲之事办妥,然后再及公司之事,又言如公司因减少生产费而需款,如添购熔炉等,渠极愿效力。

二十二日偕由下关启行,二十三日午抵东京,笠原顾问已先回,所言大致相同,唯谓长官一意帮助桃冲,顷晤大藏省人,似亦趋于长官一方面,有先解决桃冲问题之意,经彼陈说,似有转圜云云。

综观各方面情形,政府中人新进,不明制铁所与汉冶萍之历史。长官无帮忙之意,始终谓公司滥用(其所举例均非事实)。能帮忙者为日银总裁井上及正金头取儿玉,但井上自政友内阁倒后,渐受攻击,意态消极。故此事之进行,未能十分顺手也。

现在总须俟长官来后,才能正式辩论,长官所患风气痛何时方能来京,两顾问云,极早亦须下月初旬也。

白仁武[①]、儿玉致孙宝琦函

大正十二年二月六日(1923.2.6)

贵公司因大正二年十二月事业扩张费借款九百万元不敷,于去年提出追加五百万两之借款。此案不特与贵公司财政关系至为重大,即与已订长期多额砂、铁合同之制铁所及有数千万元债权之正金银行,亦有极重大之关系,是以须加充分考虑。关于贵公司之要求,敝处正在调查必要之事项。

---

① 白仁武(生卒年不详):时任日本八幡制铁所所长。

而贵公司因旧历年关适届,支款非常急迫,承示以过此难关,非有借款一百四十万两不可。至担保一层,拟以大正十二年应交制铁所生铁矿石价额,除去兴业、正金历次借款应偿之本利外,作为偿还该款之用等因。敝处因该项临时借款为额至巨,与通常小款不同,而从来通常小款须以已有之铁材及材料作为抵押,此次大数乃以预想之未制品为担保,于银行规程实为破格异例。无如彼此特殊关系甚深,贵公司有急,岂能默尔不助,故作反业务正规之特别通融,但本利偿还无犹豫余地,望贵公司将应交之生铁、矿石从早准备,如期运交,俾得践约。

此次所借一百四十万两,系作偿还旧债及必要经费之用。至三月上旬以后所需资金,正金方面实在难事通融,而贵公司亦须设法调度,避免再事借贷,此点实在紧要。一方面敝处对于五百万两借款当从速调查,与贵公司以确实答复。但环顾铁业现状,如印度铁之发展,经济界之不振,预想生铁价格大势低下。矧贵公司出产大量之铁,生产管理各种费用须款甚大,欠债五千万元之多,借款本利偿还负担亦巨,焦炭生产运输各项经费比较不在少数。贵公司之事业经济,敝处念及,实深忧虑。故对于五百万两借款之态度,须视贵公司生铁生产费之若何节减,贩卖收支若何剩余,内外债款若何偿还而后决定。凡此诸端,不特与五百万两借款极有关系,即与兴业、正金四千万元之债权及制铁所生铁、矿石长期供给,亦有重大关系。正金及制铁所为国家利害痛切考虑本项重大问题,忠告贵公司,备贵公司之考虑。所言甚觉失礼,尚希原宥。

贵公司之现状并非容易处理,必须以非常之决心整理财政,同时断行经费之削减及生产费之大节约。决行此等之事,非自贵公司职员以至股东皆有同一之决心,则断不能期待充分之成绩。以上所言整理之必要方针,贵公司职员、股东必须彻底为之,使无遗憾。至股息须视整理实行以后,营业有余方可议及,现时借款发息政策应请慎重考虑。目下最要者,即将财政之整理、经费之节限、生产费之低减赶速充分调查完后通知敝处,敝处为定对于贵公司所需借款之意见,不日派遣相当职员觇考贵公司之事业及经理之情况也。

夏偕复致公司董事会函

民国十二年二月十二日(1923.2.12)

董事会公鉴:

　　窃偕复前奉贵会委托,赴东磋商十一年份矿铁加价及借款两事,上年三月到东后,先将矿铁加价事与制铁所长官迭经磋议,因事机不顺,至七月十日始行解决。嗣于七月十七日、八月十五日两次将借款文件提出于横滨正金银行,又因制铁所长官为难,迁延数月之久。至十一月初日政府令会计顾问对于借款拟具意见书,其时颇有解决希望,但公司事务复赜,会计顾问之意见书一时未能脱稿,而旧历年关适届,厂矿需款,固迭电告急,而外欠各债亦须量为清偿,不得已与正金议借短款日金二百十万元,约合中银一百四十万两,以本年制铁所生铁价作抵,正金以铁尚未出,即指抵作用,近于无着,必须日政府保证,大借款有成,始允借此短款,商经制铁所长官,由农商大臣向正金担保,幸底于成,遂即回国。于本月七日抵沪,合将经过大概情形,先行简单陈报,并开附短款用途清单及短款文件,呈请鉴核。至所有详情容俟贵会开会时口头报告,一俟事务稍行清理后,再详缮报告送呈鉴察。肃此。祇颂

公安

总经理　夏偕复

李寿铨致夏偕复、盛恩颐函

民国十二年五月二十九日(1923.5.29)

　　日本大藏省书记官青木一男、制铁所课长斋藤亲广、技师熊泽劲太郎、正金银行课长奥田源三、汉口正金银行井上员工及小田君等,由费君功甫、金矿师陪同,于本月二十二日下午五时到矿。在矿参观内外工程一日,于二十三日下午七时专车送长,金矿师送至汉口。来宾在矿时间虽短,极为欢洽。除发敬电报告来宾启程外,兹将问答择要录呈钧鉴。

　　来宾问答

斋藤问矿区内煤量。答：萍乡开办之初，德国矿师估计，矿区内煤量约五百兆吨。惟现在安源至黄家源一带，煤产已不多。因安源距萍城河十五里，较内山为最近，运送较便，从前土人在安源附近开挖土井最多，上面之煤早被各土井采去。本公司开办萍煤以来，二十余年已采过一千二百万吨之谱。现在估计安源至黄家源一带，所余不过三百万吨之谱，煤质亦多夹杂，矿区内最厚煤层在黄家源过去高坑一带，故推广工程以高坑另开井口为最急。

斋藤问矿界。答：矿界周围五百零四方里有零，在前清部省有案。民国以来，先有江西前督李烈钧夺矿不成，派员在矿界内黄家源本矿已停之土井硬行开挖，名曰官矿，后经严重交涉，撤局停办，声称用去二十万元。至民国四、五年间，经官绅调停，董事会允出股票十万元，收回官矿，议阻未成。而土人在矿内开挖私井达数十座，官厅禁令不行，本矿主权丝毫不让，历年争持。现经绅士调停，有设立公庄收买各私井煤焦、限定吨数、限定年份、年满归还矿区之议。至偿还官矿用费一层，须归另议。

斋藤问株萍铁路。答：株萍铁路本为矿而设，历年该路多有盈余，至民国六年后，因军事问题，该路或归南或归北，因之靡费较重。至民国九年硬分两局，经费加多，益不能支，故欠本公司款至五十余万元之多。目前虽勉强统一，而经费仍节减无多，每月须由公司付三万元，方能勉强开支，而运费每不足数，若限运费付给，该路力不能支，即有加运费之要求。而该路桥梁之朽坏，枕木材料之无存，机车之缺朽，新购机车之无款收回，在在须向公司借数十万元之巨，方能保此路线，否则危险万分。此一最困难之问题也。

斋藤问减轻焦炭成本。答：焦炭成本正在设法减轻，然欲大减，非改良另造新式炼焦炉不可。就目前而论，只得尽力节省。查本矿经费，以工料为大宗，本年料价由于上年度经济困难，一无存料，节节赊欠，以致料价昂贵。至工资一项，由于上年工潮后加重，骤难减轻，已面陈孙会长、夏总经理设法维持，力求酌减，以期减轻焦炭成本，仍期望另造新式焦炉，谋根本上之改良。

夏偕复致公司董事会函

民国十二年八月三十日(1923.8.30)

董事会大鉴:

上期贵会特开谈话会,对于借款问题属再具意见书,兹谨另缮一折,送请核议。敬颂

公绥

总经理　夏偕复

[附件]　意见书

日前贵会开谈话会,以偕复主张续商借款一事,认为暂顾目前政策,徒增担负,无补艰危。然偕复主张之意见,实非仅顾目前,有不得不为陈明者,盖公司现值绝续之交,所以最感困难者在无周转资金,以致捉襟见肘,几有不可支持之势,至冶厂建筑未完之工程及各厂矿附带扩充之经费,均因之停顿,更无论矣。此次借款为银五百零七万两,除建筑部分一百六十三万两系按工程程序随时提用外,余三百四十四万两,除扣还短期借款一百四十万两,尚余二百零四万两,全充六个月出货经费,即有六个月之产品以之变价,又作下六个月之出货经费,循环相生,以资周转,是借款用之于生产,而非用之于消耗,信可维持现状,以待转机,实非暂顾目前之计。兹将借款用途及出货预算并另行筹款归还急债各办法,分陈于后,即祈垂察。至将来大计画,尚非目前所能办到,然不能维护目前,则将来之计画亦等泡影,前已拟有刊本附呈省览。

此次商借正金银行之款,划分两部,一部为公司已行筹垫之建筑用款,一部为将来所需之建筑用款。公司已垫之款,结至去年底止,计共规元三百四十四万,俟借款成立后,拟即向其要求拨付,以作流动资本;其将来所需之款,照最近预算计共一百六十三万两,视工程进行之所需随时提拨应付。是以此项借款,总数计规元五百零七万两。

查去年阴历年底,正金已借与公司元一百四十万两,该款如借款成立,

则当由公司垫款元三百四十四万两内扣还，公司实在可以提用者计元二百零四万两，此款拟即以之作九月至来年二月止六个月经费，每月计得元三十四万两，用途如左：

总公司三万两；汉厂四万两；萍矿十四万两；冶厂四万两；冶矿三万两；运输所四万两。总计三十二万两，余二万两备作意外用款。

如上所开，公司以该借款，可支持至来年二月底，届时公司之经济状况如何，试再述之。

公司之产品为煤焦、矿石、生铁、钢料。其中煤焦专供自用，矿石除以约三十万吨供给日本，约收价日金一百万元有奇，抵付借款利息外，余亦自用；钢料目今停制；公司所恃之进款，厥惟生铁一项，故今只言生铁。兹查八月底止，计有存货马丁铁三万吨，翻砂铁二万六千吨，共五万六千吨；九月至来年二月底止出货，约计马丁铁六万六千吨，翻砂铁三万四千吨，共十万吨。故至二月底止计有生铁马丁铁九万六千吨，翻砂铁六万吨，共十五万六千吨。此六个月内之售数，应交日本制铁所马丁铁八万吨，售销翻砂铁五万吨，共十三万吨，应收售价如下：

交制铁所马丁铁八万吨，每吨日金四十元，计共日金三百二十万元，其中除日金一百二十万元备付借款利息外，净余日金二百万元，按七钱合规元一百四十万两。

国内售翻砂铁一万五千吨，每吨扯价元三十五两，计共元五十二万五千两。

国外销翻砂铁三万五千吨，每吨扯价元三十二两，计共元一百十二万两。

以上三项共计元三百零四万五千两。

该款之中尚有按月经费之外之支款，应予出支，计开：

十二年份应交鄂省出铁捐十五万两；

象鼻山矿石价（约三十余万元）元二十五万两；

国内各借款存款到期利息元十四万两；

正金借款日金二百十万元，九个月利息元十万两。

　　以上共支元六十四万两,余款元约二百四十万两,可以之作下六个月之经费,此外且有存铁二万六千吨。该六个月之内又可产铁十万吨,此项售价又可留作以后经费,若此循环周转,维持有资,希望于斯期内市价或有进步,可以增多收入,内部则设法减轻成本,立公司于巩固之基础也。

　　此项借款如不成立,则不独周转无方,且正金之短期借款日金二百十万元,正金即须由交制铁所铁价内扣还,收入更绌,实无维持之法也。

　　公司之经费如前所述,借款有成即可长久维持,此外所应并筹兼顾者,即为公司之短期欠款。现计算重息急债,上海计五十余万两,汉口二十余万两,萍矿十余万两,总计不足百万,其偿还之法,拟以公司存有钢料二万数千吨陆续销售,可得价约一百余万两,勉可抵付。目前正在议售钢轨一万余吨,如成,即可得款五六十万两,归还急债,此债清还若干,即可少出重息若干,出铁成本亦可因以减轻少许。倘借款无望,则此项售价仍须用作经费,债务既重,成本更大,愈无获利之希望也。

夏偕复致公司董事会函
民国十三年二月二十五日(1924.2.25)

董事会公鉴:

　　上年十二月间奉命东渡,续商补充工事借款,于一月八日成行。抵东后次第晤商制铁所白仁长官暨正金银行儿玉头取、小田切董事并大藏省理财局小野、富田两局长,申明来意。诸君均以为公司近年营业不振,每值年终需款接济,此后能保不再称贷,方有协商余地。答以公司将来扩充产品,如添建副产炼焦炉或钢厂,自不能不另筹借款,至经营业务周转资本,此次如借款成立,实行所定计画,可以固定基础,维持现状,不致再作无厌之求。彼方以兹事关系彼邦财政计画云,须于本年三月间方能定夺,并询及我方股东会能否通过。当告以股东对于借款并非有意反对,特虑有新条件难于担负,能否承认,殊不可知。渠答以与公司交易有年,将来商订借约大致与从前合同相类,不致有新条件提出,可请放心。惟时值阴历年关,公司需款万急,借款非一时所能就绪,不得不商请垫款,以济燃眉。磋议再四,由偕复将借款成立后对于生产工作如何而图增进,改良成本如何而使减轻以及偿还方法,预算列表致函正金,并言明垫款以本年应交铁价抵借,俟借款成立照扣,始允垫付一百六十万两。此磋商借款已有眉目,并先垫款之经过情形也。

借复窃以公司因经济困难不得已而借款,必预筹后来如何偿还方法,同时又如何可得资金周转,因提出两案函达正金、兴业两行,要求承诺:一、每年交制铁所矿铁,改订还本办法,自本年度以后应付本利于每次付款时,照年额价格平均分配,以一部提付本利,余款由公司提用为周转资金;二、新旧借款息率一律减为六厘,此五年中只付息金,俟十七年起,本利分三十二年平均摊还。探询彼方意旨,息率可允略减,还本亦可展缓,余事容再协商,而彼方谆切要求只力崇节俭、减轻成本一事,固为债权人期望之盛心,而本公司救亡图存,舍此亦别无他道。故必扩充工事,年产生铁至四十万吨,生铁成本每吨减至三十一元,庶能固定基础,渐蕲于发展之途,否则颠覆可立而俟,计画皆属空谈。是此次借款实为公司成败所关,至为重要。

兹将赴东磋议情形,具函陈报,并将致正金两函附预算表,致兴业一函录稿奉阅,即祈贵会俯赐查核,迅予定期召集股东大会,将借款理由提案交议,俾款事得以早日成立,以资救济,不胜引企感祷之至。除函陈会长外,专肃。祗颂

公安

总经理 夏偕复

李经方阅批:此函关系公司殊为重要,三月一号下午四钟开联席会议速行解决。

公司新股东联合会致农商部代电

民国十三年二月(1924.2)

汉冶萍煤铁关系全国命脉,前以总经理夏偕复背章违法,滥费浪支,股东联合呈请查办。嗣有人组设检察委员会,以轮船招商局董事长李伟侯为主任。当时公司通告股东一俟检查完竣,即开大会报告。此次开会,理应

首议此案,乃该董事等匿不刊布,临时突提借款草合同,擅借日债八百五十万元。是以我股东当场反对,并有人提议投票表决,皆置不理。但见冒名顶替之辈交头接耳之余,即呼多数通过。此种举动,不特欺众,抑亦违法,我股东决不承认。按照公司条例第一四七、一四九、一五〇等条,此次会议,应予注销。伏乞令行公司遵照股东会向董事会声明二事:一、借款并未通过,董事失职,经理专权,擅支公积,私购劣矿,挥霍四载,损失千万,应负责任,当令赔偿。董事会对于郇乐之退股,永和之追款,积弊之清厘,宿帐之检查,工程之扩充,营业之整顿,定章之遵守,股息之照发,绝无保障,难以信任,旧辙已覆,新猷难期,故决意反对。二、帐略不能承认,计算九十余日,开支七千余金。招商局问题初解,汉冶萍会议始开,延搁年余,亏损二兆,挟检查帐目之势,弋交换条件之利,真正股东严重否认。所有第十三、十四、十五、十六各届会计,应按公司条例第一百八十八条由该管官厅选派妥员,切实检查,另开会议,重付讨论,个人包办,全体反对。惟是公司董事会向来违法,能否悔祸,殊不可知。闻推孙董到京晋谒关说,敬祈钧座按法撤查严办,实业幸甚,股东幸甚。

盛恩颐致公司董事会函

民国十三年六月十四日(1924.6.14)

董事会公鉴:

本月十日接夏总经理佳电称,草合同颇难就绪,合同中有益公司之事,一、利息统为六厘;二、展缓还本;三、矿铁价值之一部摊扣利息。其有害之事除已酌改数处外,制铁所坚持者如下:一、公司有利益时方派股息,派至六厘尚有余款时,以一半还本;二、矿石交额改为三十五万吨,制铁所得自由向他矿购买;三、酌用日本技师,两顾问各添襄办若干名。鄙意技师一节似尚可允,余均拟坚拒,特电闻,并祈电示尊意等语。当以制铁所坚持三条,殊难承认,鄙意与尊旨正同,请严拒,于文日电复去后,兹续接总经理文电称,文电悉,本日晤制铁所长官,必欲弟秘密允认制铁所自由购砂,惟云不向象鼻山纪家洛购买,并以帮助象纪交涉为饵。答以无权擅允,良心上亦不能允。长官云,以良心言,试问保存权利及任公司破产,孰为轻重,如无权,请归商董会后再说等语,势将决裂。除另设法挽回外,祈提请董会公议电示机宜为祷等语前来。查制铁所要求三条,均属妨害公司利益,而尤以自由购砂一条破坏专利,不守合同,关系公司前途,至为重要,理合提请贵会列入十五日常会议程,公同讨论,电示机宜,俾资对付,是所企祷。

肃颂

公安

副经理　盛恩颐

公司董事会致夏偕复电

民国十三年六月十七日(1924.6.17)

本日董会联席会公议:佳、文两电所述制铁所要求三条,均于公司甚有妨碍,尤以自由购砂为根本破坏公司,应概与严拒,绝无迁就之余地。倘制铁所必无挽回,则彼既破坏我矿石专卖之权,应请其先行变通借款优先之权,望即明告。公司经济急迫,日本既无意援助,应即许我另行商借外款,以救公司燃眉,想制铁所与公司休戚相关,当无坐视,祈速商电复。再,公司商务调查员高木君现在东京,本会已电嘱就近协助执事,希接洽。

夏偕复致公司董事会电

民国十三年六月十九日(1924.6.19)

专卖权事,正金银行头取居间调停云:完全取消交换书,恐做不到,如交换书中改为公司不能供给三十五万吨以上时,制铁所如向中国他矿购补,须预得公司同意云云。似与公司无伤。但此系鄙意,长官尚未置可否等语。可否如正金头取所拟之处,敬祈核议电复。

公司董事会致夏偕复电

民国十三年六月二十一日(1924.6.21)

巧、效电均悉。顷董联会公议,制铁所直接他购矿石,事关变更原约,断难丝毫迁就。正金头取所拟调停语句,仍虑破裂专卖,不可轻允。查前清光绪二十五年二月二十七日,与制铁所原订合同第五款:制铁所不得于大冶外,另与中国各处及岛地他人他矿另买铁石。此次草约条文,应仍根据订立为要。再,执事倘能照前后各函妥订草约,本无须另派协助,否则,仍以高木协助为宜。

夏偕复致公司董事会电

民国十三年六月二十二日(1924.6.22)

专卖权事,偕极端保持,故合同至今未能议定。正金银行头取既有此调停之说,自当电请核议,并非有轻允之意。昨晤大藏大臣,声明不能承认理由。答称:款已允借,条件望妥商等语。嗣晤次官,面交不能承认之理由书。答称:尚未知有此专卖权之条件等语。口气较松。此事纯系制铁所一面之主张,大藏省、正金银行均未赞成。偕自当尽力所能,取消此件;余二件及其他细节,亦仍坚持。如议仍不妥,当先归,候贵会妥筹善策。至高木为破坏专卖权之一人,渠既与桃冲有关系,且订购象鼻山砂拟转售与制铁所,因公司据约反对,尚成悬案。闻渠向制铁所人言,此等条件,因经理不明情形且胆怯,故不允,如与董事会商议,早已允认云云。又,渠恳长官嘱公司交五十万元,购渠与官矿公署所订购象砂权,长官不理,渠所以力求协助借款者,为功成要求此事及其他各事地步。务祈勿用此人,以贻公司后累。倘蒙另派他人,均极欢迎。公司危迫,纯仗群策,倘盛、傅两董事有一位亲临,公司幸甚。

公司董事会致夏偕复、盛恩颐函

民国十三年十一月四日(1924.11.4)

民国十三年十月三十一日第十一次董事临时会由贵总经理面交在东京与日本制铁所、正金银行议订新借款草合同及追加合同、附属文函等件,并与兴业银行议订追加合同等件,请查核。当经公议:此次新借款草合同及追加两草合同暨附属文书,既经声明俟公司股东大会通过后,再行签定正式合同。现本公司正在筹开股东大会,应将草合同及附件全份俟交股东大会通过可也。

盛氏愚斋义庄董事会致盛恩颐函

民国十三年十一月二十日(1924.11.20)

泽承先生大鉴:

敝会对于贵公司与日本拟订借款草合同内之别合同、附件意见书,已经拟就,送请董事诸公察阅,提交本届股东大会,共同讨论,以期周妥。此颂

台祺

盛氏愚斋义庄董事会启

[附件] 意见书

查此次汉冶萍新订借款草合同各条,关系公司利害至巨。在研究合同文字之前,有重要之前提,即公司营业如何整顿扩充,新旧债款有无清偿把握,是也。厂矿积弊无可讳言,苟无破除一切之决心,与夫缜密精详之计划,使此后无再举债之必要,而股东按年得相当之利息,则此次所借之款,不终年而已竭,仍不免于破产,此岂股东之所愿闻,亦岂当局者所忍出此。本股东意见以为,冗费必须尽裁,冗员必须尽撤,冶炉必须速开,矿山必须续觅,此关于整顿扩充之大端也。新旧债款虽自民国十六年起方开始摊还本利,而十六年以前之借款及其他存款之利息,沪汉事务、局厂矿工本各项开支,必须收支适合,十六年后产额必须加增,销路必须畅旺,务使摊还之本利有着,股息按年给发,此公司经济预定之步骤也。于此二者,苟无充分之筹画,毋宁听其自生自灭,又何必多此一举哉? 故曰此重要之前提也。兹将草合同所有研究者列举如下:

第六条第四项,公司因本合同及以前借款合同抵押于银行之铁山及有利权之矿石,非经银行同意,不得卖于第三者等语。查本合同第六条第一项规定,借款本利之担保及第二项共同担保,几将公司一切财产供其抵押,

所谓有利权之矿石,照文义解释,银行对于公司所出全部矿石,均可指为利权范围之内,是公司所有生产物品不得自由出售,流弊无穷盖可逆料。且查光绪二十五年二月二十七日制铁所与盛宫保所订购售大冶矿石合同第五款但书,因此次借款而取消,该但书系规定"日本制铁所不得于此大冶合同之外另于中国各处及岛地他人他矿,另立买铁石之约,大冶亦不得将铁石卖与中国地方另设洋人有股之铁厂"等语,按此项办法,公司与制铁所本有同等之义务,今因取消之结果,制铁所一方之义务解除净尽,而公司一方义务又为本条银行同意所束缚,然则制铁所完全自由,而公司反加限制,互相对照,殊欠公平。万一制铁所将来不购本公司之矿石,而别筹销路,又须得银行之同意,岂非自扼其吭。此应研究者一也。

第九条,公司有利益能派官红利时,银行与公司协商可得增加每年偿还本金之数目等语。查股东应得官利,乃公司对于股本正当之开支,其用途当然包括于本合同第七条第一项末句其余金额之内,决非银行所能干涉。如果股东全体意思,情愿将债务缩短偿期,忍痛牺牲股息,亦应出于股东自动之意思,断无于与银行协商之必要。试参观民国二年十二月二日所订借款合同第二款"公司开采矿物,年额出在一百万吨以上时,公司与银行协商可得增加每年摊还借款本银之数目",此项规定权自我操,较本条优胜多矣。又附件内载"凡关于公司事业决算,有能派官红利之希望时,公司理应先将决策案送交银行,对于所定事项银行如有意见,须俟双方协商之后方可实行"等语,侵害内部权限,其弊害与本条同。

第七条,银行每逢收到前记款项之时,照摊派金额再加一成扣算,付入公司还付各种借款本利基金存款等语。所谓再加一成,将来作何用途,合同未经订明。查新旧借款分三十五年摊还,每年扣加一成,以复利计算,至最终之年几及全额十分之三四。似应规定此款连利积至总债额十分之一时,不再照扣,并规定前债还清后,此款全部仍为公司所有,方臻妥洽。又查民国二年十二月二日所订甲乙合同内,有再预扣年内可交本利一语,而本合同将前述之语易以加一成扣算之语,究竟历届如何办法,是否与本条词异意同,亦须加以研究也。又查兴业银行旧订借款合同,并无再预扣其年内可交本利一语,而此次追加合同亦增入再加一成扣算之语,是何用意,应请公司当局加以说明。

草合同附件称,于必要时当添用工程师若干名、襄办若干名等语。查聘用工程师及襄办,在民国二年十二月二日所订合同,均规定一名,今虽债权方面认为有添用之必要,而名额混言若干,未经确定,将来必生争议,自应确定数目,俾易遵循,或假定至少至多两级,以便临时伸缩,亦尚可行,断无以游移惝恍之词可列于合同条文之内,以自启纠纷者也。

以上四端,对于草合同条文之意见。此外犹有旧合同所规定事项而草合同全删者,于公司利害亦颇有研究之价值,附列于下,以见一斑:

民国二年十二月二日所订甲乙两合同,均载明"如公司以中国自有资本确实招得新股,该股款内拨支所需经费并偿还新旧一切借款,尚有余款,或公司所得利益金内,扣除相当官红利及公积金,尚有余款,公司愿将本合同借款之本利全数或未经偿还之款全数付还银行时,银行允可照办"等语,上列办法,揆诸公司近来情形,虽未必骤能见诸事实,而告朔饩羊留以有待,不但股东保全其体面,即国民心理亦必有此希望,草合同无端删除,实丧失提前清偿之机会,愿公司当局三致志焉。

股东盛氏愚斋义庄

社会各团体反对公司借款[①]

民国十三年十二月十三日(1924.12.13)

前晚八时,各团体在四马路福祥里开会,到者四十三人,代表三十二团体,公推赵南公主席,周伯尧纪录。

主席宣称:连日报载汉冶萍事,诸君想已闻知,事关国家命脉,东邻日本,不惜以最后通牒迫吾承认念一条,汉冶萍列为第三号,其关系之重要,可想而知。国民耗尽心血以与力争,该公司岂有不闻?今竟敢违反国民公意擅借巨款,是不啻公然履行念一条第三号之要求。凡属国民,万难容忍,

---

① 本文选自 1924 年 12 月 15 日《上海时事新报》。

故特召集各团体会议,讨论对付办法。

次,湖南代表张秉文君报告,略谓:(一)该公司不开股东会已四年,前日开会,突提出借日款八百五十万元,事前并未公告;(二)该公司去岁曾起纠葛,乃有检查帐目报告股东会之通告,此次开会,并未履行,显见帐目不清;(三)借款如何重大,并未经众表决。凡此种种,皆三、五董事专擅,故虽开会表决,以法律判断,当然不生效力。至其帐目不清,欺侮股东,断送国权,一时实难尽述。而由三数董事以二百余万元购入某矿,尤属专擅,深望诸君毅力主持。

林大松谓:据张君所云,该公司不但承认念一条第三号条款,且于日本要求之外,又奉送一矿,应将当事人姓名宣布全国,与国人共弃。

陈广海主张:致电湘、鄂、赣当道截留煤铁,惩办奸商。

周伯尧主张分两层办理:(一)关于违法议决,应由股东依法起诉,打销议决案;(二)关于断送国权,应由各团体联名,一面由政府制止借款,一面劝告日人勿违反我国民意,将款虚掷。

陈泉宝主张:先成立国权维持会,再议进行方法。众赞成。

主席询问会名。有主张各团体汉冶萍国权维持会者,有主张维持汉冶萍国权后援会者,有主张争回汉冶萍国权会者。讨论结果,通过"汉冶萍国权维持会"。

主席宣称:适闻诸位讨论,约分数点:(一)通电全国公团一致声讨卖国贼;(二)电京执政府制止借款;(三)电湘、鄂、赣当道干涉公司;(四)电日人勿轻借与巨款;(五)警告公司股东驱逐奸人。应如何讨论进行。俞培笙谓违法议决,亦应顾及。周伯尧谓法律上自有股东起诉,本会可不必管,但于电文内述及可也。众赞成。主席以五项付表决,全体通过。俞培笙谓:一切进行须有人主持,应推执行委员数人负责。陈广海主张起草员。许云辉主张执行委员负责起草,众赞成。主席询委员人数,结果通过五人。主席请众推举,当推出赵南公、周伯尧、俞培笙、林大松、陈翊庭、张秉文六人。主席谓张君为湖南代表,且多一人,是否相宜。金谓张君熟悉该公司内幕,应参加起草,即推为起草员可也。主席询大家有无异议,众无异议,通过。

主席询电文草就,是否再开大会。金谓执行委员既已推定,一切进行,即由委员负责。时至十二时散会。

公司董事会致制铁所、正金银行函

民国十四年一月十六日(1925.1.16)

本公司此次与贵所暨正金银行续订补充借款日金八百五十万元之草合同,业于上年十一月二十九日经敝公司股东大会全体通过,惟照股东会议案,附件内尚有须修正之处,兹检附股东会议案一本,送请查阅。现应订立正合同,敝会业已公举盛董事毓常君、会计所长赵兴昌君为代表,相诣贵所(行)会商,将附件内应行修正之处妥为修正。今盛代表因事言归,特即授与赵代表兴昌签字全权,务祈俯赐接洽,迅速商定,至为感荷。

赵兴昌①致盛恩颐电

民国十四年一月二十一日(1925.1.21)

今午签字毕。续议交款,正金始仍坚持昨议,只肯五十万两。争执一时余,方拟定办法:款现在不交,由沪正金出凭据与公司,云存有日金一百六十六万五千元,无论何时均可支付等语,以便公司持向华商银行通融款项,惟将来汇兑照例仍须由正金做。下午得藏省同意,即来通告,凭电沪行照办,先行谨闻。

中井②、儿玉致孙宝琦电

大正十四年一月二十一日(1925.1.21)

数年来进行中之贵公司续借推广工程资金及更改旧借款本利偿还方法之合同,并关于该两合同之附属文书,均于本日签字。贵公司赵会计所长,对于银行提出资金用途支配数目之内,列有应付公司经费汇沪者计日金一百六十六万五千元,当时银行即照另纸所述答复赵会计所长矣。贵公

---

① 赵兴昌(1882—?):字炳生,江苏镇江人。时任公司经理处襄理。

② 中井励作(生卒年不详):时任日本制铁所长官。

司因年度所交制铁所生铁不能照预定数量供给及金银汇率相差过巨之故，借款虽成，所得流动资金意外减少，深为抱歉。此系原属无可如何之事。但现下此间情况，即使贵公司嗣后虽欲一时通融，毫无磋商余地，是以推广工程资金，乞在预算范围以内速即竣工，并希事业之经营，务必根据确实生产而立收支计算办理，切切。关于事业整理节俭，以前双方屡经谅解，即此次借款合同之附属文书内，又特声明，在今日之时实行一事，至关紧要，欲观贵公司之将来，胥视目前之实行如何耳。希与两顾问协议之后，筹立适切方案，盼速决行。客岁一月二十八日，贵公司对于银行提出整理节俭计划概算书内，列有整理费二十万元，此间亦认为极紧要之费目，此次赵会计所长提出资金支配数目之内，并无此项费用，凡欲实行整理之时，须需相当之经费，前所列整理费一项，嗣后贵公司应从银行所交矿铁价款中酌提预备，至盼至祷，特此奉闻，诸祈垂鉴。

推广改良工程事业资金续借合同
民国十四年一月二十一日(1925.1.21)

中华民国汉冶萍煤铁厂矿有限公司(下文简称公司)，根据前于中华民国二年十二月二日、大正二年十二月二日，日本国制铁所(下文简称为制铁所)、日本国横滨正金银行(下文简称为银行)及公司之间订定合同，由银行承借事业推广改良工程资金日金九百万元，进行该项工程后，因预算不敷，再向银行申请以公司售予制铁所矿石生铁价值作抵，续借日金八百五十万元，作为补充资金，兹得其允诺，制铁所、银行及公司均为同意，订定合同，所有条款开列于后：

第一条　由银行借与公司资金总额，定为日金八百五十万元整。

第二条　第一条之资金，随公司需用交付之。对于前项交款，银行须每次由公司领取收据，为交款之凭据。

第三条　公司应将嗣后施行工程设计书、预算书及图样迅速提交制铁所及银行。至其工程，务于中华民国十四年三月三十一日、日本大正十四年三月三十一日以前竣工。订定本合同以前告竣之推广计划工程，应自本合同签定日起六个月内；订定本合同后告竣之部分，应自竣工日起二个月内，将设计书、实绩书及图样提交制铁所、银行。

第四条　本合同借款利息按年六厘支付，由实在交款之日起算。

第五条　本合同借款偿还方法，以公司供给制铁所矿石及生铁价值，自本合同生效力之日起算，分三十五年归还。最初三年暂不还本，仅付第四条规定之利息；以后三十二年间本利均等，按年摊还。利息及按年摊还金额，每年三月三十一日及九月三十日，分两次付缴。

第六条　公司应以公司现在所有及因本借款合同所添之动产不动产一切财产，并将来附属此等财产，构成其一部分之所有财产，为本合同借款本利之担保。中华民国二年十二月二日、日本大正二年十二月二日，制铁所、银行及公司间订定之两合同及本合同借款之抵押财产，为前列各合同借款本利之共同担保，抵押与银行。公司须将本条第一项之财产明细书及明细图迅速交与银行，公司应将其自有一切地契与银行合同纳于公司会计所银柜，其钥匙二份，一交会计所长，一交银行，共同保管，非经双方同意，不得取出。公司因此合同及以前借款合同抵押于银行之铁山，及有利权之矿石，非经银行同意，不得卖与第三者。

第七条　制铁所由公司所购矿石、生铁价值一切（惟公司应交日本国株式会社日本兴业银行归还债务之矿债不在内），以公司名义，交存银行。银行对于每吨矿石、生铁价值，算定每年还付本合同借款及银行以前借与公司新旧借款本利基金存款之摊派比率。银行每逢收到前记款项之时，照摊派金额，再加一成扣算，付入公司还付各种借款本利基金存款，其余金额交与公司。公司与制铁所间交付矿石及生铁不能照预定实行时，银行可将前项每吨摊派金额变更，或令公司另以现款补充其不足之额；如以现款不能补充时，于下年度矿石及生铁价值内，不照第一项方法，可令优先付缴制铁所，将本条第一项之价值交付银行时，制铁所应将银行之收据送交公司，以为交付价值之凭据。银行对本条第一项还付各种借款本利基金存款，斟酌一般拆息市面，付与相当利率之利息，每年三月三十一日及九月三十日分两次清算。

第八条　由公司供给制铁所矿石、生铁价值,若不敷由公司预定应还银行新旧债款本利之时,公司应以现款补足归还。

第九条　公司有利益能派官红利时,银行与公司协商,可得增加每年偿还本金之数目。

第十条　应以日本东京为本合同借款交款并付还本利地方。

第十一条　彼此解释本合同词义,如有意见不同之处,可照通行之公证人评断例,彼此各请公证人评断。

第十二条　本合同缮写中文、日文各三份,制铁所、银行、公司各执一份,以为凭据。

中华民国十四年一月二十一日

日本大正十四年一月二十一日

在东京订定

> 汉冶萍煤铁厂矿有限公司董事会会长　孙宝琦
>
> 代理　赵兴昌
>
> 制铁所长官　中井励作
>
> 横滨正金银行头取　儿玉谦次

旧借款追加合同

民国十四年一月二十一日(1925.1.21)

关于横滨正金银行(以下简称银行)与中华民国汉冶萍煤铁厂矿有限公司(以下简称公司)两者之间,日本制铁所(以下简称制铁所)与银行及公司三者之间,所订左记各种借款合同本利偿还方法,依据大正六年九月一日制铁所、银行及公司三者之间,所订定延期合同正在实行之际,此次公司又为整顿事业起见,特向制铁所及银行申请,变更该项各种借款之利率、偿还期限及偿还方法,制铁所及银行对于公司以厚意,特为允可。经前列三者同意,订定追加合同条款如下:

第一,照明治四十一年六月十三日、光绪三十四年五月十五日银行与公司间订定之合同,银行借与公司日金一百五十万元整,利息周年七厘,还本日期自中华民国十三年、日本大正十三年至中华民国二十年、日本大正二十年止，每年七月十四日还日金十八万七千五百元。照明治四十一年十一月十四日、光绪三十四年十月二十一日银行与公司订定之合同，银行借与公司日金五十万元整，利息周年七厘，还本日期自中华民国十三年、日本大正十三年至中华民国二十年、日本大正二十年止，每年十一月三十日应还日金六万二千五百元。照明治四十三年十一月十七日、宣统二年十月十六日银行与公司订定之合同，银行借与公司：（甲）日金六十一万二千七百二十元六钱，利息周年六厘五毫，还本日期自中华民国十三年、日本大正十三年至中华民国十六年、日本大正十六年止，每年十二月十五日应还日金十二万五千元；中华民国十七年十二月十五日、日本大正十七年十二月十五日应还日金十二万二千七百三十元六钱。（乙）日金六十一万四千三百九十五元十钱，利息周六厘五毫，还本日期自中华民国十三年、日本大正十三年至中华民国十六年、日本大正十六年止，每年七月十三日应还日金十二万五千元；中华民国十七年七月十三日、日本大正十七年七月十三日应还日金十一万四千三百九十五元十钱。照西历1912年六月十三日银行与公司间订定之合同，银行借与公司日金五十万元整，利息周年六厘五毫，还本日期自中华民国十三年、日本大正十三年至中华民国十四年、日本大正十四年止，每年十一月十三日应还日金二十五万元。此次对于以上四种借款合同，其利率均改为六厘，偿还本利方法及日期，均改自中华民国十三年四月一日、日本大正十三年四月一日至中华民国十六年三月三十一日、日本大正十六年三月三十一日止，三年间，停止还本，仅付利息；以后二十五年间，本利均等，按年摊还利息及按年摊还金额，改在每年三月三十一日及九月三十日，分两次付款。

照明治四十四年三月三十一日制铁所、银行与公司之间所订合同，银行借与公司日金六百万元整，其还本日期应于中华民国十三年六月十五日、日本大正十三年六月十五日及十二月十五日，各还日金二十五万元；自中华民国十四年、日本大正十四年至中华民国二十三年、日本大正二十三年止，应于每年六月十五日及十二月十五日，各还日金二十七万五千元。

照明治四十五年二月十日制铁所、银行与公司之间所订合同,银行借与公司日金三百万元整,现剩日金二百九十七万六千零五十九元九十五钱,还本日期自中华民国十二年、日本大正十二年起,应于每年八月十一日以头等矿石十万吨价值付每年利息外,其余日金作还本金。照中华民国元年十二月七日、日本大正元年十二月七日银行与公司间订定之合同,银行借与公司上海规元银二百五十万两整,还本日期自中华民国十五年、大正十五年至中华民国十九年、大正十九年止,每年十二月十五日应还上海规元银四十二万两;中华民国二十年、大正二十年十二月十五日应还上海规元银四十万两。此次对于以上三种借款合同,其偿还本利方法及日期,均改自中华民国十三年四月一日、大正十三年四月一日至中华民国十六年三月三十一日、大正十六年三月三十一日止,三年间停止还本,仅付利息,以后二十五年间本利均等,按年摊还利息及按年摊还金额,改在每年三月三十一日及九月三十日,分两次付缴。

照中华民国二年十二月二日、大正二年十二月二日,制铁所、银行与公司之间所订合同,银行借与公司日金六百万元整,利息周年六厘五毫,还本日期自中华民国十四年、大正十四年至二十三年止,应于每年六月十五日及十二月十五日各还日金四万元;自中华民国二十四年、大正二十四年至四十三年止,应于每年六月十五日及十二月十五日,各还日金十万元;自中华民国四十四年、大正四十四年至四十七年止,应于每年六月十五日及十二月十五日,各还日金十五万元。照中华民国二年十二月二日、大正二年十二月二日制铁所、银行与公司之间所订合同,银行借与公司日金九百万元整,利息周年七厘,还本日期自中华民国十四年、大正十四年至二十三年止,应于每年六月十五日及十二月十五日,各还日金六万元;自中华民国二十四年、大正二十四年至四十三年止,应于每年六月十五日及十二月十五日,各还日金十五万元;自中华民国四十四年、大正四十四年至四十七年止,应于每年六月十五日及十二月十五日,各还日金二十二万五千元。此次对于以上两种借款合同,其利率均改为六厘,偿还本利方法及日期,均改为自大正十三年四月一日至大正十六年三月三十一日止,三年间停止还本,仅付利息,以后三十二年间,本利均等,按年摊还利息和按年摊还金额,改在每年三月三十一日及九月三十日,分两次付缴。

第二,由制铁所交存银行之矿石及生铁价值一切,照数均为公司借自银行新旧债务还付本利基金存款,先由银行提充新旧借款之利息及当年应该分还之本款,再预扣其年内可交本利,其余之款,由公司随时提用。此次银行改定对于每吨矿石、生铁价值,算定每年应还前项各种借款本利及中华民国十四年一月二十一日、大正十四年一月二十一日所订合同,银行借与公司日金八百五十万元整本利基金存款之摊派比率,银行每逢收到制铁所交款时,照摊派金额再加一成之数,从该款中扣算,付入公司付还各种借款本利基金存款,其余金额交与公司。银行对于前项各种借款付还本利基金存款,斟酌一般拆息市面,付与相当利率之利息,每年三月三十一日及九月三十日,分两次清算。

第三,公司与制铁所间交付矿石及生铁,如不能照预定实行时,银行可将前项每吨摊派金额变更,或公司另以现款补充其不足之额;如以现金不能补充时,于下年度之矿石及生铁价值内,不照第二方法,可令优先付缴。

第四,由公司供给制铁所矿石及生铁价值,若不敷足公司预定应还银行新旧借款本利之时,公司应以现款补足归还。

第五,公司有利益能派官红利时,银行与公司协商,可得增加每年偿还本金之数目。

本追加合同缮写中文、日文各三份,制铁所、银行、公司各执一份,以为凭据。

中华民国十四年一月二十一日

日本大正十四年一月二十一日

在东京订定

汉冶萍煤铁厂矿有限公司董事会长　孙宝琦代理

赵兴昌

制铁所长官　中井励作

横滨正金银行头取　儿玉谦次

[附件] 来往信函六件

(一)

制铁所长官中井励作、横滨正金银行头取儿玉谦次阁下同鉴：

　　敬启者,兹于本日签订推广改良工程事业资金续借合同第五条及旧借款追加合同第一款规定,如敝公司以中国自有资本确实招得新股,该股款内拨支所需经费、并偿还新旧一切债款尚有余款,或公司所获利益金内扣除相当官红利暨公积金尚有余款,敝公司愿将新旧各种合同借款之本利全数、或未经偿还之款全数,付还银行时,当于六个月前预先知照银行,想贵行必可允照办理。特此另函奉闻。顺颂

台祉

汉冶萍公司董事会会长　孙宝琦

代理　赵兴昌

中华民国十四年一月二十一日书于东京

(二)

径复者：

　　接展来翰,内开：兹于本日签订推广改良工程事业资金续借合同第五及旧款追加合同第一规定：如敝公司以中国自有资本确实招得新股,该股款内拨支所需经费、并偿还新旧一切债款尚有余款,或公司所获利益金内扣除相当官、红利暨公积金尚有余款,敝公司愿将新旧各种合同借款之本利全数、或未经偿还之款全数,付还银行时,当于六个月前预先知照银行,想贵行必可允照办理等语。敬悉。敝所、行自当照办可也。特此函复声明。此致

汉冶萍煤铁厂矿有限公司董事会会长孙

制铁所长官　中井励作

横滨正金银行头取　儿玉谦次

大正十四年一月二十一日书于东京

(三)

径启者：

　　兹于本日签订推广改良工程事业资金续借合同第九条及旧借款追加

合同第五规定：凡关于贵公司之事业决算，有能派官红利之希望时，希将派利与还本支配办法，先交银行阅看，如银行对于分配尚有疑点，得以协议互认妥恰之后，始为实行。故特另函奉闻。此致

汉冶萍煤铁厂矿有限公司董事会会长　　孙

制铁所长官　中井励作

横滨正金银行头取　儿玉谦次

大正十四年一月二十一日书于东京

（四）

制铁所长官中井励作、横滨正金银行头取儿玉谦次阁下同鉴：

敬启者，接发来函内开：兹于本日签订推广改良工程事业资金续借合同第九及旧借款追加合同第五规定：凡关于贵公司之事业决算，有能派官红利之希望时，希将派利与还本支配办法，先交银行阅看，如银行对于分配尚有疑点，得以协议互认妥洽之后始为实行等语，敬悉。敝公司自当照办可也。特此函复声明。顺颂

台祉

汉冶萍煤铁厂矿有限公司董事会会长

中华民国十四年一月二十一日书于东京

（五）

径启者：

贵公司此次申请续借事业推广改良工程资金日金八百五十万元整及更改旧借款利率与偿还方法等项，该合同本日业经签订。目下吾国正值财政支出多端之际，对于贵公司申请巨额借款，特为通融，且关于低减旧借款利率，延长旧借款偿还年限，及改订矿石、生铁价值交付方法，勉为允诺。此系第一、由于敝处对于贵公司表示同情所致；第二、认为贵公司履行以前声明，整理节减计划时，必可确定贵公司之经营，同时新旧借款合同，因此又可完善实行。按照去年一月二十八日所致横滨正金银行台翰，述及节减经费后，生铁成本（除去债务费以外之一切经费）自十三年度起，每吨确有减至洋三十一元〈零〉五分之把握，然将来铁价，尚在不安地位，难免续行低落；且生铁出产，往往因不虑障碍，不能常得预定产额；加之思及公积金及

股东官、红利尚未算入前述成本内时,则贵公司之经理计划,仍未能谓十分稳全。深盼贵公司对此一点,特为留意为祷。凡值实行整理节减方法之际,低减成本问题,想必贵公司更有一层企望,祈将尊意示知一二,是为至荷,此致

汉冶萍煤铁厂矿有限公司董事会会长孙

制铁所长官　中井励作
横滨正金银行头取　儿玉谦次

大正十四年一月二十一日书于东京

(六)

制铁所长官中井励作、横滨正金银行头取儿玉谦次阁下同鉴:

敬复者,本日接诵芳函,内开:贵公司此次申请续借事业推广改良工程资金日金八百五十万元整及更改旧借款利率与偿还方法等项,该合同本日业经签订。目下敝国正值财政支出多端之际,对于贵公司申请巨额借款特为通融,且关于低减旧借款利率,延长旧债款偿还年限,及改订矿石、生铁价值交付方法,勉为允诺。此系第一、由于敝处对于贵公司表示同情所致;第二、认为贵公司履行以前声明,整理节减计划时,必可确定贵公司之经营,同时新旧借款合同,因此又可完善实行等语,敬悉。对于尊处厚意,不胜感谢之至。去年一月二十八日曾以函述敝公司节减经费之后,生铁成本(除债务以外一切经费)自十三年度起,每吨可减至洋三十一元零五分。照尊示所述,虑及将来铁价与其他种种情形时,则敝公司之经理计划,再有十分考究安全之必要,且因前记生铁成本,非无再减余地,故当整理节减之时,减轻成本一节,更有一层希望,可以考究实施。专此函复声明。顺颂台祉

汉冶萍煤铁厂矿有限公司董事会会长

中华民国十四年一月二十一日书于东京

追加合同

民国十四年一月二十一日(1925.1.21)

中华民国汉冶萍煤铁厂矿有限公司(以下简称公司)此次为整理经济

起见，特向日本制铁所（以下简称制铁所）及日本国株式会社日本兴业银行（以下简称银行），申请变更依据前于明治三十七年一月十五日、光绪二十九年十一月二十八日制铁所、银行及公司三者之间所订合同由银行借与公司资金之偿还期限及方法，制铁所及银行对于公司以厚意，特为允可。经三者同意，订定追加合同如左：

第一，照明治三十七年一月十五日、光绪二十九年十一月二十八日制铁所、银行与公司之间订定之合同，银行借与公司日金三百万元整，现剩本金二百零五万一千五十一元八十钱；自本年起至中华民国二十二年、大正二十二年止，应行归本，此次该款本利还付方法与日期改自中华民国十三年四月一日、大正十三年四月一日至中华民国十六年三月三十一日、大正十六年三月三十一日止，三年间暂不还本，仅付利息；自后大正四十一年三月三十一日止，二十五年间本利均等，按年摊还利息及按年摊还金额，改于每年三月三十一日及九月三十日，分两次付缴。

第二，照约银行应将由制铁所交存银行之矿石价值先行抵付银行借与公司款项利息，其余金额作还本金，此次银行改为对于每吨矿石价值，算定每年还付基金之应存摊派比率，银行每逢收到制铁所交款时，照摊派金额再加一成之数，从该款中扣算付入公司还付借款本利基金，其余金额交与公司。公司与制铁所间交付矿石如不能按预定实现时，银行可将前项每吨摊派金额变更，或令公司另以现款补充其不足之额；如以现金不能补充时，于下年度之矿石价值内，不照前项方法，可令优先付款，银行对于还付本利基金，斟酌一般拆息市面，付予相当利率之利息，每年三月三十一日及九月三十日分两次清算。

第三，明治三十七年一月十五日、光绪二十九年十一月二十八日合同第六款规定之矿石供给期限终了后，制铁所应从公司所交矿石、生铁价值内，将还付银行借款本利之摊派金额交与银行。

第四，公司供给制铁所矿石及生铁价值，若不敷足公司预定应还银行借款本利之时，公司应以现款补足归还。

第五，公司有利益能派官红利时，银行与公司协商，可得增加每年偿还本金之数目。

本追加合同缮写中文、日文各三份,制铁所、公司、银行各执一份,以为凭据。

中华民国十四年一月二十一日

日本大正十四年一月二十一日

在东京订定

制铁所长官　中井励作

株式会社日本兴业银行总裁　小野英二郎

汉冶萍煤铁厂矿有限公司董事会长孙宝琦代理

赵兴昌

[附件]　来往信函二件

(一)

径启者:

兹于本日签订明治三十七年一月十五日、光绪二十九年十一月二十八日三百万日元借款合同追加合同第五规定:凡关于贵公司之事业决算,有能派官红利之希望时,希将派利与还本支配办法,先交银行阅看,如银行对于分配尚有疑点,得以协议互认妥恰之后,始为实行。故特另函奉闻。此致

汉冶萍煤铁厂矿有限公司董事会会长孙

制铁所长官　中井励作

株式会社日本兴业银行总裁　小野英二郎

大正十四年一月二十一日书于东京

(二)

株式会社日本兴业银行总裁小野英二郎、制铁所长官中井励作阁下同鉴:

敬复者,接展来函内开:兹于明治三十七年一月十五日、光绪二十九年十一月二十八日三百万元借款合同追加合同第五规定:凡关于贵公司之事业决算,有能派官红利之希望时,希将派利与还本支配办法,先交银行阅看,如银行对于分配尚有疑点,得以协议互认妥恰之后始为实行等语。敬

悉。敝公司自当照办可也。特此函复声明。顺颂

台祉

汉冶萍煤铁厂矿有限公司董事会会长

中华民国十四年一月二十一日书于东京

关于废除公司所谓矿石专卖权协定书

民国十四年一月二十一日(1925.1.21)

大清国光绪二十五年二月二十七日、大日本明治三十二年四月初七日,大日本制铁所长官和田与大清国头品顶戴大理寺少堂湖北汉阳铁政局盛之间所定购售大冶矿石合同第五款"但书"之规定,往后认为无存在之必要。特签定协定书,表示双方均无异议。

日本国制铁所长官　中井励作
中华民国汉冶萍煤铁厂矿有限公司董事会会长孙宝琦代理、
汉冶萍煤铁厂矿有限公司会计所长　赵兴昌

中华民国十四年一月二十一日

日本大正十四年一月二十一日

湖北省长公署致公司董事会函

民国十四年一月二十二日(1925.1.22)

据湖北实业厅厅长杨树菜呈称:窃职厅先后接据汉冶萍公司股东联合会呈控该公司于十一月二十九日召集董事会议报告帐略,借口扩充,实行侵销,又增借日债八百五十万金,仅凭起立作为通过,实未投票表决,蹈已往覆辙,饮鸩止渴,公司将从此破产,湘、鄂、赣由此多事,股东等决不承认,请设法挽救各等情前来。查汉冶萍公司,职厅从无档案,无凭核办。惟该公司矿地大半在鄂辖境,年来鄂中官绅要求股权、债权以及抽收矿砂捐各案,该公司支吾延展,久悬不决。该股东联合会所呈增借日债一节如果属实,其影响于吾鄂股、地两权暨砂捐案实非浅鲜。职厅未便壅于上闻,谨检抄原件,转呈钧座,应如何设法挽救之处,伏祈核夺施行,实为德便等语。

附抄件到署。查此案前据该联合会呈请,即经函知贵董事会查核见复,未见复到。兹据呈称,借款如成为事实,于吾鄂股、地两权并砂捐颇有重大关系,本兼省长未便置而不闻。究属如何确情,除指令外,相应函请贵董事会迅即将借款理由并已否成立,若何条件,详细见复是荷。

赵兴昌致盛恩颐电
民国十四年一月二十三日(1925.1.23)

此次交款种种困难情形,非电所能详。费尽唇舌,前途方勉强允一百六十余万,为通融救急计。但因无会长收条,手续不完备,不肯即转公司存款。今日又一再磋商,始允急电沪行通融出一百万存单,其余须手续办妥即可转帐出单。故昌亦急须归国陈明一切,明日启行。惟兴业银行合同,始终无委件不能签字,号日电京请会长出状,亦迄无复,明日如无复电到,只可寄京签字。特此谨闻。

盛恩颐致公司董事会函
民国十四年(1925)①

此次借款提议在十二年,至十四年一月始成立。以相需甚殷之款,延展两年之久,以致应行扩充者不能扩充,应行整理者不得整理,因循至今,负累益深。迨借款签订,除扩充工事费一项外,所恃为营业周转资金,以之相抵迭次垫款并旧欠焦价,实收只日金一百六十余万元,折合中银九十余万两。适值阴历年关,诸债猬集,逐项点缀,到手辄空。而萍矿木、米两项,积欠过巨,供应断绝,工资欠至数月,工人饥噪,停运煤焦。汉、冶两厂停炉难开,冶矿亦采砂有限,业务停滞,金融益陷于绝境。

盛恩颐致公司董事会函
民国十四年八月十五日(1925.8.15)

本年度应交制铁所矿、铁两项,商请加价一案,已蒙贵会致函声请,未

---

① 原件未署日期。

经照允。又,新借款内扩充工程款因汇率增高,约可溢出日金二十余万元,拟请拨充萍矿整理之费,迭函请拨,亦置不理。现在扩充计划书图并预算业经送达,得复照准,即经具函请照预算书内第一期需用元银九十二万八千余两项下先拨五十九万九千余两汇存正金沪行,随时支拨,仍无答复。前于服部、吉川两顾问假归时,托其向各方疏解,俾利进行。项据大野襄办面告,接服部顾问函称:制铁所与大藏省发生意见,扩充工程款非公司派员往商不能拨付等语。查公司经济困难已达极点,扩充工程款为增益生产之策源,既经载明合同,详列预算拨用,应无问题,尚须派人往商;则矿、铁加价为本年度利钝所关,情尤重要,更非专员往商不能解决。恩颐现因萍矿亟待整理,不日赴萍,未克分身东渡。为此,函请贵会迅予派委专员,明定权限,饬即克日赴东,务尽八月内到彼,开议矿、铁加价及拨用扩充工款并汇余各事。缘日本会计年度四月一日迄于九月底为上半年度,所有全年支出预算均在期内决定,一过九月即无从加入,虽派员亦难挽回。时机迫切,伫候迅赐施行。

盛恩颐致制铁所、正金银行函

民国十五年一月二十八日(1926.1.28)

时届岁杪,经济奇窘,谨拟办法数条,请予援助,但恐尊处对于敝公司艰窘状况容有未详,请先将经过情形约略说明,以免隔膜。

溯自株萍缺车,萍煤停运以来,汉冶两厂应用煤焦来源断绝,不得已暂行熄炉,而鄂省方面又以砂捐问题迄未解决,竟将两厂物料任意取押,于是两厂工作遂至停顿。敝公司经济来源亦因之告竭,各项帐款债务陆续到期,为数绝巨,无法应付,固不待言,即总公司及各厂矿薪工亦积欠数月之久。本地金融机关咸洞悉敝公司经济状况,莫肯接济,再四思维,除向尊处告贷外,别无良法,是以上次有拨用扩充工程费之请求,既未邀允准,则惟有另拟下列办法,恳予通融。

(一)扩充工程费之汇余计日金四十六万三千三百十一圆四十三钱。

扩充工程费共需银一百六十三万七千七百五十八两五钱三分,前照兑换率五钱计算,合日金三百二十七万六千五百七十九圆六十六钱。此款原在借款项下扣存备用。

现已提用扩充费银三十六万一千八百八十七两一钱三分,合日金六十八万六千八百十五圆九十钱,尚需扩充费银一百二十七万五千八百七十一两四钱,照现在兑换率六钱计算,仅需日金二百十二万六千四百五十二圆三十三钱。

借款项下尚余日金二百五十八万九千七百六十三圆七十六钱,除应存数目外,可多日金四十六万三千三百十一圆四十三钱,请即汇下。

(二)拨还砂铁价约计日金二十六万圆。

下半年借款利息请展期至下年度缴付,所有现存贵行之砂铁价约计日金二十六万圆,恳即拨还。

(三)冶存矿砂三万五千五百吨,按每吨日金四圆五十钱计算,共值日金十五万九千七百五十圆。

大冶现存矿砂三万五千五百吨,敝处愿移交制铁所驻冶代表执管,请尊处垫付日金十五万九千七百五十圆,以济急需。

(四)锰砂一万吨暂抵日金十一万七千圆。

制铁所向敝公司订购锰砂一万吨,每吨日金十三圆,不久即将交货,届时制铁所应付砂价九成,请尊处先行垫付。

(五)上海正金与敝公司往来透支额请加银十万两,此项透支以汉口地皮三百四十四亩九分四厘五毫为担保品,该地估价在四十万两以上,而目前透支仅限二十万两,请按照从前原额定为三十万两。

(六)八十五磅钢轨一万吨作为二次担保押银二十万两。

敝公司前向四明银行借银二十四万两,以此项钢轨作抵,惟钢轨价值照每吨五十两计算,约值五十万两,除四明借款外,尚余二十六万两,拟作为第二次抵押品向贵行借银二十万两。

以上各款约计日金九十九万圆,规元三十万两,务恳通融照准,以济燃眉。诚以年关在即,呼吁无门,非得鼎力维持,势必破产,务祈迅速核复,不胜企祷。

上海正金银行致孙宝琦函

民国十五年二月十一日(1926.2.11)

本月四日函计荷察及,今又接东京敝行来电,抄译一份送请台阅。

一月二十八日函及同日来电均悉。兹将敝处商定办法开列于后:

(一)付给汉冶萍日金四十六万三千三百十一圆四十三钱作为八百五十万日金借款之第七期付款,请即照解登帐,并取回收据为凭。

(二)制铁所向汉冶萍订购锰砂一万吨,该价日金十一万七千圆,现由正金暂为垫付,按日二钱三厘起息,至十五年三月二十一日付还该款,希即照解登帐,并请该公司出给借据一纸,叙明正金可径向制铁所收取锰价,抵付借款,所有该借款本息务必如期清偿。

以上两节,请即台给办理外,并希转告汉冶萍,敝处一再磋议,始定上项办法,至于其他要求,敝处实无能为力矣。

贵公司对于上项办法是否赞同,请速示复为荷。

2. 200万元借款

盛恩颐致中井、儿玉函

民国十五年五月三十一日(1926.5.31)

敝公司近年经营事业,因受种种影响,损失至巨,亏累益深,不得不亟谋整理之方。为维持目前之计,以待将来补救之机,兹由敝经理等召集各厂矿长及重要职员、高等顾问等,就公司需要情形,筹定进行计划,拟具方案,送请长官、贵头取查核。

查该方案所定预算书内,其收入数均作现款,故结数略有盈余,若每年总裁付给其股东官利,及按照借款合同付给贵国方面利息,则入不敷出,仍须亏空。敝公司所希望者,在股东暂时不取官利,及尊处允准展缓全部利息,庶可以维持营业,俟扩充工程完毕,出货加增,约距今两年之后,经济宽裕再行补付。又,开工以前有不可不付之款,及必须预付之款,此两项总数约需华币二百万元左右,国内实在无法筹措,非请尊处借垫不能动工。又,敝公司所负内债,多系重息,长此拖延,耗损甚巨,若能得尊处提携,另借轻息迳款抵还重息之债,则负担减轻,即可以省出减轻之数,拨还该项借款。拨清后,经济始能活动,即赢余可望逐渐增加。凡此请求,实为公司存亡所系,用特竭诚商恳,务祈维持,慨予容纳。

再,现在各厂矿停顿久矣,诸债猬集,工饷积欠尤巨。数月以来,罗掘俱穷,在最短期内,若无现款接济,恐入糜烂状态而不可收拾矣。贵所、行与敝公司利害相关,幸乞速予援手,毋任盼切。

盛恩颐致公司董事会函

民国十五年十月十五日(1926.10.15)

董事会会长、董事诸公钧鉴:

顷奉本月八日钧函,敬悉。恩颐自八月十九日到东京后,即分谒日方各当道,接洽一切,与商相片冈谈话甚久,颇表示维持之意。藏相因在病中,仅见次官田昌及理财局长富田,请予帮忙。于二十八日起至正金银行正式谈话,其时制铁所长官因事在九洲不能列席,故由总务部长川久保代表,此外列席者,有斋藤课长、长崎课长,正金方面则有一宫副头取、小田切取缔役及借款课长岛芳藏,我方则有两顾问、赵襄理、费股长、陈股长及大野弘襄办诸人。会场在正金三层楼上,关防严密,除当事人外,无论何人,不准参与,对于新闻界亦绝对秘密。恩颐当即以贵会第二十三号委任书交与彼方验看,手续既毕,即开始正式会议。一月以来,前后共计开会一十四次,会议时日方询问公司各种情形,曲折细微,既详且尽,并多吹毛求疵,对于公司内债之多,利息之高,董会顾问谘议之耗费薪水,颇有责言。又对内部整理、成本减轻、经费预算各节,均要求我方详细书面之计画。恩颐此行仅携翻译、书记各一,并赵襄理、李技师,共只四人,人手既少,旅馆中又乏参考资料,只有督促日夜赶做,业经陆续拟就意见书十七纸,及分类表册二十三种,汇交日方,而到会议席上又须为之口头解释,重重叠叠,颇费时间。此则交涉进行迟缓之一大原因也。

在阴历七月底八月初时,叠接各厂矿告急函电,纷纷索款,危急情形,已达极点。于是不得不先求解决目前之急,乃对日方书面声请,要求其先将工程款汇余或砂价一部分拨出,俾救各处中秋之急,而日方坚执大问题未解决以前分文难以移挪。迭次请求,再三解说,舌敝唇焦,并譬喻病人垂危,若不打一吗啡针救急,则虽有良方,将有不及投药之悔。幸其时制铁所亦接有西泽报告大冶工人闹饷,来势甚凶之急电,恩颐又申最后之请求,方始于十二日决定由正金垫借小款日金十七万圆,并附有只准用以发薪饷,不得移作别用之限制条件,即日电汇上海,由潘副经理分拨各厂矿等处,方得勉强过此节关。此则不得已商借小垫款,以发中秋节各厂矿薪饷之交涉情形也。迄至上星期,会议已告一段落,日方已将会议情形及调查所得汇报大藏、商工两省,听候最后之解决,亦即此次恩颐来东交涉成败之关键,及我公司存亡之所系也。

惟不幸公司三处厂矿均为此次南北军事兵争之要区,连日所接消息,如大冶则南北兵差供应不绝,工人闹饷,不得已停工解散,如萍乡则已入南军势力范围,工潮膨胀,俱乐部死灰复燃,而又变本加厉等情形,皆足为此次交涉之阻力,清夜思之,不觉寒心。一俟其有确切回复,再行函陈外,理合先将恩颐到东以来前后交涉状况及为难情形撮要详陈清听,尚祈时赐教言,俾有遵循。专此肃复。敬颂

台祺

总经理　盛恩颐

高木致孙宝琦函

大正十五年十二月二十日(1926.12.20)

慕韩会长大人钧鉴:

敬复者,接奉尊函,钦悉一是。关于安川担保正金借款事,其在此间与盛泽承氏、吉川顾问、松本氏等接洽之情形,当已函托北京江藤氏就近奉告,想已早邀洞鉴矣。此次盛君未及等候交涉终结即于本月初匆遽返沪者,乃因接有上海招商局以事态紧急,促其火速归沪之电(传闻招商局船之

一部在闽粤等省为南军扣留,长江班船则将被孙传芳军征发军用,以致营业不能进行云)。且日本方面之交涉,自日本关系者观之,觉在今日中国纷乱状态之下,萍乡固不待言,即大冶亦不知何日可得开工;而日本对于公司又有四千余万元之债权,不能任其长此飘摇。今既以资金借与公司作复业活本,则更不能不有将来着实经营大冶、萍乡等处之确信。但以中国现时之状况,公司自身恐无实行之力之望。故日本方面欲以万一不能实行时,委由日本债权人经营之一节,列入此次借款条件之中。而盛君则谓,若将委人经营一事明记于条件之中,必大招舆论之反对,终非自己一人之责任所敢承认者。仅此一问题虽经一月之久,总不能进行。最后盛君亲谒片冈藏相,面诉万难承认该条件之苦衷。藏相则答,此条公司既不承认,日本方面即不能再予借款。盛君乃以回沪详陈董事会后再行回答为约,遂即返国矣。

顾盛君此次其所以渡日者,实以公司之状态濒于危殆,为总经理者不得不设法与日本方面解决交涉。然日本方面原望与会长阁下直接磋商公司之善后问题,故曾托北京小田切君商请阁下赴日,旋以阁下因事不克动驾,遂拟由日本方面派代表来沪与阁下接洽。正物色适当日本代表间,公司方面之盛总经理耳闻日本方面之遴选适当代表人物非常费时,乃提议宁愿亲自赴日与日本方面当局直接交涉,日本方面以公司总经理来日直接交涉为合局,当即应承。第关于公司之根本大问题,日方迄今犹抱有一种观念,觉此问题非费阁下之心虑,别无解决之方。此制铁所长官亲对鄙人明言之语也。

再者,盛君之董事会报告中所述,日方对于董事会及顾问等之多取费用,啧有烦言云云。决非对于阁下而言,乃以公司之经营处今日困难之际,除厂矿人员之经费设法缩减外,其于在沪高俸人员之经费岂可不尽力撙节?是故日本方面亦提议,凡由日方荐出之顾问及其助手等之薪俸可以减半。至于阁下所支每月公费一千二百元与每年交际费一万元,日本方面不但未以为多,且认阁下因任公司董事会长之职,中央政府以及鄂赣等省对于公司之反感大有缓和之势,其所以如此者,未始非阁下之人格阅历有以使之然也。当此次交涉一时停顿之际,甚至一部分起有仍须待驾赴日之议。盛君此次回国,想必详将与日方之交涉结果报告尊处,窃料全体解决势非阁下加以特别之心虑与尽力,则公司前途必令人寒心,此日本方面之所以切望阁下更尽瘁于公司之事业,破此难局,以期再见一阳来复之时者也。谨此奉复。敬请

勋安

高木陆郎

甲协定书

民国十六年一月二十七日(1927.1.27)

汉冶萍煤铁厂矿有限公司(以下简称公司)近年因受国内事变及其他原因,以致事业经营艰难,故向制铁所及横滨正金银行(以下简称银行)请其援助。制铁所及银行以公司实行整理财务及进行事业上紧要事项为条件,则以商改矿石及生铁价值借与资金及更改现存各项借款偿还方法之一部等事允于援助公司,订定左列事项。兹将本协定书缮写中、日文各三份,制铁所、银行、公司各执一份,以为同意之凭据。

日本昭和二年一月二十七日

中华民国十六年一月二十七日

制铁所长官　中井励作(印)

横滨正金银行头取　儿玉谦次(印)

汉冶萍煤铁厂矿有限公司董事会会长孙宝琦代理、

董事兼总经理　盛恩颐(印)

计　开

一、公司从速设置整理委员会,以总经理为委员长,副经理及顾问(日本方面所推荐者)为委员,从事审议实行关于一切计划及整理之事项(此等审议事项应经董事会承认者,自当照办其手续,但董事会亦应重视委员会之议决,赞助其实行)。

二、倘日本方面特别代表赴沪,公司当以最高顾问待遇之。关于重要

事项,则与之协议,惟属于代表之费用,不归公司担负。

三、关于技术上经理上之计划及其实行,公司根据日本大正二年十二月十五日、中华民国二年十二月十五日所订最高顾问工程师职务规程、会计顾问职务规程及其他关于两顾问之合同,并于日本大正十四年一月二十一日、中华民国十四年一月二十一日所交换关于励行顾问之职务文书等条款原定须与顾问协议。然此后公司一切收支,尤须慎重考虑,至其实行,必须经会计顾问之同意。且总事务所及各厂矿所会计主任之任免更改亦须与会计顾问协议而实行之。但会计顾问不在时或关于各厂矿所之收支事项可使顾问部员代理之。

四、公司务须迅速实行经费及生产费之整理撙节,并于总事务所及各厂矿所之薪水工饷,尤当特别节减之。

日本方面所荐之顾问及顾问部员之薪水,为协助此项整理起见,令其辞退半数。

五、公司特设工务所,以日本方面推荐之工程师为其所长,任以各厂矿所之统制,所有工程之计划实行及关于技术上各项事务,均归所长之指挥监督而办理之。但该所长不妨由最高顾问工程师兼任之。

六、顾问有增加补助员之必要时,公司应承允于现有契约订明人数外,可得随时雇用之。

七、制铁所为援助目下公司之财务起见,自日本大正十五年四月一日、中华民国十五年四月一日起至日本昭和三年三月三十一日、中华民国十七年三月三十一日止,向公司购买矿石、生铁允照左开价值支付:

(一)矿石价值,大冶石灰窑船面交货,每吨日金五元五十钱。

(二)生铁价值,大冶袁家湖或汉阳船面交货,每吨日金四十一元整。

八、日本昭和二年份,公司制炼生铁约五万吨,所需之焦炭,制铁所允照实在成本供给公司。

九、自日本大正十五年四月一日、中华民国十五年四月一日起至日本昭和四年三月三十一日、中华民国十八年三月三十一日止,制铁所及银行依照临时之办法,允由制铁所所购矿石、生铁价值项下优先付给适当之生产费、整理费、薪水、工饷、材料价款、未付铁捐及矿价、补助株萍铁路款项等事业维持上不得不付之紧急费用,所余金额及其他收项,则以之作还内外债之用。照此办理之后,如有不敷按年摊还银行借款本利之时,其不敷之款,可允展至次年度。但内债之中于事业上不得不付之款,经制铁所及银行之同意者,可准本项紧急费用办理之。

十、制铁所及银行承允借与公司归还内债及应付其他款项必要之资金日金二百万元整,至其合同,另行订立。

右认证

昭和二年一月二十八日

驻上海总领事　矢田七太郎

乙协定书

民国十六年一月二十七日(1927.1.27)

汉冶萍煤铁厂矿有限公司(以下简称公司)近年来因受国内事变及其他原因,以致事业经营艰难,故向制铁所及株式会社日本兴业银行(以下简称银行)请其援助,制铁所及银行以公司实行整理财务及进行事业上紧要事项为条件,依照临时办法,承允左开各项条款。兹将本协定书缮写中文、日文各三份,制铁所、银行、公司各执一份,以为凭据。

日本昭和二年一月二十七日
中华民国十六年一月二十七日

制铁所长官　中井励作(印)
株式会社日本兴业银行总裁　小野英二郎(印)
汉冶萍煤铁厂矿有限公司董事会会长孙宝琦代理、
董事兼总经理　盛恩颐(印)

计　开

银行借与公司之款,原于制铁所购买公司之矿石借款内以制铁所交付银行款项偿还其本利,此项条款自日本大正十五年四月一日、中华民国十五年四月一日起至日本昭和四年三月三十一日、中华民国十八年三月三十

一日为止,依照临时办法变更如左:

一、自日本大正十五年四月一日、中华民国十五年四月一日起至日本昭和四年三月三十一日、中华民国十八年三月三十一日止,制铁所将其向公司购买矿价之全数付与横滨正金银行。

二、银行借与公司款项,当照以下方法按年摊还。横滨正金银行于前项收款内先将优先应付之款付与公司,再由其所剩款中银行可被分配之额抵付银行该年摊还之数。

三、前开第二项横滨正金银行分配之款不敷还付银行借与公司借款该年应摊还之数,其不敷之款,应展至次年度。

右认证

昭和二年一月二十八日

驻上海总领事　矢田七太郎(印)

丙协定书

民国十六年(1927)

关于汉冶萍公司供给制铁所生铁、矿石之吨耗,在日本大正六年六月二十五日、中华民国六年六月二十五日合同附属文书第二条、第三条中规定之施行期限现已届满,兹特协定今后五年间仍照前项规定施行办理之。

日本昭和二年　月　日

中华民国十六年　月　日

制铁所长官　中井励作

汉冶萍公司董事会会长孙宝琦代理

盛恩颐

甲合同

民国十六年一月二十七日(1927.1.27)

中华民国汉冶萍煤铁厂矿有限公司(以下简称公司)对于日本国制铁所供给矿石及生铁立有合同,并以此项矿石及生铁价值作抵,曾由日本国横滨正金银行(以下简称银行)借款数次。惟因公司近年来受国内事变及其他原因,事业不得如期进行,经营日趋艰难。现为整理财务,并图事业进行起见,再向银行申请借与款项,兹得其允诺,制铁所、银行及公司均为同意,订立合同如左:

第一条　由银行借与公司款项定为日金二百万元整。

第二条　前条款项随公司需用交付之。

对于前项交款,银行每次领取公司之收据,以为交款之凭据。

第三条　第一条之借款只可抵付公司职员及工人之未付薪工、工作用未付料价、所购矿价之欠额、铁捐、砂捐及急需偿还之债务,并工作上直接不可缺少之资金,不得抵作上列费目以外一切之用途。公司须将应付金额及其用途预先申告银行,付后即报告银行。

第四条　第一条之借款利息,按年六厘支付,自实在交款之日起算。

第五条　第一条之借款偿还方法,以公司供给制铁所矿石及生铁价值自日本昭和二年一月二十七日、中华民国十六年一月二十七日起至日本昭和三十四年一月二十六日、中华民国四十八年一月二十六日止,分三十二年本利均等按年摊还,其按年摊还金额,每年分于三月三十一日及九月三十日两次付缴其半年分金额。

第六条　公司应以日本大正十四年一月二十一日、中华民国十四年一月二十一日制铁所、银行及公司间订定之推广事业改良工程之资金日金八百五十万元借款合同第六条第一项所定之担保及日本大正二年十二月二日、中华民国二年十二月二日制铁所、银行、公司间所订两项合同借款之担保作为第一条之借款之共通担保。

第七条　日本大正十四年一月二十一日、中华民国十四年一月二十一日制铁所、银行、公司间订立之推广事业改良工程资金日金八百五十万元借款合同第六条第四项第五项及自第七条起至第十一条止,各条款于本合同准用之。

第八条　本合同缮写中文、日文各三份,制铁所、银行、公司各执一份,以为凭据。

日本昭和二年一月二十七日

中华民国十六年一月二十七日

制铁所长官　中井励作(印)

横滨正金银行头取　儿玉谦次(印)

汉冶萍煤铁厂矿有限公司董事会会长孙代理、

董事兼总经理　盛恩颐(印)

右认证

昭和二年一月二十八日

驻上海总领事　矢田七太郎(印)

乙合同

民国十六年一月二十七日(1927.1.27)

　　中华民国汉冶萍煤铁厂矿有限公司(以下简称公司)对于日本国制铁所供给矿石及生铁立有合同,并以此项矿石、生铁价值作抵,曾由日本国横滨正金银行(以下简称银行)借款数次。惟因公司近年来受国内事变及其他原因,事业不得如期进行,经营日趋困难。现为整理财务,并图事业进行起见,再向制铁所及银行申请另借款项,并要求展缓履行合同条款及其他援助。制铁所及银行为使公司实行整理财务,恢复生产起见,勉允公司之请求。制铁所、银行及公司各鉴其利害关系之重大,根据三者共存共荣之精神,互相审议,并经同意订定左列条款。兹将本合同缮写中文、日文各三份,制铁所、银行、公司各执一份,以为凭据。

日本昭和二年一月二十七日

中华民国十六年一月二十七日

制铁所长官　中井励作(印)

横滨正金银行头取　儿玉谦次(印)

汉冶萍煤铁厂矿有限公司董事会会长孙代理、

董事兼总经理　盛恩颐(印)

计　　开

公司今后倘因事变之发生或经营之艰难,制铁所、银行认为公司对于制铁所供给矿石、生铁合同及对于银行新旧借款合同不能履行之时，须照明治四十五年二月十日及同年三月二十三日所订借款合同第七条之趣旨，迅与制铁所、银行磋商，实行应付此项情势之善后策。若经两阅月以上而协议尚不能成立之时，公司应承允以一时通融办法，由制铁所、银行指定之人办理开采矿石、制造焦炭及生铁及上两项经理事务。但事变平定，经营艰难过去之时，本条办法自当取消。

右认证

昭和二年一月二十八日

驻上海总领事　矢田七太郎（印）

觉　书

民国十六年一月二十七日（1927.1.27）

关于日本昭和二年一月二十七日、中华民国十六年一月二十七日制铁所、横滨正金银行（以下简称银行）及汉冶萍煤铁厂矿有限公司（以下简称公司）间所订协定书（以下简称甲协定书）内第九号载明事项之实行，并于日本昭和二年一月二十七日、中华民国十六年一月二十七日制铁所、株式会社日本兴业银行及公司间所订协定书，制铁所、银行、公司三面合意订立觉书如左：

一、制铁所应将自日本大正十五年四月一日、中华民国十五年四月一日起至日本昭和四年三月三十一日、中华民国十八年三月三十一日止，向公司购买矿石及生铁价值全数付与银行。

二、每届年度底前，公司须与顾问协议，预将关于甲协定书第九号内所载下年度之生产费及其他紧急费及偿还内外债之数目、并矿石生铁价款以及其他收入，编成实行案，提出于制铁所及银行。

三、银行借与公司各种借款，按年摊还之办法，原定制铁所将其向公司购买矿石及生铁借款之金额（为偿还公司向株式会社日本兴业银行所负债款，由制铁所应付该项矿价不在内）付与银行，银行于每吨矿石、生铁价值内算定每年还付银行借与公司各种借款本利基金应存摊派比率，每逢收到制铁所交款时,照摊派金额再加一成作为还付银行借与公司各种借款本利基金存款,即此项存款还付在案。惟自日本大正十五年四月一日、中华民国十五年四月一日起至日本昭和四年三月三十一日、中华民国十八年三月三十一日止,依照临时办法,即由前开第一项所指付款内除优先付给公司款项之外所余金额再行分配,以之支付。

上项分配银行之款不敷还付银行借与公司各种借款该年摊还之数时,其不敷之数,应展至次年度。

本觉书缮写中文、日文各三分,制铁所、银行、公司各执一份,以为合意之凭据。

日本昭和二年一月二十七日

中华民国十六年一月二十七日

制铁所长官　中井励作(印)

横滨正金银行头取　儿玉谦次(印)

汉冶萍煤铁厂矿有限公司董事会会长孙代理、

董事兼总经理　盛恩颐(印)

右认证

昭和二年一月二十八日

驻上海总领事　矢田七太郎(印)

［附件］　来往信函四件

(一)

汉冶萍公司董事会会长孙宝琦代理董事兼总经理盛恩颐先生台鉴:

敬启者,在贵公司、横滨正金银行及敝所间本日所订协定书第七项内,已将矿石价格协定妥当。惟贵公司供给敝所矿石价格,其协定期限已满者有之。又,现行价格中船面交货每吨最少系日金三元,最高系日金三元八十钱。敝所兹为援助目下贵公司之经济起见,自日本大正十五年四月一日、中华民国十五年四月一日至日本昭和三年三月三十一日、中华民国十七年三月三十一日止,允将上项矿石价格,大冶石灰窑船面交货,每吨一律改为日金五元五十钱算付。专此奉闻。

制铁所长官　中井励作

（二）

制铁所长官中井励作阁下：

敬复者,顷准台函内开:在贵公司、横滨正金银行及敝所间,本日所订协定书第七项内,已将矿石价格协定妥当。惟贵公司供给敝所矿石价格,其协定期限已满者有之,现行价格中船面交货,每吨最少系日金三元,最高系日金三元八十钱。敝所兹为援助目下贵公司之经济起见,自日本大正十五年四月一日、中华民国十五年四月一日至日本昭和三年三月三十一日、中华民国十七年三月三十一日止,允将上项矿石价格,大冶石灰窑船面交货,每吨一律改为日金五元五十钱算付等因。拜诵之下,感谢殊深,相应函复,即希查照是荷。

汉冶萍公司

中华民国十六年一月　日

（三）

制铁所长官中井励作阁下：

敬启者,敝公司因于民国十六年四月一日后一年以内,需用制炼约五万吨生铁之焦炭,拟请贵所以实在成本供给上项数量之焦炭,至于实在成本之数额,焦炭之交付以及货款运费等之支付方法,自当遵照贵所规定办理。特此奉商,即希台察是荷。

汉冶萍公司

中华民国十六年一月　日

（四）

汉冶萍公司董事会会长孙宝琦代理、董事兼总经理盛恩颐先生台鉴：

敬复者,顷准台函,以贵公司需用制炼约五万吨生铁之焦炭,拟请敝所以实在成本供给该数量之敝所所制焦炭等因,祗悉。惟该项实在成本之数额,焦炭之交付以及货款运费之支付方法,则当再由敝所备函通知可也。相应函复,即希查照是荷。

制铁所长官　中井励作

汉冶萍公司整理委员会章程

民国十六年二月十七日(1927.2.17)

第一条　公司依据民国十六年一月二十七日与日本横滨正金银行借款合同内协定书第一条之意旨设立整理委员会,从事审议,实行关于一切计划及整理之事项。

第二条　本委员会以左列职员为委员:

(甲)总经理、副总经理、最高顾问工程师、会计顾问。

(乙)本委员会以总经理为委员长,副经理为副委员长。

第三条　会议时以委员长为主席主持会务。

(甲)委员长因事不能到会时,由襄理代理之。

(乙)副委员长因事不能到会时,由襄理代理之。

(丙)顾问不能到会时,得委托顾问部员代理之。

第四条　(甲)本委员会应设干事二名,掌理会务,以襄理及顾问部员一人任之(该部员由顾问推荐,委员长委任之。)(乙)本委员会应设翻译书记各一人,由委员长选派之。

第五条　(甲)每星期应开常会二次,以星期一星期四为会期,会议时间自下午三时至五时,事多时则延长之。(乙)如有特别事件,得召集临时会议。

第六条　各委员皆有提案之权。

第七条　本委员会认为必要时,随时可请本公司其他职员出席,以备咨询。

第八条　本委员会会议时,至少有委员三人以上列席方可开议(惟委员长或代理委员长之副委员长及顾问一人或顾问所派为代理之顾问部员一人必须到会)。

第九条　会议时列席委员每人有一议决权,凡议案无论可决否决,必须以三人以上之同意为决定。如议案中所提事件,其详细情形须经审查者,应由委员长随时指派委员或干事审查之,俟审查员报告后,再付表决。

第十条　议决之事项随时抄送于经理处，至迟必须于十日内由经理处实行之，惟有特别情形可减短或延长之。

第十一条　议事录只载议决事件，其提议讨论种种情形，均不登载，以期慎密。

第十二条　会议地点在本公司总事务所，惟委员长可随时指定其他地点为会议场所。

第十三条　本章程于民国十六年二月十七日起施行。

第十四条　本章程得全体同意，可随时修改。

盛恩颐致公司董事会函
民国十七年四月十一日（1928.4.11）

查本公司民国十六年一月二十七日与日本正金银行借款合同协定设置工务所，所长即由工程顾问兼任，以便监督工程之进行等因。兹新聘最高顾问工程师村田素一郎业已来华就职。经理等一再考虑，工务所应暂设大冶，于四月成立，并议定规章九条。村田不日出发赴冶，行使所长职务。除通告外，理合具报，并将该所规章陈请贵会鉴核备案。

附工务所规章一份

［附件］　工务所规章
民国十七年（1928年）四月起施行

第一条　公司依据民国十六年一月二十七日与日本横滨正金银行借款合同内［甲］协定书第五条之意旨，设置工务所于汉阳（暂设于大冶），隶属总经理处，掌理各厂矿、运输所及其他诸矿山之工作、企业扩充等一切业务之指挥监督事宜。

第二条　工务所置左列职员：

所长　一名

技师　三名

技士　三名

事务长　一名

事务员　若干名

第三条　所长担当所务、所员之进退具陈总经理,但属于委任内者不在此限。

第四条　所长审查关于事务所及各厂矿编制之工作,企业扩充等之预算、决算,而具陈总经理。

第五条　所长得出差于监督部内,并得命所员及监督部内之职员出差。

第六条　所长对所管事务有关系之事项,具呈意见于总经理。

第七条　所长有事故时,得令所员代理。

第八条　各厂矿关于技术有具陈总经理之事项,须经由工务所长。

第九条　所员受所长之指挥而理事务。

3. 聘用日本顾问

公司与大野续订合同

民国八年一月十一日(1919.1.11)

中华民国三年九月二十日、日本大正三年九月二十日,汉冶萍煤铁厂矿有限公司聘用大野弘君为会计顾问襄办人(以下简称为襄办人),该合同虽于中华民国八年一月十日、日本大正八年一月十日所订限满,然因双方当事者并无完了该合同之意,该合同自当赓续五年效力。兹经双方订定,将该合同第八款第一项改为如左:

第八款　襄办人自中华民国八年一月十一日、日本大正八年一月十一日以后,在本合同存续之间,每年可得俸金中华国币五千圆,照数按月分领。

兹因修改合同,双方签名盖章,以为凭据。

中华民国八年一月十一日

日本大正八年一月十一日

汉冶萍煤铁厂矿有限公司

总经理　夏偕复

副经理　盛恩颐

大野弘

夏偕复、盛恩颐致公司董事会函

民国十年二月三日(1921.2.3)

董事会大鉴：

前以大岛顾问举荐小田团次郎为工程顾问之襄办人，函奉贵会核准，饬与签订合同，报会备案等因。兹将此次与该襄办人签订之合同照抄一分陈报备案。此颂

公绥

总、副经理

[附件]

中华民国九年十月一日汉冶萍煤铁厂矿有限公司(以下简称为公司)，按照中华民国二年十二月十五日、日本大正二年十二月十五日聘请最高顾问工程师职务规程第四条所开，最高顾问工程师以为必要时可得聘用日本襄办人一名，所用一切经费由公司担任，惟该襄办人俸金暨聘用条件应得董事会会长或总经理或代理总经理之承认之条，与小田团次郎君(以下简称为襄办人)订定聘用条件开列于左：

第一款　公司自中华民国九年十月一日、日本大正九年十月一日至中华民国十三年一月十日、日本大正十三年一月十日止，在汉口或汉阳聘用襄办人为最高顾问工程师之襄办人，襄办人亦允诺。

第二款　襄办人承认公司总经理(代理总经理)暨最高顾问工程师之职权。襄办人禀承最高顾问工程师之指挥，关于技术上事项致其最善之法襄助最高顾问工程师之执行职务。

第三款　襄办人如有延误或不肯行本合同条款之全部或一部分或应

办职务之时,公司与最高顾问工程师协议后,可得以三个月前之预告辞退襄办人。

第四款　襄办人应时常专心从事公司公务,非经公司允诺,不论其为直接或间接,又不问为自己或为他人,不得兼顾公司以外之事业或从事其他职业。

第五款　襄办人不得泄漏公司秘密之事,非得总经理(代理总经理)暨最高顾问工程师之允诺,襄办人不得与公司以外之人接洽公司之事。

第六款　襄办人当鉴于其位置之性质,向公司时常以谨慎之态度接洽,又对于其相接之中国人专以良好之感情为念。

第七款　公司为襄办人置备可称其位置之住宅(惟不备什物),所有薪炭、灯火等项亦由公司置备付给;其医药、医疗等费并由公司付给,如遇应在公司附属医院以外之医院医治时,其费亦由公司照付。

第八款　襄办人自中华民国九年十月一日、日本大正九年十月一日起至中华民国十年十二月三十一日、日本大正十年十二月三十一日止,在本合同存续之间,每年可得俸金银币二千五百元;自中华民国十一年一月一日、日本大正十一年一月一日起至中华民国十三年一月十日、日本大正十三年一月十日止,每年可得俸金银币三千元,均系照数按月分领。

襄办人除由第三款之外,为公司事宜由公司辞退时,襄办人仍得领收余期内俸金全部。

襄办人为公司公务旅行时,旅费支给实费,并由发程之日起到回来之日止,每日津贴日金一十元,按日计算,由公司付给。所谓旅费,专指旅行川资而言,其客寓膳宿等费包在津贴之内,不另支给。每日津贴十元,指中国及日本而言,若往他国,每日津贴二十元。

襄办人到任时暨因本合同所订限满或在限内由公司辞退回国时,亦照前项旅费及津贴由公司付给。

第九款　襄办人每年得请二满月之假,并可得未经请假之日归下年一并通算。

第十款　本合同虽到所订限满时,如非于限满三个月以前由双方当事者之一方预告他方,以完了此合同之意,本合同自当再赓续五年效力。

第十一款 如关于本合同有纷议之处,双当事者彼此以文书委托各一人,即以此二人为独立之公正人,以此公正人之判断为决定。如前项公正人意见不合之时,预于开始评断之前,彼此以文书公请一公正人,即以此公正人之判断为最后之决定。

兹因订立以上合同,双方签名盖章,以为凭据。

中华民国九年十月一日

日本大正九年十月一日

汉冶萍煤铁厂矿有限公司总经理 夏偕复(印)

副经理 盛恩颐(印)

小田团次郎(印)

汉冶萍公司与制铁所、横滨正金银行协定书

民国十一年一月十六日(1922.1.16)

查中华民国二年十二月十五日、日本大正二年十二月十五日,汉冶萍煤铁厂矿有限公司与制铁所及横滨正金银行所订《最高顾问工程师职务规程》末文规定,依照制铁所推荐公司所聘请之最高顾问工程师俸金每年不过日金二万元之额数给付,兹鉴于现在状况,双方同意以后应改将二万元增为二万五千元,特由双方当事者签字盖章,以昭信守。

中华民国十一年一月十六日

日本大正十一年一月十六日

汉冶萍煤铁厂矿有限公司董事会会长 孙宝琦

制铁所长官 白仁武

横滨正金银行头取 梶原仲治

立会人 在上海日本总领事馆副领事 田中庄太郎

右认证人

大正十一年一月十六日在上海

总领事 船津辰一郎

公司聘请服部为最高顾问工程师合同

民国十一年一月十六日(1922.1.16)

　　中华民国十一年一月十六日,汉冶萍煤铁厂矿有限公司(以下简称为公司)与工学博士服部渐(以下简称为顾问)所订合同开列如左:

　　第一款　公司为公司自中华民国十一年一月十六日、日本大正十一年一月十六日至中华民国十六年一月十五日、日本大正十六年一月十五日五年间,在上海聘请顾问,顾问亦允诺。

　　第二款　顾问承认公司董事会会长暨总经理(代理总经理)职权,顾问应照公司与制铁所中华民国二年十二月十五日、日本大正二年十二月十五日所订职务规程办理其职务,所有该职务规程及中华民国十一年一月十六日、日本大正十一年一月十六日公司与制铁所、正金银行续签协定书均抄录副本添附本合同之后,认为本合同之一部分。

　　第三款　顾问如有延误或不肯行本合同条款之全部或一部或应办职务之时,公司得制铁所允诺之后,可得以三个月前之预告辞退顾问。

　　第四款　顾问应时常专心从事公司公务,非经公司允诺,不论其为直接或为间接,又不问为自己或为他人,不得兼顾公司以外之事业,或谋其他职业。

　　第五款　顾问非先以文件得董事会会长或总经理(代理总经理)之允诺,不得泄漏公司秘密之事。惟向横滨正金银行及制铁所为保全其债权起见给予应要之提醒,不在此限。

　　第六款　顾问当鉴于其位置之原为重要而机密,向公司时常以谨慎之态度接洽,又对于其相接之中国人专以良好之感情为念。

　　第七款　公司为顾问置备可称其位置之住宅(惟不备什物),所有薪炭、灯火等项亦由公司置备付给。其医药暨医疗等费并由公司付给,如遇应在公司附属医院以外之医院医治时,其费亦应由公司照付。

　　第八款　顾问自中华民国十一年一月十六日、日本大正十一年一月十六日以后在本合同存续之间,每年可得俸金日金二万五千元,照数按月分领，如公司将其业与横滨正金银行暨制铁所所订甲乙两合同及别合同借款在本合同第一款或第十款内所订期限未满之前还清时，顾问仍得领收余期内俸金全部。顾问为公司公务旅行时旅费支给实费，并自发程之日起到回来之日止，每日津贴日金二十元，但旅行日本时每日津贴日金三十元，按日计算，由公司付给。顾问到任之时暨因本合同所订限满或限内由公司辞退回国时，亦照前项旅费及津贴由公司付给。

第九款　顾问每年得请六星期之假，顾问可得将前项未经请假之日归后年一并通算。

第十款　本合同虽到所订五年限满时，如非于限满三个月以前由双当事者之一方豫告他方以完了此合同之意，本合同自当再赓续五年效力。

第十一款　如关于本合同有纷议之处，双当事者彼此以文书委托各一人，即以此二人为独立之公正人，由此公正人之判断为决定。如前项公正人意见不合之时，预于开始评断之前彼此以文书公请一公正人，即由此公正人之判断以为最后之决定。

本合同缮写中文、日文各二份，公司、顾问签名盖章，双方各执中、日文各一份，以为凭据。

中华民国十一年一月十六日

日本大正十一年一月十六日

汉冶萍煤铁厂矿有限公司董事会会长　孙宝琦

工学博士　服部渐

立会人　在上海日本帝国总领事馆副领事　田中庄太郎

右认证人

大正十一年一月十六日在上海

总领事　船津辰一郎

公司聘请吉川为会计顾问合同

民国十二年十二月十七日(1923.12.17)

中华民国十二年十二月十七日，汉冶萍煤铁厂矿有限公司(以下简称

为公司)与吉川雄辅(以下简称为顾问)所订合同开列如左:

第一款 公司为公司自中华民国十二年十二月十七日、日本大正十二年十二月十七日至中华民国十七年十二月十六日、日本大正十七年十二月十六日五年间,在上海聘请顾问,顾问亦允诺。

第二款 顾问承认公司董事会会长暨总经理(代理总经理)职权,顾问应照公司与横滨正金银行所订职务规程办理其职务,该职务规程将其抄本添附本合同,认为本合同之一部分。

第三款 顾问如有延误或不肯行本合同条款之全部或一部分或应办职务之时,公司得横滨正金银行允诺之后,可得以三个月前之预告辞退顾问。

第四款 顾问应照常专心从事公司公务,非经公司允诺,不论其为直接或间接,又不问为自己或为他人,不得兼顾公司以外之事业,或谋其他职业。

第五款 顾问非先以文件得董事会会长或总经理(代理总经理)之允诺,不能泄漏公司秘密之事。惟向横滨正金银行为保全债权起见给予应要之提醒不在此限。

第六款 顾问当鉴于其位置原为重要而机密,向公司时常以谨慎之态度接洽,又对于其相接之中国人专以良好之感情为念。

第七款 公司为顾问置备可称其位置之住宅(惟不备什物),所有薪炭、灯火等项亦由公司置备付给。其医药暨医疗费并由公司付给,如遇应在公司附属医院以外之医院医治时,其费亦应由公司照付。

第八款 顾问自中华民国十二年十二月十七日、大正十二年十二月十七日以后在本合同存续之间,每年可得俸金日金一万八千元,照数按月分领。如公司将其业与横滨正金银行暨制铁所所订甲乙两合同及别合同借款在本合同第一款或第十款所订期限未满之前还清时,顾问仍得领收余期内俸金全部。顾问为公司公务旅行时,旅费支给实费,并自发程之日起到回来之日止,每日津贴日金二十元,但旅行日本时每日津贴日金三十元,按日计算,由公司付给。顾问到任之时暨因本合同所订限满或在限内由公司辞退回国时,亦照前项旅费及津贴由公司付给。

第九款　顾问每年得请六星期之假。顾问可得将前项未经请假之日,归后年一并通算。

第十款　本合同虽到所订五年限满时,如非于限满三个月以前由双方当事者之一方豫告他方以完了此合同之意,本合同自当再赓续五年效力。

第十一款　如关于本合同有纷议之处,双当事者彼此以文书委托各一人,即以此二人为独立之公正人,由此公正人之判断以为决定。如前项公正人意见不合之时,预于开始评断之前彼此以文书公请一公正人,即由此公正人之判断以为最后之决定。

兹因订立以上合同,双方签名盖章,以为凭据。

中华民国十二年十二月十七日

日本大正十二年十二月十七日

汉冶萍煤铁厂矿有限公司董事会会长　孙宝琦

会计顾问　吉川雄辅

立会人　在上海日本帝国总领事馆

右认证人

大正十三年三月二十七日在上海

总领事　矢田七太郎

盛恩颐致孙宝琦函

民国十四年七月二十三日(1925.7.23)

慕公会长阁下:

窃查二月五日接上海正金银行函称:接总行电,以新订借款合同须加荐会计顾问部员三人,除物色人才外,另有意见三则:一、三员薪金总数年需中币二万四千元;二、每员应给到差川资日金八百元;三、该员等在供职期内,出差时,供给旅费应视现在襄办之数为增等语。当经陈奉董会议复,查会计顾问襄办大野弘君初任职时,年薪日金三千元,出差车船旅费实支外,日给津贴日金十元,到任亦照出差例支给,现在会计顾问新添部员,事与大野弘君一律,应由经理与会计顾问吉川君面商,参照大野君初任职时薪费数目,酌拟具复,候会议定等因。遵与吉川顾问一再面商,吉川君以现时生活程度日本继长增高,上海地方亦百物昂贵,旅居不易,未便以十年前之情势为今日之比例,磋商再四,允将新添部员三人,按照大野弘君现支薪数,每人年给中币五千元,以后办事勤能,每人可递加年薪至八千元为止。函复正金银行去后,旋接复函:敝总行提议,每年薪金二万四千元,并非含有匀派每人应得八千元之意,来函减为一万五千元,只可作为总数之承认,每人应给年薪若干,应由总行于总数内支配。至递加一层,应请明定时期,或两年至三年内,由一万五千元递加至二万四千元之数,并询到任及出差旅费日给,是否照总行提议办理等语。当以三人年薪一万五千元,已有允意,因询其支配之法,以便陈请董会核议,并告以加薪时期,亦须由董会决定;至到任川资过多,请予酌减,出差日给增为日金十五元。嗣正金蒿爪行长来公司面谈,忽翻前议,谓三人年薪非二万四千元不可,无减让余地,不得已报会复议,金以公司经济困难,目前内部正在裁员减薪,日员方面未便开支过巨,使公司内部有所藉口,致减政无从进行,且夏前总经理赴日借款时,彼方要求力行节省,今三人要给巨薪,似与前说矛盾,仍由经理会同吉川顾问设法疏通。恩颐等遵即亲往正金商请谅解。讵逢彼怒,拒不予商,至此交涉遂成僵局,适制铁所斋藤君来华,见此事停顿,请作调人,因告以两方素敦睦谊,何以此事屡商彼方无丝毫让步,未免予人以难堪,于是斋藤、吉川两君提议,双方退让,三人年薪减为二万元之说。恩颐以董会两次议决之事,未便徇彼方要求遽予翻案,因以俟会长到沪,始可提议等语复彼。盖当时方以□□旌不日南下也。

兹斋藤早经回日,吉川亦已假旋,钧座业辞沪市督办,一时恐不能南下,而前途始终以此为交涉前提,若长此不决,各事进行均受影响,不得已将经过情形缕晰具陈,伏乞我公电致董会调停,俾可藉此提出会议,为转圜之地。伫候施行,至深感盼。所有关于是案文件一并录呈,并祈垂察。

敬肃

崇安

兼代总经理

服部致盛恩颐函

大正十四年十一月十二日（1925.11.12）

总经理阁下台鉴：

敬启者，顾问部员小田团次郎自民国五年新设冶厂着手工程之始，即从事于兹。民国九年十月任为襄办之后，事实上仍兼冶厂工程师，直至民国十一年八月，在该地备尝创设时代之艰苦，对于重要熔矿炉以及各种设备，努力完成，其余日本工程师期满离任，该员即至上海总公司勤尽襄办之职。查该员自民国三年二月以来，隶故大岛顾问之下，参与各厂矿扩充改良工程设计诸端有年，熟悉各种工程，至精且详，其技术经验，际此本公司正以追加扩充工程之完成及他工作改良为最紧要之秋，于本顾问资助上实必要不可缺少者也。而该员自民国十一年一月以来，年受俸银三千元，去岁一月合同前期终满之时，该员曾请加俸续约。顾前期俸银乃以大冶初任时之数字为基础而协定者，与现下本国物价腾贵，以及此地生活繁重之时况有所不合，且该续约系属长期性质，所请相当程度之加薪认有理由，本顾问当日曾向夏前总经理提及，今春并对贵总经理恳求在案。讵料彼时所请该员年俸增给五千元之事，随后搁置未提，迟延至今，不独该员备受困难，即本顾问亦多有不安，务希阁下体念苦衷，速予照增，不胜铭感之至。专肃。顺颂

公绥

顾问　服部渐谨启

公司董事会致盛恩颐函

民国十四年十一月十六日（1925.11.16）

经理台鉴：

民国十四年十一月十三日第十七次临时会，由贵经理到会报告工程顾问襄办小田君办事得力，拟请酌加薪水，以资鼓励等语。当经公议：自本年十一月份起按年加给薪水华币二千元，连前共支年薪华币五千元云云。相

应备函达知,即希转饬会计所照数支给为荷。此颂

台绥

董事会启

大野致盛恩颐、潘灏芬[①]函

民国十五年一月十一日(1926.1.11)

汉冶萍公司总、副经理钧鉴:

敬肃者,接奉民国十四年十二月三十日尊函内开:前于民国八年一月十日贵襄办人合同限满,于是年一月十一日起双方订定照原订合同赓续五年效力,签订合同,交换收执在案。扣至十三年一月十日续约又经限满,双方当事者并无完了该合同之意,应自十三年一月十一日起,再照原订合同赓续五年效力。并经董事会议决,自十四年十一月份起按年加给俸金华币三千元,连前共支年俸华币八千元,照数按月分领;出差日给,在中国及日本地方每日支给日金十五元。相应备函订明,即希查照等因。壹是钦悉,当遵来示办理,决无异议。理合呈复,即祈崇鉴是幸。谨此。敬请

公安

会计顾问襄办人　大野弘谨启

儿玉致盛恩颐函

昭和二年五月二十六日(1927.5.26)

径启者:

关于贵公司会计顾问部员之人选,经多日悉心评衡,始行选定波多野养作君,奉荐贵公司,盖如另纸履历书所开,该君出身于贵地东亚同文书院,业甫毕供职外部,服务于驻扎贵国各地帝国领署,对贵国事罔不精通,后又入与贵公司最有密切关系之九州制钢会社及明治矿业会社,洵富有矿务经验之一温雅悫诚之士也。以当贵公司顾问部员之任,其为适良之人材

---

① 潘灏芬(1874—1947):字若梁,江苏吴县(今苏州)人。时任公司副经理。

也必矣，爰荐该君充任贵公司顾问部员，千乞从速延聘，是所至盼。至于该君之酬薪，务恳鉴其经历，以年俸八千元待遇之则幸甚矣。其他部员目下尚在评衡之中，一俟选定，再为推荐可也。相应函达台端，即希查照是荷。肃泐。祗颂

勋祺

　　此致

汉冶萍公司总经理盛

横滨正金银行头取　儿玉谦次

公司聘请波多为会计部员合同

民国十六年六月十七日（1927.6.17）

　　中华民国十六年六月十七日汉冶萍煤铁厂矿有限公司（以下简称公司）按照中华民国（日本大正）十四年一月二十一日公司与日本制铁所暨横滨正金银行所订借款合同内附件规定，聘用波多野养作（以下简称部员）为会计顾问部员，订定聘用条件开列于左：

　　第一款　公司自中华民国十六年（日本昭和二年）六月十七日至中华民国二十一年（日本昭和七年）六月十六日止聘用部员为会计顾问之部员。部员之执务地点由会计顾问随时指定之。

　　第二款　部员承认公司总经理（代理总经理）暨会计顾问之职权。

　　部员禀承会计顾问之指挥，按照公司与横滨正金银行所经议订会计顾问职务规程，襄助会计顾问之执行职务。

　　第三款　部员如有延误或不肯行本合同条件之全部或一部分或应办职务之时，公司与会计顾问协议之后可得以三个月前之预告辞退部员。

　　第四款　部员应时常专心从事公司公务，非经公司允诺，不论其为直接或为间接，又不问为自己或为他人，不得兼顾公司以外之事，或从事其他职业。

　　第五款　部员不得泄漏公司秘密之事，非得总经理（代理总经理）暨会计顾问之允诺，不得与公司以外之人接洽公司之事。

第六款　部员当鉴于其位置之性质,常持谨慎之态度,又对于其相接之中国人专以良好之感情为念。

第七款　公司为部员置备可称其位置之住宅(惟不备什物),所有薪炭、灯火等项,亦由公司置备付给,其医药、医疗等费并由公司付给,如遇应在公司附属医院以外之医院医治时,其费亦应由公司照付。

第八款　部员自中华民国十六年六月十七日、日本昭和二年六月十七日以后,在本合同存续之间,每年可得俸金中币八千元,照数按月分领。

部员除由第三款之事由之外,在本合同第一款暨第十款之限内,为公司事宜由公司辞退时,部员仍得领收余期内俸金全部。

部员为公司公务旅行时,旅费支给实费,并由发程之日起到回来之日止,每日津贴日金十五圆,按日计算,由公司付给。所谓旅费专指旅行川资而言,其客寓、膳宿等费包在津贴之内,不另支给。每日津贴十五圆指中国及日本而言,若往他国随时酌定。

部员到任时,暨因本合同所订限满或在限内公司辞退回国时,由公司付给日金六百圆,作为旅费及津贴。

第九款　部员每年依执务地点得请左开期间之假,并可得将未经请假之日递次通算。

上海执务,每年六星期;大冶或汉阳执务,每年二个月;萍乡执务,每年二个月半。

第十款　本合同虽到所订限满时,如非于限满三个月以前由双方当事者之一方预告他方以完了此合同之意,本合同自当赓续五年效力。

第十一款　如关于本合同有纷议之处,双方当事者彼此以文书委托各一人,即以此二人为独立人之公正人,以此公正人判断为决定。如前项公正人意见不合之时,预于开始评断之前彼此以文书公请一公正人,即以此公正人之判断为最后之决定。

兹因订立以上合同,双方签名盖章以为凭据。

中华民国十六年六月十七日

日本昭和二年六月十七日

汉冶萍煤铁厂矿有限公司总经理　盛恩颐

波多野养作

盛恩颐、潘灏芬致大冶厂矿函

民国十六年八月五日（1927.8.5）

径启者：

　　会计顾问部员波多野君赴冶，业经函知在案。查前函所言收支事宜，由该部员负责监察，兹再将职权申明如下：关于经常收支，因急于执行不能延缓时，可于事后报告该部员知照，但关于特别收支事项，务须于事先与该部员协议，征得同意后，方可实行。以上规定即希查照。此致

冶厂矿各处股长

总、副经理

盛恩颐致中井函

民国十六年十二月二十六日（1927.12.26）

制铁所中井长官阁下：

　　径复者，接诵大函，以敝公司最高顾问技师服部渐博士辞职，推荐村田素一郎继任，并兼工务所长之职，附送履历等因。查村田素一郎既经贵长官认为堪继服部顾问之任，并另函吉川顾问拟订该继任合同内：一、俸给每年日金二万圆。一、由日本启行之日，即为缔结契约之日。一、任地在汉阳或大冶。一、每年假期两个月。一、赴任及期满归国川旅费各日金一千圆。五条除任地须加添"上海"字样外，其余各条敝处均可同意。除俟村田君到沪再行签订外，复祈查照是荷。顺颂

台祺

汉冶萍公司总经理

公司聘请村田为最高顾问工程师合同

民国十七年二月十八日（1928.2.18）

中华民国十七年二月十八日汉冶萍煤铁厂矿有限公司（以下简称为公

司)与村田素一郎(以下简称为顾问)所订合同开列如左:

第一款　公司为公司自中华民国十七年二月十八日、日本昭和三年二月十八日至中华民国二十二年二月十七日、日本昭和八年二月十七日五年间,在汉阳或大冶聘请顾问,顾问亦允诺。

第二款　顾问承认公司董事会会长暨总经理(代理总经理)职权,顾问应照公司与制铁所中华民国二年十二月十五日、日本大正二年十二月十五日所订职务规程办理其职务,所有该职务规程抄录副本,添附本合同之后,认为本合同之一部分。

第三款　顾问如有延误或不肯行本合同条款之全部或一部分,或应办职务之时,公司得制铁所允诺之后,可得以三个月前之预告辞退顾问。

第四款　顾问应时常专心从事公司公务,非经公司允诺,不论其为直接或为间接,又不问为自己或为他人,不得兼顾公司以外之事业或谋其他职业。

第五款　顾问非先以文件得董事会会长或总经理(代理总经理)之允诺,不能泄漏公司秘密之事。惟向横滨正金银行及制铁所为保全其债权起见,给予应要之提醒不在此限。

第六款　顾问当鉴于其位置之原为重要而机密,向公司时常以谨慎之态度接洽,又对于其相接之中国人专以良好之感情为念。

第七款　公司为顾问置备可称其位置之住宅(惟不备什物),所有薪炭、灯火等项亦由公司置备付给。其医药暨医疗等费并由公司付给,如遇应在公司附属医院以外之医院医治时,其费亦由公司照付。

第八款　顾问自中华民国十七年二月十八日、日本昭和三年二月十八日以后在本合同存续之间,每年可得俸金日金二万元,照数按月分领。如公司将其业与横滨正金银行暨制铁所所订甲乙两合同及别合同借款,在本公司第一款或第十款内所订期限未满之前还清时,顾问仍得领收余期内俸金全部。

顾问为公司公务旅行时,旅费支给实数,并自发程之日起到回来之日止,每日津贴日金二十元,但旅行日本时每日津贴日金三十元,按日计算,由公司付给。顾问到任之时给川旅费日金一千元;将来因本合同所订限满或在限内由公司辞退回国时,亦给川旅费日金一千元,均由公司付给。

第九款　顾问每年得请假两个月。顾问可得将前项未经请假之日归后年一并通算。

第十款　本合同虽到所订五年限满时,如非于限满三个月以前,由双当事者之一方豫告他方,以完了此合同之意,本合同自当再赓续五年效力。

第十一款　如关于本合同有纷议之处,双当事者彼此以文书委托各一人,即以此二人为独立之公正人,由此公证人之判断以为决定。如前项公正人意见不合之时,预于开始评断之前,彼此以文书公请一公正人,即由此公正人之判断以为最后之决定。

本合同缮写中文、日文各二份,公司、顾问签名盖章,双方各执中、日文各一份以为凭据。

中华民国十七年二月十八日

日本昭和三年二月十八日

汉冶萍煤铁厂矿有限公司董事会会长　孙宝琦(印)

村田素一郎(印)

公司聘请森口为工务所技师合同

民国十八年一月二十九日(1929.1.29)

中华民国十八年一月二十九日,汉冶萍煤铁厂矿有限公司(以下简称公司)按照中华民国(日本大正)十四年一月二十一日公司与日本制铁所暨横滨正金银行所订借款合同内附件规定,聘用森口喜之助(以下简称技师)为公司工务所技师,订定聘用条件开列于左:

第一款　公司自中华民国十八年(日本昭和四年)一月二十九日至中华民国二十三年(日本昭和九年)一月二十八日止,聘用技师为工务所之技师,技师亦允诺。技师之执务地点,由工务所长随时指定之。

第二款　技师承认公司总经理(代理总经理)暨工务所长之职权,直接受工务所长之指挥,关于工程技术上事项,致其最善之法,襄助工务所长之执行职务。

第三款　技师如有延误或不肯行本合同条款之全部或一部分或应办职务之时,公司与工务所长协议后,可得以三个月前之预告,辞退技师。

第四款　技师应时常专心从事公司公务,非经公司允诺,不论其为直接或为间接,又不问其为自己或为他人,不得兼顾公司以外之事,或从事其他职业。

第五款　技师不得泄漏公司秘密之事,非得总经理(代理总经理)暨工务所长之允诺,不得与公司以外之人接洽公司之事。

第六款　技师当鉴于其位置之性质,常持谨慎之态度,又对于其相接之中国人,专以良好之感情为念。

第七款　公司为技师置备可称位置之住宅(惟不备什物),所有薪炭灯火等项,亦由公司置备付给,其医药、医疗等费,并由公司付给,如遇必须在公司附属医院以外之医院医治时,其费亦由公司付给。

第八款　技师自中华民国十八年(日本昭和四年)一月二十九日就职起,头二年每年可得俸金日金六千圆,第三年起加日金一千圆,第五年起又加日金一千圆,共支至日金八千圆为止,均系照数按月分领。

技师除由第三款事由之外,在本合同第一款暨第十款之限内,为公司事宜,由公司辞退时,技师仍得领收余期内俸金全部。

技师为公司公务旅行时,旅费支给实数,并由发程之日起,到回来之日止,每日津贴日金十五圆,按日计算,由公司付给。所谓旅费,专指旅行川资而言,其客寓膳宿等费包在津贴之内,不另支给。至每日津贴十五圆,指中国及日本而言,若往他国,随时酌定。

技师到任时,暨因本合同所订限满,或在限内公司辞退回国时,由公司付给日金六百圆,作为旅费及津贴。

第九款　技师每年得请二足月之假,并可将未经请假之日归下年一并通算。

第十款　本合同虽到所订限满时,如非于限满三个月以前由双方当事者之一方预告他方,以完了此合同之意,本合同自当再赓续五年效力。

第十一款　如关于本合同有纷议之处,双方当事者彼此以文书委托各一人,即以此二人为独立之公正人,以此公正人之判断为决定。如前项公正人意见不合时,预于开始评断之前,彼此以文书公请一公正人,即以此公正人之评断为最后之决定。

兹因订立以上合同,双方签名盖章,以为凭据。

中华民国十八年(日本昭和四年)一月二十九日

汉冶萍煤铁厂矿有限公司总经理　盛恩颐

森口喜之助

公司聘请江口为会计部员合同

民国二十二年四月一日(1933.4.1)

中华民国二十二年四月一日汉冶萍煤铁厂矿有限公司(以下简称公司)按照中华民国十四年一月二十一日、日本大正十四年一月二十一日公司与日本制铁所暨横滨正金银行所订借款合同附件规定,聘用江口良吉(以下简称部员)为会计顾问部员,订定聘用条件开列于左:

第一款　公司自中华民国二十二年四月一日、日本昭和八年四月一日至中华民国二十七年三月三十一日、日本昭和十三年三月三十一日止,聘用部员为会计顾问之部员,部员亦允诺。部员之执务地点由会计顾问随时指定之。

第二款　部员承认公司总经理(代理总经理)暨会计顾问之职权,部员禀承会计顾问之指挥,按照公司与横滨正金银行所经议订会计顾问职务规程,襄助会计顾问之执行职务。

第三款　部员如有延误或不肯行本合同条件之全部或一部分或应办职务之时,公司与会计顾问协议之后,可得以三个月前之预告辞退部员。

第四款　部员应时常专心从事公司公务,非经公司允诺,不论其为直接或为间接,又不问为自己或为他人,不得兼顾公司以外之事,或从事其他职业。

第五款　部员不得泄漏公司秘密之事,非得总经理(代理总经理)暨会计顾问之允诺,不得与公司以外之人接洽公司之事。

第六款　部员当鉴于其位置之性质,常持谨慎之态度,又对于其相接之中国人专以良好之感情为念。

第七款　公司为部员置备可称其位置之住宅(惟不备什物),所有薪炭、灯火等项,亦由公司置备付给,其医药医疗等费并由公司付给,如遇应在公司附属医院以外之医院医治时,其费亦应由公司照付。

第八款　部员自中华民国二十二年四月一日、日本昭和八年四月一日以后,在本合同存续之间,每年可得俸金日金三千元,与中币三千元,照数按月分领。

对于中币俸金之部分,应照总公司中国职员例支给同样津贴。

部员除由第三款之事由之外,在本合同第一款暨第十款之限内,为本公司事宜由公司辞退时,部员仍得领收余期内俸金全部。

部员为公司公务旅行时,旅费支给实费,并由发程之日起,到回来之日止,在日本每日支给津贴日金二十圆,在中国每日支给津贴中币十六元五角,按日计算,由公司付给。所谓旅费专指旅行川资而言,其客寓膳宿等费包在津贴之内,不另支给。若往他国,随时酌定。部员到任时,暨因本合同所订限满,或在限内公司辞退回国时,由公司付给日金六百圆,作为旅费及津贴。

第九款　部员每年依执务地点得请左开期间之假,并可得将未经请假之日归下年一并通算。

上海执务,每年六星期。

大冶或汉阳执务,每年二个月。

萍乡执务,每年二个月半。

第十款　本合同虽到所订限满时,如非于限满三个月以前,由双方当事者之一方预告他方以完了此合同之意,本合同自当赓续五年效力。

第十一款　如关于本合同有纷议之处,双方当事者,彼此以文书委托各一人,即以此二人为独立人之公正人,以此公正人之判断为决定,如前项公正人意见不合之时,预于开始评断之前彼此以文书公请一公正人,即以公正人之判断为最后之决定。

　　兹因订立以上合同，双方签名盖章，以为凭据。

中华民国二十二年四月一日

日本昭和八年四月一日

　　　　　　　　　　汉冶萍煤铁厂矿有限公司总经理　盛恩颐

　　　　　　　　　　　　　　　　江口良吉